Operatoren – So löst du die Arbeitsaufträge in diesem Buch:

Hinweis: Die Operatoren entsprechen der Liste der fachübergreifenden Operatoren aus dem Lehrplan Berlin/ Brandenburg. Sie wurde durch weitere Operatoren aus dem Bereich Gesellschaftswissenschaften ergänzt.

(Fortsetzung auf der hinteren Umschlagklappe)

Arbeitsaufträge = Operatoren (alphabetisch)	**Erläuterungen**	**Beispiele**	**Tipps**
analysieren, untersuchen	Materialien, z. B. eine Quelle, nach systematischen Arbeitsschritten erschließen	Analysiere die Quelle anhand der Arbeitsschritte auf S. 59. Untersuche anhand der Statistik die Entwicklung der Lokomotivproduktion in Deutschland.	**Tipp:** Nutze für die Untersuchung von schriftlichen und bildlichen Quellen sowie von Darstellungen die entsprechenden Methodenseiten.
begründen	historische Sachverhalte bzw. Thesen durch nachvollziehbare Argumente stützen und sachlich (beispielhaft) belegen	Begründe, dass es sich bei der Niederschlagung des Herero-Aufstandes um einen Völkermord gehandelt hat.	
beschreiben	historische Sachverhalte mit eigenen Worten darstellen	Beschreibe den Wandel des Weltbildes in der Frühen Neuzeit.	
beurteilen	ein Sachurteil zu einem geschichtlichen Gegenstand formulieren	Beurteile aus der Sicht eines SPD-Mitglieds Bismarcks Sozialgesetzgebung.	Nutze die Methodenseite Ein historisches Urteil bilden auf S. 124 f.
bewerten, Stellung nehmen	ein Werturteil (auf der Grundlage unserer heutigen Wertmaßstäbe) zu einem geschichtlichen Gegenstand formulieren	Bewerte den Rechtsanspruch der Europäer auf die „Neue Welt".	Nutze die Methodenseite Ein historisches Urteil bilden auf S. 124 f.
diskutieren, erörtern	zu einer These oder einer Leitfrage eine eigene Stellungnahme auf der Grundlage von Pro- und Kontra-Argumenten formulieren	Erörtere, ob Friedrich II. ein aufgeklärter König war.	Lege eine Tabelle mit zwei Spalten (Pro- und Kontra-Argumente) an und gewichte die Argumente anschließend.
erarbeiten, herausarbeiten	Informationen aus einem Material unter einer vorgegebenen Fragestellung entnehmen	Arbeite anhand der Quelle die Kritik an der katholischen Kirche heraus.	Notiere dir die Aussagen mit Zeilenangabe.

7/8

Forum Geschichte

Berlin, Brandenburg

Vom Mittelalter zum 19. Jahrhundert
Epochenüberblick – Längsschnitte –
Fächerverbindende Module

Herausgegeben
von Robert Rauh

Dein Online-Angebot zum Lehrwerk findest du hier:
www.cornelsen.de/webcodes

Forum Geschichte

Band 7/8 wurde erarbeitet von:
Dagmar Bäuml-Stosiek, Nicky Born, Robin Gliffe, Susanna Heim-Taubert, Susanne Müller, Robert Rauh, Florian Rietzl, Fabian Sternel, Jan Winkelmann

Redaktion: Michael Banse, Leipzig
Bildassistenz: Anne-Katrin Dombrowsky
Grafik: Elisabeth Galas, Bad Breisig; Erfurth Kluger Infografik GbR, Berlin; Thomas Binder, Magdeburg; Peter Herlitze, Berlin
Karten: Carlos Borrell Eiköter, Berlin
Technische Umsetzung: Arnold & Domnick, Leipzig
Layoutkonzept und Umschlaggestaltung: Ungermeyer – grafische Angelegenheiten, Berlin
Umschlagbild: Völklingen, Glasgebläsehalle der stillgelegten Hütte (UNESCO-Welterbe), © ullsteinbild – Knigge

www.cornelsen.de

1. Auflage, 5. Druck 2018

Alle Drucke dieser Auflage sind inhaltlich unverändert und können im Unterricht nebeneinander verwendet werden.

Druck: Mohn Media Mohndruck, Gütersloh

ISBN 978-3-06-064725-5 (Schülerbuch)
ISBN 978-3-06-065345-4 (E-Book)

PEFC zertifiziert
Dieses Produkt stammt aus nachhaltig bewirtschafteten Wäldern und kontrollierten Quellen.
www.pefc.de

1 Epochenüberblick: Mittelalter

2 Epochenüberblick: Frühe Neuzeit

3 Fächerverbindendes Modul: Migrationen (Längsschnitt)

4 Epochenvertiefung: Politische Revolutionen (ca. 1750–1900)

5 Epochenvertiefung: Technisch-industrielle Revolution (ca. 1750–1900)

6 Fächerverbindendes Modul: Armut und Reichtum (Längsschnitt)

Fächerverbindendes Modul „Geschichte" für den Unterricht im gesellschaftswissenschaftlichen Fächerverbund, passend zu den Geografie- bzw. Politik-Modulen in den Cornelsen-Lehrwerken

- Unsere Erde Berlin-Brandenburg 7/8 (ISBN 978-3-06-064830-6) und
- Politik entdecken Berlin-Brandenburg 7/8 (ISBN 978-3-464-65618-1)

7 Wahlmodul: Juden, Christen und Muslime (Längsschnitt)

8 Wahlmodul: Expansion und Kolonialismus (Längsschnitt)

9 Wahlmodul: Weltbilder (Längsschnitt)

Anhang

Umschlag

So arbeitest du erfolgreich mit Forum Geschichte

Fragen stellen und sich orientieren

Jedes Kapitel beginnt mit der **Auftaktseite**. Sie zeigt, worum es in dem Kapitel geht.

Auf der **Orientierungsseite** erfährst du mehr: Die Zeitleiste gibt den Zeitraum an, mit dem du dich beschäftigen wirst, die Karte zeigt dir den Raum. Der Orientierungstext führt dich in das Kapitelthema ein.

Ein Thema untersuchen

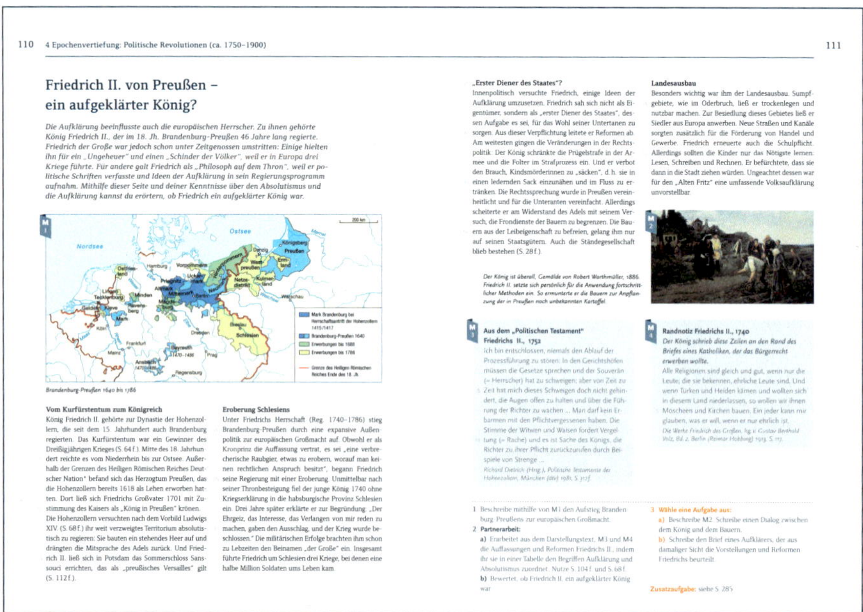

Auf den **Themenseiten** erklärt dir der Moderationstext, um welche Fragen es auf der Doppelseite geht. Der Darstellungstext, die Abbildungen, Quellentexte oder Begriffserklärungen helfen dir, ein geschichtliches Thema zu untersuchen. Die Arbeitsaufträge sind vielfältig: Oft kannst du eine Aufgabe auswählen oder du findest Hinweise zu Partner- oder Gruppenarbeit.

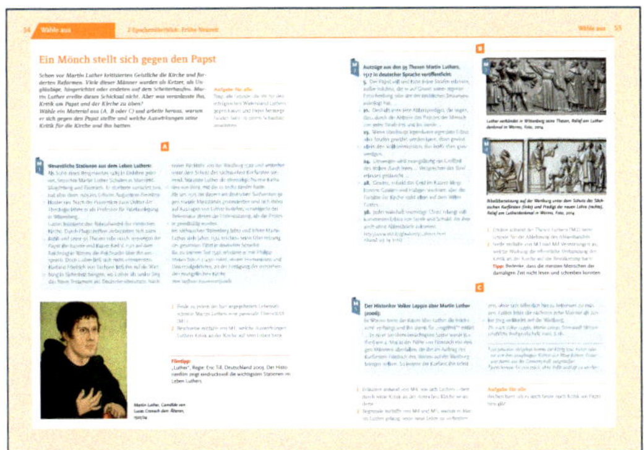

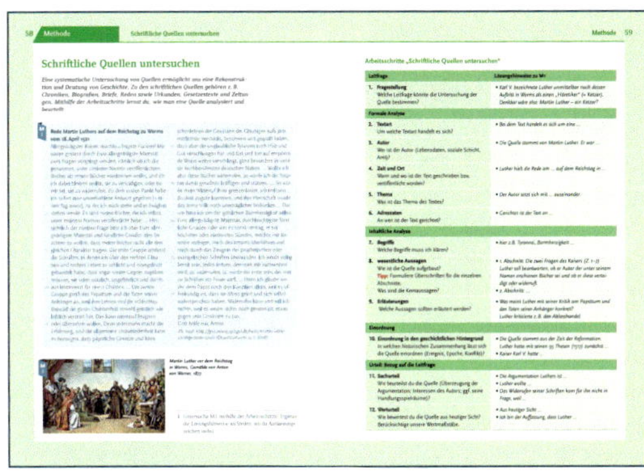

Unterschiedlich lernen

Auf den orangefarbenen **Wähle-aus-Seiten** ist deine Entscheidung gefragt: Traust du dir zu, eine längere Textquelle zu bearbeiten? Arbeitest du lieber mit Bildquellen? Interessieren dich Zahlen und Statistiken? Wähle aus, was zu dir passt!

Mit Methoden arbeiten

Auf den **Methodenseiten** findest du die Arbeitsschritte, mit denen z. B. Geschichtskarten oder schriftliche Quellen fachgerecht ausgewertet werden. Hier lernst du auch, wie man Quellentexte oder Bilder vergleicht und Präsentationen vorbereitet.

Zusammenfassen und Kompetenzen prüfen

Auf der **Zusammenfassungsseite** am Schluss des Kapitels findest du einen Text mit den wichtigsten Ereignissen und Entwicklungen, die im Kapitel vorgekommen sind. Die Zeitleiste hilft dir, die wichtigsten Daten zu wiederholen. Wenn du wissen möchtest, was du im Kapitel gelernt hast, solltest du die Aufgaben auf der Seite **Kompetenzen prüfen** lösen. Falls du mit einzelnen Aufgaben Schwierigkeiten hast, liest du im Kapitel noch einmal nach. Lösungshilfen findest du im Anhang.
Der Webcode leitet dich zu einem **Selbsteinschätzungsbogen**.

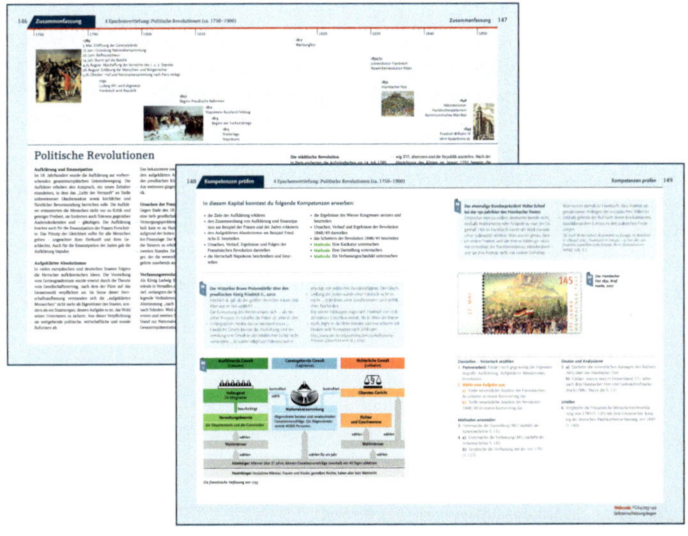

Hilfen im Anhang und im Umschlag

Der **Anhang** unterstützt dich bei der Arbeit mit dem Buch. Hier findest du:

- ein Lexikon mit Erklärungen schwieriger Begriffe
- ein ausführliches Register zum schnellen Nachschlagen
- die Lösungen zu den Seiten „Kompetenzen prüfen"

In den vorderen und hinteren **Umschlagklappen** kannst du die „Operatoren" nachschlagen, die in den Arbeitsaufträgen verwendet werden.

Audiovisuelle Materialien

Passend zu diesem Buch gibt es Filme, Kartenanimationen, Tonquellen, virtuelle Museen und Archive im Internet. Du findest sie mithilfe der **Webcodes**, die auf den Schulbuchseiten abgedruckt sind, z. B.
FG647255-016
So geht es:

1. Gehe auf die Seite www.cornelsen.de
2. Gib dort den Webcode ein, der auf der Schulbuchseite abgedruckt ist, und du findest ein passendes Internetangebot.

1

Epochenüberblick: Mittelalter

Die Abbildung entstand im 15. Jahrhundert und ist Teil eines Wandgemäldes in einem Palast der italienischen Stadt Trient. Sie gibt Einblick in das Leben auf dem Land und zeigt zwei wichtige Gesellschaftsgruppen des Mittelalters: Bauern und Adlige.
Was zeichnete deren Leben und Alltag aus? In welcher Beziehung standen die beiden Gruppen zueinander? Und in den Städten: Wer lebte da und was bestimmte Alltag, Arbeit und Miteinander?
Welche weiteren Lebenswelten des Mittelalters kennt ihr noch? Wer herrschte und regierte im Mittelalter?

Stelle dir vor, du bist Augenzeuge der Szene: Beschreibe möglichst genau, was du siehst, und ergänze, was du hörst.

Feldarbeit im April, Ausschnitt aus einem Wandgemälde, um 1400

400 | 500 | 600 | 700 | 800 | 900

500–850
Frühmittelalter

476 Ende des Weströmischen Reichs

um 496 Taufe Chlodwig I.

529 Gründung des Benediktinerklosters

800 Kaiserkrönung Karls des Großen

Epochenüberblick: Mittelalter

Nach dem Untergang des Römischen Reiches entstanden drei neue Machtzentren. Eines davon war das Frankenreich der Merowinger. Es entstand in Westeuropa und bildete den Ursprung für das Mittelalter.

Im Europa des Mittelalters regierten Könige und Kaiser, Grafen, Herzöge und Fürsten. Sie standen an der Spitze mächtiger Reiche oder kleiner Herrschaftsgebiete. Seit dem frühen Mittelalter gewann auch das Christentum in Mitteleuropa immer mehr an Bedeutung. Die mittelalterlichen Herrscher orientierten sich an den Vorstellungen, die sich im Römischen Reich der Antike herausgebildet hatten.

Fast 1000 Jahre umspannte das Mittelalter: Es war geprägt von einer Gesellschaft, in der 90 Prozent der Menschen von der Landwirtschaft lebten. Jeder Mensch hatte durch seine Geburt einen bestimmten Platz in der Gesellschaft.

- Wie gelang es den Königen und Kaisern im Mittelalter, ihre großen Reiche und Länder zu regieren und ihre Macht zu sichern – ohne Internet und Flugzeug?
- Welche Rolle spielte das Christentum im Mittelalter?
- Wie sicherten die Menschen auf dem Land und in den Städten ihre wirtschaftliche Existenz?
- Wie lebten die Menschen auf Burgen und in Klöstern?
- Wie sah Berlin im Mittelalter aus?

M 1

Europa um 1000

1000 | 1100 | 1200 | 1300 | 1400 | 1500

850–1250
Hochmittelalter

1250–1500
Spätmittelalter

1089 Gründung des Zisterzienser-Ordens

Entwicklung der Ständegesellschaft (11. Jh.)

Beginn der Städtegründungen (12./13. Jh.)

1237 erste Erwähnung Berlins

M 2

Ein Lehnsmann schwört seinem Lehnsherrn die Treue für das Gut, das er von ihm erhält. Miniatur aus dem Sachsenspiegel, einem Rechtsbuch aus dem 13./14. Jahrhundert.

M 3

Bundeskanzlerin Angela Merkel wird nach ihrer Wahl durch den Bundestag vom Parlamentspräsidenten vereidigt. Foto, 2013.

M 4

Ein Blick in eine mittelalterliche Stadt, Schulwandbild, Farbdruck um 1960.

1 Beschreibe M1:

a) Notiere, welche Reiche und Herrschaftsgebiete sich um das Jahr 1000 auf dem Gebiet des früheren Römischen Reichs gebildet hatten.

b) Nenne die Staaten, die heute teilweise oder vollständig auf dem damaligen Gebiet des Heiligen Römischen Reichs liegen.

2 Vergleiche M3 mit der mittelalterlichen Abbildung M2. Notiere Ähnlichkeiten und Unterschiede zwischen dem Dargestellten.

3 Besprecht in der Klasse, für welche Berufe Amtseide auch heute wichtig sind.

4 Beschreibt das Leben in der Stadt, wie es auf dem Schulwandbild M4 abgebildet ist. Vergleicht es mit dem heutigen Leben in einer Stadt. Stellt Gemeinsamkeiten und Unterschiede zusammen.

Ein „Nachfolger" Roms: das Frankenreich

Zum „Nachfolger" des Römischen Reichs entwickelte sich im Westen Europas das Reich der Franken. Die Franken waren Germanen und siedelten ab dem 3. Jahrhundert östlich des Rheins. Unter ihrem König Chlodwig (488–511) eroberten sie große Teile der vorher römischen Provinz Gallien.

- ***Worauf gründeten die Frankenkönige ihre Macht?***
- ***Welche Rolle spielte die christliche Kirche für die fränkischen Herrscher?***

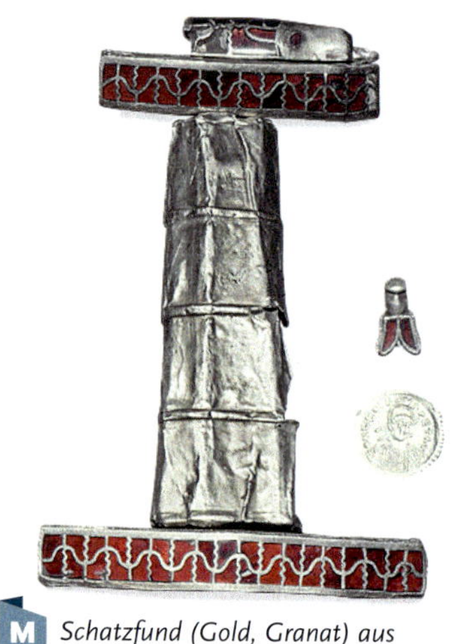

M 2 *Schatzfund (Gold, Granat) aus dem Grab des Frankenkönigs Childerich (426–491). Auf die Münze ist das Porträt des byzantinischen Kaisers Xenon geprägt.*

M 1 *Fränkische Panzerreiter, Buchmalerei aus einem fränkischen Kloster, 9. Jh. Zur Ausrüstung gehörten Helm, Kettenhemd, lange Hose, Wollmantel, Holzschild und Lanze. Seit dem 8. Jahrhundert setzte sich in Europa langsam der Steigbügel durch.*

Die Macht der Könige und Königinnen

König Chlodwig stammte aus der Adelsfamilie der Merowinger. Er stützte seine Macht und sein Ansehen auf militärische Erfolge. Wie alle germanischen Könige trug er Bart und lange Haare als Zeichen einer besonderen Macht, des „Königsheils". Dieses bedeutete, dass nur der König und seine Sippe gute Ernten, Kriegsglück und das Wohl des Volkes garantieren konnten.

Quellen aus der Zeit der Merowinger erzählen auch von Königinnen, die zeitweise über großen politischen Einfluss verfügten. Zum Beispiel regierte Balthild (gest. 680) als Königinwitwe fast acht Jahre lang für ihre minderjährigen Söhne, bevor sie von einigen Adligen gestürzt wurde und ins Kloster ging. Nach germanischer Sitte verwalteten die Frauen der merowingischen Könige den Königsschatz und konnten, besonders während der Abwesenheit ihrer Männer, hohe Adlige durch Geschenke an sich binden. So sicherten sie sich die Unterstützung der Beschenkten in politischen Angelegenheiten. Die Söhne Chlodwigs führten die fränkische Eroberungspolitik fort. Die Stämme der Thüringer, Burgunder und Bayern wurden ins Frankenreich eingegliedert. Starb ein fränkischer König, dann wurde das Reich wie ein Familienbesitz unter den Söhnen aufgeteilt. Diese Reichsteilungen führten immer wieder zu Machtkämpfen.

Warum verbündet sich der Karolinger Pippin mit dem Papst?

Die inneren Streitigkeiten der Merowinger-Familie schadeten der Machtstellung des Königs. Im 8. Jahrhundert erlangte deshalb der „Hausmeier" am Königshof immer mehr an Einfluss. Die Hausmeier waren für das Personal am Hof und für die königlichen Landgüter verantwortlich.

Auch gewannen sie militärische Befehlsgewalt: Der Hausmeier Karl Martell, der aus der Adelsfamilie der Karolinger stammte, besiegte 732 bei Poitiers im heutigen Frankreich eine Truppe islamischer Krieger aus Al-Andalus, die auf Beutezug ins Frankenreich eingedrungen war. Karl Martells Sohn Pippin wurde ebenfalls Hausmeier. Er strebte nach noch mehr Macht und ließ beim Bischof von Rom anfragen, wer die Königskrone verdient habe: derjenige, der die Macht ausübt, oder derjenige, der den Königstitel trägt? Der Bischof von Rom antwortete, dass derjenige König genannt werden solle, der die Macht besitze. Daraufhin ließ Pippin dem letzten Merowinger-König Childerich die Haare und den Bart abrasieren und ihn in ein Kloster bringen. So erlangte Pippin als erster Karolinger die Königswürde.

Die Karolinger – Könige „von Gottes Gnaden“

Im Jahr 754 reiste Papst Stephan II. ins Frankenreich und bat Pippin um militärischen Schutz gegen Angriffe der Langobarden aus Norditalien. Bei seinem Besuch salbte er nach biblischem Vorbild König Pippin und seine Söhne mit heiligem Öl und verlieh Pippin den Titel „Schutzherr der Römer“ (Patricius Romanorum). Mit der Entscheidung, den fränkischen König Pippin zum König zu krönen, hatte sich der Papst zum ersten Mal an die Seite eines germanischen Herrschers gestellt. Pippin führte zwei Feldzüge nach Italien durch und schenkte dem Papst fünf Hafenstädte an der Adria und einen Streifen Land bis nach Rom. Diese Gebiete gehörten rechtlich in den Herrschaftsbereich des Kaisers von Byzanz.

Der Bund zwischen Papst und Frankenkönig wurde in der Folgezeit noch bedeutender. Der vom Papst gesalbte König galt als von Gott selbst eingesetzt und Pippin war der erste König „von Gottes Gnaden“.

M3

Grabstein eines fränkischen Kriegers, der sich kämmt, 7. Jh., gefunden in der Nähe von Bonn

Der französische Historiker Paul Veyne über die Bedeutung des Haares bei den Germanen, 1989:

Die Franken trugen das Haar ziemlich lang, wie ihre Könige. Die Römer schnitten es in Höhe des Nackens ab. Die Franken enthaarten Nacken und Stirn und zupften sich das Barthaar aus. Priester und Mönche hatten ... nur einen schmalen Haarkranz, der von Ohr zu Ohr lief. Die Symbolik ist klar: Langes Haar stand für Stärke, Potenz[1] und Freiheit. Die Tonsur[2] war das Zeichen für den Sklavenstatus. Bei den Geistlichen bedeutete sie die Unterwerfung unter Christus. Die Frauen ließen das Haar lang wachsen. Nach der Länge der Nadeln zu urteilen, die man gefunden hat, müssen sie es zu kunstvollen Frisuren geformt haben. Einem frei geborenen Kind eine Tonsur zu schneiden, war ein Delikt[3], auf das nach germanischem Recht 45 Gold-Solidi[4] Strafe standen. Die Strafe ermäßigte sich bei Mädchen auf 42 Solidi.

Zit. nach Philippe Ariès/Georges Duby, Geschichte des privaten Lebens, Band 1, Frankfurt/M. (Fischer) 1989, S. 421.

[1] *Potenz: Kraft*
[2] *Tonsur: Entfernung des Kopfhaars bis auf einen Haarkranz*
[3] *Delikt: Straftat*
[4] *Solidus: römisch-byzantinische Goldmünze*

Papsttum

Nach kirchlicher Überlieferung war der Apostel Petrus der erste Bischof in Rom gewesen. Deshalb besaß der römische Bischof eine herausgehobene Stellung in der Kirche und trug seit dem 5. Jahrhundert den Titel „Papst“ (lat. papa). Mit dem Bündnis zwischen dem Karolinger Pippin und dem Papst begann eine für das gesamte europäische Mittelalter wichtige Verbindung zwischen König und Kirche. Nach der Lehre der Kirche hatte Christus dem König (später dem Kaiser) die gesamte weltliche Macht und dem Papst die Führung der geistlichen Herrschaft verliehen.

1 Beschreibe mithilfe des Darstellungstextes, M1 und M2, wie die fränkischen Könige ihre Macht sicherten.

2 Erkläre die Bedeutung der Frisuren und der langen Haare der germanischen Könige (M3, M4).

3 Beurteile die Verbindung zwischen Papst und Frankenkönig, indem du in einer Tabelle Vorteile und Nachteile auflistest:
   a) aus der Sicht des Papsttums oder
   b) aus der Sicht des Frankenkönigs.

Wie verbreitete sich das Christentum in Mitteleuropa?

Chlodwig war der erste Frankenkönig, der zum Christentum übertrat. Mit seiner Taufe 498 war das Frankenreich aber noch lange kein christliches Land. Erst allmählich verbreitete sich die neue Religion. Für die Christianisierung Europas spielte der aus dem heutigen England stammende Bonifatius eine wichtige Rolle, der im 8. Jahrhundert ins Frankenreich kam.

M1

Bonifatius tauft einen Germanen (linke Hälfte) und wird 754 oder 755 von Friesen getötet (rechte Hälfte). Buchmalerei aus dem Kloster Fulda, um 975.

Missionare verbreiten den christlichen Glauben

Nach Chlodwigs Taufe im Jahr 497 oder 498 waren viele Menschen im Frankenreich zwar dem Namen nach Christen, verehrten aber weiterhin die alten Götter. Es waren Wanderprediger aus Irland und Schottland, die im 7. und 8. Jahrhundert die christliche Religion im Fränkischen Reich bekannt machten. Sie gewannen durch ihre Predigten Nichtchristen für ihre Lehre und gründeten Klöster als Orte der Frömmigkeit. Der bekannteste Missionar war der Angelsachse Winfried, der 710 vom Papst den Beinamen Bonifatius (= Wohltäter) erhielt. Über 30 Jahre zog Bonifatius durch das östliche Frankenreich und predigte den christlichen Glauben.

Bonifatius erkannte die Bedeutung einer funktionierenden Verwaltung. Nach römischem Vorbild teilte er die bereits christlich gewordenen Gebiete in Verwaltungsbezirke ein. Als Leiter dieser Bezirke, die Bistümer oder Diözesen genannt wurden, setzte er fähige Männer ein, die er zu Bischöfen weihte. Durch Bonifatius entstand ein Netz von Pfarreien, Klöstern und Bistümern. Diese leisteten den fränkischen Herrschern gute Dienste bei der Durchsetzung ihrer Macht.

Europa – ein „christlicher Kontinent"?

Bis zur Jahrtausendwende war das Christentum in seiner katholischen Form in West- und Nordeuropa überall präsent. In Russland und auf dem Balkan missionierten Mönche aus Byzanz und verbreiteten die orthodoxe Form des Christentums.

Zur gleichen Zeit gab es in Europa aber immer auch Juden und Muslime. Jüdische Gemeinden gründeten sich besonders in Städten und an Handelsplätzen, Muslime lebten auf der Iberischen Halbinsel und auf der Insel Sizilien (S. 220f.).

Missionierung

(lat. missio = Sendung) Missionare wie Bonifatius wurden von ihren Kirchen ausgesandt, um den christlichen Glauben weiterzugeben und neue Anhänger zu taufen. Die Missionierung geschah auch gewaltsam durch Zwangstaufen, z. B. bei der Bekehrung der Sachsen unter den Karolingern im 8. und 9. Jahrhundert.

Webcode: FG647255-016
Film „Christianisierung im Mittelalter"

Gregor von Tours über die Taufe Chlodwigs I:
Aber auf keine Weise konnte er (Chlodwig) zum Glauben bekehrt werden, bis er einst mit den Alamannen in den Krieg geriet. ... Als die beiden Heere zusammenstießen, kam es zu einem gewaltigen Blutbad, und Chlodwigs Heer war nahe daran, völlig zerstört zu werden. Als er das sah, erhob er seine Augen zum Himmel, sein Herz wurde gerührt, seine Augen füllten sich mit Tränen und er sprach: „Jesus Christus, Chrodichilde[1] verkündet, du seiest der Sohn des lebendigen Gottes; Hilfe, sagt man, gebest du den Bedrängten, Sieg denen, die auf dich hoffen – ich flehe dich demütig an, um deinen Beistand: Gewährst du mir jetzt den Sieg über diese meine Feinde und erfahre ich so jene Macht, die das Volk, das deinen Namen sich weiht, an dir erprobt zu haben rühmt, so will ich an dich glauben und mich taufen lassen auf deinen Namen. ...“ Und da er solches gesprochen hatte, wandten die Alamannen sich und begannen zu fliehen. Als sie aber ihren König getötet sahen, unterwarfen sie sich Chlodwig.

Gregor von Tours: Decem libri Historiarum, II. Cap. 28, 29, 20.31; zit. nach Lautemann, Wolfgang/Schlenke, Manfred (Hrsg.): Geschichte in Quellen, Bd. 2. München (bsv) 2. Aufl. 1978, S. 26ff.

[1] *die Königin, Ehefrau von Chlodwig*

Papst Gregor II. schrieb 722 an Bonifatius:
Wir sind von großer Besorgnis erfüllt, weil wir erfahren haben, dass einige Stämme in Germanien östlich des Rheins umherirren und sich unter dem Schein christlichen Glaubens der Götzenverehrung hingeben. Andere kennen weder Gott noch sind sie im heiligen Wasser der Taufe gebadet worden. Wir haben daher beschlossen, unseren Bruder Bonifatius in diese Gegenden zu entsenden, damit er den Germanen das Wort des Heils verkünde und ihnen dadurch zum ewigen Leben verhelfe ... Wir fordern alle auf, ihm in allem mit ganzer Kraft beizustehen und ihn mit dem Nötigsten zu versorgen. Gebt ihm Begleiter für seine Reise mit, gebt ihm Speise und Trank und was er sonst noch braucht. Jeder, der ihm Unterstützung gewährt, der soll die Gemeinschaft mit den heiligen Märtyrern Jesu erlangen[1]. Wer aber versucht, seine Arbeit zu behindern, der soll nach dem Richterspruch Gottes vom Bannfluch getroffen ewiger Verdammnis verfallen[2]. Lebt wohl.

Rudolf Buchner (Hg.), Ausgewählte Quellen zur Geschichte des deutschen Mittelalters, Band 4b, Darmstadt (Wiss. Buchges.) 3. Aufl. 2011, S. 67

[1] *in den Himmel kommen*
[2] *in die Hölle kommen*

M4

Bischof Remigius von Reims tauft den Frankenkönig Chlodwig I., Buchillustration, 14. Jh.

1 **Wähle eine Aufgabe aus:**
   a) Beschreibe die Taufe Chlodwigs I. (M4).
   b) Erläutere die Gründe für die Taufe (M2).

2 Stelle anhand des Darstellungstextes und M4 die Gründe für die Missionierung zusammen.
   Tipp: Nutze auch die Begriffsdefinition „Missionierung“.

3 **a)** Beschreibe auf der Grundlage deiner Kenntnisse das Bild M1.
   Tipp: Achte auf die Gesichtsausdrücke und die Haltungen der Personen.
   b) Bringe das Bild zum Sprechen, indem du für jede Personengruppe eine Sprechblase verfasst.

4 **Wähle eine Aufgabe aus:**
   a) Führe ein fiktives Interview mit König Chlodwig I. über seine Taufe, deren Gründe und Bedeutung für seine Herrschaft.
   b) Führe ein fiktives Interview mit Bonifatius über seine Tätigkeit im Frankenreich und die Probleme bei der Missionierung.

Karl der Große: der „Vater Europas“?

Karl der Große ist der bekannteste König des Frankenreiches. Er regierte über große Gebiete der heutigen Staaten Frankreich, Deutschland und Italien. Seine Zeitgenossen nannten ihn „pater europae“ (= Vater Europas). Den Beinamen „der Große“ erhielt er allerdings erst Jahrzehnte nach seinem Tod.

Eroberungskriege gegen Langobarden und Sachsen

Der Frankenkönig Karl trat 768 das Erbe seines Vaters Pippin an. Mit seinen für damals außergewöhnlichen 1,84 Metern überragte er fast alle Männer seiner Zeit. Nach ihm ist die Königsfamilie benannt: die „Karolinger“. Über drei Jahrzehnte führte Karl Krieg. Nach heutigen Berechnungen soll er dabei rund 80 000 Kilometer auf dem Rücken seiner Pferde zurückgelegt haben.

Die enge Verbindung zwischen dem Papst in Rom und Karls Vater Pippin setzte sich unter Karls Herrschaft fort. Ein Hilferuf des Papstes an Karl löste einen Feldzug gegen das Volk der Langobarden in Norditalien aus. Karl eroberte deren Hauptstadt Pavia, setzte sich die Königskrone der Langobarden auf und nannte sich von nun an „König der Franken und Langobarden“.

Der Krieg gegen die Sachsen war nach Ansicht Einhards, dem Verfasser von Karls Lebensgeschichte, „der langwierigste, grausamste und für das Frankenvolk anstrengendste, den es je geführt hat“. Über 30 Jahre kam es zu grausamen Niederschlagungen von sächsischen Aufständen, ehe sich ihr Anführer Widukind taufen ließ. Obwohl die Annahme des christlichen Glaubens erzwungen war, galten die Sachsen bereits nach kurzer Zeit als „Brüder der Franken“. Die kulturelle und rechtliche Verschmelzung schritt so schnell voran, dass aus dem Volk der Sachsen nur wenige Generationen nach Karl eine Reihe deutscher Könige hervorging.

Um 800 hatte Karl das Reich seines Vaters an Größe verdoppelt und eine politische Einheit der christlichen Völker im Westen und der Mitte Europas geschaffen.

M 1 *Reiterstatuette eines fränkischen Herrschers: Sie gilt als Abbild Karls d. Großen, 9. Jh.*

Ein neues Kaiserreich

Am Weihnachtstag des Jahres 800 wurde Karl von Papst Leo III. in Rom zum Kaiser gekrönt (S. 20, M3). Karl fühlte sich dennoch in erster Linie als Frankenkönig und vermied die Bezeichnung „Imperator Romanorum“ (= Kaiser der Römer).

Vielleicht tat er dies auch aus Rücksicht auf den eigentlichen römischen Kaiser in Byzanz. Dieser billigte ihm aber nach langem Streit den Titel „Kaiser“ zu und redete ihn in seinen Briefen als „Bruder“ an. Karl verstand sich als Beschützer der Christen und betrachtete seine Kaiserwürde als ein „von Gottes Gnaden“ übertragenes Amt. Die Ausbreitung des christlichen Glaubens im Frankenreich ging Hand in Hand mit der Festigung der fränkischen Herrschaft. Die Kirche übernahm dabei die meisten staatlichen Verwaltungsaufgaben.

Kaisertum

Der höchste weltliche Herrschertitel in Europa entstand aus dem Namen Caesars. Mit der Kaiserkrönung Karls des Großen lebte die römische Reichsidee wieder auf. Das Krönungsrecht lag beim Papst, der damit auf den weltlichen Bereich Einfluss nahm. Die mittelalterlichen Kaiser verbanden mit der Kaiserkrone den Herrschaftsanspruch über Italien und die Einflussnahme auf die Kirche.

M 2

Rekonstruktion eines karolingischen Panzerreiters für eine Ausstellung über Karl den Großen in Aachen, 2014. Karl Martell hatte die Panzerreiter in der Auseinandersetzung mit islamischen Heeren im Frankenreich eingeführt.

M 3

Ein Mitglied des Königshofs in einem gedichteten Text über Karl den Großen (um 800):

Der König übertrifft alle Könige auf der ganzen Welt an Würde und Weihe, er ist gerechter, und mächtiger als alle ragt er empor. Er ist das Haupt der Welt, die Liebe und die Zierde des Volkes, die bewundernswerte Spitze Europas, der beste Vater, der Held, der Augustus, aber auch mächtig in der Stadt[1], die als zweites Rom zu neuer Blüte gewaltig emporwächst, mit hoch gebauten Kuppeln, die Sterne berührend.

Karolus Magnus et Leo Papa (Paderborner Epos), MG Poetae Latinii Medii. Zit. nach Geschichte in Quellen, Bd. 2, bearb. und übers. v. Wolfgang Lautemann, München (bsv), 2. Aufl. 1978, S. 68.

[1] *Gemeint ist die Stadt Aachen, wo Karl sich häufig aufhielt.*

M 4

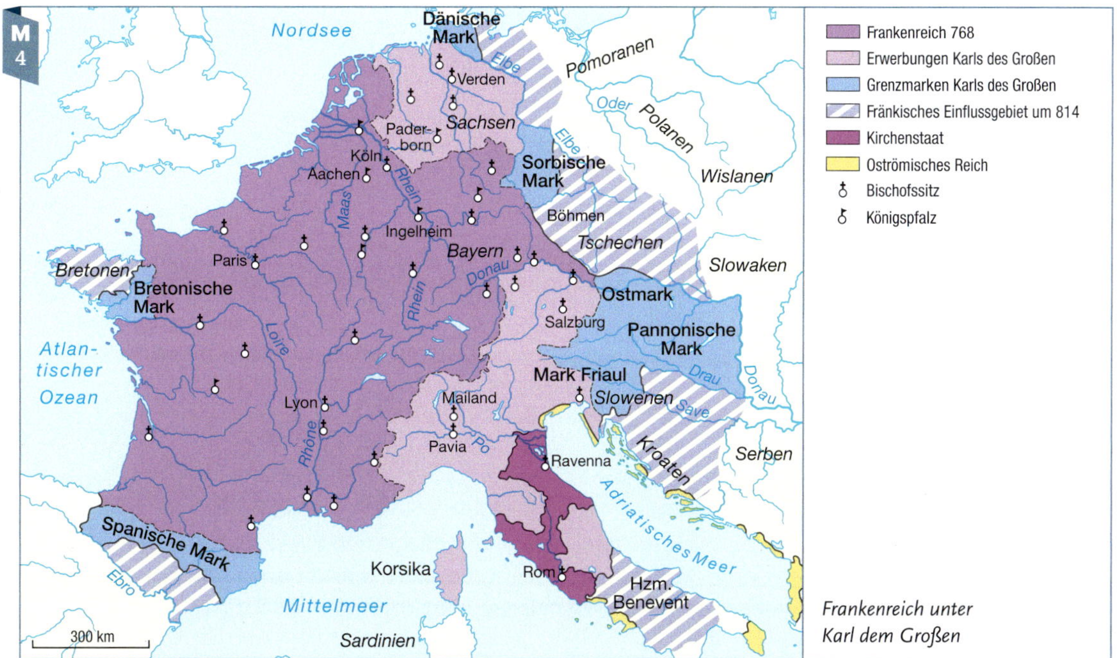

Frankenreich unter Karl dem Großen

1 Beschreibe anhand des Darstellungstextes und der Karte M4 die Ausdehnung des Frankenreichs unter Karl dem Großen.

2 Erläutere mithilfe des Darstellungstextes, wie Karl den christlichen Glauben weiter verbreitete.

3 **Partnerarbeit:**
a) Beschreibt arbeitsteilig M1 mit M2.
b) Vergleicht die Ergebnisse. Welche Darstellung ist vermutlich näher an der Wirklichkeit? Begründet eure Aussagen.

4 **a)** Analysiere, wie Karl in M3 beschrieben wird.
b) Beurteile die Beschreibung.
Tipp: Berücksichtige den Autor der Quelle.

5 Diskutiert, ob Karl der Große als „Vater Europas" bezeichnet werden kann.

Zusatzaufgabe: siehe S. 280

Karl der Große wird zum Kaiser gekrönt

Als erster deutscher Herrscher seit der Antike erlangte Karl die Kaiserwürde. Weihnachten 800 wurde er vom Papst in Rom feierlich zum Kaiser gekrönt. Es war der Höhepunkt seiner Regierungszeit und zugleich Vorbild für alle späteren Herrscher. Die mittelalterlichen Kaiser sahen sich dabei als Nachfolger der römischen Kaiser.

- ***Warum kam es zur Kaiserkrönung Karls?***
- ***Wie beurteilten die Zeitgenossen die Kaiserkrönung?***

Entscheide, mit welchen Materialien (A, B oder C) du arbeiten willst.

M1

Text auf der Vorderseite: KAROLUS IMP[ERATOR] AUG[USTUS] (= Karl, der erhabene Kaiser)

M2

Text auf der Rückseite: CHRISTIANA RELIGIO (= christliche Religion)

1 Beschreibe die beiden Seiten der karolingischen Münze (M1, M2) und vergleiche sie mit den dazugehörigen Münztexten.

2 Erkläre, welchen Eindruck Karl der Große durch diese in seinem Auftrag geprägte Münze vermitteln wollte.

M3 **Die Historikerin Britta Quebbemann schreibt über Karls Krönung, 2006:**

Am Markustag, dem 25. April 799, wurde Papst Leo III. bei einer Prozession überfallen und gefangen genommen. Der Kirchenfürst hatte Glück im Unglück, es gelang ihm zu fliehen. Laut Karls Biografen Einhard wurden dem Papst „die Augen ausgestochen und die Zunge ausgerissen“. Ganz so schlimm kann es nicht gewesen sein, denn einige Wochen später konnte Leo bereits wieder sehen und sprechen. Die Auftraggeber des Anschlags waren Verwandte seines Vorgängers ...

Im November des Jahres 800 traf der König [Karl der Große] dann selbst in Rom ein. Leo legte einen Reinigungseid ab: Ein korrekt ... gesprochener Eid „bewies“ die Unschuld des Angeklagten. Karl verurteilte die Gegner des Papstes zum Tode. Anschließend begnadigte er sie auf Wunsch Leos und verbannte sie aus der Heiligen Stadt.

Was konnte ein derart angeschlagener Papst für einen so mächtigen König zum Dank tun? Leo III. krönte Karl zum Kaiser. Dieser Titel gehörte bis dahin allein dem byzantinischen Herrscher. Schlagartig hatte sich die Welt verändert: Rom und Westeuropa, die Kirche und das Reich, Kaiser und Papst bildeten eine Einheit, die es in dieser Form nie gegeben hatte.

Einhard berichtet, dass Karl von der „Krönungsabsicht“ Leos nichts gewusst habe. Das ist unwahrscheinlich. Eine symbolisch so aufgeladene Handlung hatte der ehrgeizige Herrscher sicher gut vorbereitet.

Britta Quebbemann, PM History, August 2006, S. 9 f. Bearb. v. Verf.

1 Aus dem Artikel wurden alle Überschriften entfernt. Verfasse eine geeignete Hauptüberschrift und Zwischenüberschriften für jeden Absatz.

2 Wie bewertet die Autorin die Kaiserkrönung Karls?

3 Diskutiere die Behauptung der Autorin, es sei unwahrscheinlich, dass Karl von der Krönungsabsicht des Papstes nichts gewusst habe.

M 4 Bericht des fränkischen Gelehrten Einhard, 9. Jh.

Einhard (ca. 770–840) war ein Gelehrter an der Hofschule Karls des Großen und Autor einer Biografie über diesen Herrscher, den er persönlich kannte:

Seine [= Karls des Großen] letzte Reise nach Rom hatte mehrere Gründe. Die Römer hatten Papst Leo schwer misshandelt, ihm die Augen ausgestochen und die Zunge ausgerissen, sodass er sich gezwungen sah, den König um Schutz zu bitten. Daher begab sich Karl nach Rom, um die verworrenen Zustände der Kirche zu ordnen. Das dauerte den ganzen Winter. Bei dieser Gelegenheit erhielt er den Kaiser- und Augustus-Titel, der ihm anfangs so zuwider war, dass er erklärte, er würde die Kirche selbst an jenem hohen Feiertage nicht freiwillig betreten haben, wenn er die Absicht des Papstes geahnt hätte. Die Eifersucht der oströmischen Kaiser, die ihm die Annahme der Titel schwer verübelten, ertrug er dann allerdings mit erstaunlicher Gelassenheit. Er überwand ihren Widerstand durch seine Großmut – denn in dieser Beziehung stand er weit über ihnen – und indem er ihnen zahlreiche Botschaften sandte und sie in den Briefen immer als Brüder anredete.

Einhard, Vita Karoli Magni. Das Leben Karls des Großen – Lateinisch/Deutsch, übers. v. Evelyn Scherabon Firchow, Stuttgart (Reclam) 1981 (Copyright 1968), S. 53.

M 5 Bericht von Papst Leo III., 9. Jh.

Leo III. war zwischen 795–816 Papst. Sein Bericht stammt aus dem Liber Pontificalis (= Päpstliches Buch). Es ist eine Sammlung von päpstlichen Biografien, die im Auftrag der Kirche verfasst wurden:

Am Tage der Geburt unseres Herrn Jesu Christi waren alle in der schon genannten Basilika des heiligen Apostels Petrus versammelt. Und da krönte ihn (Karl) der ehrwürdige und Segen spendende Vorsteher eigenhändig mit der kostbarsten Krone. Darauf riefen alle gläubigen und getreuen Römer, die den Schutz und die Liebe sahen, die er (Karl) der römischen Kirche und ihrem Vertreter gewährte, einmütig mit lauter Stimme auf Gottes Geheiß und des heiligen Petrus, des Himmelreichs Schlüsselträger, Eingebung aus: „Karl, dem allerfrommsten von Gott gekrönten Augustus, dem großen und friedfertigen Kaiser, Heil und Sieg!" Unter Anrufung vieler Heiliger ist dies dreimal ausgerufen und von allen ist er als Kaiser der Römer eingesetzt worden.

Zit. nach Liber Pontificalis, Vita Leos III., hg. v. L. Duchesne, Paris 1884–1892.

1 Vergleiche M4 und M5, indem du Gemeinsamkeiten und Unterschiede in den Berichten anhand von Kriterien (z. B. Ort, Zeit, Ablauf, Gründe, ...) in einer Tabelle gegenüberstellst.

2 Welcher Autor stellt Karl den Großen besonders positiv dar, welcher den Papst? Begründe deine Einschätzung.
Tipp: Berücksichtige die Ämter der Autoren.
Tipp: Berücksichtige ihre Motivation für die Kaiserkrönung, ihre (Un-)Zufriedenheit in dieser Situation, ihre Hoffnungen für die Zukunft usw.

Aufgabe für alle:
Bildet Vierergruppen und entwickelt jeweils ein Standbild zur Kaiserkrönung Karls des Großen. Je zwei übernehmen die Rollen von Karl dem Großen und Leo III. Sie stellen sich wie Statuen in einer Haltung auf, die eure Sicht auf die Kaiserkrönung ausdrücken soll. Die beiden anderen sprechen im Hintergrund aus, was Karl und Leo in dieser Situation jeweils denken. Präsentiert eure Standbilder in der Klasse und vergleicht eure Ergebnisse.

Filmtipp: Schaut euch gemeinsam die Darstellung der Kaiserkrönung im Dokudrama „Karl der Große" (D/A 2014) an.

Das Lehnswesen – Wie regierten Könige ihr Land?

Um ihr Land zu regieren, hatten die Könige des Mittelalters noch keine Behörden mit zahlreichen Beamten, Verwaltungsangestellten, Polizisten und Richtern wie unser Staat heute. Es gab auch keine Hauptstadt ihres Reiches. Du erfährst wie mittelalterliche Herrscher ihr Land regierten und ihre Macht anerkannt wurde.

M 1

Die Reisen Karls des Großen 775–778. Den Streckenverlauf haben Forscher aus einem Itinerar Karls des Großen erschlossen. Itinerare sind mittelalterliche Aufzeichnungen über die Reisewege mittelalterlicher Könige.
Während seiner gesamten Regierungszeit bereiste Karl einige Orte mehrfach, z. B.: Worms: 16, Herstal: 12, Diedenhofen: 7, Düren: 6, Quierzy: 6, Aachen: 27-mal.

Reisekönigtum

Die Könige und Kaiser der Franken und später der Deutschen besaßen keine feste Hauptstadt, sondern reisten mit ihrer Gefolgschaft durch ihr Herrschaftsgebiet. Regieren bedeutete, politische und rechtliche Entscheidungen vor Ort zu treffen. Auf ihren Reisen hielten sie sich oft in großen Klöstern oder den eigens dafür vorgesehenen Pfalzen auf.

Herrschaft unter Adligen

Im Mittelalter gründete der Herrscher seine Macht auf die Adligen, die ihn wählten und zum König ausriefen. Der König brauchte die Adligen auch, um seine Herrschaft durchzusetzen. Er besaß kein eigenes Heer, sondern war im Kriegsfall auf die Unterstützung der adligen Führungsschicht angewiesen. Für die Adligen zahlte sich der Dienst für den König aus: Sie erhielten für ihre Gefolgschaft ein sogenanntes Lehen. Das war ein Stück Land, eine Burg oder ein besonderes Recht, z. B. das Recht, einen Markt zu gründen. Der König brauchte die Adligen aber auch, um sein Königreich zu kontrollieren, um Recht zu sprechen oder politische Entscheidungen zu treffen. Seine Königsboten übten zwar eine gewisse Kontrolle aus, aber sie konnten das Land nicht für ihn verwalten. Auch die Anweisungen des Königs, z. B. gegenüber den Grafen, konnten sie nicht dauerhaft durchsetzen. Deshalb band der König die Adligen durch einen Eid an seine Person, damit sie ihm treu blieben und in seinem Interesse handelten. So entstand ein System persönlicher Herrschaft, das sich im 8. Jahrhundert zum Lehnswesen* entwickelte. Für dieses Herrschaftsverhältnis unter Adligen verwenden Historiker auch den Begriff Feudalismus (lat. feudum = Lehen).

1 Erkläre, wie die mittelalterlichen Könige ihre Herrschaft sicherten.

2 **Wähle eine Aufgabe aus:**

a) Erkläre den Fachbegriff „Lehen“, indem du nach ähnlichen Wörtern im Deutschen suchst.

b) Für „Lateinexperten“: Überlege, warum das lateinische Wort für ein als Lehen vergebenes Gut „beneficium“ (von *bene* + *facere*) lautet.

3 Erkläre mithilfe von M1 und des Begriffskastens, warum Karl so viel reiste.

M 2

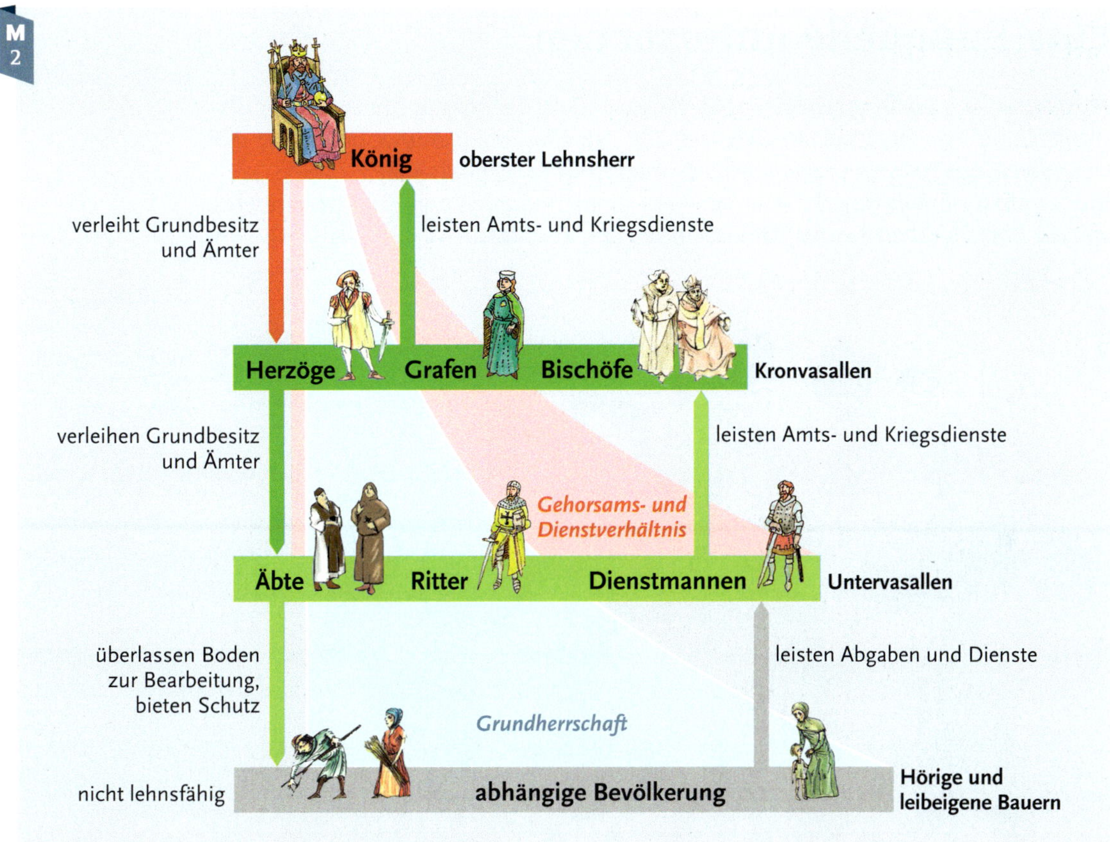

Eine vereinfachte Darstellung des Lehnswesens

Die Vergabe von Lehen

Das Lehen war ein vom Herrn an den Lehnsmann (*Vasall*) lebenslang geliehenes Gut (lat. *beneficium*), für das der Vasall dem Herrn Dienste zu leisten hatte. **Lehnsherr** und **Vasall** begaben sich in ein gegenseitiges Pflicht- und Treueverhältnis: Der Herr nahm den Vasallen unter seinen Schutz, verlangte dafür aber im Frieden Rat (lat. *consilium*) und im Kriegsfall militärische Hilfe (lat. *auxilium*).
Als Gegenleistung belohnte der Herr den Vasallen mit einem Lehen. Das Lehen konnte Land sein, aber auch ein Amt oder ein bestimmtes Recht. Grafen, Markgrafen, Herzöge, Bischöfe und Äbte waren Vasallen des Königs (Kronvasallen), die Ämter in der Reichsverwaltung ausübten.
Die Übergabe des Lehens bestand aus zwei Teilen:

1. **Mannschaft:** Der Vasall gab seine zusammengelegten Hände in die Hände des Herrn; der umschloss sie.
2. **Lehnseid des Vasallen:** Der Vasall verpflichtete sich zu Treue und Hilfe.

Danach wurde das eigentliche Lehen übergeben. Die Kronvasallen konnten Königsgüter, Ämter und Eigenbesitz an kleinere Vasallen weitergeben, die dann ihrem unmittelbaren Lehnsherrn, aber nicht mehr dem König zu Treue verpflichtet waren.

4 Untersuche das Schaubild M2:

a) Beschreibe zunächst die Beziehungen zwischen dem obersten Lehnsherrn und den Kronvasallen, dann die Beziehungen zwischen Kron- und Untervasallen.

b) Vergleiche die Beziehungen zwischen Grundherren und Hörigen/Leibeigenen (siehe Grundherrschaft, S. 26) mit denjenigen zwischen Lehnsherren und Vasallen.

c) Diskutiere, welche Probleme sich daraus ergeben konnten, dass Untervasallen ihrem unmittelbaren Lehnsherrn, aber nicht mehr dem König zur Treue verpflichtet waren.

Webcode: FG647255-023
Die mittelalterlichen Stände

Eine Bildquelle untersuchen

Mittelalterliche Bilder erscheinen uns oft fremd: Warum hat ein Mensch mehr als zwei Hände? Warum erhebt ein Mensch den Zeigefinger gegenüber einem vor ihm knienden Mann? Warum legen zwei Männer die Hände ineinander?
Hier erfährst du, wie du eine Bildquelle mit ihren Symbolen und Zeichen verstehst und die Einzelheiten zu einer Bildaussage zusammenfügst.

M 1

Die Belehnung geistlicher und weltlicher Fürsten, Abbildung aus dem Sachsenspiegel, 13./14. Jh.

M 2

Szenen aus dem Lehnsrecht, Illustrationen aus dem Sachsenspiegel, 13./14. Jh.

1 Deute eines der Bilder aus M2 mithilfe der Arbeitsschritte.

2 **Wähle eine Aufgabe aus:**

a) **Partnerarbeit:** Wählt ein Bild dieser Seite aus und schreibt einen Dialog für die abgebildete Handlung. Spielt diese Zeremonie mithilfe eurer Kenntnisse zum Lehnswesen nach.
Tipp: Verfasst eine kurze Einleitung für die Szene.

b) Zeichne dein eigenes Sachsenspiegel-Bild zu einer symbolischen Handlung von heute, z. B. eine Zeugnisausgabe in der Schule oder eine Eheschließung. Verwende eigene Symbole, aber auch mindestens ein Element der Zeichensprache aus M3.

Arbeitsschritte „Eine Bildquelle untersuchen“

Einzelne Elemente beschreiben	Lösungshinweise zu M1
1. Was ist zu sehen (Personen, Gegenstände)? 2. In welchen Positionen (Haltungen), in welchen Bewegungen sind sie zu sehen? 3. Welche Situation wird dargestellt? 4. Was erscheint merkwürdig?	• *Eine Person mit Krone auf einem Thron (ein König) gibt drei gekrönten Personen rechts drei Fahnen, zwei Personen links (eine mit Schleier, die andere mit Bischofshut) ein Zepter.* • *Es scheint sich um eine Übergabe zu handeln.* • *Es ist merkwürdig, dass die drei Personen auf der rechten Seite gleich aussehen.*
Zusätzliche Informationen hinzuziehen und Bedeutung der Bildelemente entschlüsseln	
5. Welche Hinweise gibt die Bildunterschrift? 6. Welche Bedeutung würdest du der dargestellten Geste, Gebärde, Handlung oder auch dem Gegenstand heute noch zuordnen? 7. Recherchiere Hintergrundinformationen zu den Symbolen (Bibliothek, Internet, hier: M3) 8. Welche Einzelaussagen ergeben sich aus den Symbolen und Gesten?	• *Der Bischof und die Äbtissin links erhalten vom König ein Zepterlehen als Symbol ihrer geistlichen Herrschaft, die drei weltlichen Fürsten rechts erhalten Fahnen als Herrschafts- und Lehnssymbole.* • *Der äußerste von ihnen machte eine erklärende Geste mit seiner Hand; vielleicht deutet dies auf den Lehnseid hin, den er dem König schwören muss.* • *Der König sitzt erhöht gegenüber den anderen Personen, er ist ihnen also überlegen.*
Gesamtaussage formulieren	
9. Welche Gegenstände oder Handlungen sind für die Aussage des Bildes besonders wichtig? 10. Welche Gesamtaussage lässt sich formulieren?	• *Das Lehnswesen wird als ein gegenseitiges Verhältnis dargestellt, da der König den Kronvasallen Lehen gibt, dafür von ihnen aber einen Treueid erhält. Der König hat die oberste Stellung inne.* • *Die anderen Personen stehen für Gruppen; deshalb sehen die drei weltlichen Fürsten identisch aus.*

Kleines Lexikon der mittelalterlichen Zeichensprache

Ähren anbieten: Bereitschaft, das Lehnsverhältnis fortzusetzen
Fahne (halten, übergeben): Herrschafts- und Lehnssymbol
Fahnenlehen: Lehen an einen Fürsten
Gabel am Hals: Drohung, das Lehen wegzunehmen
Hand schräg nach unten geführt: Geste der Erklärung
Handschuh: Eigentumsübertragung
Kniefall: Geste der Huldigung und Unterwerfung
Kreuz: Hauptsymbol des Christentums; als Zeichen der Weltherrschaft des Christentums gedeutet
Krone: Zeichen königlicher Macht
Kugel, Reichsapfel: Zeichen königlicher Herrschaft, Kugel = Erde
Mit dem Zeigefinger auf jemanden zeigen: Geste der Ermahnung, des Benennens
Schwert: Zeichen der Macht und der strafenden Gerechtigkeit
Wappen: schildförmiges, grafisch festgelegtes Symbol, zuerst während der Kreuzzüge verwendet; Zeichen für Erblichkeit der Lehen
Zeigefinger nach unten: Geste des Zeigens
Zepter: Herrschaftssymbol; Zepterlehen: Lehen an Geistliche

Grundherrschaft: Herrschaft über Bauern

Im Mittelalter lebte die Mehrheit der Bevölkerung auf dem Land. Die meisten Bauern waren keine freien Menschen. Das Land, auf dem sie lebten und arbeiteten, besaß ein Grundherr. Auf dieser Doppelseite untersuchst du, wie eine Grundherrschaft organisiert war.

- ***Was bedeutete es für die Bauern, „unfrei" zu sein?***
- ***Wie übten die Grundherren ihre Herrschaft aus?***

Wie war die Grundherrschaft organisiert?

Im Laufe des Mittelalters wurden immer mehr Bauern von einem Grundherrn abhängig. Grundherr konnte ein Adliger sein, etwa ein Graf, oder ein Kleriker (Geistlicher), wie der Bischof oder der Abt eines Klosters. In der Grundherrschaft bestanden unterschiedliche Formen der Abhängigkeit: Es gab Knechte und Mägde, die auf dem Hof des Grundherrn, dem Herrenhof, lebten und arbeiteten. Sie waren Leibeigene und gehörten zum persönlichen Besitz des Grundherrn. Andere Bauern lebten und wirtschafteten auf Hufen. Das waren kleine Hofstellen, die dem Grundherrn gehörten. Diese Bauern waren unfrei und mussten dem Grundherrn Abgaben und Dienste leisten.

Die Abgaben der Bauern wurden auf Fronhöfen (mittelhochdeutsch fro = Herr) abgeliefert. Hier wohnte auch der Meier: Das war der Verwalter, dem mehrere Hufen und die darauf lebenden Bauern unterstellt waren. Wenn der Grundherr sein Land verkaufte, gehörten die unfreien Bauern dem neuen Eigentümer. Man nannte sie deshalb auch Hörige, da sie das Land ohne Zustimmung des Grundherrn nicht verlassen durften. Dafür standen sie unter seinem Schutz und mussten nicht in den Krieg ziehen. Für seine Leibeigenen und Hörigen war der Grundherr meist auch Richter. Allerdings überließ er kleinere Streitigkeiten zwischen den Dorfbewohnern dem Dorfgericht. Es tagte unter der Leitung des Dorfvorstehers. Durch die Rechtsprechung sorgte der Grundherr für Frieden und Ordnung.

Abgaben und Dienste

Von den Erträgen der Landwirtschaft mussten die hörigen Bauern jährlich einen festgelegten Anteil abliefern, den sogenannten Zehnt. Oft betrug er mehr als den zehnten Teil, weil z. B. nicht jedes zehnte Huhn, sondern immer das erste von zehn Hühnern abzugeben war – Pech für den Bauern, der nur acht Hühner hatte. Die Hörigen waren zu Arbeiten für den Herrn, den Frondiensten, verpflichtet. Dazu gehörten vor allem landwirtschaftliche Arbeiten. Im Laufe des Mittelalters wurden die Frondienste zunehmend durch Geldzahlungen ersetzt.

Wie veränderte sich die Grundherrschaft?

Nach und nach ging die Zahl der freien Bauern weiter zurück. Man vermutet dafür vielfältige Gründe: Es gab zum Beispiel die gewaltsame Unterdrückung durch einen mächtigen Grundherrn, gegen den sich die Bauern nicht wehren konnte. Es sind aber auch Fälle bezeugt, dass sich Bauern freiwillig in die Grundherrschaft begaben: etwa nach Missernten oder um dem Heeresdienst und den Kosten für die militärische Ausrüstung zu entgehen. Mit der Entwicklung der Städte im 12. und 13. Jahrhundert lockerten die Grundherren diese Belastungen. Denn sie wollten verhindern, dass sich die Bauern durch Flucht in die Städte der Grundherrschaft entziehen (S. 36f.).

M 1

Bauern bei der Fronarbeit, Buchmalerei, 15. Jh.

M 2

Abgaben an den Grundherrn, Buchmalerei, 14. Jh.

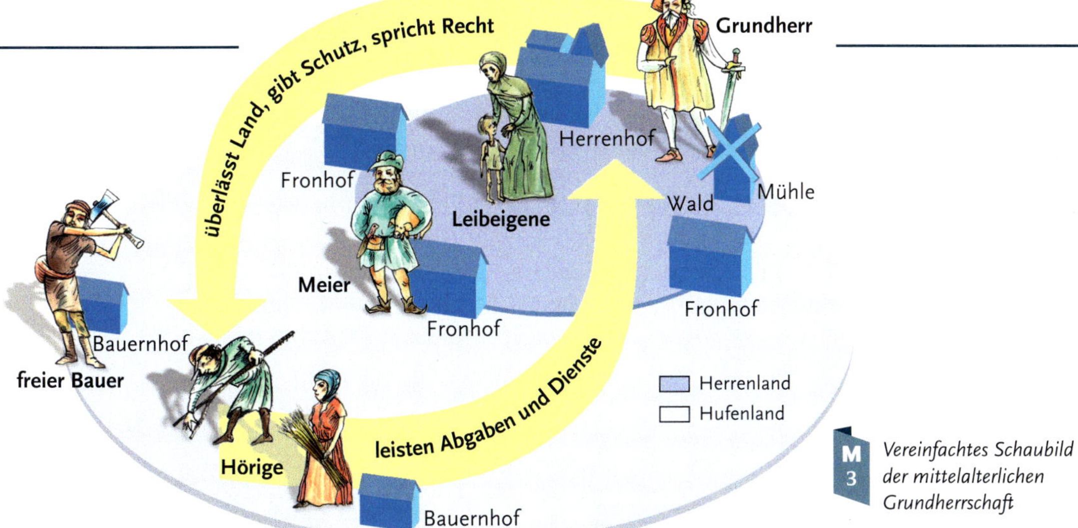

M 3 *Vereinfachtes Schaubild der mittelalterlichen Grundherrschaft*

M 4 **Aus einer Schenkungsurkunde Kaiser Konrads II. an das Kloster Limburg von 1035:**

Jeder Mann entrichte jährlich einen Schilling, eine Frau sechs Pfennige, oder aber es dienen Männer wie Frauen wöchentlich einen Tag auf dem Abtshof. Der Abt hat auch die Verfügungsgewalt über ihre noch unverheirateten Söhne. Er kann, welchen er will, in die Küche ..., in die Backstube stellen ..., die Wäsche waschen ..., die Pferde bewachen lassen und ihn zu jedem Dienst abordnen ... Wenn der Abt einen ... in seinem Gefolge haben will und ihn zum Truchsess oder Mundschenk oder zu seinem Reiter machen und ihm irgendein Lehen [als Dienstmann] übertragen hat ..., [so ist ihm dies erlaubt]. Nach dem Tode des Mannes wird das beste Stück Vieh ... zum Abtshof entrichtet, nach dem Tod einer Frau, das wertvollste Kleid.

Quellen zur Geschichte des deutschen Bauernstandes, hg. v. Günther Franz. 2. Aufl. Darmstadt (Wiss. Buchgesellschaft) 1976, Nr. 51.

M 5 **Der Verkauf von Leibeigenen „zu Gebrauch und Eigentum" eines geistlichen Grundherrn, 1367:**

Ich, Berthold von Stein zu Richtenstein zu Stadgun gesessen, tue kund, ... dass ich dem Abt und Konvent[1] des Gotteshauses von Sankt Gereon ... meine Eigenleute[2] Agnes, ihre Söhne, ihre Tochter ... zu Kauf gegeben habe. ...

Ich habe diese meine Eigenleute dem Kloster zu Gebrauch und Eigentum übergeben mitsamt ihren Kindern, die sie jetzt haben und die sie noch bekommen, und mit deren Nachkommen. ... Die oben genannten Eigenleute können sich in Dörfern und Städten, wo sie wollen oder wo es ihnen passt, niederlassen, darin soll weder ich noch irgendeiner meiner Erben sie kränken. ... Der oben genannte Abt hat mit achtzehn Pfund Heller bezahlt.

Zit. nach Johannes Bühler, Bauern, Bürger und Hansa, Leipzig (Insel) 1929, S. 70.

[1] *Gesamtheit der Mitglieder eines Klosters*
[2] *Unfreie, die an einen Grundherrn gebunden waren*

1 **Partnerarbeit:** Untersucht arbeitsteilig M1 und M2 mithilfe der Arbeitsschritte (S. 25).

2 Erläutere mithilfe des Darstellungstextes und M3 die mittelalterliche Grundherrschaft.

3 Beurteile die Grundherrschaft, indem du die Vorteile für den Fronherrn und den Bauern in einer Tabelle darstellst.

4 **Partnerarbeit:**

a) Untersucht M4 im Hinblick auf die Abgaben und Frondienste, die Hörige dem Kloster Limburg leisten mussten.

b) Bewertet die Abgaben und Dienste der Limburger Hörigen: Welche Forderungen des Grundherrn scheinen euch aus heutiger Sicht noch akzeptabel, welche nicht? Begründet eure Meinung.

5 **Wähle eine Aufgabe aus:**

Erläutere eine der folgenden Redewendungen mit eigenen Worten.

a) „Not lehrt beten, Fron aber fluchen."

b) „Vor Gott gilt der Bauer so viel wie der Junker."

Die Ständegesellschaft – eine gottgewollte Ungleichheit?

Alle Menschen sind gleich. So steht es im Grundgesetz der Bundesrepublik Deutschland. Dieser Grundsatz galt im Mittelalter nicht. Es gab große Unterschiede zwischen den Menschen, die in Stände eingeteilt waren. Zu welchem Stand man gehörte, entschied sich meist schon bei der Geburt. Wie die mittelalterliche Ständegesellschaft aufgebaut war und wie sie begründet wurde, erfährst du hier.

M 1 *Die drei Stände, Holzschnitt von Johannes Lichtenberger, 1488. Die Beschriftung lautet: Tu supplex ora – Du bete demütig! Tu protege – Du beschütze! Tuque labora – Und du arbeite!*

Die Einteilung in Stände

Schon in der Antike suchten Gelehrte nach Erklärungen dafür, dass es innerhalb einer Gesellschaft Unterschiede gab. Sie teilten zwei Gruppen ein: Herren und Knechte. Im 11. Jahrhundert entwickelten Gelehrte ein neues Bild von der Gesellschaft: die Lehre (= Ansicht) von den drei Ständen. Unterschieden wurde zunächst zwischen Klerus (= Geistliche) als erstem Stand und dem Adel als zweitem Stand. Adel und Klerus herrschten über den dritten Stand, dem über 90 Prozent der Bevölkerung angehörten. Die meisten von ihnen waren unfreie Bauern (siehe Grundherrschaft, S. 26). Nach dieser Lehre wurde jeder Mensch einem Stand zugewiesen. Dabei spielten weder seine Besitzverhältnisse noch die Tätigkeiten, die er ausübte, eine Rolle. Folglich waren die sozialen Unterschiede innerhalb eines Standes groß.

Die Stände hatten bestimmte Aufgaben und Rechte innerhalb dieser Ordnung und grenzten sich gegeneinander ab. So war z. B. eine Heirat nur innerhalb eines Standes möglich.

Da diese Ordnung als von Gott gegeben bezeichnet wurde, durfte sich niemand gegen sie auflehnen.

Bischof Adalbero von Laon (971–1030) schrieb an den französischen König Robert:

Dreigeteilt ist das Haus Gottes, das man als eine Einheit glaubt: Die einen beten, die anderen kämpfen und andere arbeiten. Diese drei sind vereint und mögen denn keine Spaltung. Durch die Aufgaben des einen Teils werden auch die beiden anderen Teile bedacht. Im Wechsel der Pflichten erwächst allen Trost.

Zit. nach Ferdinand Seibt, Glanz und Elend des Mittelalters, Berlin (Siedler) 1987, S. 131 ff.

Äbtissin Hildegard von Bingen schrieb an die Äbtissin von Andernach, 1150:

Gott achtet bei jedem Menschen darauf, dass sich der niedere Stand nicht über den höheren erhebe, wie es einst Satan und der erste Mensch getan ... Wer steckt all sein Viehzeug zusammen in einen Stall: Rinder, Esel, Schafe, Böcke? Da käme alles übel durcheinander! ... Gott teilt sein Volk auf Erden in verschiedene Stände, wie die Engel im Himmel in verschiedene Gruppen geordnet sind, in die einfachen Engel und in die Erzengel ..., die Cherubim und Seraphim.

Zit. nach Johannes Bühler, Die Kultur im Mittelalter, Stuttgart (Kröner) 1954, S. 123.

Aufruf eines Priesters an die Bauern, 1381:

Aus welchem Grund sind die, die wir Herren nennen, größere Meister als wir? ... Warum halten sie uns in Knechtschaft? Und wenn wir alle von einem Vater und einer Mutter, Adam und Eva, abstammen, inwiefern können sie behaupten und beweisen, dass sie mit besserem Grund als wir Herren sind? Höchstens damit, dass sie uns erbringen und erpflügen lassen, was sie ausgeben.

Zit. nach Arno Borst, Lebensformen im Mittelalter, Hamburg (Nikol) 2004, S. 284.

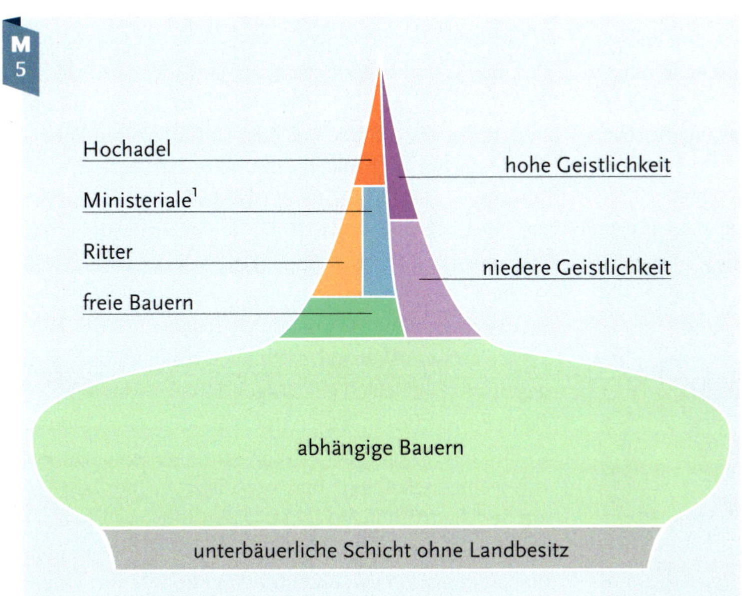

Schema der ländlichen mittelalterlichen Gesellschaft

1 Ministeriale (= Dienstmannen) waren ursprünglich Unfreie, die von ihrem Herrn zu Verwaltungsaufgaben oder Kriegsdienst herangezogen wurden. Seit dem 12. Jh. verbanden sie sich mit dem Adel zum Ritterstand.

Ständeordnung

Im Mittelalter bestimmte die Geburt, zu welchem Stand ein Mensch gehörte. Seit dem 11. Jahrhundert wurde die Gesellschaft nach der Dreiständelehre eingeteilt. Nicht erfasst wurden von dem Modell Frauen und Kinder oder die Juden. Berufe wie die des Totengräbers, Henkers, aber auch Gruppen wie Schausteller und Bettler zählten zu keinem Stand. Die Zugehörigkeit zu einem Stand bestimmte über die Rechte des Einzelnen, den Zugang zu Berufen und die Bildungsmöglichkeiten. Wichtigstes Merkmal einer ständischen Gesellschaft ist die große politische, soziale und rechtliche Ungleichheit zwischen den einzelnen Ständen.

1 Untersuche mithilfe des Darstellungstextes M1. Nutze die Arbeitsschritte S. 25.
Tipp: Achte darauf, wie die einzelnen Stände dargestellt werden.

2 Beschreibe das Schema M5. Ordne die abgebildeten Gesellschaftsgruppen den drei Ständen zu. Beachte: Die Stadtgesellschaft wird hier nicht berücksichtigt.

3 **Partnerarbeit:**
a) Erarbeitet anhand von M2 und M3 (arbeitsteilig), wie die Einteilung der Gesellschaft in Stände von Zeitgenossen begründet wurde.
b) Vergleicht eure Ergebnisse mit M4.
c) Diskutiert die Leitfrage, indem ihr ein fiktives Streitgespräch zwischen der Äbtissin und dem Priester führt.

Webcode: FG647255-029
Die mittelalterlichen Stände

Mittelalterliche Lebenswelten: das Dorf

Die meisten Menschen im Mittelalter lebten auf dem Land: am Anfang fast alle und am Ende des Mittelalters – um 1500 – immer noch über 80 Prozent. So groß ist der Anteil der Landbevölkerung heute beispielsweise in Pakistan und in der Türkei. Die Menschen ernährten sich von Ackerbau und Viehzucht.

- ***Wie lebte, arbeitete und wohnte die bäuerliche Bevölkerung?***

Entstehung von Dörfern und Höfen

Bis zum frühen Mittelalter war Mitteleuropa von einer nahezu geschlossenen Waldlandschaft bedeckt. Riesige Urwälder und weite Sumpfgebiete wurden nur von Lichtungen und kleinen Siedlungen, die von Feldern umgeben waren, unterbrochen.

Mit zunehmender Bevölkerung reichte das bewirtschaftete Land nicht mehr aus. In mehreren Phasen wurden Wälder gerodet und urbar gemacht. Dörfer entstanden, die aber selten mehr als zehn bis zwölf Höfe umfassten. Noch heute deuten die Endungen der Ortsnamen „-heim", „-hop", „-wurt" oder „-horn" auf den Ausbau des Siedlungslandes im Mittelalter hin.

M 1 *Arbeiten auf einem Bauernhof, Buchillustration, um 1515*

Leben und Arbeiten auf dem Dorf

Die Arbeit der Bauern war von dem Jahreslauf abhängig. Der Wechsel der Jahreszeiten bestimmte nicht nur die Tätigkeiten des Bauern, sondern auch dessen Arbeitszeiten. Im Mittelalter stand man auf, wenn es hell wurde, und ging bei Dunkelheit schlafen. So betrug die tägliche Arbeitszeit im Sommer mitunter 14–16 Stunden.

Im Mittelalter war die ganze Familie in den landwirtschaftlichen Betrieb eingebunden. Zu dieser zählten neben Eltern und Großeltern auch die Kinder. Sobald sie kräftig genug waren, in der Regel ab sieben Jahren, mussten sie mithelfen. Auf dem Hof arbeiteten außerdem Knechte und Mägde, die unter der Bezeichnung „Gesinde" zusammengefasst werden. Wissenschaftler bezeichnen die auf den Höfen lebenden Gruppen als „Hausgemeinschaften" und „Haushaltsfamilien", weil sie im Wesentlichen durch die gemeinsame Arbeit verbunden waren, nicht (nur) durch Blutsverwandtschaft. Dieser größere Verband hatte auch die Funktion, sich gegenseitig in vielen Lebenslagen Schutz zu bieten.

Bäuerin und Bauer waren einerseits dem Grundherren (S. 26 f.) untergeordnet. Andererseits standen sie der Hausgemeinschaft vor und organisierten die Arbeiten auf dem Bauernhof. Der Bauer war rechtlich gesehen der „Herr im Haus" und besaß damit die Rechtsgewalt über die anderen Hofbewohner. Die Frau konnte nur eingeschränkt am öffentlichen Leben teilnehmen. Starben der Bauer und seine Witwe, gingen ihre Rechte und Pflichten auf ihre Kinder über, wenn diese 14 Jahre alt waren.

M 2 **Ein „Bauernlied" aus dem 15. Jahrhundert:**

Steh auf, Margretlein, liebe Gretel!
Zieh die Rüben heraus!
Mach Feuer, setz Fleisch und Kraut an!
Schnell, sei gescheit!
Nur zu, du faule Tasche, spül die Schüssel! ...
Gret, lauf zum Schuppen, such die Nadel,
nimm den Rechen mit! Gabel, Dreschflegel,
Kornsieb und Sichel findest du dort.

Otto Borst, Alltagsleben im Mittelalter, Frankfurt a. M. (Insel) 1983, S. 123.

M 3

„Die zwölf Arbeiten der Monate", französische Buchmalerei, um 1460

Der Historiker Otto Borst über bäuerliche Arbeitsteilung, 1983:

Bauernarbeit ist also immer auch Gemeinschaftsarbeit. Der Stand der Agrartechnik, aber auch das aufeinander Angewiesensein haben zu regelmäßigen Versammlungen geführt, auf denen das Notwendige untereinander abgesprochen wurde, wann gepflügt und wann gesät werden soll ... Haus und Hof verlangen tägliche Hilfe und Vorsorge, das Holzsammeln ist nur eine von diesen Tätigkeiten ... Spinnen, Weben, Schneidern war bei der Notwendigkeit zur Selbstversorgung in den bäuerlichen Haushalten vor allem als typische Frauenarbeit überall anzutreffen ... Zu einem Bauernhaus gehörte alles, Putzen, Kochen, Schöpfen von Wasser, Schüren des Feuers, Käsen, Viehversorgen, Gemüsegarten, Getreideeinbringen ... Zahllose ... Abbildungen zeigen die Frau im Dorfe worfeln [Getreide reinigen], mähen, Getränke bringen, beim Schweineschlachten zupacken oder spinnen. Nur die Schäferei ist ihr versagt. Da man mit den Herden oft große Strecken zurücklegen musste, blieb das Männersache. Dafür fällt ihr zahlreiche Mitarbeit im Brauereigewerbe an, und die Weiterverarbeitung der vom Fronhof gestellten pflanzlichen und tierischen Fasern ist ... ausschließlich Frauensache: Die Frauen müssen Leintücher, Hemden und Hosen herstellen ... Dass die Bauersfrau nur in der Binnenwirtschaft [Hauswirtschaft] zu finden war, ist eine ... Vorstellung, die wir verabschieden müssen.

Otto Borst, Alltagsleben im Mittelalter, Frankfurt a. M. (Insel) 1983, S. 118ff.

1 **Gruppenarbeit:**

a) Untersucht die Materialien dieser Seite unter folgenden Aspekten:

- Entstehung von Dörfern,
- Organisation einer Hausgemeinschaft,
- Arbeiten und Arbeitsteilung,
- Verhältnis zwischen Bauer und Bäuerin,
- Situation der Kinder.

b) Gib mit eigenen Worten wieder, was M1, M2, M3 sowie der Darstellungstext über das Leben einer Bauersfrau, eines Bauern oder einer Magd im Mittelalter berichten.
Bereitet eine Präsentation vor.

Zusatzaufgaben: siehe S. 280

Mittelalterliche Lebenswelten: die Burg

Die Burgenlandschaft Brandenburgs entstand im 10. Jahrhundert. Siedler aus dem westlichen Mitteleuropa begannen hier zu siedeln, das Land zu erobern und Burgen zu bauen. Dabei übernahmen sie häufig vorhandene Burgwälle der Slawen. Heute sind die meisten Burgen in der Region Ruinen.

- ***Wie war eine Burg aufgebaut?***
- ***Wie lebten die Burgbewohner?***

Burgtypen

Die klassische Steinburg entstand im 12. Jahrhundert aus hölzernen Fluchtburgen. Diese waren von einer Palisade oder einem Graben umgeben und dienten in Zeiten der Bedrohung als Zufluchtsort für Menschen und Vieh. Aus der sogenannten Motte, einem Turm auf einem künstlich aufgeschütteten Erdhügel, entstanden in Frankreich und England größere Steintürme mit Schutz und Wohnfunktionen. In Deutschland war eine etwas andere Anlage gebräuchlich: Man trennte klar zwischen einer militärischen Aufgabe (Bergfried, Mauer und Graben) und einem wohnlichen Teil (Palas und Kemenaten). Burgen wurden vorzugsweise an Stellen errichtet, die eine gut zu verteidigende Lage mit weiter Sicht boten. Derartige Burgen erhielten den Namen „Höhenburg“. Im Flachland wurden Burgen mit wasserführenden Gräben („Wasserburg“) umgeben.

Leben auf einer Burg

Auf Burgen lebten kaum fünf Prozent der Bevölkerung im Mittelalter. Dazu zählten adlige Herren und Damen, Ritter und Edelfrauen, Knappen, Knechte und Mägde. Die Unterschiede im Wohnkomfort waren groß. In der Wartburg finden wir einen großen Palas (= repräsentativer Saalbau). Darin befanden sich Küchen und Vorratsräume, ein prächtiger Rittersaal für Feste und sogar beheizbare Schlafgemächer. Andernorts gab es nur ein bescheidenes Steinhaus für den Ritter und seine Familie. Und in vielen Burgen hausten nur einige wenige bewaffnete Krieger mit Gefolge. Adlige und Ritter, die auf einer Burg lebten, waren stets von einer Grundherrschaft abhängig. Sie gehörte zur Burg und musste die Menschen versorgen, die dort lebten. Oft war die Grundherrschaft aber so klein, dass die Abgaben der Bauern gerade für den Lebensunterhalt des Grundherrn reichten.

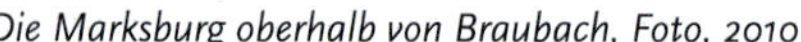

M 1 *Die Marksburg oberhalb von Braubach, Foto, 2010*

M 2 *Ritterschlag, Buchillustration, 1483. Mit 14 Jahren konnte ein junger Mann als Knappe „Auszubildender“ bei einem Ritter werden und mit 21 selbst den Ritterschlag erhalten.*

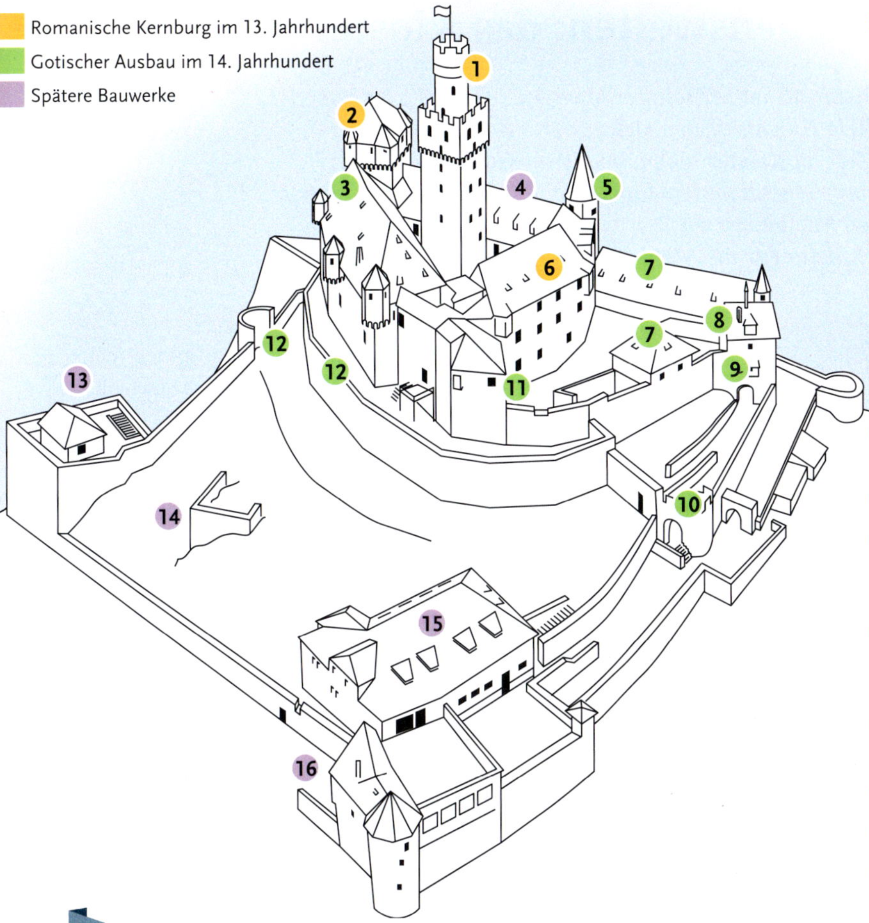

Romanische Kernburg im 13. Jahrhundert
Gotischer Ausbau im 14. Jahrhundert
Spätere Bauwerke

1 **Bergfried**
2 **Kapellenturm und Ringmauer**
3 **Gotischer Saalbau**
4 **Rheinbau:** Wohngebäude
5 **Pulverturm:** Hier wurde das Schießpulver gelagert.
6 **Palas:** Wohngebäude
7 **Große und kleine Batterie:** Geschützhäuser mit Kanonen
8 **Vogtsturm:** Hier wohnte der Verwalter der Burg.
9 **Schartentor:** In seinem Türflügel sind Schießscharten angebracht.
10 **Fuchstor**
11 **Eiserne Pforte:** Dieses Tor konnte durch ein Eisengitter geschlossen werden.
12 **Zwinger:** Verteidigungssystem aus Mauern, Schalentürmen und Gräben
13 **Pulvereck:** Vor 400 Jahren wurde hier das Schießpulver aufbewahrt.
14 **Schanze:** Verteidigungsanlage
15 **Ticketkasse, Museumsladen, Café**
16 **Zugbrückentor**

M 3 *Die Marksburg (bei Koblenz), Plan der Burganlage, 2013*

Der Ritter Ulrich von Hutten schrieb 1518 an einen Nürnberger Kaufmann:

Die uns ernähren, sind bettelarme Bauern, denen wir unsere Äcker, Weinberge, Wiesen und Wälder verpachten. Der einkommende Ertrag ist, gemessen an der aufgewandten Mühe, geringfügig … Die Burg selbst … ist nicht als angenehmer Aufenthalt, sondern als Festung gebaut. Sie ist von Mauern und Gräben umgeben, innen ist sie eng und durch Stallungen für Vieh und Pferde zusammengedrängt. Daneben liegen dunkle Kammern, vollgestopft mit Geschützen, Pech, Schwefel … Überall stinkt es nach Schießpulver; und dann die Hunde und ihr Dreck … Reiter kommen und gehen, darunter Räuber, Diebe und Wegelagerer. Denn fast für alle stehen unsere Häuser offen, weil wir nicht wissen, was das für Leute sind, oder uns nicht groß danach erkundigen. Man hört das Blöken der Schafe, das Brüllen der Rinder …
Wenn aber einmal ein schlechtes Ertragsjahr kommt, wie in dieser mageren Gegend meistens, dann haben wir fürchterliche Not und Armut.

Zit. nach Arno Borst, Lebensformen im Mittelalter, Frankfurt a. M. u. a. (Ullstein) 1979, S. 173ff.

1 **Gruppenarbeit:** Erarbeitet die Materialien dieser Seite unter folgenden Aspekten:
a) die Burgtypen,
b) Aufbau einer Burg,
c) Leben auf einer Burg,
d) Situation der Ritter.
Bereitet eine Präsentation vor.

Webcode: FG647255-033
Leben auf der Burg

Mittelalterliche Lebenswelten: das Kloster

Heute gibt es viel weniger Klöster als im Mittelalter, ihre Anziehungskraft haben sie dennoch nicht verloren. Viele Klöster öffnen sich für Laien, die eine Unterkunft suchen oder für einige Zeit im Kloster leben möchten. Klöster haben oft Gärtnereien oder Handwerksbetriebe, in denen Jugendliche ausgebildet werden.

- ***Wie sah der Klosteralltag im Mittelalter aus?***
- ***Welche Bedeutung hatten Klöster für die Menschen, die nicht im Kloster lebten?***

Beten und arbeiten

Mit der Ausbreitung des Christentums (S. 212, M1) bildeten sich in Europa die ersten Klöster. 529 gründete Benedikt von Nursia (um 480–547) auf dem Monte Cassino in Italien ein Kloster. Benedikt stellte Regeln für das Zusammenleben auf, die zur Grundlage fast aller klösterlichen Gemeinschaften im Mittelalter wurden. So war festgelegt, dass Mönche und Nonnen in Demut, Keuschheit und Armut leben sollten. Der klösterliche Tagesablauf war streng eingeteilt. Arbeitsphasen wechselten mit Zeiten des Gebets. Im Spätmittelalter wurde deshalb den Klöstern der lateinische Spruch „ora et labora" (bete und arbeite) zugeschrieben. Wenn dieser auch nicht aus den Regeln Benedikts von Nursia stammt, ist er doch aussagekräftig für das Klosterleben.

Klöster als Wirtschaftsbetriebe

Die Mönche und Nonnen des Zisterzienser-Ordens, der 1098 gegründet wurde, zeichneten sich besonders durch wirtschaftliche Erfolge und die Weiterentwicklung landwirtschaftlicher Methoden aus.

So darf man sich ein mittelalterliches Kloster auch nicht als Ort völliger Stille und Ruhe vorstellen, sondern muss einen Wirtschaftshof voller Leben, Lärm und Gestank vor Augen haben. Dort lebten und arbeiteten nicht nur Mönche oder Nonnen, sondern auch Laien, d.h. Menschen, die kein Klostergelübde abgelegt hatten. Dass sie im Kloster lebten, hatte unterschiedliche Gründe: Für viele war das Kloster ein Arbeitgeber, der sich vom adligen Grundherrn kaum unterschied.

Klöster als Bildungs- und Wissenschaftszentren

Für Mädchen und Frauen war das Kloster die einzige Möglichkeit, sich wissenschaftlich oder künstlerisch zu betätigen. Viele Frauen traten auch ins Kloster ein, um einer Zwangsheirat zu entgehen oder um versorgt zu sein, wenn sie unverheiratet blieben. Predigt und Oberaufsicht in den Frauenklöstern blieben jedoch ein Vorrecht der männlichen Ordensmitglieder. Somit war die Eigenständigkeit der Nonnen begrenzt.

Die Klöster gründeten eigene Schulen. Hier wurden Kinder für die Aufgaben im Orden ausgebildet. Über Jahrhunderte hinweg waren Klosterschulen die einzigen Bildungseinrichtungen. Deshalb brachten viele Adlige ihre Kinder dort unter, auch wenn diese später gar nicht ins Kloster eintreten sollten. Nachgefragt waren die Klöster auch wegen ihrer wissenschaftlichen Bibliotheken und des Erfahrungsschatzes, der innerhalb der Klostermauern von „Generation zu Generation" weitergegeben wurde. Gerade im Bereich der Medizin und Kräuterheilkunde verfügten viele Klöster über großes Wissen. Sie bildeten gewissermaßen die „Gesundheitszentren" ihrer Region.

M 1 *Das Kloster Lehnin südwestlich von Potsdam, Foto, 2009. Heute beherbergt das Kloster diakonische Einrichtungen der evangelischen Kirche.*

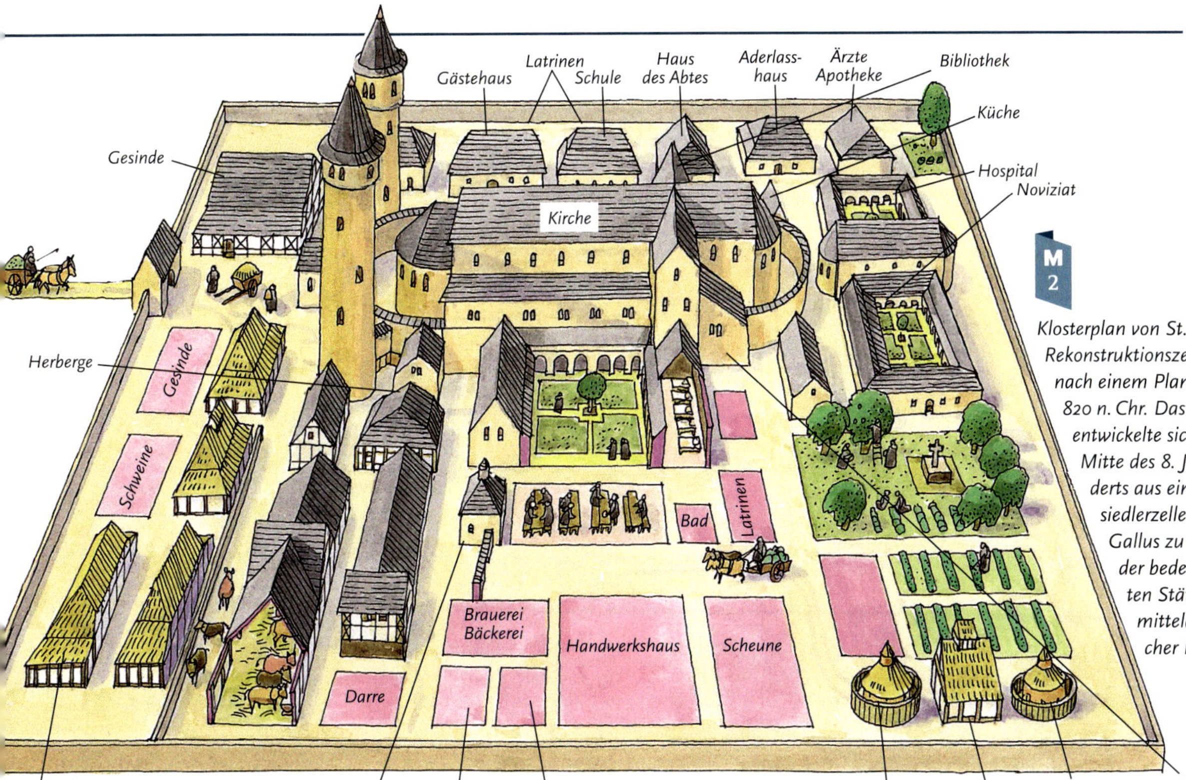

M 2 *Klosterplan von St. Gallen, Rekonstruktionszeichnung nach einem Plan von 820 n. Chr. Das Kloster entwickelte sich in der Mitte des 8. Jahrhunderts aus einer Einsiedlerzelle des hl. Gallus zu einer der bedeutendsten Stätten mittelalterlicher Kultur.*

Aus der Satzung der Zisterzienser von 1143:
Wie die Mönche ihren Lebensunterhalt gewinnen sollen: Brüder unseres Ordens sollen ihren Unterhalt durch ihrer Hände Arbeit erwerben, durch Gewinnung von Kulturland und Viehzucht. Deshalb dürfen wir zum eigenen Gebrauch Wasser, Wald, Rebgelände, Wiesen und Äcker besitzen. Aber sie müssen von den Wohnungen der Laien getrennt angelegt sein. Der Besitz von Tieren ist auf solche Arten beschränkt, die weder die Neugier noch die Eitelkeit befriedigen, sondern irgendwelchen Nutzen bringen. Dazu, d.h. zum tätigen Leben, zur Nahrung, zur Vorsorge ... können wir Wirtschaftshöfe haben, die von Konversen[1] verwaltet werden.

Zit. nach Geschichte in Quellen, Bd. 2., hg. v. Wolfgang Lautemann, München (bsv) 1978, S. 627.

[1] *Laien, die im Kloster arbeiten*

Über das Leben der Mönche, Homepage des Zisterzienserklosters Himmerod, 2013:
Sie treffen sich gemäß der Regel des hl. Benedikt von Nursia siebenmal täglich zum gemeinsamen Gebet ... Es besteht aus Psalmen und Lesungen, Liedern und Zeiten des Schweigens ... Die Mönche arbeiten in Betrieben, in der Seelsorge und Verwaltung, in Gäste- und Exerzitienhäusern sind sie präsent und hilfreich für Gruppen und Einzelgäste, die Tage der Erholung, Besinnung, des gegenseitigen Austauschs und der Schulung bei ihnen verbringen.

Zit. nach http://abtei-himmerod.de/abtei-zisterzienser-klosterhimmerod_eifel-mosel/abtei/abtei-kloster/himmerodldt-ein/ (Stand: 12. 6. 2013).

1 **Gruppenarbeit:** Untersucht die Materialien auf dieser Seite unter folgenden Aspekten:
a) Aufbau einer Klosteranlage,
b) Aufgaben eines Klosters,
c) Leben im Kloster,
d) Bedeutung des Klosters für seine Umgebung.
Bereitet eine Präsentation für eure Mitschüler vor.

Mittelalterliche Lebenswelten: die Stadt

Dein Alltag wird nicht nur von Familie, Freunden und Schule geprägt, sondern auch von der Umgebung. Ob du in der Stadt oder in einer ländlichen Gegend aufwächst, prägt häufig auch deine Interessen oder Berufsperspektiven. Im Mittelalter war der Unterschied zwischen Stadt und Land noch viel deutlicher als heute, die mittelalterliche Stadt war eine „eigene Welt“.

- ***Wann und warum entstanden Städte?***
- ***Wie lebten die Bewohner der Städte?***
- ***Wer regierte in den Städten?***

M 1 *Ein Patrizier mit seiner Familie, Gemälde von Jean Bourdichon, um 1500*

Entstehung von Städten

Im frühen Mittelalter entwickelten sich in Mittel- und Westeuropa die Reste römischer Städte wieder zu Siedlungsplätzen. Und seit dem 11. Jahrhundert kam es zu zahlreichen Stadtgründungen. Die Stadtgründer waren Könige, Herzöge und Bischöfe, die wirtschaftliche Mittelpunkte schaffen wollten. Ihre Städte gründeten sie deshalb an Orten, an denen bereits Warenaustausch und Handel stattfanden: an Flüssen, Kreuzungen von Handelswegen, in der Nähe von Pfalzen, Burgen und Klöstern. Ein wichtiger Grund für die Entstehung von Städten war der Markt.

Die Städte belebten Handwerk und Handel in der Region. So brachten sie ihren Gründern finanzielle Vorteile aus Abgaben und Steuern. Aber auch für die Handwerker und Kaufleute selbst hatte die Stadt offensichtliche Vorteile: Sie fanden für ihre Waren in der Stadt bessere Absatzmöglichkeiten und wurden durch den Stadtherrn geschützt.

Wer regierte in den Städten?

Ursprünglich war der König der Stadtherr. Später konnten dies auch Bischöfe, Grafen oder Herzöge sein. Daher wurden Städte u. a. als Königs- und Reichsstadt oder Bischofsstadt bezeichnet. Der Stadtherr gewährte, ähnlich wie der Grundherr auf dem Land, den Einwohnern gegen Abgaben und Dienste Schutz.

Im Laufe des 13. Jahrhunderts erstritten sich Adlige und Patrizier einer Stadt immer mehr Rechte und Einfluss. Auf diese Weise entstanden in vielen Städten Räte mit den Bürgermeistern an der Spitze, die den Stadtherrn aus seinen herrschaftlichen Funktionen verdrängten. Der Stadtrat war für den städtischen Frieden und die öffentliche Ordnung zuständig. Das Leben in der Stadt wurde in einem eigenen Stadtrecht geregelt. So beschloss der Stadtrat beispielsweise Anordnungen über die Höhe der Steuern oder Gesetze wie die Marktordnung. Da die Arbeit im Rat nicht bezahlt wurde, konnten nur Mitglieder von privilegierten Familien darin mitwirken.

Leben in der Stadt

In der Nähe der Stadtmauer, etwas abseits von den Wohnhäusern, lagen Handwerksbetriebe, die mit offenem Feuer arbeiteten. Auch die anderen Handwerker hatten sich oft in eigenen Stadtvierteln oder Straßenzügen niedergelassen. Daran erinnern heute noch Bezeichnungen wie Metzgergasse oder Schustergasse. In Zentrumsnähe wurden die Häuser prächtiger. Hier lebten die reichen Kaufmannsfamilien oder die Adligen. Diese Oberschicht – auch Patrizier genannt – machte weniger als ein Zehntel der Stadtbevölkerung aus. Die Handwerker und ihre Familien, Gesellen und Lehrlinge stellten etwa die Hälfte der Stadtbevölkerung. Den Rest bildeten die Geistlichen und Arme oder Menschen, die „unehrliche" Berufe ausübten. Das waren Tätigkeiten, die von den anderen Stadtbewohnern nicht als Berufe anerkannt wurden (z. B. Henker).

Ein Einwohner – ein Bürger?

In der mittelalterlichen Stadt waren nicht alle Menschen „Bürger". Sie waren zwar nicht von einem Grundherrn abhängig, aber sie verfügten nicht über die gleichen Rechte. Wer als Bürger in die Stadtgemeinde aufgenommen werden wollte, musste über Grundbesitz verfügen und ein Handwerk oder Handelsgeschäft ausüben. Mit einem Eid schwor er, regelmäßige Steuern zu zahlen, auf der Stadtmauer Wachdienste zu leisten und die Stadt notfalls gegen Angreifer zu verteidigen.
Neben den Bürgern mit den vollen Bürgerrechten gab es die sogenannten Einwohner. Sie hatten weder Grundbesitz, noch waren sie selbstständig. Zu ihnen gehörten Gesellen, Mägde, Knechte, Dienstboten und Tagelöhner. Sie durften sich meist nur auf Widerruf in der Stadt aufhalten. Auch jüdische Stadtbewohner waren vom Bürgerrecht ausgeschlossen.

Öffentliche Ordnung in Köln (um 1400)

Zuerst gebieten unsere Herren, dass niemand, kein Pfarrer, Student, Laie, Frau oder Mann, nach 11 Uhr auf die Straße geht, außer denen, die das kontrollieren sollen. Die Strafe soll 10 Mark betragen. Jeder Wirt soll auf seine Gäste achten und sie informieren. Wer nachts oder tags Aufruhr oder Unruhe in Köln verursacht, der soll Leben, Hab und Gut verlieren, und über den richten unsere Ratsherren. Alle ... Bürger sollen Frieden halten, wie der Rat es gebietet. Wer gegen Anordnung des Rats Würfel oder solche unehrlichen Sachen in Tavernen spielt, zahlt 50 Mark Buße. ... Der Rat gebietet, dass niemand in der Stadt ungewöhnlich lange Messer tragen ... soll; ... dass jeder Mann und jede Frau die Straßen reinigen soll.

Zit. nach Hiram Kümper/Michaela Pastors: Mittelalter. Fundus. Quellen für den Geschichtsunterricht. Schwalbach/Ts. (Wochenschau Verlag) 3. Aufl. 2014, S. 92.

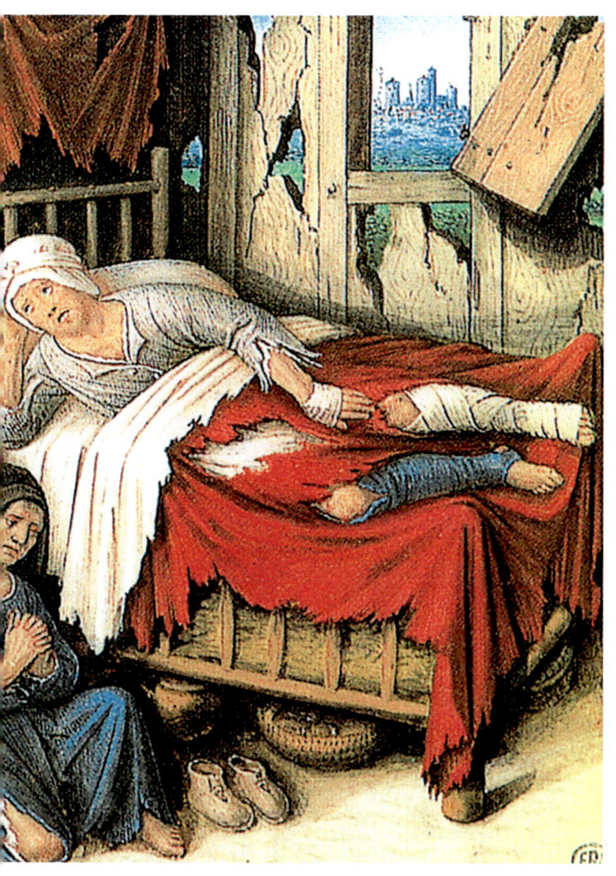

Tagelöhner mit seiner Frau, Gemälde von Jean Bourdichon, um 1500

Stadt

Größere, verdichtete Siedlung, die im Mittelalter von einer Mauer umgeben war. Während im Mittelalter Städte politisch eigenständig waren, sind sie heute weitgehend von der Politik der Landesregierungen abhängig. Im Mittelalter waren die meisten Städte sehr klein. Köln war mit 40 000 Einwohnern (15. Jh.) die größte Stadt im Reich.

1 **Gruppenarbeit:** Untersucht die Materialien auf dieser Seite anhand folgender Aspekte:
  a) Entstehung von Städten,
  b) Leben der Menschen,
  c) Gesellschaftsstruktur,
  d) Aufgaben und Zusammensetzung des Stadtrates,
  e) Bürgerrecht.
  Bereitet eine Präsentation vor.

Berlin im Mittelalter – eine Stadt im Sumpf

Berlin ist heute die Hauptstadt Deutschlands. Über 3,5 Millionen Menschen leben dort. Gegründet wurde Berlin im Mittelalter. Ursprünglich waren es zwei Siedlungen, die sich ab dem 13. Jahrhundert zu wichtigen Handelsorten entwickelten.
- ***Wie kam es zu der Stadtgründung des heutigen Berlins?***
- ***Wo befindet sich der eigentliche Stadtkern?***
- ***Wie entwickelte sich die Stadt im Laufe des Mittelalters?***

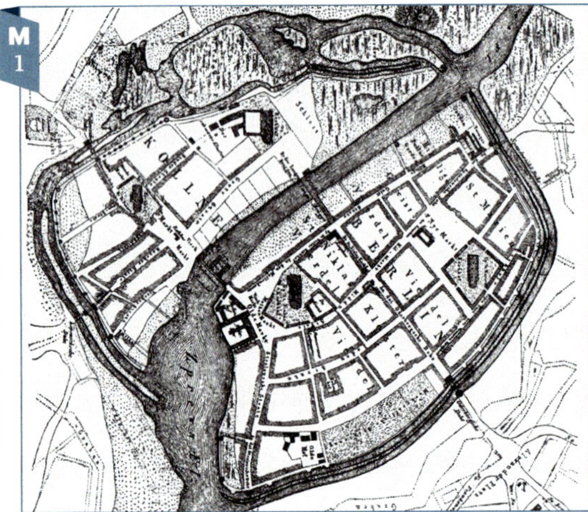

Karte der Doppelstadt Berlin-Cölln, 1253.

Die Städte Berlin und Cölln entstehen

Um das Jahr 1000 setzte in ganz Europa ein wirtschaftlicher Aufschwung ein. In Deutschland kam es zu vielen Städtegründungen, zu einem verstärkten Ausbau des Landes und zu vermehrten Rodungen der Wälder – nicht zuletzt aufgrund eines spürbaren Bevölkerungswachstums.

Das Land zwischen Elbe und Oder war bis zum 10. Jahrhundert überwiegend von slawischen Stämmen besiedelt. Deutsche Könige und Fürsten versuchten jedoch immer wieder, Einfluss auf dieses Gebiet zu gewinnen. Die Ursprünge Berlins sind in dieser mittelalterlichen Ostsiedlung zu finden. Im 12. Jahrhundert regierte das Adelsgeschlecht der Askanier als Markgrafen über das Gebiet. Sie waren es, die Bauern, Handwerker und Kaufleute in ihr Land riefen.

Die beiden Siedlungen Berlin und Cölln entstanden an einer Kreuzung von zwei Handelswegen. In schriftlichen Quellen werden die beiden Einzelstädte Cölln und Berlin erstmals 1237 und 1244 genannt. Eine Gründungsurkunde der Städte ist nicht vorhanden. Es ist auch nicht bekannt, wann die beiden Städte ihr Stadtrecht verliehen bekamen.

Das Zusammenwachsen der beiden Städte

Erst 1710 werden die beiden Städte miteinander vereint. Bis dahin gaben sie ihre Unabhängigkeit nicht auf. Wesentlich für das Wachstum und den Erfolg der beiden Städte war ihre Zusammenarbeit. Dabei versuchten sie, gemeinsam Privilegien vom Landesherrn zu erwerben. Das lief nicht immer reibungslos ab, da die Markgrafen Angst hatten, Berlin-Cölln würde zu mächtig werden. Ein Schultheiß setzte die Rechte des Landesherrn in der Stadt durch.

Kooperiert haben die beiden Städte vor allem in der Sicherheits- und Bündnispolitik. So entstand eine gemeinsame Stadtmauer. Auch in wirtschaftlichen Fragen arbeitete man eng zusammen und verpflichtete z.B. durchreisende Kaufleute, ihre Waren für einige Tage in beiden Städten zum Kauf anzubieten. 1359 trat die Doppelstadt der Hanse bei.

Der Hintergrund der Stadtnamen

Aus den beiden Namen der Doppelstadt Berlin-Cölln lässt sich der Ort bzw. die Herkunft der Siedler ableiten. So ist zu vermuten, dass sich Siedler aus dem Rheinland niedergelassen haben, die ein neues Köln gründen wollten. Der Name Berlin hat einen slawischen Ursprung („brlo“) und bedeutet Sumpf, Morast, feuchte Stelle.

Siegel der Stadt Berlin von 1253.

M 3

Die spätgotische Nikolaikirche steht im Mittelalter für die aufstrebende Stadt Berlin, der Vorgängerbau stammt aus dem Jahr 1230.

M 4

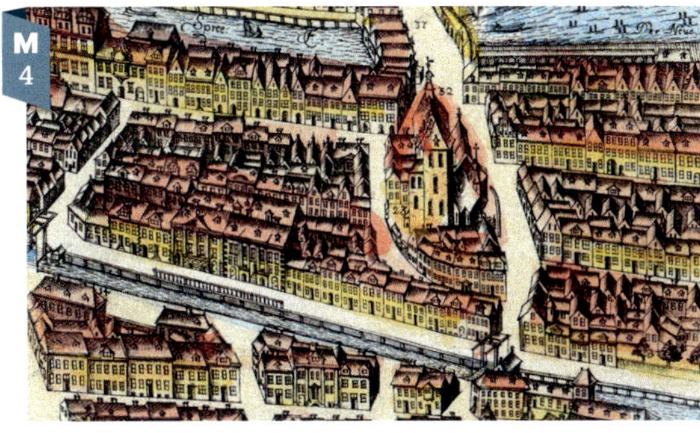

Der Petriplatz ist das alte Zentrum Cöllns. Heute ist der Platz unter einem Parkplatz verschwunden. Ausgrabungen haben einige Relikte wieder zutage gebracht (S. 233 M4).

M 5

Mühlendamm um 1457, für das mittelalterliche Berlin war der Mühlendamm die wichtigste Handelsstraße der Stadt.

M 6

Denkmal Stadtmauer, Reste der mittelalterlichen Stadtmauer an der Littenstraße

M 7

Die um 1300 errichtete Kapelle ist ein Überbleibsel des mittelalterlichen Berlins und war einst der Andachtsraum eines Hospitals.

M 8

Die um 1270 erbaute Marienkirche ist die zweite Pfarrkirche Berlins.

1 Vergleiche die Karte M1 mit einem aktuellen Stadtplan Berlins. Suche den historischen Stadtkern. Welche Gemeinsamkeiten sind zu erkennen?

2 Erläutere, weshalb es besonders günstig bzw. ungünstig war, an dieser Stelle eine Stadt zu gründen.

3 Beschreibe M2 und erkläre die Symbolik des Siegels.

4 Erkläre die Bedeutung des Namens deines Wohnortes oder der Herkunftsorte deiner Eltern.

5 **Gruppenarbeit:**
Plant zusammen in einer Gruppe eine Stadtführung durch das mittelalterliche Berlin, indem ihr

a) Informationen zu den in M3–M8 abgebildeten Bauten recherchiert (Entstehungszeit, Auftraggeber, Baumeister, Bauzeit, Funktion des Gebäudes im Mittelalter, heutige Nutzung und Zustand),

b) mithilfe der vorgegebenen Aspekte eine Präsentation zu dem jeweiligen Bauwerk erstellt,

c) eine Route für die Stadtführung festlegt (M1).

400 | 500 | 600 | 700 | 800 | 900

500–850
Frühmittelalter

476 Ende des Weströmischen Reichs

um 496 Taufe Chlodwig I.

529 Gründung des Benediktinerklosters

seit 7./8. Jh. Grundherrschaft und Lehnswesen

751 Der Karolinger Pippin wird König des Frankenreiches

800 Kaiserkrönung Karls des Großen

Mittelalter

Nach dem Untergang des Römischen Reichs zerbrach die einheitliche Mittelmeerwelt. Es bildeten sich drei neue Machtzentren:

- das Byzantinische Reich mit seiner Hauptstadt Konstantinopel. Es sah sich als wahren Nachfolger des Römischen Reichs und bewahrte viele römische Traditionen. Das Byzantinische Reich bestand bis 1453.
- die islamischen Reiche in Spanien und Süditalien seit dem 8. Jahrhundert. Das letzte islamische Reich in Spanien bestand bis 1492.
- das Frankenreich in Westeuropa. Der König aus der Familie der Merowinger gründete ein neues Reich. Seine Nachfolger, die Karolinger, sahen sich ebenfalls als Erben Roms. Später entstanden aus den Gebieten des Frankenreichs die Länder Deutschland und Frankreich.

Das Frankenreich

Durch den Übertritt Chlodwigs zum Christentum entwickelte sich zwischen den fränkischen Königen und der Kirche ein enges Verhältnis. Die Geistlichen unterstützten den königlichen Herrschaftsanspruch und die Könige traten als Schutzherren der Kirche auf.

Als einer der bedeutendsten Könige des Mittelalters gilt der Frankenkönig Karl der Große (768–814). Er stellte sich mit seiner Kaiserkrönung 800 durch den Papst in die Nachfolge der römischen Kaiser.

Unter Karls Nachfolgern konnte die Einheit des Reichs nicht erhalten werden. Nach mehreren Reichsteilungen waren am Ende des 9. Jahrhunderts neue Königreiche entstanden: das Westfränkische Reich, das Ostfränkische Reich, Burgund und Italien.

Königsherrschaft und Lehnswesen

Die Könige im Mittelalter regierten als Reisekönige. Sie zogen mit ihrem Hof von Pfalz zu Pfalz. Die wichtigsten Aufgaben des Königs waren, den Frieden im Innern zu bewahren, das Reich gegen äußere Feinde zu verteidigen und das Christenvolk zu schützen.

Die Grundform mittelalterlicher Herrschaft war das Lehnswesen. Es stellte eine Form personenbezogener Herrschaft zwischen Lehnsherrn und Lehnsmann (Vasall) dar. Durch einen Eid band der Lehnsherr, z. B. der König, die Adligen an seine Person. Als Gegenleistung für das lebenslang geliehene Gut (Land, ein Amt oder ein bestimmtes Recht) hatte der Vasall dem Herrn Dienste zu leisten.

Die Grundherrschaft: Herrschaft über Bauern

Die größte Bevölkerungsgruppe im Mittelalter waren die Bauern. Im Mittelalter nahm die Zahl der unfreien, hörigen Bauern, die einem adligen Grundherrn Abgaben und Dienstleistungen (= Frondienste) schuldig waren, immer mehr zu. Dafür erhielten sie vom Grundherrn Land zur Bebauung und zum Schutz. Auf dem Herrenhof arbeiteten Leibeigene. Der Grundherr war nicht nur Arbeitgeber, sondern auch Richter der unfreien Bauern.

Die Gesellschaft

Nach der Auffassung mittelalterlicher Gelehrter bestand die Gesellschaft aus drei Ständen: dem Klerus, dem Adel und den Bauern (Dreiständelehre). Die Rechte des Einzelnen wurden von der Zugehörigkeit zu einem Stand bestimmt. Daraus ergaben sich unterschiedliche Zugänge zu Berufen und Bildungsmöglichkeiten. Ungleichheit war das auffälligste Merkmal der Ständegesellschaft. Im Verlauf des Spätmittelalters – vor allem mit der Herausbildung der Ministerialen – wurde die Ständegesellschaft durchlässiger.

1000 | 1100 | 1200 | 1300 | 1400 | 1500

850–1250 Hochmittelalter

1250–1500 Spätmittelalter

11. Jh. Entwicklung der Ständegesellschaft

1089 Gründung des Zisterzienser-Ordens

12./13. Jh. Beginn der Städtegründungen

1237 erste Erwähnung Berlins

1492 Entdeckung Amerikas

Das Dorf und die Bauern

Im Mittelalter lebten fast alle Menschen von der Landwirtschaft. Dörfer bestimmten das Siedlungsbild. Die bäuerliche Familie lässt sich als eine Haushaltsfamilie oder Hausgemeinschaft begreifen. Zu ihr gehörten sowohl die Verwandten als auch das Gesinde, wie zum Beispiel Knechte und Mägde. Der Bauer besaß als „Herr des Hauses“ die Rechtsgewalt über die anderen Hausbewohner.

Im Laufe des Mittelalters gab es zahlreiche Neuerungen in der Technik und in den Anbaumethoden. So wurde zum Beispiel die jahrtausendealte Feldgraswirtschaft von der Zweifelderwirtschaft abgelöst und später zur Dreifelderwirtschaft weiterentwickelt. Auch wurde der Räderpflug oder die Wassermühle eingeführt.

Die Burg und die Ritter

Gegenüber der bäuerlichen Bevölkerung bildete der Adel eine kleine gesellschaftliche Gruppe. Als Herrschaftssitz ließen die Ritter bzw. ihre Lehnsherren Burgen bauen. Die Burg änderte im Verlauf der Jahrhunderte nicht nur ihr Aussehen, sondern erfüllte auch andere Funktionen: Ursprünglich ein Verteidigungsbau, wurde sie seit dem Hochmittelalter zunehmend Rechts- und Verwaltungssitz, aber auch Zentrum der höfischen Ritterkultur. In Ritterromanen und im Minnesang wurde eine verklärte Wirklichkeit gezeigt: Nicht immer konnten die Ritter im Alltag den hohen Idealen entsprechen. Durch Veränderungen in der Kriegstechnik, der Wirtschaft und in der Gesellschaft verloren die Ritter im 14. Jahrhundert an Bedeutung und Ansehen. Ein Großteil verarmte, manche versuchten ihren Lebensunterhalt durch Raub zu sichern. Viele Ritter übernahmen Verwaltungsaufgaben für höhere adlige Herren.

Das Kloster, die Mönche und Nonnen

Klöster hatten verschiedene Funktionen: Sie waren religiöse Zentren, Wirtschaftsbetriebe und Herrschaftseinrichtungen. Auch als Bildungszentren hatten die Klöster eine wichtige Aufgabe: Sie vermittelten aus der Antike überliefertes Wissen und ergänzten es durch eigene Forschungen. Aus dem Spätmittelalter stammt der Leitspruch „ora et labora“ – „bete und arbeite“.

Die Stadt und ihre Bewohner

Eine neue Lebenswelt im Mittelalter war die Stadt. Seit dem 11. Jahrhundert gründeten Könige, Herzöge und Bischöfe verstärkt neue Städte, vor allem aus wirtschaftlichen Gründen. Wenn eine Siedlung das Stadtrecht (Markt-, Münz- und Zollrecht) erhielt, konnte sie sich zu einem Produktions- und Handelszentrum entwickeln.

Innerhalb der Stadt gab es große soziale und wirtschaftliche Ungleichheiten.

Handel und Handwerk bestimmten das wirtschaftliche Leben. Die Herrschaft der Patrizier wurde seit dem 14. Jahrhundert durch die zunehmende Macht der Zünfte (Zunftkämpfe) eingeschränkt.

Das Bündnis der Hansestädte entwickelte sich zu einer bedeutenden wirtschaftlichen und politischen Institution.

Landesgeschichte: Berlin

Die heutige Stadt Berlin ist aus den beiden benachbarten Städten Berlin und Cölln entstanden. Unklar ist, welcher Teil der ältere ist. Die erste urkundliche Erwähnung von Cölln geht zurück in das Jahr 1237. Dieses Jahr wird für heutige Jubiläen als Grundlage genommen. Dass es keine Gründungsurkunden für die beiden Städte gibt, zeigt, dass diese Region im Mittelalter zunächst sehr bedeutungslos war.

Dies kann man auch aus dem Namen der Stadt Berlin ableiten. Er geht zurück auf den slawischen Begriff „brlo“ für einen trockenen Bereich innerhalb eines Sumpfgebietes.

In diesem Kapitel konntest du folgende Kompetenzen erwerben:

- die Entwicklung des Frankenreichs unter Karl dem Großen beschreiben
- die Kaiserkrönung Karls des Großen beschreiben und szenisch darstellen
- das Reisekönigtum mittelalterlicher Herrscher erläutern
- Merkmale der Grundherrschaft und des Lehnswesens nennen und bewerten
- die Ständeordnung und ihre religiöse Begründung erklären
- die Lebenswelten des Mittelalters erkunden: die Lebensbedingungen der Bauern und der Stadtbewohner sowie der Mönche, Nonnen und Ritter beschreiben
- eine Stadtführung durch das mittelalterliche Berlin vorbereiten
- **Methode:** Bildquelle untersuchen

M1

Illustrationen zum Lehnsrecht, Sachsenspiegel, 13./14. Jh.

M2

Richtig oder falsch? Entscheide dich:

1. Für Chlodwig war die Kirche eine wichtige Stütze seiner Herrschaft.
2. Karl der Große regierte sein Reich von der Hauptstadt Aachen aus.
3. Der Vasall versprach seinem Lehnsherrn Treue und Kriegsdienst.
4. Symbole und Gesten spielten in der mittelalterlichen Herrschaft eine bedeutende Rolle.
5. Der Kaisertitel knüpfte an das Römische Reich an.
6. Karl der Große wurde gegen seinen Willen zum Kaiser gekrönt.
7. Die mittelalterliche Gesellschaft wird in drei Stände eingeteilt.
8. Mittelalterliche Bauern durften sich frei im gesamten Reich bewegen.
9. Der größte Teil der mittelalterlichen Bevölkerung lebte aus Sicherheitsgründen auf einer Burg.
10. Mittelalterliche Klöster waren wirtschaftliche Betriebe und versorgten das Umland.
11. Im Hochmittelalter zogen viele Menschen vom Land in die Stadt, um einem Beruf nachzugehen.
12. Die Gründungsurkunde der Stadt Berlin wurde 1237 ausgestellt.

Die Historikerin Petra Weigel über den wirtschaftlichen Erfolg des Zisterzienser-Ordens (2007):

Das Prinzip der zisterziensischen Eigenwirtschaft ... beruhte auf klostereigenen Arbeitskräften, Laienbrüdern (= Konversen), die sowohl den klosternahen Grund- als auch weit ausgedehnten Streubesitz bewirtschafteten. Sie waren durch ein Gelübde an das Kloster gebunden, somit der Ordensdisziplin unterworfen, konnten jedoch nicht in den Mönchsstand aufsteigen. Die straff organisierte, kosteneffiziente Agrarwirtschaft der Zisterzienser erzeugte enorme Überschüsse ... Schon Ende des 12. Jahrhunderts begannen die Zisterzienser, ihre in den Satzungen niedergelegte Städte- und Handelsfeindlichkeit aufzugeben. So vertrieb Altzelle seine Überschussproduktion an Getreide, Wein und Fisch auf den Märkten der aufstrebenden sächsischen Städte, wo das Kloster Stadthöfe als Lager- und Umschlagplätze errichtete. Aufgrund wirtschaftlicher Krisenerscheinungen, wie dem Mangel an Arbeitskräften, wurde die Eigenwirtschaft zunehmend unwirtschaftlich, sodass der Orden seit dem 13. Jahrhundert verstärkt Grundherrschaften erwarb; das Kloster Altzelle erlangte sogar die Herrschaft über zwei kleinere Landstädte.

Petra Weigel, Neue religiöse Gemeinschaften: Zisterzienser und Bettelorden, in: Matthias Meinhardt u. a. (Hg.), Mittelalter, München (Oldenbourg) 2007, S. 217.

M 4

Die Karlspreis-Medaille

M 5

Neujahrsempfang beim Herzog von Berry, Kalenderminiatur, Anfang 15. Jh.

Darstellen – historisch erzählen

1 Beschreibe eine mittelalterliche Lebenswelt deiner Wahl (Dorf, Kloster, Burg, Stadt).

2 Bearbeite M2, indem du dich entscheidest.

Methoden anwenden:

3 **a)** Deute die Symbole und Gesten in der Bildquelle M1 mithilfe von S. 25.

b) Partnerarbeit: Schreibt Dialoge zu den in M1 dargestellten Handlungen und führt diese in einem szenischen Spiel mit M1 als Kulisse (Beamer/OHP) auf.

4 Beschreibe M5 und nimm Stellung, ob die Darstellung dem entspricht, was du über Ernährung und über das Leben der Ritter in diesem Kapitel erfahren hast.

Deuten und analysieren

5 **a)** Fasse M3 mit eigenen Worten zusammen.

b) Erläutere, welchen Zusammenhang die Verfasserin zwischen Kloster, Stadt und Grundherrschaft herstellt.

6 **a)** Beschreibe M4.

b) Recherchiere Hintergründe zur Verleihung des Karlspreises.

Urteilen

7 Diskutiert in der Gruppe, ob der Karlspreis noch heute verliehen werden sollte. Bezieht in die Diskussion eure erworbenen Kenntnisse über Karl den Großen ein.

8 **a)** Stellt die Vor- und Nachteile der verschiedenen Lebenswelten des Mittelalters zusammen.

b) Begründe, in welcher Lebenswelt du am liebsten gelebt hättest.

Webcode: FG647255-043
Selbsteinschätzungsbogen

Moderner Arbeitsplatz

2 Epochenüberblick: Frühe Neuzeit

Neue Entdeckungen und Erkenntnisse verändern das Leben der Menschen. In der Zeit zwischen 1500 und 1750, die als „Frühe Neuzeit" bezeichnet wird, kam es zu einigen für uns heute selbstverständlichen Erfindungen. Der Maler Hans Holbein der Jüngere stellte 1533 nicht zufällig diese Gegenstände zusammen. Die Komposition kann als „Schlüssel" für eine neue Zeit gesehen werden. Es war die Zeit der Entdeckung „neuer Welten", aber auch „neuer Ideen". Das Weltbild der Menschen veränderte sich grundlegend.

Beschreibe das Bild „Die Gesandten".
Benenne die einzelnen darauf zu erkennenden Gegenstände.
Erläutere, welche Informationen über die „neue Zeit" dem Gemälde zu entnehmen sind und weshalb von einer „neuen Zeit" gesprochen werden kann.
Vergleiche das Gemälde aus dem 16. Jahrhundert mit dem modernen Arbeitsplatz.

Holbein d. J., „Die Gesandten", 1533.

1400

1450
um 1450 Johannes Gutenberg entwickelt die Drucktechnik mit beweglichen Buchstaben

1500
1517 95 Thesen Martin Luthers; Beginn der Reformation
1521 Reichstag in Worms: Luther fällt in Reichsacht
1524/1525 Bauernaufstand
1530 Reichstag in Augsburg: „Augsburger Konfession"

1550
1555 Augsburger Religionsfrieden
Mitte des 16. Jh. Entdeckung des heliozentrischen Weltbildes (Kopernikus)

1492 Entdeckung Amerikas durch Christoph Kolumbus

Ende des 13. Jh.–17. Jh. Renaissance und Humanismus

Epochenüberblick: Frühe Neuzeit

Die Anfänge gesellschaftlicher Veränderungen, eines neuen Denkens, liegen in den Jahren um 1500. Es ist eine gewaltige Umbruchzeit: Die Epoche des Mittelalters endet und die Frühe Neuzeit beginnt. Die Menschen lösen sich allmählich aus der festgefügten Ständegesellschaft des Mittelalters. Renaissance, Humanismus und Reformation sind die drei Schlüsselbegriffe der neuen Epoche.

Der Mönch Martin Luther, der anfangs nur die Missstände der katholischen Kirche bekämpfen wollte, begründete eine neue Glaubenslehre. Sein Wirken führte zur Spaltung der Kirche und förderte indirekt auch die Konkurrenz unter den Fürsten des Reiches. Vergeblich waren die Maßnahmen der Kirche und des Kaisers, die einer Glaubensspaltung entgegenwirken sollten. Der Streit um den „rechten" Glauben führte zu schwerwiegenden Folgen für die Menschen und die Herrschaftsverhältnisse in Europa.

In diesem Kapitel findest du Antworten auf folgende Fragen:

- Wie veränderten Renaissance und Humanismus das Denken der Menschen in der Frühen Neuzeit?
- Wie konnte Martin Luther zu einer neuen Glaubenslehre finden und sich diese verbreiten?
- Welche Konflikte löste er mit dieser neuen Lehre unter den Fürsten und in der Bevölkerung aus?
- Wie mündete der Glaubenskrieg in einen europäischen Machtkrieg?
- Welche neue Herrschaftsform entwickelte sich im 17. Jahrhundert?

Staaten und Konfessionen in Europa um 1570

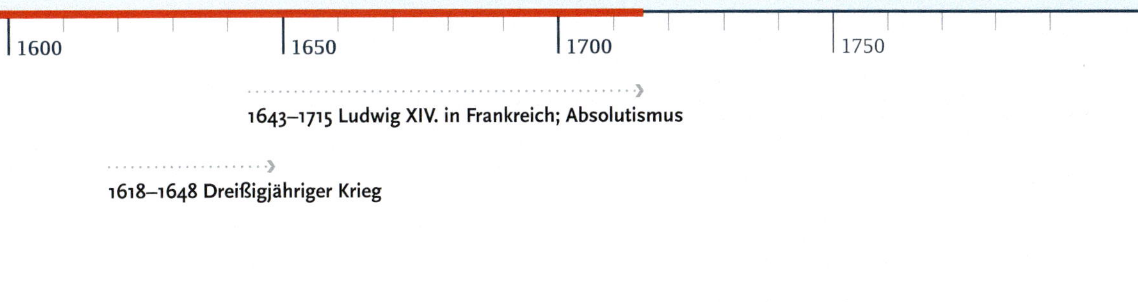

M 2

Luther verbrennt die Bannandrohungsbulle. Gemälde von Paul Thurmann, 1872.

M 3

Ludwig XIV., Gemälde von Hyacinthe Rigaud, 1701. 277 x 194 cm.

M 4

Söldner plündern einen Bauernhof. Gemälde von Sebastian Vrancx, um 1620.

1 Ordne M2, M3 und M4 der Zeitleiste begründet zu.

2 Nenne wichtige Informationen, die du aus der Karte M1 ablesen kannst. Erkläre die Begriffe in der Legende der Karte mithilfe eines Lexikons.

3 Beschreibe M3 und erläutere, wie es dem Maler gelingt, den französischen König als mächtigen Herrscher darzustellen.

Weshalb lesen Gelehrte um 1500 antike Quellen?

Gelehrte, Künstler und Staatsmänner studierten zu Beginn der Frühen Neuzeit das Wissen und die Philosophie der Antike. Von einem unter ihnen stammt der Ausspruch: „O Jahrhundert! O Wissenschaften! Es ist eine Lust zu leben!" Hier findest du heraus, wofür sich diese gebildeten Persönlichkeiten besonders interessierten und wie sie das Wissen der Antike in das Denken ihrer Zeit aufnahmen.

M 1

Die Schule von Athen, 1508 bis 1511, Ausschnitt aus einem Wandgemälde im Vatikan von Raffael, 1510. Nach antikem Vorbild wählte der Maler einen symmetrisch und perspektivisch angelegten Gewölbebau als Rahmen.
Auf diesem Gemälde sind über 50 Denker der Antike in einem Tempel der Weisheit dargestellt. Ganz in der Mitte weist der griechische Philosoph Platon mit erhobenem Zeigefinger auf das Reich der Ideen, während daneben Aristoteles mit der nach vorne ausgestreckten Hand die Aufmerksamkeit auf die Realität der Gegenwart lenkt.
Dass sich Raffael im Alter von 27 Jahren auf der rechten Bildseite (◯) selbst zwischen den berühmtesten Philosophen und Denkern darstellt, zeigt auch, dass sich die Künstler zu dieser Zeit auch als Gelehrte sahen.

Ideen um 1500

Humanismus

(von lat. humanus = menschlich, menschenfreundlich, gebildet)
Eine Lebensanschauung der Gelehrten seit dem 14. Jahrhundert, die für eine umfassende Bildung des Menschen eintraten. Sie studierten die Quellen der antiken Schriftsteller und beschäftigten sich mit Sprachen, Geschichte und Philosophie. Der Humanismus breitete sich seit dem 14. Jahrhundert von Italien in Europa aus.

Renaissance

Bezeichnung für die Wiederentdeckung der antiken Sprache und Kultur. Die Entwicklung begann im ausgehenden 13. Jahrhundert in Italien und breitete sich über 300 Jahre lang in ganz Europa aus. Maler, Bildhauer und Architekten schufen einen neuen Kunststil, nach dem Körper und Bewegungen möglichst wirklichkeitsnah dargestellt wurden. Diese Zeitspanne wird heute als Übergang vom Mittelalter zur Neuzeit gesehen.

Webcode: FG647255-048
Die Schule von Athen

Zentren des neuen Denkens

Während der Glaube und die kirchlichen Gebote für die meisten Menschen um 1500 absolute Gültigkeit hatten, gaben sich einige Gebildete damit nicht mehr zufrieden und wollten die Lebensbedingungen im Diesseits erforschen und verbessern. An Fürstenhöfen diskutierten Gelehrte mit interessierten Schülern. In vielen Städten entstanden private Schulen, die von der Kirche unabhängig waren. Nicht mehr die Erörterung theologischer Fragen stand in diesen Schulen im Mittelpunkt, sondern das Studium der Philosophie, der griechisch-römischen Antike und der Sprachen.

Rückwendung zur Antike

Seinen Ausgangspunkt hatte das neue Denken in Italien. Dort entwickelten die durch Fernhandel und Bankengeschäft reich gewordenen Bürger und Adlige eine neue Geisteshaltung: Der Einzelne und seine persönlichen Leistungen gewann an Bedeutung. Vor allem die Handelsstadt Florenz wurde Sammelpunkt für Gebildete, die nicht mehr die mittelalterlichen Bildungsvorstellungen akzeptierten. Eines ihrer Hauptargumente war, dass das Leben und Studieren in der klösterlichen Zurückgezogenheit den Menschen wenig nütze. Ihre Vorbilder sahen diese „neuen Denker" in der Antike, deren Leistung in der Kunst und der Wissenschaft in Vergessenheit geraten war. Man müsse den antiken Geist wiedererwecken, daher bezeichnete man diese Denkrichtung auch als „Renaissance" (Wiedergeburt). Und weil diese Gebildeten den Menschen in den Mittelpunkt ihrer Betrachtungen stellten, wurden sie auch „Humanisten" genannt. Gerade junge Menschen sollten lernen, für den eigenen Gewinn, für Wohlstand und Glück zu sorgen, aber auch Verantwortung für die Gemeinschaft, in der sie lebten, zu übernehmen. Als Ideal galt der umfassend gebildete Mensch, der sein Leben im privaten wie im öffentlichen Bereich erfolgreich gestaltete.

Bildungsziele der Renaissance

Ein Humanist von europäischem Rang war Erasmus von Rotterdam (ca. 1466/69–1536). Den nachfolgenden Brief schrieb er an die heranwachsenden Söhne seines Freundes, Johann und Stanislaus Boner.

Es gibt nichts Besseres für den Menschen als Frömmigkeit, schon mit der Muttermilch sollte das kleine Kind sie einsaugen als fruchtbringenden Keim. Dann kommen, an zweiter Stelle, die freien Künste (gemeint sind: Grammatik, Rhetorik, Dialektik, Geometrie, Arithmetik, Astronomie, Musik); an sich sind sie zwar keine Tugenden, aber sie bringen den Geist für die Tugend in Form, sie wandeln Ungeschliffenheit und Rüpelhaftigkeit in Milde und Anstand ... In Wirklichkeit ist nichts naturgemäßer als Tugend und Bildung – ohne sie hört der Mensch auf, Mensch zu sein ... Dann ist es wichtig, wen das Kind als Führer zu jenen Gütern bekommt, namentlich in jenen Jahren der Ungeschliffenheit, wo der Geist noch von Lastern unbefleckt ist und wie weiches Wachs jeder Formung durch den Lehrer willig folgt ... Der Geist [ist] der bessere Teil des Menschen, sein wahrer und echter Besitz.

Zit. nach Walter Köhler (Hg.), Erasmus von Rotterdam. Briefe, 3., erw. Aufl. von Andreas Flitner, 1956. Nachdruck Darmstadt.

1 a) Beschreibe M1.
b) Begründe, warum es sich um ein typisches Bild aus der Zeit der Renaissance und des Humanismus handelt. Nutze die Erklärung der Grundbegriffe und den Darstellungstext.
c) Erkläre, welche Kenntnisse Raffael sich aneignen musste, um dieses Wandgemälde anfertigen zu können. Zähle einige Wissensgebiete auf.

2 a) Erarbeite anhand von M2 die Bildungsziele junger Menschen um 1500.
b) Vergleiche mit dem Unterricht heute.
c) Diskutiert, inwiefern die Kennzeichnung „Neues Denken" für die Renaissance gerechtfertigt ist.
Tipp: Nutzt auch das Kapitel 9 über die Weltbilder (S. 262–279).

Zusatzaufgabe: siehe S. 281

Leonardo – ein typischer Vertreter der Renaissance?

Er war als Künstler überaus kritisch mit seinem Werk, als Wissenschaftler von neuzeitlichem Zweifel geprägt und als Techniker besessen vom Traum des Fliegens. Leonardo da Vinci gilt als einer der berühmtesten Universalgelehrten aller Zeiten. Sein Wissens- und Erkenntnisdrang kannte keine Grenzen. So sezierte er nachts in einem florentinischen Hospital Leichen, weil er wissen wollte, wie die Körper von Natur aus beschaffen waren.
Hier kannst du eine kleine Auswahl aus dem umfangreichen und vielseitigen Werk des Leonardo da Vinci untersuchen.

M 1

Mona Lisa oder „La Gioconda", Gemälde von Leonardo da Vinci, 1503–1506. Leonardo schuf einige der berühmtesten Kunstwerke der Welt, unter anderem auch das hier gezeigte von der Mona Lisa. Er hat es immer wieder übermalt und nie vollendet.

Leonardo da Vinci (1452–1519)

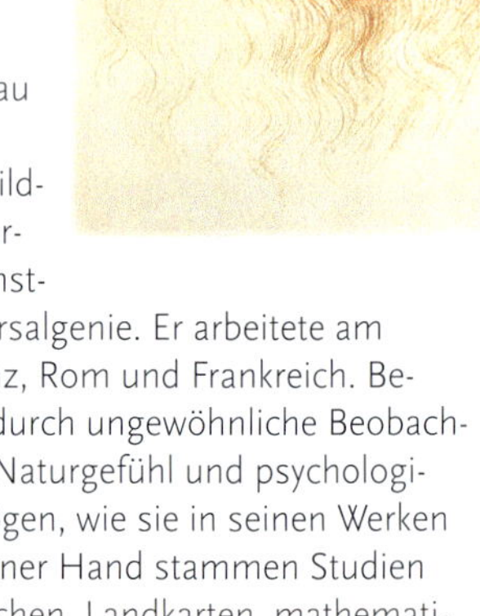

Leonardo wurde bei Vinci, 30 Kilometer von Florenz entfernt, in einem Bauernhaus als unehelicher Sohn einer Bauernmagd geboren.
Er lernte in der Dorfschule nur mit Mühe Lesen, Schreiben und Rechnen, aber er beobachtete genau seine Umwelt.
Der italienische Maler, Bildhauer, Architekt, Naturforscher, Ingenieur und Kunsttheoretiker gilt als Universalgenie. Er arbeitete am Mailänder Hof, in Florenz, Rom und Frankreich. Berühmt wurde Leonardo durch ungewöhnliche Beobachtungsschärfe, sensibles Naturgefühl und psychologisches Einfühlungsvermögen, wie sie in seinen Werken deutlich werden. Von seiner Hand stammen Studien zur Anatomie des Menschen, Landkarten, mathematische Formeln und viele Skizzen utopischer Objekte. Sie erinnern uns an Segelflugzeuge, Hubschrauber oder Panzer.

Ein Genie für alle Fälle

Wenn Leonardo auf dem Gerüst an einer Wandmalerei arbeitete, so berichten Zeitzeugen, dann legte er den Pinsel von Sonnenaufgang bis Sonnenuntergang nicht aus der Hand. Manchmal soll er aber auch sein Werk tagelang nicht angerührt haben, um stattdessen stundenlang in kritischer Versunkenheit die Figuren zu betrachten. Leonardo da Vinci wurde wegen seiner universellen Begabung „ein Genie für alle Fälle" und ein „uomo universale" (ital. Universalgelehrter) genannt.

M 2

Leonardo da Vinci schrieb 1508:

Doch die wahren Wissenschaften sind diejenigen, die dank der Erfahrung durch die Sinne gegangen sind ... und die ihre Erforscher nicht mit Träumen abspeisen, sondern immer, aufgrund von ersten, wahren und bekannten Prinzipien, Schritt für Schritt fortschreiten mit wahren Folgerungen bis zum Ende, wie dies in den ersten mathematischen Wissenschaften offenbar ist, das heißt bei Zahl und Maß genannt Arithmetik und Geometrie ... Hier wird man nicht herumstreiten, ob zwei mal drei mehr oder weniger als sechs ausmachen oder ob ein Dreieck weniger als zwei rechte Winkel hat, sondern mit ewigem Schweigen wird jeder Streit erstickt, und friedlich erfreuen sich (an diesen Wissenschaften) ihre Anhänger, was die lügnerischen, rein verstandesmäßigen Wissenschaften nicht erreichen können.

Zit. nach Hagen Schulze/Ina Ulrike Paul (Hg.), Europäische Geschichte, München (bsv) 1994, S. 663.

M 3

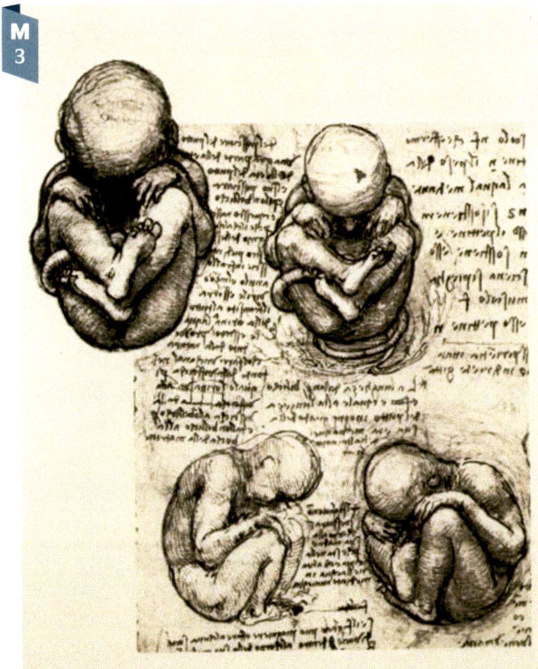

Ansichten eines Fötus

M 4

Skizze eines Panzerfahrzeugs. Erst 1855 entwickelte ein britischer Erfinder das Prinzip des schildkrötenartigen Panzers. Die Raupenketten zur Fortbewegung kamen dann 1915 hinzu.

M 5

Die Luftschraube, Skizze, um 1490. Leonardo wandte bereits die Prinzipien eines Hubschraubers an.

1 **Methode:** Untersuche M1 mithilfe der Arbeitsschritte (S. 25). Berücksichtige vor allem Aufbau, Personendarstellung, Farbgebung und Hintergrund.

2 Leonardo bezeichnete seine Kunst als „stumme Dichtung". Begründe diese Aussage mit Blick auf M1.

3 **Wähle eine Aufgabe aus:**

a) Erkläre, welche Absicht Leonardo wohl mit der Zeichnung (M3) verfolgte. Nutze dazu folgende Stichworte: Anatomie, wissenschaftliches Interesse, Lernen durch Erfahrung.

b) Beurteile, ob die Zeichnung M3 heutigen Kenntnissen entspricht oder Fehler enthält. Recherchiere dazu im Internet oder in einem Biologiebuch.

4 **a)** Erarbeite anhand von M2, was Leonardo unter einem „wahren Wissenschaftler" versteht.

b) Beurteile seine Auffassung.

5 Diskutiere die Frage in der Überschrift. Beziehe den Darstellungstext und die Materialien mit ein.

Wie nutzte die Kirche die christliche Frömmigkeit?

Die Menschen im Mittelalter waren geprägt vom christlichen Glauben. Der Ablauf des Jahres, eine gute Ernte, die Bewahrung vor Krankheit, Krieg und Tod, all das schrieben die Menschen dem Wirken Gottes – und des Teufels – zu. Die Kirche forderte die Gläubigen stets auf, zu büßen und gegen Zahlungen ihre Sündenlast zu verringern. Auf diesen Seiten erfährst du, wie die Kirche von dieser Frömmigkeit profitierte.

Höllenangst oder: Wie kommt man ins Paradies?
Viele spätmittelalterliche Altarbilder führten den Kirchenbesuchern eindrücklich vor Augen, was sie am Jüngsten Tag erwartete. Die Prophezeiungen des Alten Testaments kündigen ein göttliches Gericht an, das nach dem Ende der Welt und der Auferstehung der Toten endgültig die Guten von den Bösen trennt. So wurde von der Kirche Angst vor dem Tod und dem Ende der Welt erzeugt und der Druck erhöht, ein Leben in Buße und Gottgefälligkeit zu führen.

Ablasshandel – eine lohnende Einnahmequelle für die Kirche
Gläubige, die die Befreiung von ihrer Sündenlast anstrebten, erreichten diese, so versprach es die Kirche, durch das Verrichten guter Werke. Dazu gehörten auch Geldzahlungen. Seit dem Hochmittelalter war es das Vorrecht des Papstes, Ablass zu gewähren, d. h. gegen die Zahlung einer bestimmten Geldsumme den Nachlass der Sündenstrafen zu versprechen. Einer der bekanntesten Ablassprediger war Johannes Tetzel, ein Dominikanermönch, der durch die Lande zog und „arme Sünder“ zur Zahlung aufrief.

M 1

Das Weltgericht von Stefan Lochner, um 1435. Jesus richtet über die aus ihren Gräbern auferstehenden Menschen. Maria und Johannes der Täufer sind Fürsprecher. Mitteltafel des Altargemäldes für die Laurentiuskirche in Köln (heute: Wallraf-Richartz-Museum, Köln).

Der Petersdom – die größte Kirche in Europa

Ein großer Teil des eingenommenen Geldes floss nach Rom, wo die Päpste wie weltliche Herrscher prunkvoll residierten. Glanz und Ausstrahlung des Papsttums sollten durch den Bau des neuen riesigen Petersdoms hervorgehoben werden. 1506 wurde mit den Bauarbeiten begonnen, aber es dauerte mehr als ein Jahrhundert bis zur Fertigstellung und kostete Unsummen. Zwanzig Päpste trieben den Bau voran, alle großen Künstler jener Zeit wurden an der Errichtung und Ausstattung beteiligt. Finanziert wurde das Projekt durch den Ablasshandel.

M 2

Zeitgenössische Darstellung des Ablasshandels, Holzschnitt von Lucas Cranach dem Älteren, 1521.

M 3

Der Historiker und Journalist Frank Otto stellt drei berühmte Päpste um 1500 vor:

Zum Beispiel Papst Alexander VI. (1492–1503) aus der berüchtigten Borgia-Familie – ein Heiliger Vater, der sich die Stimmen der wahlberechtigten Kardinäle mit ungeheuren Summen ... erkauft. Alexanders Interesse gilt vor allem seinen sieben (vielleicht auch neun) Kindern, die er glänzend verheiratet und mit Fürstentümern ausstattet; seinen Sohn Cesare etwa macht er zum Erzbischof von Valencia – mit 17 Jahren, ohne dass dieser Priester ist.

Oder Julius II. (1503–1513), den die Italiener „Il Terribile" nennen, den Schrecklichen, weil er kein Seelsorger, sondern ein Kriegsherr ist, der sich nur um die Ausweitung der vatikanischen Macht kümmert; einen „Blutsäufer" wird Luther diesen Papst schmähen ...

Schließlich Leo X. (1513–1521) aus der Florentiner Kaufmannsdynastie der Medici; der venezianische Botschafter behauptet, dieser Papst habe nach seiner Wahl verkündet: „Da Gott uns das Amt gegeben hat, lasst es uns genießen!" Das kunstsinnige Kirchenoberhaupt verschenkt und verprasst während seiner Herrschaft im Vatikan 4,5 Millionen Dukaten. Das entspricht 15 Tonnen reinen Goldes – oder etwa dem Achtfachen der Bestechungsgelder, mit denen Karl V. sich 1519 die römisch-deutsche Königskrone erkauft.

Frank Otto, Am Vorabend einer Revolution. In: Martin Luther und die Reformation, Hamburg (Gruner und Jahr) 2009, S. 25 (= GEO EPOCHE Nr. 39).

---

1 Wähle eine Aufgabe aus:

a) Beschreibe und deute die einzelnen Szenen des Altargemäldes (M1).

b) Stell dir vor, du bist ein Kirchenbesucher um 1500 und blickst während der Messe lange auf das Altargemälde M1.
Beschreibe die Wirkung, die es erzeugt.

2 a) Beschreibe die Darstellung M2.

b) Erläutere das Geschehen, das in M2 dargestellt ist.

c) Benenne den Standpunkt, den der Künstler zu dem gezeigten Geschehen einnimmt, und begründe deine Meinung.

3 a) Nenne die „Sünden", die die drei hier vorgestellten Päpste begangen haben (M3).

b) Beurteile die Lebensweise der Päpste, indem du aus der Sicht eines kritischen Christen eine Anklageschrift gegen das Papsttum schreibst. Nutze auch den Darstellungstext und die Glaubensgrundsätze des Christentums (S. 212 f.).

Zusatzaufgabe: siehe S. 281

Ein Mönch stellt sich gegen den Papst

Schon vor Martin Luther kritisierten Geistliche die Kirche und forderten Reformen. Viele dieser Männer wurden als Ketzer, als Ungläubige, hingerichtet oder endeten auf dem Scheiterhaufen. Martin Luther ereilte dieses Schicksal nicht. Aber was veranlasste ihn, Kritik am Papst und an der Kirche zu üben?
Wähle ein Material aus (A, B oder C) und arbeite heraus, warum er sich gegen den Papst stellte und welche Auswirkungen seine Kritik für die Kirche und ihn hatte.

Aufgabe für alle:
Tragt alle Gründe, die ihr für den erfolgreichen Widerstand Luthers gegen Kaiser und Papst herausgefunden habt, in einem Schaubild zusammen.

Wesentliche Stationen aus dem Leben Luthers:
Als Sohn eines Bergmannes 1483 in Eisleben geboren, besuchte Martin Luther Schulen in Mansfeld, Magdeburg und Eisenach. Er studierte zunächst Jura, trat aber dann 1505 ins Erfurter Augustiner-Eremitenkloster ein. Nach der Promotion zum Doktor der Theologie lehrte er als Professor für Bibelauslegung in Wittenberg.
Luther kritisierte den Ablasshandel der römischen Kirche. Durch Flugschriften verbreiteten sich seine Kritik und seine 95 Thesen sehr rasch, weswegen der Papst ihn bannte und Kaiser Karl V. 1521 auf dem Reichstag in Worms die Reichsacht über ihn aussprach. Doch Luther ließ sich nicht umstimmen.
Kurfürst Friedrich von Sachsen ließ ihn auf die Wartburg in Sicherheit bringen, wo Luther als Junker Jörg das Neue Testament ins Deutsche übersetzte. Nach seiner Rückkehr von der Wartburg 1522 und weiterhin unter dem Schutz des sächsischen Kurfürsten stehend, heiratete Luther die ehemalige Nonne Katharina von Bora, mit der er sechs Kinder hatte.
Als um 1525 die Bauern im deutschen Südwesten gegen soziale Missstände protestierten und sich dabei auf Aussagen von Luther beriefen, verweigerte der Reformator diesen die Unterstützung, als die Proteste gewalttätig wurden.
Im sächsischen Wittenberg lebte und lehrte Martin Luther viele Jahre. 1534 erschien seine Übersetzung der gesamten Bibel in deutscher Sprache.
Bis zu seinem Tod 1546 arbeitete er mit Philipp Melanchthon (1497–1560), einem Humanisten und Universalgelehrten, an der Festigung der entstehenden evangelischen Kirche.
Vom Verfasser zusammengestellt.

Martin Luther, Gemälde von Lucas Cranach dem Älteren, 1522/24.

1 Finde zu jedem der hier angegebenen Lebensabschnitte Martin Luthers eine passende Überschrift (M1).
2 Beschreibe mithilfe von M1, welche Auswirkungen Luthers Kritik an der Kirche auf sein Leben hatte.

Filmtipp:
„Luther“, Regie: Eric Till, Deutschland 2003. Der Historienfilm zeigt eindrucksvoll die wichtigsten Stationen im Leben Luthers.

B

Auszüge aus den 95 Thesen Martin Luthers, 1517 in deutscher Sprache veröffentlicht:

5. Der Papst will und kann keine Strafen erlassen, außer solchen, die er auf Grund seiner eigenen Entscheidung oder der der kirchlichen Satzungen auferlegt hat. ...

21. Deshalb irren jene Ablassprediger, die sagen, dass durch die Ablässe des Papstes der Mensch von jeder Strafe frei und los werde ...

23. Wenn überhaupt irgendwem irgendein Erlass aller Strafen gewährt werden kann, dann gewiss allein den Vollkommensten, das heißt aber, ganz wenigen.

24. Deswegen wird zwangsläufig ein Großteil des Volkes durch jenes ... Versprechen des Straferlasses getäuscht ...

28. Gewiss, sobald das Geld im Kasten klingt, können Gewinn und Habgier wachsen, aber die Fürbitte der Kirche steht allein auf dem Willen Gottes ...

36. Jeder wahrhaft reumütige Christ erlangt vollkommenen Erlass von Strafe und Schuld; der ihm auch ohne Ablassbriefe zukommt.

http://www.ekd.de/glauben/95_thesen.html (Stand: 9. 4. 2016)

M 3

Luther verkündet in Wittenberg seine Thesen, Relief am Lutherdenkmal in Worms, Foto, 2014.

M 4

Bibelübersetzung auf der Wartburg unter dem Schutz des Sächsischen Kurfürsten (links) und Predigt der neuen Lehre (rechts), Relief am Lutherdenkmal in Worms, Foto, 2008.

1 Erkläre anhand der Thesen Luthers (M2) seine Gründe für die Ablehnung des Ablasshandels.

2 Stelle mithilfe von M3 und M4 Vermutungen an, welche Wirkung die öffentliche Verkündung der Kritik an der Kirche auf die Bevölkerung hatte.
Tipp: Bedenke, dass die meisten Menschen der damaligen Zeit nicht lesen und schreiben konnten.

C

Der Historiker Volker Leppin über Martin Luther (2006):

In Worms hatte der Kaiser über Luther die Reichsacht[1] verhängt und ihn damit für „vogelfrei“[2] erklärt ... In einer berühmt-berüchtigten Szene wurde [Luther] am 4. Mai in der Nähe von Eisenach von einigen Männern überfallen, die ihn im Auftrag des Kurfürsten Friedrich des Weisen auf die Wartburg bringen sollten. So konnte der Kurfürst ihn schützen, ohne sich öffentlich hierzu bekennen zu müssen. Luther lebte die nächsten zehn Monate als Junker Jörg verkleidet auf der Wartburg.

Zit. nach Volker Leppin, Martin Luther, Darmstadt (Wissenschaftliche Buchgesellschaft) 2006, S. 181.

[1] *Bei schweren Vergehen konnte der König bzw. Kaiser oder ein von ihm beauftragter Richter den Täter ächten. Dieser war damit aus der Gemeinschaft ausgestoßen.*

[2] *Jeder konnte ihn ermorden, ohne dafür bestraft zu werden.*

1 Erläutere anhand von M4, wie sich Luthers Leben durch seine Kritik an der römischen Kirche veränderte.

2 Begründe mithilfe von M4 und M5, warum es Martin Luther gelang, seine neue Lehre zu verbreiten.

Aufgabe für alle:

Recherchiert, ob es auch heute noch Kritik am Papsttum gibt.

Die Reformation: Aus Luthers Protest wird eine neue Glaubenslehre

Luther wollte die Kirche reformieren, aber keine neue Glaubenslehre gründen. Seine Schriften verbreiteten sich jedoch wie ein Lauffeuer, obwohl er gebannt und geächtet war. Und sie wurden Grundlage für einen neuen Glauben.

- ***Wie sah diese neue Glaubenslehre aus und wer trat für sie ein?***

Eine Spaltung des Reichs?

Reformation heißt Erneuerung, weil Luther keine neue Glaubenslehre gründen, sondern nur die katholische Kirche reformieren wollte. Da sich seine Kritik nicht nur auf den Ablasshandel, sondern generell auf Missstände in der katholischen Kirche bezog, wurden seine Schriften zur Grundlage für einen neuen Glauben. Diese Ausführungen boten eine einfache Orientierung für die „Protestanten". So nannte man seit dem Reichstag von Speyer 1529 die Anhänger Luthers. In Speyer hatten evangelische Reichsfürsten nicht nur gegen den Alleinvertretungsanspruch der römisch-katholischen Kirche protestiert, sondern auch gegen den Kaiser und dessen Versuch, die Fürsten zur Rückkehr zur alten Lehre zu bewegen. Der Streit um den Glauben führte letztendlich zu einer politischen und religiösen Spaltung des Reichs.

Was lehrte Martin Luther?

Luther forderte eine feste geistige Haltung des Menschen, der nur im Glauben („sola fide") zu Gott dessen Gnade („sola gratia") erfahren könne. Nicht eine Vielzahl religiöser Pflichten und Handlungen, wie sie die katholische Kirche vorschrieb, sondern die unmittelbare Beziehung zu Gott bildete den Kern des evangelischen Glaubens. Nach dieser Vorstellung brauchte man die Kirche als vermittelnde Instanz nicht mehr, denn die Heilige Schrift („sola scriptura"), vor allem das Evangelium, diente als unmittelbare Orientierung für die Gläubigen, die sich fortan „evangelisch" nannten.

Wie verbreitete sich die Lehre?

Aufgrund der wesentlichen Bedeutung des Evangeliums begann Luther noch auf der Wartburg, das Neue Testament ins Deutsche zu übersetzen. Die Gläubigen sollten die Inhalte der Bibel verstehen können. Es gab damals noch keine einheitliche deutsche Sprache. Luther gelang es, für seine Übersetzung eine Sprache zu finden, die alle verstanden.

Nach einem Dreivierteljahr wagte er sich unter dem Schutz des Kurfürsten wieder nach Wittenberg und predigte vor aller Öffentlichkeit. Hier bildeten sich die ersten evangelischen Gemeinschaften, die nach den Regeln Luthers leben wollten. Die Beichte wurde abgeschafft. Die Gemeindemitglieder wählten nun die Pfarrer. Und den Gottesdienst feierte man in deutscher Sprache.

Luther rief die Landesherren auf, sich um die evangelischen Gemeinden in ihren Ländern zu kümmern. So duldete zum Beispiel der pfälzische Kurfürst die Reformgemeinden, der Landgraf von Hessen sorgte gar für deren Verbreitung. Damit entstanden von Rom unabhängige

M 1

Laienprediger waren einfache Menschen und keine ausgebildeten Priester. Sie zogen umher und verkündeten Luthers Lehre. Holzstich, 1525, nachkoloriert.

Landeskirchen, deren Oberhaupt die jeweiligen Landesfürsten wurden. Sie kümmerten sich um die Neugestaltung der Gottesdienste, die Versorgung der Pfarreien mit gut ausgebildeten Pfarrern und um die Erneuerung des Schulwesens. Um die Reformen bezahlen zu können, beschlagnahmten die Landesherren alle Klöster mit ihrem Grundbesitz, die von Nonnen und Mönchen verlassen worden waren.

Weitere Reformatoren

Wichtig für die Ausbreitung der evangelischen Kirche war auch das Auftreten weiterer Reformatoren. In Zürich wirkte der Priester Ulrich Zwingli (1484–1531), ursprünglich ein Anhänger Luthers, der dann aber eigene Wege ging: Während für Luther das Abendmahl als feierlicher Brauch während des Gottesdienstes eine unmittelbare Beziehung zu Gott herstellte, sah Zwingli darin beispielsweise nur eine symbolische Handlung, die nicht mit göttlicher Gegenwart verbunden war. Auch der Franzose Jean Calvin (1509–1564) war ursprünglich ein Anhänger Luthers, entwickelte dann aber eine strengere Lehre, nach der alle Bilder aus den Kirchen verbannt werden sollten und Vergnügungen wie Kartenspiel und Tanz unter Strafe gestellt wurden. Er war überzeugt, dass Gott jeden Menschen von Geburt an entweder auserwählt oder verdammt hatte. Auserwähltheit, so Calvin, zeige sich am beruflichen Erfolg und Reichtum im irdischen Leben.

M 2

Calvinistischer Gottesdienst in der Kirche Stein bei Nürnberg, Kupferstich, 16. Jh.

Reformation (lat. Umgestaltung, Erneuerung)
Erneuerungsbewegung ausgehend von Martin Luther, Ulrich Zwingli und Jean Calvin, die eine Reform der katholischen Kirche anstrebte, letztlich aber in die Begründung der evangelischen Kirche mündete. Kerngedanke: Glaube und Heilssuche in der persönlichen Beziehung zu Gott.

Landeskirchen
Evangelische Kirchen unter der Aufsicht eines weltlichen Landesfürsten, der im Lauf der Reformation in protestantischen Territorien an die Stelle der Bischöfe trat. Allmählich bildete sich unterhalb des Fürsten eine evangelische Kirchenbehörde, die die Angelegenheiten der evangelischen Kirche regelte.

1 Beschreibe mithilfe der Karte M1 auf S. 46 die Verbreitung der Glaubenslehre Luthers und Calvins.

2 Nenne die Grundsätze der neuen Glaubenslehre Luthers.

3 **Wähle eine Aufgabe aus:**
a) Erkläre, wie sich die neue Glaubenslehre ausbreitete.
b) Beurteile die Rolle der Landesherren bei der Verbreitung der neuen Lehre.

4 Erkläre anhand von M1, warum Laienprediger die Menschen oft besser als Geistliche ansprechen konnten.

5 **Partnerarbeit:** Stellt euch gegenseitig Ulrich Zwingli und Jean Calvin vor.

6 Beschreibe, welchen Eindruck das Kircheninnere in M2 auf dich macht. Vergleiche mit katholischen Kirchen.

Schriftliche Quellen untersuchen

Eine systematische Untersuchung von Quellen ermöglicht uns eine Rekonstruktion und Deutung von Geschichte. Zu den schriftlichen Quellen gehören z. B. Chroniken, Biografien, Briefe, Reden sowie Urkunden, Gesetzestexte und Zeitungen. Mithilfe der Arbeitsschritte lernst du, wie man eine Quelle analysiert und beurteilt.

M 1

Rede Martin Luthers auf dem Reichstag zu Worms vom 18. April 1521

Allergnädigster Kaiser, durchlauchtigste Fürsten! Mir waren gestern durch Eure allergnädigste Majestät zwei Fragen vorgelegt worden, nämlich ob ich die genannten, unter meinem Namen veröffentlichten Bücher als meine Bücher anerkennen wollte, und ob ich dabei bleiben wollte, sie zu verteidigen, oder bereit sei, sie zu widerrufen. Zu dem ersten Punkt habe ich sofort eine unverhohlene Antwort gegeben [= einen Tag zuvor], zu der ich noch stehe und in Ewigkeit stehen werde: Es sind meine Bücher, die ich selbst unter meinem Namen veröffentlicht habe ... Hinsichtlich der zweiten Frage bitte ich aber Euer allergnädigste Majestät und fürstliche Gnaden dies beachten zu wollen, dass meine Bücher nicht alle den gleichen Charakter tragen. Die erste Gruppe umfasst die Schriften, in denen ich über den rechten Glauben und rechtes Leben so schlicht und evangelisch gehandelt habe, dass sogar meine Gegner zugeben müssen, sie seien nützlich, ungefährlich und durchaus lesenswert für einen Christen. ... Die zweite Gruppe greift das Papsttum und die Taten seiner Anhänger an, weil ihre Lehren und ihr schlechtes Beispiel die ganze Christenheit sowohl geistlich wie leiblich verstört hat. Das kann niemand leugnen oder übersehen wollen. Denn jedermann macht die Erfahrung, und die allgemeine Unzufriedenheit kann es bezeugen, dass päpstliche Gesetze und Menschenlehren die Gewissen der Gläubigen aufs jämmerlichste verstrickt, beschwert und gequält haben, dass aber die unglaubliche Tyrannei auch Hab und Gut verschlungen hat und fort und fort auf empörende Weise weiter verschlingt, ganz besonders in unserer hochberühmten deutschen Nation. ... Wollte ich also diese Bücher widerrufen, so würde ich die Tyrannei damit geradezu kräftigen und stützen, ... So würde mein Widerruf ihrer grenzenlosen, schamlosen Bosheit zugute kommen, und ihre Herrschaft würde das arme Volk noch unerträglicher bedrücken ... Darum bitte ich um der göttlichen Barmherzigkeit willen, Eure allergnädigste Majestät, durchlauchtigste fürstliche Gnaden oder wer es sonst vermag, er sei höchsten oder niedersten Standes, möchte mir Beweise vorlegen, mich des Irrtums überführen und mich durch das Zeugnis der prophetischen oder evangelischen Schriften überwinden. Ich werde völlig bereit sein, jeden Irrtum, den man mir nachweisen wird, zu widerrufen, ja, werde der Erste sein, der meine Schriften ins Feuer wirft. ... Denn ich glaube weder dem Papst noch den Konzilien allein, weil es offenkundig ist, dass sie öfters geirrt und sich selbst widersprochen haben. Widerrufen kann und will ich nichts, weil es weder sicher noch geraten ist, etwas gegen sein Gewissen zu tun.
Gott helfe mir. Amen.

Zit. nach http://gutenberg.spiegel.de/buch/martin-luther-sonstige-texte-270/5 (Download vom 22. 6. 2016).

M 2

Martin Luther vor dem Reichstag in Worms, Gemälde von Anton von Werner, 1877.

1 Untersuche M1 mithilfe der Arbeitsschritte. Ergänze die Lösungshinweise an Stellen, wo du Auslassungszeichen siehst.

Arbeitsschritte „Schriftliche Quellen untersuchen"

Leitfrage	Lösungshinweise zu M1
1. Fragestellung Welche Leitfrage könnte die Untersuchung der Quelle bestimmen?	• *Karl V. bezeichnete Luther unmittelbar nach dessen Auftritt in Worms als einen „Häretiker" (= Ketzer). Denkbar wäre also: Martin Luther – ein Ketzer?*
Formale Analyse	
2. Textart Um welche Textart handelt es sich?	• *Bei dem Text handelt es sich um eine …*
3. Autor Wer ist der Autor (Lebensdaten, soziale Schicht, Amt)?	• *Die Quelle stammt von Martin Luther. Er war …*
4. Zeit und Ort Wann und wo ist der Text geschrieben bzw. veröffentlicht worden?	• *Luther hielt die Rede am … auf dem Reichstag in …*
5. Thema Was ist das Thema des Textes?	• *Der Autor setzt sich mit … auseinander.*
6. Adressaten An wen ist der Text gerichtet?	• *Gerichtet ist der Text an …*
Inhaltliche Analyse	
7. Begriffe Welche Begriffe muss ich klären?	• *hier z.B. Tyrannei, Barmherzigkeit …*
8. Wesentliche Aussagen Wie ist die Quelle aufgebaut? **Tipp:** Formuliere Überschriften für die einzelnen Abschnitte. Was sind die Kernaussagen?	• *1. Abschnitt: Die zwei Fragen des Kaisers (Z. 1–7) Luther soll beantworten, ob er Autor der unter seinem Namen erschienenen Bücher sei und ob er diese verteidigt oder widerruft.* • *2. Abschnitt: …*
9. Erläuterungen Welche Aussagen sollten erläutert werden?	• *Was meint Luther mit seiner Kritik am Papsttum und den Taten seiner Anhänger konkret? Luther kritisierte z. B. den Ablasshandel.*
Einordnung	
10. Einordnung in den geschichtlichen Hintergrund In welchen historischen Zusammenhang lässt sich die Quelle einordnen (Ereignis, Epoche, Konflikt)?	• *Die Quelle stammt aus der Zeit der Reformation. Luther hatte mit seinen 95 Thesen (1517) zunächst …* • *Kaiser Karl V. hatte …*
Urteil: Bezug auf die Leitfrage	
11. Sachurteil Wie beurteilst du die Quelle (Überzeugung der Argumentation; Interessen des Autors; ggf. seine Handlungsspielräume)?	• *Die Argumentation Luthers ist …* • *Luther wollte …* • *Das Widerrufen seiner Schriften kam für ihn nicht in Frage, weil …*
12. Werturteil Wie bewertest du die Quelle aus heutiger Sicht? Berücksichtige unsere Wertmaßstäbe.	• *Aus heutiger Sicht …* • *Ich bin der Auffassung, dass Luther …*

Warum scheiterte der Aufstand der Bauern?

Um 1500 kam es immer öfter zu Aufständen der Bauern gegen ihre geistlichen und weltlichen Herren. Der bekannteste ist der Aufstand von 1524/25. Hier erfährst du, warum es zum Aufstand kam und warum er scheiterte.

Sehnsucht nach Gerechtigkeit

„Als Adam grub und Eva spann, wo war denn da der Edelmann?“ Dieser Vers aus dem 14. Jahrhundert war unter den Bauern weit verbreitet. Er verweist auf die Sehnsucht nach Gerechtigkeit, die durch die Reformation noch verstärkt wurde. Denn Martin Luther hatte 1520 in seiner Schrift „Von der Freiheit eines Christenmenschen“ geschrieben, dass der Christ im Glauben nur an Gottes Wort gebunden sei. Sonst sei er frei und niemandem untertan. Diese religiöse Aussage bezogen die Bauern nun auf sich. Sie unterstützen die Kritik an der Kirche und forderten zugleich eine Verbesserung ihrer Lebensbedingungen.

Die Lage der Bauern

Von den etwa 16 Millionen Menschen, die um 1500 im Deutschen Reich lebten, waren mehr als 12 Millionen Bauern. Die meisten lebten in Armut. Seit dem 14. Jahrhundert hatten die Belastungen der Bauern stetig zugenommen. Die adligen oder kirchlichen Grundherren erhöhten auf Kosten der Bauern die Abgaben und Frondienste, um ihre Einnahmen zu steigern und ihren Besitz zu vergrößern. Auf der anderen Seite hatten Missernten und Krankheit dazu geführt, dass sich die abhängigen Bauern bei den Grundherren verschuldeten und Leibeigene wurden.

Die Zwölf Artikel

1525 wurde ein Flugblatt veröffentlicht, das sich rasend schnell verbreitete. Eine Forderung war revolutionär: „Die Leibeigenschaft soll aufgehoben werden.“ Als Verfasser der „Zwölf Artikel“ gilt ein Handwerksgeselle aus Memmingen in Oberschwaben, der die vielen Beschwerden der Bauern zusammengefasst hatte. Das Flugblatt ist eine frühe schriftliche Sammlung von Forderungen nach Menschen- und Freiheitsrechten (M2).

Die Bauern lehnen sich auf

Als die Bauern merkten, dass die Adligen nicht ernsthaft mit ihnen verhandeln wollten, bewaffneten sie sich, um ihre Forderungen nun mit Gewalt durchzusetzen. Ausgangspunkt der Aufstände war der Südwesten Deutschlands. Mehr als tausend Klöster, Burgen und Schlösser wurden von den Bauern ausgeraubt und niedergebrannt. Über 150 Städte und Ortschaften konnten sie erobern. Luther, der die Bauern anfangs unterstützt hatte, wandte sich nun gegen sie (M4).

Warum scheiterte der Aufstand?

Als die Bauern 1524 losschlugen, stießen sie zunächst auf geringen Widerstand. Letztendlich waren die Fürsten, die sich mit ihren Truppen im Schwäbischen Bund zusammengeschlossen hatten, jedoch überlegen. Außerdem verloren die Bauern mit ihrem Vorgehen in der Bevölkerung die moralische Unterstützung. Zudem konnten sie sich nicht auf ein einheitliches Vorgehen einigen. Bei dem entscheidenden Gefecht auf dem Schlachtberg bei Frankenhausen am 14./15. Mai 1525 wurden die Bauern unter der Führung von Thomas Müntzer (1489 bis 1525) von den Truppen der Fürsten besiegt: Von den 8000 Bauern wurden über 5000 erschlagen. Man schätzt die Zahl der Opfer auf beiden Seiten auf etwa 75 000 Tote, wobei der Anteil der Aufständischen überwog. Die überlebenden Bauern mussten an die Herren eine hohe Entschädigung zahlen, ihre Anführer wurden hingerichtet. So auch Thomas Müntzer, der im Mai 1525 geköpft wurde.

M1

Strafgericht über gefangene Bauern, kolorierter Holzschnitt, 16. Jh.

Auszug aus den „Zwölf Artikeln" der Bauernschaft, 1525

Im April 1525 beriefen sich fast alle Aufstandsgruppen auf diese Artikel. Die aufständischen Bauern forderten unter anderem:

Art. 1: Die Gemeinde soll ihren Pfarrer selbst wählen.

Art. 2: Der Kornzehnt soll für die Bezahlung des Pfarrers genutzt werden, der Viehzehnt entfällt.

Art. 3: Die Bauern wollen der Obrigkeit gehorsam leisten, aber nur als freie Menschen, nicht als Leibeigene.

Art. 4: Die Gemeinde soll das Recht der Jagd und des Fischfangs erhalten.

Art. 6: Die Frondienste sollen verringert werden auf das Maß, das für die Eltern galt.

Art. 7: Abgaben und Dienste über das festgelegte Maß hinaus soll die Herrschaft selbst bezahlen.

Art. 8: Der Pachtzins soll gerecht festgelegt werden.

Art. 12: Die Grundlage der bäuerlichen Forderungen ist das Evangelium.

Zusammengestellt und bearbeitet nach Günther Franz (Hg.), Quellen zur Geschichte des Bauernkrieges, Darmstadt (Wissenschaftliche Buchgesellschaft) 1963, S. 174–179.

Thomas Müntzer an die Fürsten Kursachsens und Sachsens, 1524

Der erbärmliche Schaden der heiligen Christenheit ist so groß geworden, dass ihn keine Zunge darstellen kann …

Christus sagt: „Ich bin nicht gekommen, Frieden zu senden, sondern das Schwert." Was soll man aber mit demselbigen machen? Nichts andres als die Bösen, die das Evangelium verhindern, wegtun und absondern …

Christus sagt: „ Wer da einen aus diesen Kleinen ärgert, ist ihm besser, dass man ihm einen Mühlstein an den Hals hänge und werfe ihn in das tiefe Meer." Wollt ihr nun Regenten sein, so müsst ihr das Regiment bei der Wurzel anheben und wie Christus befohlen hat.

Zit. nach Günther Franz (Hg.), Quellen zur Geschichte des Bauernkrieges, Darmstadt (Wissenschaftliche Buchgesellschaft) 1963, S. 125.

Martin Luthers Reaktion auf die Bauernaufstände, 1525

Die 12 Artikel handeln alle von weltlichen, zeitlichen Dingen. Ihr sagt, dass Ihr nicht länger Unrecht leiden wollt. Das Evangelium handelt nicht von diesen weltlichen Dingen. Ihr Bauern habt gegen euch die Heilige Schrift und die Erfahrung, dass ein Aufruhr noch nie ein gutes Ende genommen hat. Denkt an das Wort der Bibel …: Wer das Schwert nimmt, soll durch das Schwert umkommen …

[Sie] haben ihrer Obrigkeit [= Herren] Treue und Ergebenheit geschworen, untertänig und gehorsam zu sein, wie Gott das gebietet. Da sie aber diesen Gehorsam mutwillig brechen und sich dazu gegen ihre Herren stellen, haben sie dadurch Leib und Seele verwirkt …

Zit. nach Martin Luther: Weimarer Ausgabe 1 (= Kritische Gesamtausgabe), Köln (Böhlau) 2001 f., S. 299 ff.

1 Nenne die Gründe für den Aufstand der Bauern (Darstellungstext).

2 Erkläre, warum der Aufstand scheiterte (Darstellungstext).

3 **a)** Fasse die Forderungen der Bauern (M2) mit eigenen Worten zusammen.
b) Nimm eine begründete Gewichtung vor.

4 **Partnerarbeit:** Erarbeitet die wesentlichen Aussagen von M3 und M4. Vergleicht eure Ergebnisse.

5 **Wähle eine Aufgabe aus:**
a) Beurteile die Haltung Luthers. Nutzt die Informationen über die Reformation (S. 56 f., 226 f.).
b) Verfasse aus der Sicht eines überlebenden Bauern und Anhängers Müntzers eine Flugschrift zum Ausgang des Aufstandes.

Webcode: FG647255-061
Das Bauernkriegspanorama

Glaubensspaltung und Augsburger Religionsfrieden

Schon im Mittelalter gab es Bestrebungen, die Kirche zu erneuern. Sie führten aber nicht zu einer Glaubensspaltung. Durch die Reformation jedoch zerbrach die Einheit des christlichen Glaubens in Mitteleuropa: Bis heute gibt es katholische und evangelische Christen.

- *Wie entstanden die beiden Konfessionen (= Bekenntnisse) und welche Interessen hatten ihre jeweiligen Anhänger?*

Gründe für die Spaltung der Kirche

Die Glaubensspaltung vollzog sich in einem Prozess von 30 Jahren nach der Verbreitung von Luthers 95 Thesen von 1519. Sowohl Luther als auch sein enger Mitstreiter, der Gelehrte und Humanist Philipp Melanchthon (1497 bis 1560), begründeten in mehreren Schriften eine evangelische Kirchenlehre, die die Abgrenzung des neuen vom alten Bekenntnis deutlich machte. Zudem trug der entschiedene Widerstand der katholischen Theologen und des Papsttum in Rom zur Verhärtung der Fronten bei. In mehreren Auseinandersetzungen zeigte sich, dass man zwar ansatzweise an eine innerkirchliche Reform dachte, nicht aber an eine Anerkennung der protestantischen Forderungen. Und letztlich führte das Vorgehen des Kaisers zum erbitterten Widerstand der protestantischen Fürsten. Er wollte gemäß seinem universalen europäischen Herrschaftsanspruch keine religiöse und damit politische Spaltung dulden.

Der Reichstag zu Augsburg 1530

Als Kaiser Karl V. 1530 die Fürsten zum Reichstag nach Augsburg zusammenrief, um eine Verständigung in Glaubensfragen herbeizuführen, verfasste Melanchthon eine Bekenntnisschrift der Protestanten („Augsburger Konfession"). Dabei versuchte er die Unterschiede zwischen den beiden Glaubensgruppen so gering wie möglich darzustellen. Doch die Gegensätze zwischen katholischen und protestantischen Vertretern ließen sich nicht überbrücken. Im Gegenteil: Der Kaiser verlangte von den Anhängern Luthers, zum katholischen Glauben zurückzukehren. Daraufhin gründeten die protestantischen Fürsten und Reichsstädte ein Jahr später im thüringischen Schmalkalden ein Beistandsbündnis (Schmalkaldischer Bund), um ihre Rechte als Landesherren und ihre Religionsfreiheit zur Not auch mit Waffen zu verteidigen.

Keine Einigung in Sicht

Der Kaiser setzte nun alle Hoffnungen auf ein kirchliches Konzil, auf dem die Bischöfe einerseits ihren Reformwillen bekunden und andererseits dadurch einen Ausgleich zu den protestantischen Forderungen herstellen sollten. 1545 eröffnete Papst Paul III. ein Konzil in Trient, aber ein Kompromiss zwischen Altgläubigen und Protestanten blieb aus, da der Papst sich die Billigung aller Beschlüsse vorbehielt und so jede Verhandlungsbereitschaft bei den Protestanten verspielte.

Der Kaiser, der aufgrund gleichzeitiger Kriege mit den Türken und dem französischen König gar kein Interesse an einem gewaltsam ausgetragenen Streit zwischen Protestanten und Katholiken hatte, nutzte aber eine Atempause 1546, um schließlich doch den Krieg zwischen einem kaiserlichen Heer und dem Schmalkaldischen Bund herbeizuführen. Karl V. siegte, doch eine endgültige Lösung des Glaubensstreites war nicht erreicht.

Anerkennung der Glaubensspaltung

Daher bemühte sich Ferdinand I., Bruder und Nachfolger Karls V., um einen neuen Anlauf, um den Religionskonflikt mit den Fürsten zu beenden. 1555 berief er einen weiteren Reichstag nach Augsburg ein. Dort schlossen die katholischen und protestantischen Reichsstände den Augsburger Religionsfrieden: Vereinbart wurde, dass kein Fürst und keine Stadt um der Religion willen bedrängt, verklagt oder gar bekriegt werden dürfe. Die Entscheidung über den rechten Glauben wurde in die Hände der Reichsstände gelegt. Das katholische und das lutherische Glaubensbekenntnis wurden gleichgestellt. Allerdings galt: Wem das Land gehörte, der bestimmte die Konfession der Untertanen. Andersgläubige sollten auswandern. Geistliche Fürsten wie Erzbischöfe konnten zwar evangelisch werden, mussten aber dann ihr Amt aufgeben.

M 1

Flugblatt, Holzschnitt von 1568. Luther und die protestantischen Gelehrten halten den Angriffen der Katholiken unter Papst Leo X. (1513–1521) stand. Ganz vorne unter den protestantischen Gelehrten steht Philipp Melanchthon. In der unteren Bildmitte zerrt Friedrich Staphylus (als Judas, Verräter, bezeichnet) den Höllenhund herbei. Staphylus, ein ursprünglich protestantischer Gelehrter, trat in den Dienst der katholischen Kirche.

M 2

Luthers Kritik an den Bedingungen des Papstes für die Beschlüsse des Konzils:

Denn was braucht man so große Mühe aufs Konzil zu verwenden, wenn der Papst im Voraus beschlossen hat, was auf dem Konzil gemacht oder getan wird, das solle ihm unterworfen sein und nichtig, wenn es ihm nicht recht gut gefalle, und die Macht haben will, alles zu verdammen? ... So handelt dieser schändliche Laffe Paulus Tertius auch [gemeint ist Papst Paul III.], schreibt jetzt ... ein Konzil aus ...; aber eh wir uns umsehen, hat er uns Pferdedreck ins Maul getrickst, denn er will ein solches Konzil geben, über das er seine Macht ausüben kann, und alles, was darin festgesetzt wird, mit Füßen treten. Für solch ein Konzil dank' ihm der leidige Teufel und komme auch niemand hinein als der leidige Teufel, dazu ... was es noch an höllischem Bodensatz in Rom gibt.

Martin Luther, Wider das Papsttum zu Rom, vom Teufel gestiftet. Zit. nach Esther-Beate Körber, Habsburgs europäische Herrschaft, Darmstadt (Wissenschaftliche Buchgesellschaft) 2002, S. 57.

1 Beschreibe, warum es im Reich zur Glaubensspaltung kam.

2 Erläutere, wie das Flugblatt M1 den „Kampf der Religionen" darstellt. Nenne Mittel, die die beiden Religionen dabei einsetzen.

3 Wähle eine Aufgabe aus:

a) Untersuche durch Zitate aus dem Text (M2) die Verachtung Martin Luthers für das vom Papst einberufene Konzil.

b) Beurteile die Bedeutung der Einberufung eines Konzils zur Beratung über Glaubensfragen aus dem Blickwinkel Luthers, des Papstes und des Kaisers.

Tipp: Lege dazu eine Tabelle an.

4 Nenne die wesentlichen Inhalte des Augsburger Religionsfriedens (Darstellungstext).

5 Beurteile den Religionsfrieden aus Sicht
a) eines Landesherren,
b) eines Stadtbürgers oder
c) des Kaisers.

6 Bewerte den Kompromiss. Wer profitierte am meisten?

Dreißig Jahre Krieg um Glauben und Macht

Aus einem regionalen Glaubensstreit entwickelte sich ein jahrzehntelanger und grausamer Krieg, bei dem es nicht nur um Religion ging.

- ***Welche Interessen und Ziele verfolgten die kriegführenden Parteien?***

Konflikte in Böhmen

Der Augsburger Religionsfrieden hatte die Spannungen zwischen katholischen und protestantischen Fürsten nicht beseitigt. Im Jahr 1608 schlossen sich die protestantischen Fürsten zu einem Bündnis, der „Union“, die katholischen Fürsten zu einem Bündnis, der „Liga“, zusammen. Katholische und evangelische Fürsten standen sich nun wieder tief verfeindet gegenüber. Der Konflikt spitzte sich zu, als 1617 der Habsburger Ferdinand II. König von Böhmen wurde. Er nahm die politischen und konfessionellen Freiheiten wieder zurück, die sein Vorgänger Rudolf II. den protestantischen Adligen in Böhmen eingeräumt hatte.

Fenstersturz von Prag

Im Jahr 1618 ereignete sich in Prag ein Zwischenfall: Protestanten errichteten eine Kirche auf einem Grundstück, das Katholiken gehörte. Es kam zu einem Prozess, den die Protestanten verloren; die Kirche wurde abgerissen. Daraufhin drangen voller Empörung protestantische Adlige in die königliche Burg in Prag und warfen voller Zorn zwei hohe Beamte und ihren Sekretär aus dem Fenster. Der Fenstersturz von Prag war zugleich der Beginn des Dreißigjährigen Krieges.

Dieser Vorfall heizte die äußerst gespannte Stimmung im Reich weiter an. Einen ersten Höhepunkt erreichte der Konflikt, als Ferdinand auch noch Kaiser (Reg. 1619 bis 1637) wurde. Er schränkte die Glaubensfreiheit der protestantischen Adligen in Böhmen erheblich ein. Daraufhin setzten die böhmischen Adligen Ferdinand als König von Böhmen ab. An seine Stelle wählten die Kurfürsten Friedrich von der Pfalz, den Führer der Union, zu ihrem König. Kaiser Ferdinand wollte aber auf die Herrschaft in Böhmen nicht verzichten.

Der Dreißigjährige Krieg im Überblick:

Böhmisch-Pfälzischer Krieg (1618–1623)

1618 Prager Fenstersturz

1619 Kaiserkrönung Ferdinands II.; böhmische Adlige wählen Friedrich V. von der Pfalz (Calvinist) zum Gegenkönig in Böhmen.

1620 Die kaiserlich-spanische Armee unter Graf Tilly besiegt in der Schlacht am Weißen Berg die Truppen der böhmischen Stände; Friedrich V. wird aus Böhmen vertrieben; Ferdinand II. befiehlt die Rekatholisierung Böhmens.

Niedersächsisch-Dänischer Krieg (1625–1629)

1625 Der dänische König Christian IV. führt das protestantische Heer; England und die Niederlande unterstützen das Bündnis.

1626 Niederlage des protestantischen Heeres; Herzog Albrecht von Wallenstein führt den kaiserlichen Truppen ein eigenes Söldnerheer zu.

1628 Wallenstein wird Herzog von Mecklenburg.

1629 Friede zu Lübeck: Christian IV. zieht sich zurück.

1630 Die Reichsfürsten erzwingen vom Kaiser die Entlassung Wallensteins.

Schwedischer Krieg (1630–1635)

1630 Der Schwedenkönig Gustav II. Adolf (Lutheraner) landet mit Truppen in Vorpommern.

1631 Tilly erobert Magdeburg; Niederlage gegen Gustav II. Adolf; Siegeszug der Schweden.

1632 Nach dem Tod Tillys wird Wallenstein wieder eingesetzt; der Schwedenkönig fällt in der Schlacht bei Lützen.

1634 Wallenstein wird abgesetzt und ermordet; Niederlage der Schweden bei Nördlingen.

1635 Friede zu Prag zwischen Kaiser Ferdinand II. und den protestantischen Ständen

Schwedisch-Französischer Krieg (1635–1648)

1635 Ferdinand II. erklärt Frankreich, das sich mit Schweden verbündet hat, den Krieg; seit 1637 werden parallel zum Kriegsgeschehen diplomatische Friedenslösungen gesucht.

1644 Beginn der Friedensverhandlungen zu Osnabrück (Kaiser-Schweden) und Münster (Kaiser-Frankreich)

1648 Westfälischer Frieden (24. Okt.)

M 2

Der Kunsthistoriker Ernst Gombrich (1909 bis 2001) erzählt 1985 die Geschichte des Krieges für Jugendliche:

Unzufriedene Protestanten haben damals im Jahr 1618 drei Vertreter des Kaisers aus der Burg in Prag zum Fenster hinausgeworfen. Sie fielen auf einen Misthaufen, und so ist zweien von ihnen nicht viel geschehen. Trotzdem war es der Auftakt zu dem entsetzlichen Krieg, der jetzt ausbrach und 30 Jahre lang gedauert hat. 30 Jahre! Stell dir das vor! Wenn ein Mensch zehn Jahre alt war, als er von dem Fenstersturz erfahren hatte, war er ein Mann von 40 Jahren, als er endlich den Frieden erlebte. Falls er ihn erlebte! Denn es war bald gar kein Krieg mehr, sondern ein entsetzliches Gemetzel von schlecht bezahlten, wilden Soldatenhorden aller Länder, denen es hauptsächlich auf das Rauben und Plündern ankam. Das roheste und grausamste Gesindel aus allen Gegenden trat in jenes Heer ein, mit dem man am meisten Beute zu machen hoffte. Längst war der Glaube vergessen. Protestanten traten in katholische Heere, Katholiken in protestantische. Sie waren für das Land, für das sie angeblich kämpften, fast ebenso entsetzlich wie für die Feinde. Denn wo sie ihre Zeltlager aufschlugen, da holten sie sich bei den Bauern der Umgebung zu essen und vor allem zu trinken. Gab der Bauer nicht freiwillig, so zwang man ihn oder brachte ihn um. In ihren phantastischen Kostümen mit bunten Lappen und großen Federbüschen, den Degen umgeschnallt, die Pistole in der Hand, ritten sie sengend und mordend durchs Land und quälten die wehrlosen Menschen aus bloßer Schlechtigkeit und Rohheit.

Ernst H. Gombrich, Eine kurze Weltgeschichte für junge Leser. Aktualisierte Neuausgabe des Originals von 1935, Köln (Dumont) 1985, S. 223f.

M 3

Bevölkerungsverluste im Dreißigjährigen Krieg

M 4

Einwohnerzahlen vor und nach dem Dreißigjährigen Krieg (Schätzungen)

	1618	1648
Niedersachsen	920 000	920 000
Württemberg	450 000	130 000
Berlin	12 000	6 000
Augsburg	48 000	16 000
Hamburg	40 000	60 000

1 **a) Partnerarbeit:** Vergleiche die Erzählung (M2) mit dem Überblick über Daten und Fakten (M1). Lege dazu eine Liste an und benenne dort die Besonderheiten der jeweiligen Information.
b) Diskutiert: Welche Informationen (M1 oder M2) erscheinen euch nützlicher, welche könnt ihr euch besser merken, welche Informationen sind zuverlässiger?

2 Beschreibe M4 auf S. 47 (Orientierungsseite) und benenne die Untaten der Söldner gegenüber der Zivilbevölkerung.

3 **Wähle eine Aufgabe aus:**
Begründe anhand von M3 oder M4 mit Blick auf den Kriegsverlauf (M1) die hohen Bevölkerungsverluste in den einzelnen Regionen Deutschlands.

Welche Bedeutung hatte der Westfälische Frieden?

Nach Unterzeichnung der Friedensverträge 1648 setzte das Läuten der Kirchenglocken ein und die Kanonen auf der Stadtmauer von Münster feuerten dreimal Salut. Flugblätter verbreiteten die Nachricht im ganzen Land: Fortan galt die allgemeine und ewige Waffenruhe! Im Folgenden lernst du die Bestimmungen des Vertrages und seine Bedeutung kennen.

M 1

Friedensreiter verbreiten in ganz Europa die Nachricht von der Unterzeichnung des Vertrages. Rechts oben ist der Götterbote Hermes zu sehen, der einen Brief mit der Aufschrift „Pax" (= Friede) hält. Flugblatt, Oktober 1648

Warum verhandelte man an zwei Orten?
Bereits seit 1643 berieten in den westfälischen Städten Münster und Osnabrück Hunderte von Gesandten aus vielen deutschen und europäischen Staaten über einen Friedensschluss. Man hatte diese Städte ausgewählt, weil Münster katholisch, Osnabrück evangelisch war und sie ungefähr in der Mitte zwischen Paris und Stockholm lagen. Die Trennung nach Konfessionen war ein Zugeständnis an den Vatikan, der als Vermittler gewonnen wurde und nicht vor aller Öffentlichkeit mit den Protestanten verhandeln wollte. Kaiserliche Gesandte waren an beiden Orten vertreten.

Welche Rolle spielten die Reichsstände?
Reichsstände – das waren die geistlichen und weltlichen Vertreter der über 300 Territorien (Fürstentümer, Grafschaften und Reichsstädte) im Reich. Der Kaiser zögerte, sie zu den Friedensverhandlungen einzuladen, da er das Reich außenpolitisch allein vertreten und damit seine Macht deutlicher ausspielen wollte. Frankreich hoffte allerdings auf die Bereitschaft der kleineren Landesherren im Reich zu Friedensverhandlungen und drängte auf die Einladung der Reichsstände. Schließlich musste der Kaiser nachgeben, denn seinen Truppen wurden schwere Niederlagen beigefügt. Der Krieg war ungeachtet der beginnenden Verhandlungen noch nicht zu Ende.

Die wichtigsten Ergebnisse
Der Frieden hatte vor allem für das Heilige Römische Reich Deutscher Nation tief greifende Folgen:
Frankreich, Schweden und die deutschen Reichsfürsten setzten sich gegen die Habsburger durch, die den Kaiser stellten.

- Die Schweiz und die Niederlande schieden aus dem Reich aus. Es entstanden selbstständige Staaten.
- Die Fürsten innerhalb des Reichs wurden politisch selbstständig. Damit zerfiel das Reich in 300 Einzelstaaten. Sie wirkten an der Gesetzgebung des Reichs sowie an den Reichsbeschlüssen zu Steuererhebungen mit. Außerdem konnte der Kaiser fortan nicht mehr ohne die Reichsstände Kriege erklären und Frieden schließen.
- Der Augsburger Religionsfrieden 1555 wurde bestätigt und erweitert. Nun waren neben Katholiken und Lutheranern auch die Calvinisten gleichberechtigt. Die Regelung, wonach sich die Bevölkerung nach der Religion des Landesherrn richten musste, wurde aufgehoben.

Die Bedeutung des Westfälischen Friedens

Der Historiker Franz-Josef Jakobi nannte 1998 als wichtigste Ergebnisse des Friedensschlusses:

1. Lösung der konfessionellen Konflikte

Der Westfälische Frieden bedeutete das Ende des Zeitalters der Glaubenskriege in Deutschland und schuf die Voraussetzungen für religiöse Toleranz[1].

2. Beilegung des deutschen Verfassungskonflikts

Das Verhältnis der deutschen Zentralgewalt (des Kaisers) zu den Partikulargewalten (den Territorialregierungen) wurde endgültig zugunsten der Letzteren geregelt. Dies verhinderte im Gegensatz zu Frankreich, Spanien und Schweden die Ausbildung des Reichs zu einem zentralistischen Einheitsstaat.

3. Neuregelung der europäischen Machtverhältnisse

Nach dem Westfälischen Frieden galt in Europa als Ordnungsprinzip nicht mehr die Einheit des christlichen Abendlandes mit Kaiser und Papst an der Spitze, sondern die auf Verträgen und Völkerrecht beruhende Ordnung prinzipiell gleichberechtigter Staaten. Das barg ständig neue Konflikte und Kriegsgefahren in sich, öffnete aber den Weg ... in das [18. Jahrhundert] und die Entfaltung einer ungeheuren Entwicklungskraft im Wettlauf der Mächte und Staaten.

Zit. nach Münster damals, hg. v. Stadtarchiv/Presse und Informationsamt der Stadt Münster, März 1998, S. 14. Vereinf. v. Verf.

[1] *Duldung verschiedener Glaubensrichtungen*

Das Heilige Römische Reich nach dem Westfälischen Frieden von 1648

1 Beschreibe M1. Erläutere die verwendeten Mittel, um die „Friedensstimmung“ wiederzugeben.

2 Nenne die wichtigsten Ergebnisse des Friedensschlusses.

3 Gib den Historikertext M2 mit eigenen Worten wieder. Verwende dafür folgende Zwischenüberschriften: „Das Verhältnis der Konfessionen zueinander“, „Folgen für die Struktur des Reiches“, „Europäische Einheit?“.

4 Bewertet auf der Grundlage eurer Ergebnisse den Friedensschluss. Wer waren die Gewinner, wer die Verlierer? Begründet euren Standpunkt und nutzt dazu den Darstellungstext sowie M2 und M3.

Wie regierte der französische König Ludwig XIV.?

Die Bestimmungen des Westfälischen Friedens brachten einen Machtzuwachs für die Landesfürsten im Deutschen Reich, während der Kaiser an Macht verlor. In Frankreich vollzog sich hingegen eine ganz andere Entwicklung. Wie der französische König seine Machtposition sicherte, erfährst du auf dieser Doppelseite.

Detail am Schlosstor der Residenz in Versailles

Aufstieg des französischen Königtums

Während durch den Dreißigjährigen Krieg die Bevölkerungsverluste im Deutschen Reich sehr hoch und viele Gebiete sehr stark verwüstet worden waren, gehörte Frankreich zu den bevölkerungsreichsten Ländern Europas; die Versorgung mit landwirtschaftlichen Produkten war gesichert und das Gewerbe blühte. Während des Krieges hatte Frankreich zunächst nur die protestantische Union finanziell unterstützt (S. 64) und seine Truppen erst seit 1635 in den Krieg geführt. Ziel des maßgeblichen Politikers am Hofe Ludwigs XIII., Kardinal Richelieu, war es, die Macht der Habsburger zu begrenzen und die Stellung des französischen Königs innen- wie außenpolitisch zu stärken. Innenpolitisch bedeutete dies ein entschlossenes Vorgehen gegen die Protestanten im Land und eine Steuereintreibung durch Beamte (Intendanten), die von der Krone eingesetzt wurden. Sie traten an die Stelle der Adligen, die vorher als Verwalter der französischen Provinzen gewirkt hatten.

Ein junger Thronfolger

Nach dem Tod Richelieus (1642) und des Königs (1643) war der Nachfolger, Ludwig XIV., erst vier Jahre alt. Die Regentschaft übernahm seine Mutter, der leitende Minister war wieder ein Kardinal: Jules Mazarin. Dieser setzte die Politik Richelieus fort und schlug erfolgreich Aufstände des Adels und der Bevölkerung von Paris nieder.

Die Herrschaftsauffassung des heranwachsenden Königs wurde durch seine Lehrer geprägt. Insbesondere Bischof Jacques Bossuet, der Erzieher und Hofprediger, betonte die göttliche Legitimation des Monarchen, die Grundlage für dessen absolute Gewalt sei: „Ohne diese absolute Gewalt kann er weder das Gute tun noch das Böse unterdrücken.“

Mit 23 Jahren übernahm Ludwig XIV. selbst die Herrschaft. Er regierte 54 Jahre machtbewusst über Frankreich und gilt als typischer Vertreter des Absolutismus (legibus solutus: losgelöst, frei von Bindungen an die Gesetze des Staates).

Die Machtbasis der absoluten Monarchie

In Versailles arbeiteten gut ausgebildete Minister effektiv und pflichtbewusst unter dem König, der allerdings am Ende allein entschied. Zudem setzte auch Ludwig XIV. Bürgerliche in Regierung und Verwaltung ein. Diese waren ihm – infolge der Rangerhöhung – treu ergeben und trachteten nicht danach, eigene Interessen und Ziele zu verfolgen. Allerdings konnten die ca. 1000 Beamten bei einer Bevölkerung von ca. 20,5 Millionen den Anspruch des Königs, sein Land zu kontrollieren und zentralistisch zu regieren, nur eingeschränkt umsetzen.
Eine weitere wichtige Machtstütze war das stehende Heer. Es diente Ludwig XIV. nicht nur zur Sicherung der Vormachtstellung Frankreichs in Europa, sondern auch zur Durchsetzung der königlichen Macht im Inland. Finanziert wurde diese teure Einrichtung durch eine neue Wirtschaftspolitik, den Merkantilismus*. Die katholische Kirche wurde Staatskirche, ihre Geistlichen verkündeten in Gottesdiensten Anordnungen und Gesetze des Königs nach dem Motto „Ein Gott, ein Glaube, ein Gesetz, ein König“. Die prachtvolle Hofhaltung diente der Repräsentation des Monarchen, der die Sonne aufgrund ihres strahlenden Glanzes zu einem Sinnbild für seine Herrschaft gewählt hatte (M1). Der Tagesablauf im neu erbauten riesigen Schloss Versailles, wo 20 000 Menschen lebten, war streng geregelt. Hofhaltung und Hofzeremoniell unterstrichen die Macht des Königs.

M 2

Das Schloss in Versailles, Gemälde von Pierre-Denis Martin, 1722.

M 3

Das Selbstverständnis des Königs

Ludwig XIV. schrieb über sein Amtsverständnis in seinen Memoiren, die der Erziehung seines Sohnes dienen sollten:

Denn schließlich, mein Sohn, müssen wir das Wohl unserer Untertanen weit mehr im Auge haben als unser eigenes. Man kann sagen, dass sie ein Teil unserer eigenen Person sind; wir sind gleichsam das Haupt des Körpers, dessen Glieder sie sind. Wenn wir ihnen Gesetze geben, so geschieht dies nur zu ihrem eigenen Nutzen; die Macht, die wir über sie haben, darf uns nur dazu dienen, mit umso größerem Eifer für ihren Wohlstand zu arbeiten. Wie schön ist es, wenn man es verdient, wenn sie einen nicht nur als ihren Herrn, sondern auch als ihren Vater betrachten! Mögen wir auch kraft unserer Abstammung ihre Herren sein, darf doch unser Ehrgeiz kein schöneres Ziel kennen, als von ihnen Vater genannt zu werden. Ich weiß wohl, wie viel Mühe es macht, diesen schönen Titel zu erringen; aber wie bei allen Unternehmungen, die uns Ruhm und Ehre einbringen können, so darf uns auch hier keine Schwierigkeit aufhalten.

Zit. nach Wolfgang Hug (Hg.), Geschichtliche Weltkunde, Quellenlesebuch, Bd. 2, Frankfurt a. M. (Diesterweg) 1977.

1 **Wähle eine Aufgabe aus:**
Erarbeite anhand des Darstellungstextes und M3 die Machtbasis der absoluten Monarchie in Frankreich. Stelle diese mithilfe von
a) Stichpunkten oder
b) in einem Schaubild dar.

2 **Wähle eine Aufgabe aus:**
Beschreibe das Selbstverständnis Ludwigs XIV. als absoluter Monarch am Beispiel von:
a) Detail am Schlosstor (M1) und Porträt (S. 47, M3),
b) Aussagen Ludwigs XIV. (M3),
c) Bild vom Schloss Versailles (M2).

3 **Rechercheauftrag:** Sammle Informationen über das Schloss Versailles und erstelle einen kleinen Reiseführer durch die Schlossanlage.

Webcode: FG647255-069
König Ludwig XIV.

Zusatzaufgabe: siehe S. 281

1450 1500 1550

Ende des 13. Jh.–17. Jh. Renaissance und Humanismus (Rückgriff auf antike Quellen)

um 1450 Gutenberg Drucktechnik

um 1500 Zunahme des Ablasshandels

1517 95 Thesen Martin Luthers; Beginn der Reformation

1521 Reichstag in Worms: Luther fällt in Reichsacht

1524/25 Bauernkrieg

1452–1519 Leonardo da Vinci

1530 Augsburger Konfession („Confessio Augustana")

1555 Augsburger Religionsfrieden („cuius regio, eius religio")

Frühe Neuzeit

Was war neu in der Frühen Neuzeit?

Frühe Neuzeit nennen Historiker die Jahrhunderte zwischen 1500 und 1800. In diesen dreihundert Jahren veränderte sich Europa grundlegend. Es entwickelten sich Ideen, Einrichtungen und Strukturen, die gegenwärtig immer noch das Zusammenleben der Menschen bestimmen: In der Philosophie rückt der Mensch in den Mittelpunkt des neuen Denkens. Ein neuer christlicher Glaube etablierte sich dauerhaft neben dem alten. Und die Herrschaft der Fürsten und Monarchen über ihr Land änderte sich. Anstelle der aus dem Lehnswesen resultierenden personalen Bindung an den Herrn und Herrscher trat eine straff und zentral regulierte Territorialherrschaft.

Neues Denken – Humanismus

Wann genau der Wandel einsetzte, lässt sich nicht sagen. Schon im späten Mittelalter, seit dem 13. Jahrhundert, traten Entwicklungen ein (Kreuzzüge, Entstehung der Städte), die eine Voraussetzung waren für die Veränderungen im 15. Jahrhundert. Keimzellen des neuen Denkens waren die florierenden Handelsstädte des Spätmittelalters in Oberitalien und den Niederlanden. Sowohl die humanistisch interessierten Gelehrten in diesen Städten als auch die politisch Mächtigen setzten sich für eine umfassende Bildung ein. Im Mittelpunkt allen Denkens und ihrer Studien stand der Mensch. Der selbstbewusste Bürger wollte bereits im Diesseits glücklich sein und nicht sein Leben nach dem Jenseits ausrichten. Das Leben der Landbevölkerung blieb von diesen Neuerungen unberührt. Es war weiterhin geprägt von mühseliger Arbeit, hoher Abgabenlast und Frondiensten. Katastrophen, Seuchen und Kriege hinterließen stets eine Spur der Zerstörung und Vernichtung.

Orientierung an der Antike – Renaissance

Die Gelehrten orientierten sich an der Antike, lasen und übersetzten die Werke der griechischen und römischen Denker – allen voran die Werke des Aristoteles. Künstler aus ganz Europa reisten nach Rom und studierten dort die Plastiken und Skulpturen der Bildhauer der Antike. Raffael hat symbolhaft in seinem Wandgemälde „Schule von Athen" (1508–1511) über 50 Denker der Antike in einem „Tempel der Weisheit" versammelt und abgebildet. Mit dem Titel verweist Raffael auf die griechischen Philosophen und verherrlicht das antike Denken als Ursprung der europäischen Kultur und der Wissenschaften.

Die Reformation führt zur Glaubensspaltung

Martin Luther wollte mit seinen 95 Thesen 1517 anfangs nur gegen Missstände der katholischen Kirche protestierte und kein neues Bekenntnis begründen. Dennoch trug er wesentlich zu dessen Entwicklung bei. Luthers theologische Schriften, die dem Neuen Testament und dem Evangelium besonderen Stellenwert beimaßen, und seine Übersetzung der Bibel ins Deutsche bewirkten die Herausbildung einer neuen Glaubenslehre, die weder der Papst noch die Konzilien anerkennen wollten. Die Reformation wurde zu einer immer mächtigeren Bewegung, da bald zahlreiche Fürsten im Reich zum lutherischen Glauben übertraten. Die Formulierung des

1618–1648 Dreißigjähriger Krieg

1643–1715 Ludwig XIV. von Frankreich regiert absolut

1648 Westfälischer Frieden

Augsburger Bekenntnisses 1530 erwies sich als ein Meilenstein im Rahmen der Festigung der evangelischen Konfession.

Der Aufstand der Bauern

Vereinzelte Aufstände unzufriedener Bauern hat es in der Geschichte immer wieder gegeben. Die Bauern verbanden 1524/25 mit den Freiheitsgedanken der immer stärker werdenden Reformation die Hoffnung, ihren Glauben zu erneuern und ihre Lebensverhältnisse zu verbessern. Luther stand anfangs dem Bestreben der Bauern positiv gegenüber. Als aber die Bauern im Südwesten des Reichs zu einem gewaltsamen Protest übergingen, rief Luther die Herrscher dazu auf, gegen die Aufständischen vorzugehen. Schließlich wurden die Bauern besiegt.

Katholische Reform, Gegenreformation und Augsburger Religionsfrieden

Längst hatte nun die Gegenreformation der katholischen Kirche eingesetzt, und da eine Einigung nicht mehr möglich war, erschien der Kompromiss von 1555 auf dem Augsburger Reichstag als tragfähiger Ausweg. Der wesentliche Inhalt des Augsburger Religionsfriedens bestand darin, dass dem Landesherrn das Recht zugesprochen wurde, über die Religionszugehörigkeit seiner Untertanen zu entscheiden. Immerhin gelang es so, die schwelenden Konflikte mehr als ein halbes Jahrhundert unter Kontrolle zu halten.

Dreißig Jahre Krieg verändern Europa

Glaubensstreit und Machtkonflikte entluden sich schließlich in einem verheerenden und langdauernden Krieg. Die protestantischen böhmischen Adligen, die die katholischen Beamten des Kaisers aus dem Fenster der Prager Burg stießen, waren sowohl an der freien Ausübung ihres Glaubens wie auch an größerer Selbstständigkeit und Unabhängigkeit gegenüber dem böhmischen König und gleichzeitig Kaiser des Reichs interessiert. Die Könige von Dänemark, Schweden und Frankreich verfolgten ebenfalls Machtinteressen, als sie zu unterschiedlichen Zeiten in diesen Krieg eintraten. Und ein mächtiger Heerführer, der Adlige Albrecht von Wallenstein, trachtete nach eigenen Gebietsgewinnen und Rangerhöhungen bis hin zur Herzogswürde, indem er seine Truppen in den Dienst des Kaisers stellte. Mord, Raub und Krankheit – mehrfach zog die Pest eine tödliche Spur durch die Kriegsgebiete – dezimierten die Bevölkerung in Mitteleuropa in manchen Regionen um zwei Drittel. Ausgeblutet und kraftlos lag das Land da, als endlich der Westfälische Frieden im katholischen Münster und im evangelischen Osnabrück unterzeichnet wurde. Noch viele Jahre litt die Bevölkerung unter den verheerenden Folgen des Krieges. Die politischen Machtverhältnisse in Europa veränderten sich: Neue Staaten entstanden mit der Schweiz und den Niederlanden; die Landesherren gewannen weitgehende Unabhängigkeit vom Reich, die Macht des Kaisers war geschwächt.

Neue Herrschaftsform – der Absolutismus

Ein Gewinner dieses Krieges war die französische Krone. Nicht nur Gebietsgewinne aus dem Reich stärkten das französische Königtum, sondern auch ein neuer Herrschaftsanspruch, der dem Monarchen als einem von allen Gesetzen losgelösten, durch göttliche Legitimation ermächtigten Herrscher die ungeteilte Ausübung der Regierungs-, Gesetzgebungs- und Richtergewalt zusprach.

In diesem Kapitel konntest du folgende Kompetenzen erwerben:

- Merkmale der Renaissance und des Humanismus erläutern
- Ursachen, Verlauf und Bedeutung der Reformation erklären
- Zusammenhänge zwischen Glaubensstreitigkeiten und Machtbestrebungen bei Konflikten, Kriegen und Rebellionen erläutern
- Entwicklung der Herrschaftsform Absolutismus am Beispiel Frankreichs beschreiben
- **Methode:** schriftliche Quellen untersuchen

In dem Roman „Sofies Welt" von Jostein Gaarder erklärt der Lehrer Alberto Knox den Begriff „Renaissance":

Alberto: Dass Religion und Wissenschaft ein freieres Verhältnis zueinander entwickelten, führte zu einer neuen wissenschaftlichen Methode ... Auf diese Weise wurde das Fundament für zwei wichtige Umwälzungen des 15. und 16. Jahrhunderts gelegt, nämlich für die Renaissance und die Reformation.

Sofie: Lass uns eine Umwälzung nach der anderen anschauen.

Alberto: Unter Renaissance verstehen wir eine umfassende kulturelle Blütezeit, die gegen Ende des 14. Jahrhunderts einsetzte. Sie begann in Norditalien, verbreitete sich aber rasch nach Norden.

Sofie: Hast du nicht gesagt, dass Renaissance „Wiedergeburt" bedeutet?

Alberto: Doch, und das, was wiedergeboren werden sollte, waren die Kunst und die Kultur der Antike ... Das Motto lautete: „Zurück zu den Quellen!", und die wichtigste Quelle war der Humanismus der Antike.

Jostein Gaarder: Sofies Welt. Ein Roman über die Geschichte der Philosophie, München/Wien (Hanser) 1993, übers. von Gabriele Haefs, Seite 234f. Gekürzt.

Beschreibung eines Überfalls durch Soldaten im Dreißigjährigen Krieg

Jakob Christoffel von Grimmelshausen war selbst Soldat und beschrieb sein Leben umfassend 1668:

Das Erste, das diese Reuter taten, war, dass sie ihre Pferd einstellen, hernach hatte jeglicher seine sonderbare Arbeit zu verrichten, deren jede lauter Untergang und Verderben anzeigte, denn obzwar etliche anfingen zu metzgen [schlachten], zu sieden und zu braten, dass es (aus)sah, als sollte ein lustig Bankett [Festmahl] gehalten werden, so waren hingegen andere, die durchstürmten das Haus unten und oben ... Andere machten von Tuch, Kleidungen und allerlei Hausrat große Päck zusammen, als ob sie irgends ein Krempelmarkt anrichten wollten, was sie aber nicht mitzunehmen gedachten, wurde zerschlagen, etliche durchstachen Heu und Stroh mit ihren Degen, als ob sie nicht Schaf und Schwein genug zu stechen gehabt hätten, etliche schütteten die Federn aus den Betten und fülleten hingegen Speck, andere dürr Fleisch und sonst Gerät hinein, als ob alsdann besser darauf zu schlafen gewesen wäre; andere schlugen Ofen und Fenster ein, gleichsam als hätten sie ein ewigen Sommer zu verkündigen, Kupfer und Zinnengeschirr schlugen sie zusammen und packten die gebogenen und verderbten Stück ein ...

Den Knecht legten sie gebunden auf die Erd, steckten ihm ein Sperrholz ins Maul und schütteten ihm einen Melkkübel voll garstig Mistlachenwasser in Leib, das nannten sie ein Schwedischen Trunk.

Jakob Christoffel von Grimmelshausen, Der abenteuerliche Simplicissimus (Erstausgabe: Nürnberg 1669), modernisierte Fassung: 1956; Kapitel 4.

M 3 *Die Seelenfischerei, Gemälde von Adriaen Pieterszoon van de Venne, 1614.*

Methoden anwenden

1 Leonardo da Vinci, Michelangelo oder Raffael: Erstellt in Kleingruppen eine Mindmap mit Informationen zu folgenden Bereichen: Privatleben – bedeutende Werke – Einfluss auf die Renaissance.

2 Untersuche die Quelle M2 schriftlich nach den auf Seite 59. dargestellten Arbeitsschritten.

3 Untersuche M3 anhand der Arbeitsschritte auf S. 25. Berücksichtige insbesondere den Blickwinkel des Malers.

Tipp: Beachte dabei, dass auf der einen Seite ein blühender Baum und auf der anderen Seite ein verdorrter Baum zu sehen ist. Suche nach Gründen, warum ein Regenbogen das Geschehen überspannt.

Darstellen – historisch erzählen

4 Stelle wahlweise einen Religionskonflikt der Frühen Neuzeit dar. Fertige eine Gliederung an.

5 Beschreibe Luthers Weg zum Reformator.

6 Verfasse einen Dialog zweier Beamter am Hofe Ludwigs XIV., in dem sie sich über die Herrschaft ihres Königs unterhalten.

Analysieren und deuten

7 **a)** Gib den Inhalt von M1 mit eigenen Worten wieder.

b) Erkläre anhand von M1 den Begriff „Renaissance".

Urteilen

8 Diskutiere mit deinem Nachbarn: Waren die Vertreter der beiden Konfessionen um 1600 „Seelenfischer", also Menschen, die bestrebt waren, die Seelen der Gläubigen für sich zu gewinnen? Nutze deine Ergebnisse aus der Bilduntersuchung (M3).

9 „Der Dreißigjährige Krieg war ein Religionskrieg." Nimm zu dieser These begründet Stellung.

Webcode: FG647255-073
Selbsteinschätzungsbogen

Syrische Flüchtlinge an der slowenisch-kroatischen Grenze auf dem Weg nach Deutschland, Fotografie, Oktober 2015

3

Fächerverbindendes Modul: Migrationen (Längsschnitt)

Zwischen beiden Bildern liegen 330 Jahre. Auf dem kleinen Foto sind syrische Flüchtlinge im Jahr 2015 und auf dem Kupferstich Flüchtlinge aus Frankreich im Jahr 1685 zu sehen. Beide Gruppen sind auf dem Weg nach Deutschland. In der Bevölkerung stießen sowohl die französischen als auch die syrischen Flüchtlinge nicht nur auf Zustimmung …

Beschreibe und vergleiche die beiden Bilder. Überlege, warum die Menschen aus ihrer Heimat geflohen sind.

Hugenotten flüchten 1685 aus Frankreich, Kupferstich des niederländischen Grafikers Jan Luyken (1649–1712)

Mitte 12.–Mitte 14. Jahrhundert: Deutsche Ostsiedlung

Fächerverbindendes Modul: Migrationen – Chance oder Belastung?

Viele Mitschüler haben Namen, deren Wurzeln in anderen Ländern, z. B. in der Türkei, Syrien, in Russland oder in Vietnam, liegen. In Deutschland hat heute jeder Fünfte ausländische Vorfahren. Die Gründe, warum ihre Familien die Heimat verlassen haben, sind dabei sehr verschieden. Einige sind zu uns gekommen, weil ihre Eltern in Deutschland arbeiten oder, um ihren Kindern eine bessere Schulbildung zu ermöglichen. Andere sind allein oder mit ihren Familien vor dem Krieg in ihrem Land geflohen.

Was ist Migration?

Die Verlegung des Lebensmittelpunktes von kleinen oder auch größeren Gruppen wird als Migration (lat. migrare = wandern) bezeichnet. Dabei wird unterschieden zwischen dem Wohnortwechsel innerhalb eines Staatsgebietes (= Binnenmigration) und außerhalb der Staatsgrenzen. Die Motive für Migration sind sehr verschieden: Häufig leiden Menschen in den Ländern, aus denen sie wegziehen oder fliehen, nicht nur unter Krieg, sondern auch unter religiöser und politischer Verfolgung, Armut, Hunger oder Umweltkatastrophen. Zugleich verbinden sie mit dem – häufig auch nur vorübergehenden – Leben in einem anderen Land die Hoffnung auf bessere Lebensbedingungen und Sicherheit. Oder sie ziehen ihren Familienmitgliedern hinterher. Häufig folgen sie auch der gezielten Anwerbung durch einen Staat, weil dieser z. B. Arbeitskräfte sucht.

Weltweit 65 Millionen auf der Flucht

In den letzten Jahren hat es weltweit eine Zunahme der Flüchtlingsbewegungen gegeben, insbesondere aus den Krisenländern Syrien, Irak und Afghanistan. Viele von ihnen flüchten auf dem lebensgefährlichen Seeweg über das Mittelmeer nach Europa. 2015 waren weltweit 65 Millionen auf der Flucht – so viele wie noch nie. 41 Millionen von ihnen suchen jedoch kein Asyl im Ausland, sondern sind Binnenmigranten.

Migration – kein Phänomen der Gegenwart

Ein Blick in die Geschichte zeigt: Wanderungen von Bevölkerungsgruppen hat es schon immer gegeben. In Deutschland hat Migration eine lange Tradition. Immer wieder gab es Phasen verstärkter Ein-, aber auch Auswanderung. Beispiele hierfür sind die Auswanderung im 19. Jahrhundert in die USA und die Einwanderung in das geteilte Deutschland im 20. Jahrhundert.

In diesem Kapitel untersuchst du Migrationen mithilfe eines Längsschnitts. Dabei handelt es sich um ein Untersuchungsverfahren, das ein geschichtliches Thema anhand von Teilbereichen in verschiedenen Epochen erforscht. Mithilfe von Kriterien und Fragen kannst du die verschiedenen historischen Beispiele untersuchen und vergleichen. Abschließend könnt ihr in der Klasse die Leitfrage diskutieren: Migrationen – Chance oder Belastung?

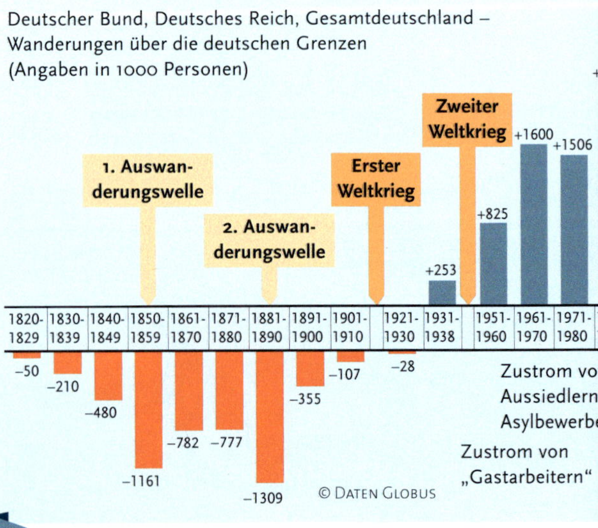

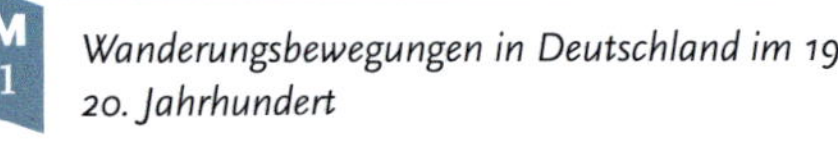

M 1 *Wanderungsbewegungen in Deutschland im 19. und 20. Jahrhundert*

1600	1700	1800	1900	2000

17./18. Jahrhundert:
Einwanderung der Hugenotten in das Heilige Römische Reich Deutscher Nation

19. Jahrhundert:
Auswanderung nach Amerika

19. Jahrhundert:
Vertreibung der indigenen Bevölkerung in Amerika

1950:
Arbeitsmigration in Deutschland

2. Hälfte 20. Jahrhundert:
Arbeitsmigrationen in die Bundesrepublik Deutschland und die DDR

M 2 *Französische Flüchtlinge (Hugenotten) im 17. Jahrhundert beim Verlassen der flämischen Küste auf dem Weg nach Amerika, Kupferstich nach einem Gemälde von Charles Joseph Staniland, 1880*

M 3 *Deutsche Auswanderer im Hafen von Hamburg, Holzstich, 1882*

Themen

In diesem Kapitel beschäftigst du dich mit folgenden historischen Beispielen von Migrationen:

Mittelalter	• *Ostsiedlung und Binnenkolonisation*
Frühe Neuzeit	• *Hugenotten nach Brandenburg-Preußen* • *Böhmen nach Brandenburg-Preußen*
19. Jahrhundert	• *Auswanderung nach Amerika* • *Vertreibung der indigenen Bevölkerung*
20. Jahrhundert	• *Migration in die Bundesrepublik Deutschland* • *Migration in die DDR*

Untersuchungskriterien

Kriterien	***Untersuchungsfragen***	***historisches Beispiel***
Zeit	*In welchem Zeitraum fand die Migration statt?*	
Ursachen	*Aus welchen Gründen (religiös, politisch, wirtschaftlich) haben die Menschen (freiwillig oder zwangsweise) ihre Heimat verlassen?*	
Weg	*Unter welchen Bedingungen und auf welchem Weg wanderten sie aus bzw. ein?*	
Integration	*Wie wurden sie vom Staat und der Bevölkerung im Einwanderungsland aufgenommen?*	
ggf. Folgen	*Welche langfristigen Folgen hatte die Migration?*	

1 Erkläre, was man unter Migration versteht (Darstellungstext). Erstelle eine Mindmap.

2 Erkläre die Wanderungsbewegungen in Deutschland (M1).

3 **Wähle eine Aufgabe aus:**
Beschreibe das Bild (M2 oder M3) und erläutere, was die Menschen gedacht oder gefühlt haben könnten. Verfasse zu einer oder mehreren Personen „Denkblasen".

Ostsiedlung und Binnenkolonisation

Die Hunnen lösten im 4./5. Jahrhundert eine Wanderungsbewegung germanischer Stämme von Osten nach Westen aus („Völkerwanderung"). Im 12. Jahrhundert setzte in Europa erneut eine große Wanderung ein: diesmal in die Gegenrichtung – von West nach Ost.

- ***Welche Ursachen hatte diese mittelalterliche Migration und wie verlief sie?***

Deutsche Siedler ziehen nach Osten

Im Deutschen Reich war es seit dem 11. Jahrhundert zu einem rasanten Bevölkerungsanstieg gekommen. Eine verstärkte Binnenkolonisation, also die Erweiterung des vorhandenen Siedlungsgebietes durch Rodungen von Wäldern oder Trockenlegung von Sumpfgebieten, reichte für die Versorgung nicht mehr aus. Daher suchte man nach Neuland. Eine weitere Ursache für die Migration war die Expansion der deutschen Fürsten. Sie dehnten ihre Territorien nach Osten aus (M1). So eroberte beispielsweise Markgraf Albrecht der Bär 1157 die Mark Brandenburg. Meist waren die eingenommenen Gebiete dünn besiedelt oder menschenleer. Daher warben die Herrscher mithilfe von Lokatoren (Siedlungsunternehmer) Bauern, Handwerker und Händler an. Gelockt wurden sie mit Sonderrechten. Die Ostsiedlung diente aber auch der Missionierung. Zahlreiche Klostergründungen sollten helfen, den christlichen Glauben zu verbreiten. Auch die Könige von Polen, Böhmen und Ungarn bemühten sich um Ansiedlung deutscher Siedler (M2). Gegründet wurden nicht nur neue Dörfer, sondern auch Städte, die heute noch existieren, z. B. Krakau, Prag, Breslau und Riga.

Die Neusiedler verfügten über eine bessere Rechtsstellung und modernere landwirtschaftliche Methoden wie die Dreifelderwirtschaft und den Räderpflug. Beides wurde von den Einheimischen schrittweise übernommen. Zunächst gestaltete sich die Begegnung zwischen alten und neuen Siedlern weitestgehend konfliktfrei. Das änderte sich, als der Deutsche Orden in Ostpreußen einen eigenen Staat gründete. Der Orden war in der Zeit der Kreuzzüge entstanden (S. 218f.) und 1225 vom polnischen Herzog von Masowien zur Niederwerfung der heidnischen Pruzzen (Preußen) um Hilfe gerufen worden. Als Gegenleistung erhielten die Ordensritter das Culmerland, was ein Jahr später zum Kern des neuen Ordensstaates wurde. Einerseits trug der Orden mit der Gründung von Städten und Burgen zum Landesausbau bei. Andererseits führte seine Eroberungspolitik zum Konflikt mit Polen und Litauen. 1410 wurde der Ordensstaat militärisch besiegt (M3) und verwandelte sich 1525 in das weltliche Herzogtum Preußen (S. 110). Die deutsche Ostsiedlung endete in der Mitte des 14. Jahrhunderts. Weil durch die Pest viele Menschen starben, verhinderten die Grundherren eine weitere Abwanderung ihrer Untertanen.

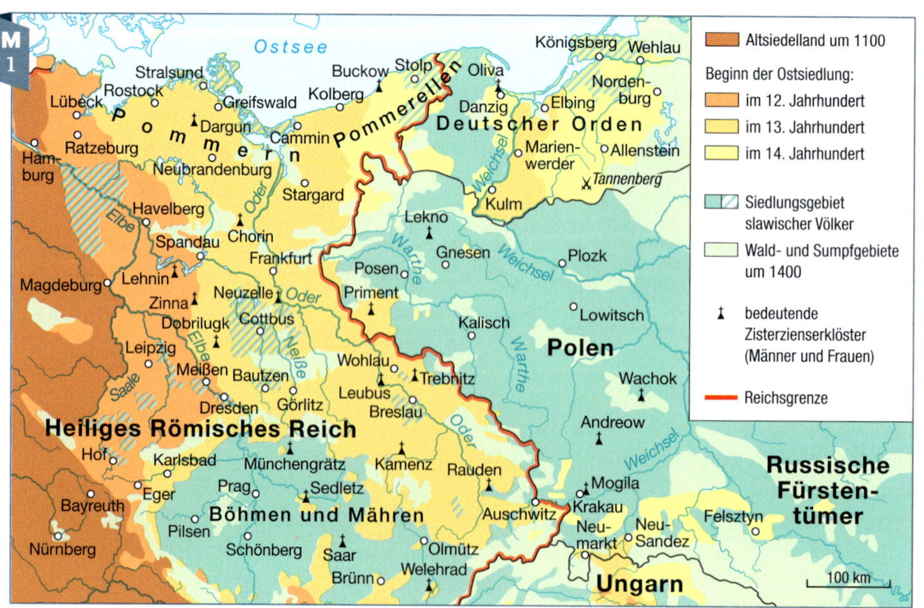

Die deutsche Ostsiedlung im Mittelalter

Urkunde des polnischen Königs Kasimir für den Ritter Johann Gladisch von 1359:

Wir, Kasimir, von Gottes Gnaden König von Polen ..., eingedenk der treuen Dienste des edlen Ritters Paul Gladisch, haben seinem Sohn Johann einen Teil Unseres Waldes an beiden Ufern der Großen und Kleinen Zdynia [Gebiet südlich von Krakau] gegeben.

Weil lange Zeit trotz vieler aufgewandter Mühen wegen des Hinsterbens der Menschen wie auch wegen der Verwüstungen durch Heuschrecken dort kein Ertrag erzielt werden konnte, haben Wir ihm ein Dorf, einen Hain und einen Urwald geschenkt, dass er dort Dörfer ansiedeln, Städte gründen und Gehöfte anlegen kann. Er kann den Dörfern Namen geben und für einen Tag seiner Wahl den Markt ansagen. Damit aber Johann Gladisch Leute ansiedeln kann, geben Wir allen Ankömmlingen eine Frist von 20 Jahren und gewähren ihnen so lange volle und umfassende Freiheit, wobei Wir sie ausnehmen von all unseren Abgaben und Dienstleistungen.

Zit. nach Arno Brost, Lebensformen im Mittelalter, Frankfurt/M. (Ullstein) 1980, S. 161f.

Denkmal zur Erinnerung an die Schlacht bei Grunwald (dt. Tannenberg) 1410, erbaut 1910 in Krakau. Auf dem Pferd sitzt der polnische König Ladislaus II. Jagiello und am Sockel steht der litauische Großfürst Witold über der Leiche des Hochmeisters (oberster Leiter) des Deutschen Ordens.

Webcode: FG647255-079
Deutsche Ostkolonisation im Mittelalter

Aus einem polnischen Schulbuch von 1957:

Hier, auf slawischem Land, das durch Gewalt und Hinterlist erobert worden war, entstanden die Marken, die Ausgangspunkt weiterer feudaler deutscher Expansion ... waren, einer Expansion, die sich ebenfalls gegen das kräftige polnische Staatswesen wandte.

Helena Michnik/Ludwika Mosler, Historia Polski, Warszawa (Szkolnych) 1957, S. 20.

Der deutsche Historiker Fritz Gause, 1969:

Die deutsche Ostsiedlung als eine großartige Leistung des deutschen Volkes zu bezeichnen, trifft nur eine Seite .... Diese Aussage könnte auch dahin missverstanden werden, als ob es sich um ein Ergebnis deutsch-nationaler imperialistischer Politik gehandelt habe, um ... eine Verschiebung der deutschen Grenzen nach dem Osten. Das war ein Ergebnis, nicht das Ziel der Ostsiedlung.

Fritz Gause, Mittelalterliche deutsche Ostsiedlung, Stuttgart (Klett) 1969, S. 5.

Der tschechische Historiker František Graus, 1975:

Weder die „Großtat des deutschen Volkes" sollte verherrlicht werden noch ein verkappter „Drang nach dem Osten" verteufelt werden. Wenn von einer Großtat gesprochen werden kann, dann von der Tat zahlloser Siedler, die – gewiss aus Eigennutz ... – die Karte Europas in vielen Teilen nachhaltig veränderten ...

Zit. nach Walter Schlesinger (Hg.), Die deutsche Ostsiedlung des Mittelalters als Problem der europäischen Geschichte, Sigmaringen (Thorbecke) 1975, S. 70.

1 Untersuche die Ostsiedlung anhand der Kriterien auf S. 77. Beschreibe den räumlichen Verlauf (M1).
2 Analysiere M2 im Hinblick auf die verliehenen Rechte an Ritter Gladisch und die Neusiedler.
3 Bereite einen Kurzvortrag über den Deutschen Orden vor. Beziehe M4 ein.
4 **Gruppenarbeit:** Gebt die Positionen M3, M5, M6 mit eigenen Worten wieder. Vergleicht und beurteilt sie. **Tipp:** Nutze die Methodenseite (S. 134f.).

Zusatzaufgaben: siehe S. 281

Frühe Neuzeit: Beispiel Hugenotten (1)

In der Frühen Neuzeit wurden viele Menschen aufgrund ihres Glaubens verfolgt und mussten fliehen. Zu den Glaubensflüchtlingen im 16. und 17. Jahrhundert gehörten die Hugenotten aus Frankreich. Ihre Migrationsgeschichte prägte auch nachhaltig die preußische Geschichte.

- ***Wie kam es zur Flucht der Hugenotten und wie verlief sie?***

Kampf um Religionsfreiheit

Im Frankreich des 16. Jahrhunderts waren zwei christliche Glaubensrichtungen vorherrschend. So gab es katholische Franzosen und protestantische, die sogenannten Hugenotten. Zwischen diesen beiden Konfessionen herrschte ein Glaubenskrieg.

Mit dem scheinbaren Ziel, die Situation zu entspannen, wurde die Heirat zwischen dem protestantischen Heinrich von Navarra (1553–1610), dem zukünftigen Heinrich IV., mit der katholischen Margarete von Valois (1553–1615) arrangiert. Zu diesem Anlass reisten viele protestantische Adlige mit der Hoffnung auf eine ehrliche Versöhnung nach Paris. Diese Hoffnung wurde allerdings zerschlagen, als sie in der Nacht zum 24. August 1572 Opfer von gezielten Mordaktionen wurden. Diesem unkontrollierten, drei Tage andauernden Gemetzel, das unter dem Namen „Bartholomäusnacht" (M1) bekannt wurde, folgten weitere Morde an Protestanten in vielen französischen Städten.

In der Folge trat Heinrich IV. zum katholischen Glauben über, sicherte den Hugenotten im *Toleranzedikt von Nantes* 1598 allerdings Religionsfreiheit zu. So hatten sie beispielsweise das Recht auf freie Gottesdienste und durften aufgrund ihres Glaubens keine Benachteiligungen an Universitäten, Schulen und Hospitälern erfahren.

Verfolgung der Hugenotten

Das Edikt von Nantes wurde 1685 durch Ludwig XIV. (1638–1715) allerdings aufgehoben. Mit dem *Revokationsedikt von Fontainebleau* (M1) von 1685 verbot er die reformierte Religion vollkommen. In der Folge wurde etwa ein Zehntel der französischen Bevölkerung unterdrückt und verfolgt.

Die Maßnahmen Ludwigs XIV. waren, neben der Entrechtung, eine Einquartierung von Soldaten in deren Häuser sowie die Deportation führender Hugenotten in die Karibik. Beide Vorgänge gestalteten sich äußerst brutal und sollten die Hugenotten zum Religionsübertritt zwingen. Bedrohungen, Misshandlungen sowie Plünderungen begleiteten die Einquartierung der Soldaten. Auf der Fahrt in die Karibik waren sie ständigen Schlägen sowie Hunger und Durst ausgesetzt. Die Maßnahmen waren mitunter wirkungsvoll. Ein Teil der Hugenotten konvertierte zum katholischen Glauben – allerdings meist lediglich, um die geplante Auswanderung in Ruhe vorbereiten zu können. Sie lebten ihren Glauben dann zunächst im Geheimen weiter.

Flucht der Hugenotten

Auch wenn eine Flucht ausdrücklich verboten war und schwerste Strafen zur Folge hatte, flohen von 1685 bis 1790 rund 300 000 Hugenotten vor Verfolgung und Unterdrückung. Sie flohen vor allem in die Nachbarländer wie die Niederlande, die Schweiz und viele deutsche Fürstentümer. Nach Brandenburg-Preußen kamen etwa 15 000 der französischen Flüchtlinge, davon 6000 nach Berlin.

Revokationsedikt von Fontainebleau, erlassen von Ludwig XIV., 18. Oktober 1685:

1. ... gefällt es uns, dass alle Kirchen der angeblich reformierten Religion, die in unserem Königreich ... liegen, unverzüglich zerstört werden. ...
2. Wir verbieten unseren ... Untertanen von der ... reformierten Religion, sich noch ferner zu versammeln, um Gottesdienst ... zu halten. ...
3. Wir befehlen allen reformierten Predigern, die sich nicht bekehren wollen, ... unser Königreich zu verlassen bei Strafe der Galeeren [Kriegsschiff, das von Ruderern bewegt wird]. ...
9. Wir verbieten ganz ausdrücklich ... allen unseren Untertanen von der ... reformierten Religion, aus unserem Königreich auszuwandern bei Strafe der Galeeren für die Männer und Einbeziehung von Leib und Gut für die Frauen. ...

Zit. nach Ernst Mengin, Mengin, Ernst: Das Edikt von Nantes. Das Edikt von Fontainebleau, Flensburg (Gross) 1963, S. 89–93.

Die Attraktivtät Brandenburgs entstand nicht zufällig, denn der brandenburgische Kurfürst Friedrich Wilhelm I. (1620–1688) bemühte sich aktiv um deren Aufnahme. So schickte er beispielsweise systematisch Werber und versprach im *Edikt von Potsdam* (M2) ein Leben in Freiheit. Er legte darin die Rahmenbedingungen für die Aufnahme der Flüchtenden fest. So wurden beispielsweise Steuerfreijahre und Zuschüsse für den Aufbau von Betrieben gewährt, um die Ansiedlung zu erleichtern.

Zudem wurde die Errichtung französisch-reformierter Kirchengemeinden überall erlaubt.

Für das durch den Dreißigjährigen Krieg (1618–1648) von Verwüstungen und Bevölkerungsverlusten gezeichnete Land erhoffte sich der Kurfürst durch die Ansiedlung der Hugenotten langfristig Vorteile. Er wollte sein Land zu neuem Wohlstand führen und sah die gut ausgebildeten und zum Teil wohlhabenden Flüchtlinge als Chance, die Bevölkerung planmäßig zu vergrößern. Zudem galt Frankreich als ein kulturell angesehenes Land mit hoch entwickelter Kunst, Handwerk und Wissenschaft.

M 2

Edikt von Potsdam, erlassen vom Kurfürsten Friedrich Wilhelm von Brandenburg-Preußen, 8. November 1685:

... Wir, Friedrich Wilhelm, von Gottes Gnaden, Markgraf zu Brandenburg, ... Kurfürst, tun kund und zu wissen, ... dass wir aus gerechtem Mitleid, ... welches wir unseren wegen des heiligen Evangeliums ... bedrängten Glaubensgenossen ... haben müssen, ... mit diesem Edikt ihnen eine sichere und freie Zuflucht in allen unseren Landen ... anbieten [werden] und ihnen hiermit kundtun, welche Rechte, Freiheiten und Vorrechte wir ihnen gnädigst zuzugestehn gesonnen sind, um dadurch die große Not und Trübsal ... auf einige Weise erträglicher zu machen.

3. ... wir stellen denen, die sich in unseren Landen niederlassen wollen, frei, sich denjenigen Ort, welche sie für ihren Beruf und für ihre Lebensart am bequemsten finden, zu wählen. ...

4. Diejenigen Möbel, auch Kaufmanns- und andere Waren, welche sie ... mit sich bringen, sollen von allen Auflagen, von Zoll und Gebühren ... gänzlich befreit sein. ...

Zit. nach M. Stolpe/F. Winter (Hg.): Wege und Grenzen der Toleranz. Edikt von Potsdam 1685–1985, Berlin (Ev. Verlagsanst.) 1987.

M 3

Friedrich Wilhelm empfängt 1685 eine Abordnung der in Frankreich verfolgten Hugenotten, Farbdruck nach einer Zeichnung von Carl Röhling, um 1900

1 Beschreibe mithilfe des Darstellungstextes und der Materialien die Migration der Hugenotten anhand der Kriterien auf S. 77. Nutze auch S. 82 f.

2 Beschreibe M3 und verfasse dazu einen möglichen Dialog zwischen dem Kurfürsten und den Hugenotten bei ihrer Ankunft (Darstellungstext, M3).

3 **Wähle eine Aufgabe aus:**

a) **Partnerarbeit:** Diskutiert die Frage: *Das Edikt von Potsdam – Großherzigkeit oder Eigennutz des Kurfürsten?*

Tipp: Notiert Argumente in einer Tabelle.

b) **Partnerarbeit:** Schreibt ein Streitgespräch zwischen zwei Berlinern oder zwei Brandenburgern. Einer befürwortet die Einwanderung, der andere lehnt sie ab.

Frühe Neuzeit: Beispiel Hugenotten (2)

Obwohl die Einwanderung der Hugenotten bis heute als Musterbeispiel für eine gelungene Integration gilt, wurden die französischen Glaubensflüchlinge in Berlin und Brandenburg zunächst nicht mit offenen Armen empfangen. In der Bevölkerung wurden sie aber zunehmend akzeptiert und beeinflussten das gesellschaftliche, wirtschaftliche und kulturelle Leben in Brandenburg-Preußen nachhaltig.

Sprache

Hast du schon einmal zu einer Freundin oder einem Freund gesagt, sie oder er sehe „totschick" aus? Oder hast du dich schon einmal in einer „Bredulje" befunden? Wenn ja, dann hast du dich bereits, ohne es vielleicht zu wissen, auf den Spuren der Hugenotten befunden.
Diese Begriffe stammen aus dem Französischen und haben sich vor allem im Berliner Jargon verbreitet.
Da man an den fürstlichen Höfen Berlins und Potsdams im 17. und 18. Jahrhundert häufig französisch gesprochen hat, bürgerten sich viele Begrifflichkeiten auch im Bürgertum ein. Die einfache Bevölkerung kürzte viele dieser Begriffe ab oder formulierte sie auf ähnliche Weise. So kommen die oben genannten Wörter vom Französischen „tout chic" (völlig modisch) und „la bredouille" (Matsch).
Auch wenn du ein Kind „plärren" hörst (frz. pleurer = weinen) oder jemanden sagen hörst, er mache etwas „aus der Lameng" (la main = die Hand; hier: etwas aus dem Ärmel schütteln), dann kannst du an die damals eingewanderten Hugenotten denken.
In den Gebieten, in denen sich die Hugenotten niederließen, finden sich außerdem noch heute französische Familiennamen. So trägt beispielsweise der Bundesminister Thomas de Maizière seinen Nachnamen aufgrund seiner französischen Vorfahren.

Berufe und Wirtschaft

Die französischen Einwanderer brachten neben der Sprache auch neue Kenntnisse und Fertigkeiten mit in das Land und belebten sowohl die Industrie als auch die Landwirtschaft. Viele von ihnen waren Handwerker aus dem Textil- und Bekleidungsgewerbe. So konnten sie beispielsweise Wolle weben und seidene Stoffe herstellen. Eine wichtige Neuerung, die von ihnen ausging, war die Einführung einer Maschine zur Strumpfherstellung.
Des Weiteren konnten sie Tabak anbauen und kostbare Keramikvasen herstellen. Sie bauten neue Gemüsesorten wie Spargel oder Blumenkohl an.
Zudem führten sie zahlreiche neue Berufe, wie den Seifenhersteller oder den Seidenstoffmacher ein.

Wissenschaft und Bildung

Die französische Erziehung ihrer Kinder war den Hugenotten wichtig, weshalb sie in Berlin das *Collège Français de Berlin* gründeten, das heute den Namen Französisches Gymnasium trägt. Der Unterricht der Hugenotten, der sich vor allem auf die französische Sprache sowie die Religion richtete, weckte auch die Aufmerksamkeit vieler Deutscher, die ihre Kinder dann ebenfalls in diese Schule schicken wollten.
Für die Hugenotten wurde außerdem die *Französische Friedrichstadtkirche* auf dem Gendarmenmarkt zwischen 1701 und 1705 errichtet. In dem angrenzend gebauten *Französischen Dom* befindet sich das 1935 errichtete Berliner Hugenottenmuseum, welches über die Geschichte der französischen Glaubensflüchtlinge informiert.

Hugenotten und Einheimische

Die Hugenotten lebten zunächst unter sich, besuchten französische Gottesdienste und ließen ihre Kinder in französischen Schulen unterrichten. Immer häufiger heirateten sie aber in einheimische Familien ein. Sie etablierten sich zunehmend und wurden zu vielerorts geachteten Leuten.
Im Siebenjährigen Krieg (1756–1763) standen die eingewanderten Hugenotten auf der Seite Preußens im Kampf gegen Frankreich.
Dennoch kam es anfänglich auch zu kleineren Konflikten zwischen den Bevölkerungsgruppen; sei es aus Gründen der Fremdenfeindlichkeit oder konfessioneller Ablehnung.

M 1

Französischer Dom mit Französischer Friedrichstadtkirche (links), in der sich auch das Hugenottenmuseum befindet, Fotografie, 2013

M2 Aus einer Druckschrift „Der deutsch-französische Modegeist, wer es liest, der verstehts …", 1689:

Sonsten wurden die Franzosen bei den Deutschen nicht ästimieret [geschätzt], heutzutage können wir nicht ohne sie leben, und muß alles französisch sein. Französische Sprache, französische Kleider, französische Speisen, französischer Hausrat, französisch tanzen, französische Musik, französische Krankheiten, und ich befinde, es werde auch ein französischer Tod folgen.

… Wenn die Kinder sozusagen kaum den Kopf aus dem Mutterleibe gestecket, so sind die Eltern schon auf den französischen Sprach- und Tanzmeister bedacht. In Frankreich redet niemand deutsch, außer etwa die Deutschen untereinander, so sich da aufhalten, aber bei uns Deutschen ist die französische Sprache so gemein geworden, daß an vielen Orten bereits Schuster, Schneider, Kinder und Gesinde dieselbe zu reden pflegen. Will ein Junggesell heutzutage bei einem Frauenzimmer Adresse haben, so muß er mit französischem Hütchen, Weste, galanten Strümpfen etc. angestochen kommen. Wenn dieses ist, mag er sonst eine krumme Habichtsnase, Kalbsaugen, Buckel, Raffzähne, krumme Beine und dergleichen haben, so fragt man nichts danach. Genug, daß er sich nach langem Lernen à la mode frans stellen kann …

Aus: http://www.zeit.de/1980/21/lauter-solch-schurken-volk/seite-2 In: DIE ZEIT, Nr. 21, 16. 5. 1980.

Kurfürstin Sophie Dorothea schenkt 1685 eingewanderten Hugenotten eine Meierei (= Landgut), Foto eines Wandgemäldes aus dem Großen Gemeindesaal des Französischen Doms in Berlin

Der Berlischky-Pavillon in Schwedt diente den Nachkommen der Hugenotten vor rund 200 Jahren als Gotteshaus. Der Pavillion ist Teil des Europäischen Hugenottenparks, der 2009–2012 entstand. Historiker gehen davon aus, dass in Schwedt 1730 rund 200 Franzosen lebten. Fotografie, 2001.

1 Beschreibe die Bedeutung der französischen Flüchtlinge für Brandenburg-Preußen. Lege hierfür eine Tabelle für die verschiedenen Bereiche an (Darstellungstext, M1).

2 Erkläre die Einstellung der Bevölkerung gegenüber den Hugenotten (Darstellungstext, M2).

3 **Wähle eine Aufgabe aus:**
Recherchiert wahlweise zum Französischen Dom in Berlin (M1) oder zum Europäischen Hugenottenpark in Brandenburg (M4).

a) Erstellt ein DIN-A4-Plakat für eure Mitschüler, auf dem ihr für einen Besuch des Museums bzw. des Parks an eurem Wandertag werbt.

b) Formuliert zwei begründete Vorschläge, wie das Museum bzw. der Park für Jugendliche attraktiver gestaltet werden könnten.

Frühe Neuzeit: Beispiel Böhmen

Böhmen liegt in der heutigen Tschechischen Republik. Im 17. und 18. Jahrhundert wurde ein Teil seiner Bewohner gezwungen, das Land zu verlassen. Noch heute finden sich Spuren von ihnen in Berlin und Brandenburg.

- ***Wer musste aus Böhmen fliehen und warum?***
- ***Wo ließen sie sich genau nieder?***

Situation in Böhmen im 16. und 17. Jahrhundert

Zu Beginn des 16. Jahrhunderts kam es in vielen europäischen Ländern zur Reformation (S. 56 f.). Zunächst ging es darum, die katholische Kirche zu erneuern. Im Verlauf der Auseinandersetzungen bildeten sich zwei verschiedene religiöse Lager heraus: Katholiken auf der einen, Protestanten auf der anderen Seite. Letztere nannten sich in Böhmen die „Böhmischen Brüder" und machten im 17. Jahrhundert einen Großteil der böhmischen Bevölkerung aus.
Auch wenn Kaiser Rudolf II. den protestantischen Brüdern 1609 religiöse Freiheit gewährte, wurden unter den zwei folgenden böhmischen Königen sogenannte Rekatholisierungsmaßnahmen eingeleitet, um die protestantischen Gebiete wieder für den Katholizismus zu gewinnen. Viele Protestanten hatten in der Folge eingeschränkte Rechte.
In der böhmischen Hauptstadt Prag kam es aufgrund der zunehmenden Angst der Protestanten um ihre Religionsfreiheit am 23. Mai 1618 zum „Prager Fenstersturz". Hierbei warfen Vertreter der protestantischen Stände katholische Statthalter der Prager Burg aus dem Fenster. Dies war der Auslöser für den Dreißigjährigen Krieg (S. 64 f.).

Schlacht am Weißen Berg

Im Jahr 1618 begannen bereits die ersten Kämpfe um Böhmen. Die böhmischen Protestanten kämpften unter König Friedrich V. von der Pfalz, dem Oberhaupt der protestantischen Union.
Zunächst erzielte die böhmische Seite erste Siege, konnte sich aber aufgrund ihrer militärischen Unterlegenheit nicht durchsetzen. Die entscheidende Schlacht ereignete sich am 8. November 1620. Nachdem das böhmische Heer einen Tag zuvor am Gipfel des Weißen Berges Stellung bezogen hatte, wurde es bereits im Morgengrauen angegriffen. Die militärische Unterlegenheit zeigte sich schnell und veranlasste viele Soldaten dazu, in Richtung Prag zu fliehen.
Nachdem die Schlacht am Weißen Berg verloren war, wurden die Religionsprivilegien aufgehoben und mehrere protestantische Aufrührer öffentlich hingerichtet. Tausende Familien wurden vertrieben, ihre Häuser geplündert.

Böhmisches Dorf in Berlin-Neukölln

Nach der Niederlage in der Schlacht am Weißen Berg und den zunehmenden Rekatholisierungsmaßnahmen sah sich die Mehrzahl der Protestanten dazu gezwungen, Böhmen zu verlassen. Sie ließen sich u. a. in evangelischen Gebieten der deutschen Territorien nieder. Zunächst flüchteten sie nach Sachsen, dann auch nach Preußen.
Ab 1737 siedelten sich die Flüchtlinge auf Anregung des preußischen Königs Friedrich Wilhelm I. (Reg. 1713 bis 1740) in dem Gebiet von Rixdorf an. Seit 1360 gab es hier bereits die Gemeinde Richardsdorp, die dann in Deutsch-Rixdorf und Böhmisch-Rixdorf geteilt wurde. Im Jahre 1874 erfolgte die Wiedervereinigung und um 1900 erhielt Rixdorf das Stadtrecht. Den heutigen Namen „Neukölln" bekam es im Jahre 1912.
Heute stehen viele Gebäude des früheren Böhmisch-Rixdorf als sogenanntes „Böhmisches Dorf" unter Denkmalschutz.

Weberkolonie Nowawes

Nowawes liegt im heutigen Stadtteil Potsdam-Babelsberg. Im Jahre 1750 befahl Friedrich II. (Reg. 1740–1786) den Bau von Nowawes für böhmische Weber und Spinner. 17 Jahre später lebten dort bereits 1100 Einwohner in über 200 Häusern, 228 von ihnen waren böhmische Migranten.
Sein Ziel war es, Seide im eigenen Land herstellen zu können. Auch die Ansiedlung von Handwerkern unterstützte Friedrich der Große für den Bau des Neuen Palais. Die böhmischen Einwanderer erhielten in Brandenburg-Preußen das Recht auf freie Religionsausübung in ihrer Sprache und auf eigene Gerichtsbarkeit, eine Befreiung vom Militärdienst sowie Steuerfreiheit.
1924 erhielt die Weberkolonie das Stadtrecht und wurde 1939 von Babelsberg nach Potsdam eingemeindet.

„Ich weiss, dass mein Erlöser lebt“ steht über einem Eingang zum „Böhmischen Gottesacker“ im Berliner Stadtteil Neukölln. Die 1751 angelegte Begräbnisstätte ist rund 5600 m² groß und wurde ursprünglich als Platz der böhmischen Migranten gegründet. Noch heute ist das Areal der Friedhof der Evangelischen Brüdergemeinde Neukölln, Fotografie, 2007

Aus einer königlichen Ordre Friedrich Wilhelms I. (Reg. 1713–1740) an den Geheimen Rat Herold, 15. Februar 1737

Soviel die in Sachsen sich aufhaltenden Böhmischen Emigranten anbetrifft, so will ich solche gern in meinem Lande aufnehmen und will Ich, daß diejenigen von ihnen, welche Handwerke können, ingleichen die, so von der Weberei und vom Spinnen Profession machen, zu Berlin und der Friedrichstadt etabliret werden sollen ...

Zit. nach Irmgard Hort, Die böhmischen Ansiedlungen in und um Berlin, in: Herbergen der Christenheit, Jahrbuch für deutsche Kirchengeschichte 2, 1959, S. 24.

Friedrich Wilhelm I. an den Kammer-Präsidenten von Osten, 9. April 1737:

Werter lieber getreuer, Ich habe den von Euch gemachten und eingesandten Plan wegen Etablierung 18 Böhmischer Familien zu Riecksdorff nebst ... denen dazu benöthigten Kosten zu recht erhalten ..., gleich wie ich nun alles approbiere [genehmige] auch die überhaupt dazu benöthigten 16 855 rt [Reichstaler] ... zahlen lassen werde; Also habet ihr nunmehro, den Kauff-Contract mit dem Geheimen Finanz-Rath Manitius zu stande zu bringen auch wegen des Baues das nöthige zu veranstalten und wird mir so lieb seyn, wenn die Gebäude so gerichtet werden, daß ein jeder noch eine Familie, so sich mit Tagelohn und Spinnen ernehret, zu sich nehmen kann; Ingleichen, daß die übrigen Pertinentzien [Ländereien] mit der Zeit auch noch mit Böhmischen Familien besetzet werden, wie Ich denn auch nicht abgeneigt bin die so genandte Haasen Heyde bey Riecksdorff zur Etablirung mehrerer Böhmischer Familien herzugeben ...

Zit. nach Manfred Motel: Das Böhmische Dorf aus der Anfangszeit seiner Entstehung, in: Neuköllner Heimatbriefe Nr. 2, 1982, S. 2.

1 Beschreibe mithilfe des Darstellungstextes und der Materialien die Migration der Böhmen anhand der Kriterien auf S. 77.

2 Erkläre die Bedeutung der Schlacht am Weißen Berg (Darstellungstext, M1).

3 Beschreibe die Motive der Könige bei der Aufnahme böhmischer Migranten in Brandenburg-Preußen (Darstellungstext, M2, M3).

4 Bis 1912 hieß Neukölln noch Rixdorf. Viele junge Neuköllner sprechen heutzutage gerne von Rixdorf. Verfasse einen Kommentar für eine Tageszeitung, in dem du für eine erneute Namensänderung plädierst. Beziehe dich dabei auf die Geschichte der Böhmen.

Auswanderung nach Amerika (1)

Zu Beginn des 19. Jahrhunderts kam es in Nordamerika zu einer großen Einwanderungswelle. So wanderten zwischen 1820 und 1920 5,5 Millionen Deutsche in die Vereinigten Staaten von Amerika ein. Das waren etwa 90 Prozent aller Übersee-Auswanderer.

- ***Warum wanderten die Menschen nach Amerika aus?***
- ***Und unter welchen Bedingungen verlief ihre Reise?***

Situation in Deutschland im 19. Jahrhundert

Mit dem Beginn der Industrialisierung (S. 154 ff.) entstanden immer mehr Fabriken und Maschinen, die die Arbeit der Menschen in höherer Geschwindigkeit erledigen konnten. Somit wurden viele Menschen, vor allem Handwerker, arbeitslos. Gleichzeitig kam es in Deutschland zu einem rasanten Anstieg der Bevölkerungszahl, z. B. infolge des medizinischen Fortschritts.

So war es vor allem die wirtschaftliche Not, die die Menschen im 19. Jahrhundert aus ihrer Heimat vertrieb. In den Jahren nach 1815 erlebte die bäuerliche Bevölkerung zudem viele Missernten.

Auch die politisch Verfolgten, die im Kampf um mehr Demokratie und Freiheit in der Revolution der Jahre 1848/49 gescheitert waren (S. 138f., 144 f.), waren Teil der Auswanderungswelle in die USA.

In vielen Teilen der Bevölkerung wurde zudem über Steuererhöhungen und selbstsüchtiges Handeln der staatlichen Einrichtungen geklagt. So wurden beispielsweise viele Ackerländer durch den Beschluss der Erbteilung unwirtschaftlich. Dies bedeutete, dass die nach der Aufteilung auf die Nachkommen übrig gebliebene Ackerfläche nicht mehr ausreichte, um eine Familie zu ernähren. Hinzu kamen hohe Steuern und Dienstleistungen.

Zu den Motiven der Auswanderer gibt es seit 1817 die ersten gesicherten Kenntnisse. So führte Friedrich List, der 1825 selbst nach Amerika auswanderte, im Auftrag des württembergischen Königs Auswandererbefragungen durch (M1).

Auswanderungsbedingungen

Für die Auswanderung benötigte man die Genehmigung durch die Regierung. Man musste seine Besitzverhältnisse regeln und sein Hab und Gut, welches man zurückließ, verkaufen; andernfalls wurde es versteigert. Es durften keine Schulden hinterlassen werden.

Werber für eine Auswanderung wurden oft von den Behörden verfolgt, auch weil sie häufig die ahnungslosen Auswanderer betrogen.

Die Auswanderung bedeutete aber auch eine Entlastung für die Gemeinden. Deshalb wurde in einigen Regionen die Übersiedlung nach Amerika auch befördert, zum Beispiel durch Zuschüsse zu den Reisekosten. Besonders häufig angewandt wurden die Hilfen bei Personen, die man gerne außer Landes haben wollte: Kriminelle und vollkommen Mittellose. Da dies jedoch mitunter nicht im Einverständnis mit den USA geschah, stellte man zur Jahrhundertmitte diese Auswanderungsförderung ein.

Überfahrt

Die Überfahrt auf den Schiffen war teuer. Um 1850 kostete sie etwa 30 Taler. Dies entsprach in etwa dem Jahreslohn eines Knechtes. Ein Dorfschullehrer verdiente nur etwa 45 Taler. Konnte ein Auswanderer diese Fahrt nicht bar bezahlen, hatte er die Möglichkeit, diese durch einen „Arbeitskontrakt" in Amerika zu zahlen.

Zu Beginn des Jahrhunderts wurden die Auswanderer mit den Paketschiffen befördert, in deren große Frachträume die Reeder für die Hinreise Zwischendecks einzogen (M3). Hierdurch wurde die Reise sehr unbequem und mitunter auch lebensgefährlich, denn es gab Probleme mit Lebensmitteln und mit Krankheiten (M2). Mit der Entwicklung der Dampfschifffahrt verkürzte sich die Überfahrt von sechs bis acht Wochen auf weniger als drei, aber auch diese war nicht ungefährlich.

Auswanderer Jakob Klein aus Dettingen, 58 Jahre, 3 Kinder, um 1817:

Die Abgaben der Bauern sind unsäglich. In dieser teuren Zeit hat man mich noch gepfändet und ich habe im Zorn meine Güter verkauft. Dann habe ich auch befürchtet, wenn ich jetzt nicht gehe, so komme ich vollends um mein Sach und könne dann erst recht nicht fort.

Zit. nach Günter Moltmann (Hg.): Aufbruch nach Amerika. Friedrich List und die Auswanderung aus Baden und Württemberg 1816/17, Tübingen (Wunderlich) 1979, S. 158.

Aus dem Tagebuch der Gaildorfer Arztgattin Karoline Rösch, 1. Oktober 1853:

Unser Kämmerchen ist schmal und lang, wir schlafen in Kojen übereinander, die aber so schmal sind, dass unsere Matratzen auf beiden Seiten herauf gehen und wir wie in einer Backmulde liegen. Die Kinder liegen eins oben und eins unten; die dadurch gewonnenen Kojen sind angefüllt mit einem Kleiderkoffer, einem Weißzeugkoffer (Bettwäsche) und sämtlichen Lebensmitteln, berechnet auf 10 Wochen. ... Die Nacht war sehr stürmisch. Kein Licht zum Ausziehen, und wenn die Türe zu ist, ist es stockfinster. ... Es ist ein entsetzlicher Aufenthalt, und dabei sagen unsere Mitreisenden, wir seien im Himmel gegenüber denen im Zwischendeck. Da ist es schauerlich, ein ganzes Heer von Kindern von drei Wochen alten an.

Aus: Gaildorfer Rundschau, „Extrablatt" vom 8. 11. 1995, S. 15.

M 3

Deutsche Auswanderer im Zwischendeck eines Auswandererschiffes, Kupferstich, 1857

1 Beschreibe mithilfe des Darstellungstextes und der Materialien die Auswanderung nach Amerika im 19. Jahrhundert anhand der Kriterien auf S. 77.

2 **Wähle eine Aufgabe aus:**

a) Partnerarbeit: Stelle dir vor, du bist Friedrich List und bekommst den Auftrag, die Auswanderer nach ihren Motiven zu befragen. Verfasst ein Interview mit einem Auswanderer (Darstellungstext, M1).

b) Schreibe aus der Sicht eines deutschen Auswanderers einen Brief über dessen Überfahrt nach New York (Darstellungstext, M2).

Tipp: Beziehe dich dabei auch auf M3.

3 Vergleiche die Quellen mit der heutigen Einwanderungssituation in Deutschland.

Zusatzaufgabe: siehe S. 282

Auswanderung nach Amerika (2)

Was erwartete die Auswanderer in Amerika? Wie wurden sie in der „Neuen Welt" aufgenommen? Und erfüllten sich ihre Hoffnungen?

- *Wähle aus, ob du dich mit den Vor- und Nachteilen des Auswandereralltags (A), mit der Frage, wie die Auswanderer von der Bevölkerung des Einwanderungslandes aufgenommen worden sind (B), oder mit den Spuren, welche die Einwanderer hinterlassen haben (C), beschäftigen möchtest.*

So haben Auswanderer über ihr Leben berichtet:

Bericht eines Auswanderers, der 1849 mit dem Segelschiff von Le Havre nach New Orleans fuhr und dann nach St. Louis weiterreiste:

Hierher zu kommen rat ich niemandem. Arbeitslose Leute sind hier sehr viele, in New York bei 30 000. Die heutige Zeitung enthält die ersten Cholerafälle in St. Louis. Alle bis jetzt gemachten Erfahrungen und alles, was ich Gelegenheit hatte zu hören von solchen, die länger im Lande sind, gehen dahin und, oh dass ich es einem jeden in die Ohren schreien könnte, dass jeder zu Hause bleiben möchte. Denn obgleich viel Land auf Menschenhände wartet, so muss ein Farmer, wenn er bestehen will, ein wahres Einsiedlerleben führen, wenn er nicht ordentlich Geld mitbringt, um Land aus zweiter und dritter Hand zu kaufen. Was dann mit diesen Landverkäufen für schändlicher Betrug getrieben wird und wie mancher Auswanderer, der wegen seinem Mangel an Sprachkenntnis an die Geschäftsleute und Unterhändler gebunden ist, um sein Hab und Gut geprellt wird, ist nicht auszusprechen. Denn da kaufen sie oft Land von Leuten, die nicht den geringsten Anspruch auf das verkaufte Land haben. Hier herrscht neben der Cholera jetzt auch das Goldfieber, veranlasst durch die Schilderungen von Kaliforniens Schätzen, und es wandern viele dorthin aus.

Zit. nach Leo Schelbert/ Hedwig Rappold, Alles ist ganz anders hier, Olten (Walter-Verlag) 1977, S. 232–235.

Brief von John Beck, Auswanderer aus Waldmössingen, an seine Verwandten im Schwarzwald, 1883:

Wir haben uns um eine eigene Wohnung umgesehen und alle nötigen Möbel gekauft, einen schönen eisernen Kochherd und einen eisernen Heizofen und wohnen jetzt so nobel als je einer in Deutschland. Ich arbeite wirklich in einem Pferdestall und habe neun Pferde zu besorgen. Diese Pferde habe ich bloß morgens zu putzen und einzuspannen, zu füttern brauche ich sie nicht und bin dann bis 9 Uhr fertig. Ich verdiene in diesem Stall monatlich 25 Dollars nebst Kost, die morgens besteht in zwei- bis dreierlei Fleisch, Butter, Weißbrot und nie ohne Honig, danach Kaffee. Von Mittag und Abend will ich nicht reden. Kurz: in Amerika hat ein armer Mann bessere Kost als in Deutschland mancher Herr. Mein Sohn Adelbert hat gleich Arbeit bekommen in einer Brauerei. Er wurde krank, nachdem ihm die Arbeit auch zu hart war. Jetzt arbeitet er in einer anderen Brauerei, vielleicht bloß 200 Schritt von unserer Wohnung. Er verdient 50 Dollar, später bekommt er noch mehr.

Zit. nach 1000 Jahre Waldmössingen 994–1994, hg. von der Großen Kreisstadt Schramberg, 1994, S. 125.

1 Vergleiche die beiden Aussagen M1 und M2 miteinander.

2 Beurteile: Amerika – gelobtes oder verfluchtes Land? Liste Argumente dazu tabellarisch auf.

Aufgabe für alle:

Vergleicht die Quellen mit der heutigen Einwanderungssituation in Deutschland.

B

Aufnahme in der „Neuen Welt“

Die Einwanderer wurden in Amerika zwar bereitwillig aufgenommen, dennoch gab es erwünschte und weniger erwünschte Einwanderergruppen. Gegen Ende des 19. Jahrhunderts wurden Regelungen veranlasst, welche die Einwanderung stärker beschränkten. Die Angst vor Überfremdung in der Bevölkerung richtete sich vor allem gegen Italiener, Slawen und Juden.

M3

Artikel aus der Zeitschrift „Nile's Weekly Register“ vom 18. September 1819:

Immer noch ergießt sich eine Einwanderungsflut in die Vereinigten Staaten. Außer im letzten Jahr sind vielleicht noch nie zuvor so viele Menschen aus Europa an unsere Küsten gekommen, um sich bei uns niederzulassen ... Wir bedauern diese Tatsache. Hunderte von ihnen, wir können wohl sagen Tausende, werden uns während des kommenden Winters zur Last fallen; denn viele Zehntausende unserer eigenen Landsleute, die gewöhnt sind, sich durch ihre Arbeit selbst zu unterhalten, werden ohne Beschäftigung sein ... Bisher haben wir den Fremden bei seiner Ankunft hier immer mit Freude begrüßt. Es gab Raum genug für alle, die kommen wollten, und Fleiß war ein sicherer Weg zu einem angenehmen Leben, wenn nicht gar zu Unabhängigkeit und Reichtum. Wir waren froh über die Vermehrung unserer Bevölkerung, die sie bewirkten, und über den Impuls, den sie unserer Produktionsfähigkeit gaben, womit sie unser Land in seiner Macht und seinem Kräftepotential ... beförderten ... Jetzt scheint allerdings die Bevölkerung ... zu dicht zu sein – es gibt zu viele Münder, um das zu essen, was von den Händen beim gegenwärtigen Arbeitsmangel produziert werden kann; ... der Westen des Landes ist überfüllt durch Binnenwanderung.

Aus: Günter Moltmann (Hg.): Aufbruch nach Amerika. Die Auswanderungswelle von 1816/17. Stuttgart (Wunderlich) 1989, S. 309–311.

1 Lies den Auszug des Artikels M3 und erkläre, warum Einwanderung in den USA ein umstrittenes Thema war.

2 **Partnerarbeit:** Verfasst ein Streitgespräch, in dem sich zwei Amerikaner über ihre Meinung zu Einwanderern unterhalten.

C

Ansiedlung und Leben der Auswanderer

Die vielen Briefe der bereits Ausgewanderten machten Unentschlossenen Mut. Sobald sie einen Zuzugspunkt hatten, fassten sie den Entschluss zur Überfahrt. So kam es auch, dass sich viele Deutsche in der Nähe voneinander niederließen. Pennsylvania, Cincinnati und St. Louis waren bekannte Niederlassungen der deutschen Auswanderer. Die erste deutsche Siedlung, welche Mitte des 17. Jahrhunderts in Pennsylvania gegründet wurde, hieß „Germantown“. Sie ist heute ein Stadtteil von Philadelphia. Wieder andere zog es in den mittleren Westen, um wie in der alten Heimat Landwirtschaft zu betreiben. Auch in New York blieben viele der deutschen Einwanderer. So wurden Mitte des 19. Jahrhunderts bereits deutsche Zeitungen, wie die 1834 gegründete „New Yorker Staatszeitung“, herausgegeben. Der große Teil der Deutschen lebte zum Ende des 19. Jahrhunderts im Stadtteil „Little Germany“. Die Einwanderer pflegten ihre deutsche Kultur, indem sie deutsch sprachen, deutsche Vereine gründeten, Buchläden oder Theater eröffneten. Auch ihren Kindern wurde in der Schule Deutsch gelehrt.

Die Spuren, welche die deutsch sprechenden Auswanderer in Amerika hinterließen, lassen sich bis heute wiederfinden: Heinz (Ketchup), Kraft (Foods) und Budweiser (Biermarke) sind Beispiele für Produktnamen, die an die deutschen Vorfahren vieler Amerikaner erinnern.

Deutsche Ortsnamen in den USA (Kartenausschnitt)

1 Beschreibt, wo und wie sich die deutschen Einwanderer niederließen (Darstellungstext, M4).

19. Jahrhundert: Vertreibung der Indianer

Nach der „Entdeckung" Amerikas durch Kolumbus 1492 folgte die Eroberung und Kolonialisierung der „Neuen Welt". Weil immer mehr europäische Siedler nach Amerika kamen, wurde die einheimische Bevölkerung schrittweise vertrieben.

- ***Wie verlief im 19. Jahrhundert die Vertreibung der indigenen Bevölkerung in Nordamerika?***

Verdrängung

Während die Spanier und Portugiesen Mittel- und Südamerika eroberten und kolonialisierten (S. 246 f.), drangen die Engländer ab 1497 in Nordamerika ein. Weil in den nächsten Jahrhunderten immer mehr europäische Siedler nach Amerika kamen, wurden die Indianer immer mehr verdrängt. Zudem wurde das Wild, z. B. die Bisons, vertrieben oder abgeschlachtet. Damit fehlte den Indianern eine entscheidende Nahrungsgrundlage. Die ersten Siedler kauften den Einheimischen das Land häufig noch mittels Kaufverträgen ab. Die Indianer kannten jedoch weder solche rechtlichen Regelungen noch die Vorstellung, dass Land Eigentum einer bestimmten Person ist. So kam es immer wieder zu Vertragsbrüchen, auch durch die Europäer, die dann bewaffnete Kämpfe nach sich zogen. Die Indianer waren gegen die wachsende Zahl der Siedler und deren überlegene Waffentechnik allerdings machtlos. Durch aufgezwungene Friedensverträge verloren die Indianervölker mehr und mehr ihre Siedlungsgebiete.

Vertreibung

Im Jahr 1830 verabschiedete der Kongress der jungen Vereinigten Staaten von Amerika (1776) ein Umsiedlungsgesetz, um den erneuten Anstieg der Siedler im 19. Jahrhundert zu bewältigen (S. 86 ff.). Rund 100 000 Indianer wurden mit militärischer Gewalt aus ihrer Heimat im Osten und Süden in Reservate vertrieben. Tausende starben auf den Märschen oder weil sie sich widersetzten. In den Reservaten sorgte eine Indianer-Behörde für die Umerziehung. Die Kinder lernten statt indianischer Kultur nun die europäische Geschichte und Werte. Zunächst waren die Reservate wie Gefangenenlager. Weil die Indianer sie nur mit Erlaubnis verlassen durften, konnten sie sich nicht selbst versorgen und waren auf Lebensmittelrationen angewiesen. Diese wurden von den Regierungsvertretern auch als Druckmittel eingesetzt. Hunger und Armut waren die Folge. Immer wieder kam es zu Aufständen, die von US-Truppen jedoch niedergeschlagen wurden.

M 1

Tipi (Indianerzelt) in einem Reservat, Farblithografie, nach einem Gemälde von Gilbert Gaul, 1890

Krieg und Massaker

Mit Völkern, die sich massiv gegen die Vertreibung wehrten, schloss die US-Regierung Friedensverträge, um sie so zur Abtretung ihres Landes zu bewegen. Doch immer wieder kam es zu Vertragsbrüchen durch die US-Amerikaner. Als z. B. 1874 Goldgräber in das Land der Lakota einfielen und damit den Friedensvertrag von 1868 brachen, führte dies zu einem Krieg zwischen der US-Armee und einer Cheyenne-Sioux-Koalition unter den Anführern Sitting Bull und Crazy Horse. Obwohl die Indianer siegten, war ihr Triumph nur von kurzer Dauer. Soldaten verübten überall in den USA grausame Massaker, bei denen Tausende Indianer ums Leben kamen.

Gleichheit auch für die Indianer?

Weil indianische Soldaten die US-Armee im Ersten Weltkrieg (1914–18) unterstützt hatten, erhielten die Indianer 1924 die amerikanische Staatsbürgerschaft. Zehn Jahre später wurde ihnen in einem Gesetz (Indian Reorganisation Act) das Recht auf kulturelle Eigenständigkeit und lokale Selbstverwaltung zugestanden. Allerdings versuchte die US-Regierung immer wieder die Rechte der Indianer zu beschneiden, indem sie ihnen z. B. aufgrund wirtschaftlicher Interessen zugeteiltes Land wieder wegnahm. Heute bilden die Indianer in den USA nur noch eine Minderheit.

M 2

Sitting Bull, eigentlich: Tatanka Iyotanka (um 1831–1890), Häuptling und Medizinmann der Hunkpapa Sioux, Farblithografie nach einem Gemälde von Gilbert Gaul, 1890

M 3

Die Geschichte des Sitting Bull, 2016:

Die Weißen sind sich zunächst uneins darüber, wie mit den freien Indianern des Westens verfahren werden soll. Einige Vertreter der Regierung in Washington beabsichtigen, die Indianer mit Geschenken zu besänftigen, andere planen, sie mit Soldaten gewaltsam in Reservate zu zwingen. Manch einer geht so weit, von ihrer Ausrottung zu träumen. Auch die Indianerstämme sind sich uneinig. Manche sind bereit, einen Teil ihrer Eigenständigkeit aufzugeben und die Geschenke der Wasichu (= Weißen) anzunehmen, andere wollen nichts annehmen und nichts aufgeben. Tatanka Iyotake (= Sitting Bull) gehört zur zweiten Gruppe: Von der Regierung der Wasichu, die seine Leute und ihn am Killdeer Mountain angreifen ließ, wird er keine Almosen annehmen. „Wir leben seit Jahrhunderten ohne die amerikanische Regierung und werden das auch weiter tun. Am Ende mögen sie mich kriegen, aber bis dahin werde ich eine gute Zeit in Freiheit verleben und mich nicht mit ihnen verbrüdern", verkündet er.

Zit. nach Erik Lorenz/Claudia Lieb, Die Geschichte des Sitting Bull, Chemnitz (Palisander Verlag) 2016, S. 113.

M 4

Die Sicht der US-Amerikaner:
US-General Alfred H. Terry, 1876:

Der Indianer in seinem ursprünglichen Zustand ist von Grund auf arbeitsscheu, und aus diesem einfachen Grund kann man ihn auch nicht zur Arbeit zwingen. Darüber sollten wir auch nicht erstaunt sein: Es ist weniger der Mensch denn vielmehr die Natur, die gegen diesen so großen und unvorbereiteten Wechsel seines Lebens rebelliert. ... Lassen Sie uns zuerst die Natur zähmen, sodass wir danach wagen können, diese auszubilden.

Zit. nach Dee Brown, Begrabt mein Herz an der Biegung des Flusses, Übers. Helmut Degner, München (Knaur) 1999, S. 25.

M 5

Die Sicht der Indianer:
Sioux-Häuptling Großer Adler, ca. 1862:

Die Weißen haben immer versucht, die Indianer dazu zu bewegen, ihr Leben aufzugeben und wie die weißen Männer zu leben – Land zu bebauen, schwer zu arbeiten und zu tun, was sie taten –, doch die Indianer wussten nicht, wie man das tut, und wollten es auch nicht ...

Hätten die Indianer versucht, die Weißen dazu zu bringen, so zu leben wie sie, dann hätten die Weißen sich gewehrt, und das taten auch viele Indianer.

Zit. nach Dee Brown, Begrabt mein Herz an der Biegung des Flusses, Übers. Helmut Degner, München (Knaur) 1999, S. 50.

1 Untersuche die Vertreibung der Indianer mithilfe der Kriterien auf S. 77.

2 Beschreibe das Leben in den Reservaten (Text, M1).

3 **a)** Erarbeite aus M3 die Haltung von Sitting Bull gegenüber der US-Regierung.
b) Setze dich kritisch mit seiner Haltung auseinander. Berücksichtige den Darstellungstext.

4 **Partnerarbeit:** Untersucht arbeitsteilig M4 und M5 hinsichtlich der Meinung über die Indianer bzw. der Weißen und vergleicht anschließend.

5 **Vorschläge für Vorträge:**
a) Das Leben des Sitting Bull
b) Situation der Indianer in den USA heute

20. Jahrhundert: „Gastarbeiter" in der BRD

Während der deutschen Teilung (1949–1990) hatten beide Staaten das gleiche Problem: einen Mangel an Arbeitskräften. Daher warben die Regierungen Arbeiter aus ihren jeweils befreundeten Staaten an.

- ***Was bedeutete Migration in der BRD?***

Arbeiten in Deutschland – auf Zeit?

Nach der doppelten deutschen Staatsgründung 1949 kam es in der alten Bundesrepublik infolge des „Wirtschafswunders" in den 1950er-Jahren zu einem steigenden Bedarf an Arbeitskräften. Die Bundesregierung begann daher mit einer staatlich geförderten Anwerbung ausländischer Arbeiternehmer aus dem Mittelmeerraum. Dazu unterzeichnete sie „Abwerbeabkommen" mit Italien (1955), Spanien und Griechenland (1960), der Türkei (1961), Marokko (1963), Portugal (1964), Tunesien (1965) und Jugoslawien (1968). Nach Deutschland kamen überwiegend junge, männliche und zumeist un- oder angelernte Arbeitsmigranten, die in der Industrie, im Bergbau und im Baugewerbe eingesetzt wurden. Sie wohnten zunächst ohne Familienangehörige in Wohnheimen oder Baracken und erhielten meist weniger Lohn als ihre deutschen Kollegen. Ihr Aufenthalt sollte ursprünglich befristet sein und dem „Rotationsprinzip" folgen. Es gab daher auch nur wenige gesellschaftliche Bemühungen, sie in die deutsche Gesellschaft zu integrieren. Aufgrund des weiterhin hohen Bedarfes an Arbeitskräften wurden die Aufenthaltszeiten verlängert und der Nachzug von Familienangehörigen erlaubt. Zwischen 1950 und 1973 kamen insgesamt 14 Millionen ausländische Arbeiter, von denen 11 Millionen wieder in ihr Heimatland zurückkehrten. Als es 1973 infolge des „Ölschocks" zu einer Wirtschaftskrise kam, erließ die Bundesregierung einen Anwerbestopp. Die ausländischen Arbeitskräfte standen nun vor einer schwierigen Entscheidung (M5).

Herkunftsländer der Gastarbeiter 1961–1973 (Anteile in Prozent)

Türkei 27,0; Jugoslawien 20,0; Italien 13,0; Griechenland 10,9; Spanien 7,4; andere Staaten 21,7

Zusammengestellt nach: Ulrich Herbert, Geschichte der Ausländerpolitik in Deutschland, München (C. H. Beck) 2001.

M 1

Italienische Gastarbeiter bei VW in Wolfsburg, Fotografie, 1966

M 3

Türkische Gastarbeiter in einer Fabrik in Berlin-Spandau, die Haushaltsgeräte herstellt, Fotografie, 1988

Der Sozialwissenschaftler und Politiker Daniel Cohn-Bendit über die Wirkung des Anwerbestopps im Jahr 1973, 1992

Die Rechnung ging ... nicht auf, und zwar weil wieder der alte Fehler gemacht wurde: Man sah in den Ausländern nur Arbeitskräfte, deren anderweitige Existenz der Beachtung nicht wert war. Und dafür kam prompt die Quittung. Während ... der Anteil der ausländischen Beschäftigten um etwa ein Viertel zurückging, nahm die Wohnbevölkerung ... insgesamt aber sogar noch geringfügig zu. ... Was war geschehen? ... Ausländer aus Nicht-EG-Staaten sahen sich nun (und zwar gerade auch dann, wenn sie arbeitslos geworfen waren) vor die Alternative gestellt, die es vorher nicht gegeben hatte: entweder in die alte Heimat zurückkehren in der Gewissheit, dass eine erneute Remigration in die Bundesrepublik unmöglich sein würde, oder aber zu bleiben und den Wunsch nach einem dauerhaften Aufenthalt in der Bundesrepublik durch den möglichst schnellen Nachzug der Familie ... zu unterstreichen.

Daniel Cohn-Bendit/Thomas Schmid, Heimat Babylon. Das Wagnis der multikulturellen Demokratie, Hamburg (Hoffmann u. Campe) 1992, S. 112ff.

Türkisch oder deutsch? Die Berliner Schülerin Kevser über ihre Identität, 2016:

Auf meinem Pass steht, dass ich eine Deutsche bin. Ich bin in Berlin geboren, ich bin hier aufgewachsen und gehe hier zur Schule. Doch so leicht ist es nicht, die Identität eines Menschen zusammenzufassen. Man könnte meinen, dass ich mich eher deutsch fühle. Dazu trägt bei, dass nicht nur meine Schwestern und ich in Berlin geboren und aufgewachsen sind, sondern auch, dass meine Mutter 1974 mit vier Jahren nach Deutschland kam und mit ihren Brüdern und Eltern für eine längere Zeit in Berlin lebte. Meine Großeltern arbeiteten als Gastarbeiter hier und meine Mutter und meine Onkel gingen hier zur Schule. Ich bin also schon die dritte Generation der türkischstämmigen Menschen, die in Deutschland leben, und den Verlust meiner türkischen Identität sehe ich schon darin, dass, anders als bei meinen Schwestern, mein Deutsch besser als mein Türkisch ist. ...

In Deutschland oder in der Türkei geboren zu sein, sagt nicht aus, wer du wirklich bist. Während ich, wenn ich gefragt werde, sage, dass ich mich eher türkisch fühle, ist mir trotzdem bewusst, dass ich von der deutschen Gesellschaft und Kultur beeinflusst worden bin und immer noch beeinflusst werde und dass ein Teil von mir deutsch ist. Und das ist auch nicht schlimm. In Deutschland werde ich als die Türkin gesehen, in der Türkei als die Deutsche. Es ist schwer, sich irgendwo zugehörig zu fühlen, weil ich mich immer als eine Ausländerin fühle ....

Aus einem Interview der Autorin mit der Schülerin Kevser Ergül (16) aus ihrer 11. Klasse des Max-Planck-Gymnasiums in Berlin-Mitte vom 22. 6. 2016.

Italienische Gastarbeiterfamilie in einer Einzimmerwohnung, Fotografie, 1960er-Jahre

1 Beschreibe mithilfe des Darstellungstextes und der Materialien die Migration in die alte Bundesrepublik anhand der Kriterien auf S. 77.

2 Untersuche M1 mithilfe der Arbeitsschritte S. 161.

3 **a)** Beschreibe die Wohnverhältnisse (M6).
Tipp: Vergleiche mit den Fotografien S. 172, M2; S. 194, M2.
b) Diskutiere die Folgen für das Familienleben.

4 Erkläre die Wirkung des Anwerbestopps (M4).

5 **a)** Erläutere, wie die Schülerin ihre nationale Identität sieht (M5).
b) Berichte über weitere Beispiele aus deinem Lebensumfeld.

Zusatzaufgaben: siehe S. 282

20. Jahrhundert: „Vertragsarbeiter" in der DDR

Während der deutschen Teilung (1949–1990) hatten beide Staaten das gleiche Problem: einen Mangel an Arbeitskräften. Daher warben die Regierungen Arbeiter aus ihren jeweils befreundeten Staaten an.

- ***Was bedeutete Migration in der DDR?***

Arbeiten in der DDR – nur auf Zeit?

Nach der doppelten deutschen Staatsgründung kam es auch in der DDR (1949–1990) in den 1950er-Jahren zu einem Bedarf an Arbeitskräften. Er erhöhte sich aufgrund der Flucht von 3,4 Millionen Menschen bis zum Mauerbau 1961. Die DDR-Regierung begann daher mit einer staatlich geförderten Anwerbung ausländischer Arbeiternehmer aus den Staaten, die im Kalten Krieg zum Ostblock gehörten. Dazu unterzeichnete sie Abkommen mit Polen (1965), Ungarn (1967), Algerien (1973), Mosambik (1979) und Vietnam (1980). Darüber hinaus kamen Arbeitskräfte aus weiteren Staaten, beispielsweise aus Angola, Kuba und Nicaragua, mit denen im Rahmen der „sozialistischen Bruderhilfe" eine „Arbeitskräftekooperation" vereinbart worden war. So sollten die ausländischen Arbeitskräfte in der DDR einen Facharbeiterabschluss absolvieren und nach einigen Jahren Arbeit als qualifizierte Fachkräfte wieder in ihre Heimat zurückkehren. Viele wurden jedoch ungelernt für einfache und stupide Arbeiten in der Industrie eingesetzt und verdienten häufig weniger als ihre deutschen Kollegen. Generell galt ein „Rotationsprinzip", das den Aufenthalt in der DDR auf durchschnittlich drei Jahre beschränkte.

Lebenssituation

Die Arbeitsmigranten wohnten – nach Geschlechtern getrennt und streng überwacht – in Wohnheimen, ein Familiennachzug war nicht erlaubt und eine Schwangerschaft führte zur Ausweisung. Die Begegnung oder gar der Austausch mit der einheimischen Bevölkerung war vom Staat nicht erwünscht. 1966 lebten ca. 3500 Vertragsarbeiter in der DDR und 1989 – kurz vor ihrem Ende – ca. 93 500 (M1).

Während der Friedlichen Revolution in der DDR 1989 blieb das Schicksal der Vertragsarbeiter zunächst ungewiss. Weil die wirtschaftliche Lage in den neuen Bundesländern sich stetig verschlechterte, hatte die gesamtdeutsche Bundesregierung keine Interesse an der Verlängerung der zwischenstaatlichen Abkommen über die Vertragsarbeiter (M6).

M1 Herkunftsländer der Vertragsarbeiter 1989 (Auswahl; Anteile in Prozent)

Vietnam 31,4; Polen 27,1; Mosambik 8,1; Sowjetunion 7,8; Ungarn 7,0; Kuba 4,2; Bulgarien 2,6; ČSSR 1,7; Jugoslawien 1,1; Angola 0,7

Zusammengestellt nach: Lothar Elsner u. a., Zwischen Nationalismus und Internationalismus, Rostock (Norddt. Hochschulschr.-Verl.) 1994, S. 77f.

M2

Mosambikanische Vertragsarbeiter werden im VEB Oberlausitzer Textilbetrieb Neugersdorf von einem Facharbeiter angelernt. Es handelt sich hierbei um ein Propagandabild der DDR, Fotografie, 1979

M3

Vietnamesische Vertragsarbeiter bei der Arbeit im VEB Leuchtenbau Leipzig nach der Wende in der DDR, Fotografie, Mai 1990

M 4

Eine vietnamesische Vertragsarbeiterin in ihrem Wohnheim-Zimmer in Ost-Berlin, Fotografie, um 1990

Leben im Wohnheim, Interview mit Frau N. (Vietnamesin), 2007:

Die Frauen haben zu zwei oder zu dritt gewohnt. Toiletten und Duschen waren zusammen für alle; auf einer Etage. Es gab auch einen Clubraum ... Wenn wir Besuch hatten, musste der nach zehn Uhr abends wieder draußen sein. Der Besuch musste seinen Ausweis abgeben, solange er im Wohnheim war. Tag und Nacht war ein Pförtner unten. Man hat dann versucht, den Besuch zu verstecken.

Zit. nach Katja Illgen (Hg.), „Zweite Heimat". Vietnamesen berichten über ihr Leben in Deutschland, Erfurt (Landeszentrale für politische Bildung) 2007, S. 186.

Die Historikerin Karin Weiss über die Lage der Vertragsarbeiter 1989/90, 2011:

Die Wende brachte für die Vertragsarbeiter existenzielle Not und Verunsicherung. Mit der Vereinigung ... verblieben die Vertragsarbeiter zunächst in einem rechtlich völlig ungeklärten Raum. Im Gegensatz zu den in die Bundesrepublik angeworbenen ausländischen Arbeitnehmern bekamen die Vertragsarbeiter mit der Änderung des ... Ausländergesetzes, das 1991 in Kraft trat, kein Bleiberecht. Sie ... erhielten damit lediglich eine befristete Aufenthaltsbewilligung für die Zeit ihres ursprünglich vereinbarten Arbeitsvertrages. Viele dieser Arbeitsverträge wurden jedoch im Zuge der Wende aufgelöst, da die zusammenbrechende Wirtschaft der DDR die Staatsverträge nicht mehr erfüllen konnte.

Zit. nach Almut Zwengel (Hg.), Die „Gastarbeiter" der DDR. Politischer Kontext und Lebenswelt. Berlin (LIT Verlag) 2011, S. 270f.

Vietnamesisch oder deutsch? Die Berliner Schülerinnen Hien und Thao Vy über ihre Identität, 2016:

Thao Vy: Die vietnamesische Erziehung beeinflusst mein Handeln bis zum heutigen Tag. Allerdings bevorzuge ich die deutsche Sprache. Ich denke und kommuniziere überwiegend auf deutsch. Tagtäglich bemerke ich jedoch, dass ich anders bin: Ich sehe anders aus, ich esse anders und ich benutze teilweise sogar vietnamesische Begriffe in [deutschen] Gesprächen. ... Mit jeder Generation verblasst die vietnamesische Herkunft, doch verloren gehen wird sie sicherlich nie.
Hien: Aufgewachsen zwischen zwei Kulturen [der deutschen und der vietnamesischen] kann ich mich bis heute nicht 100 Prozent mit einer identifizieren. Die Entscheidung ist immer abhängig vom Umfeld. In Deutschland bin ich die Vietnamesin, in Vietnam die Deutsche. Deshalb bezeichne ich mich als deutsche Vietnamesin.

Aus einem Interview des Herausgebers mit den zwei Schülerinnen Hien (16) und Thao Vy (15) aus seiner 10. Klasse des Barnim-Gymnasiums in Berlin-Lichtenberg vom 23. 6. 2016.

---

1 Beschreibe mithilfe des Darstellungstextes und der Materialien die Migration in die DDR anhand der Kriterien auf der S. 77.

2 Werte M1 aus.

3 Beschreibe M2. Begründe, warum es sich um ein Propagandafoto handelt.
Tipp: Vergleiche mit M3.

Zusatzaufgabe: siehe S. 283

4 a) Beschreibe die Wohnverhältnisse (M4, M5).
b) Diskutiere die Folgen. Nutze auch den Darstellungstext.

5 Erkläre die Folgen der Wiedervereinigung für die DDR-Vertragsarbeiter (M6).

6 a) Erläutere, wie die beiden Schülerinnen ihre nationale Identität sehen (M7).
b) Berichte über weitere Beispiele aus deinem Lebensumfeld.

1100 1200 1300 1400 1500

Mitte 12.–Mitte 14. Jahrhundert:
Deutsche Ostsiedlung

Migrationen

Mittelalter: Deutsche Ostsiedlung

Die mittelalterliche Ostsiedlung begann Mitte des 12. Jahrhunderts. Zu den Ursachen zählt vor allem ein rasanter Bevölkerungsanstieg im Deutschen Reich. Weil eine verstärkte Binnenkolonisation für die Versorgung nicht mehr ausreichte, suchte man nach Neuland. Eine weitere Ursache war die Expansion der deutschen Fürsten nach Osten. Meist waren die eingenommenen Gebiete nur dünn besiedelt. Daher warben die Herrscher Bauern, Handwerker und Händler mit Sonderrechten an. Die Ostsiedlung diente aber auch der Missionierung. Zahlreiche Klostergründungen sollten helfen, den christlichen Glauben zu verbreiten. Auch die Könige von Polen, Böhmen und Ungarn bemühten sich um Ansiedlung deutscher Siedler. Diese verfügten über eine bessere Rechtsstellung und modernere landwirtschaftliche Methoden wie die Dreifelderwirtschaft und den Räderpflug. Zunächst gestaltete sich die Begegnung zwischen alten und neuen Siedlern weitestgehend konfliktfrei. Das änderte sich, als der Deutsche Orden in Ostpreußen einen eigenen Staat gründete. Einerseits trug der Orden mit der Gründung von Städten und Burgen zum Landesausbau bei. Andererseits führte seine Eroberungspolitik zum Konflikt mit Polen und Litauen. Die deutsche Ostsiedlung endete in der Mitte des 14. Jahrhunderts.

Frühe Neuzeit: Migration der Hugenotten und Böhmen nach Brandenburg-Preußen

Infolge der Zerstörungen im Dreißigjährigen Krieg (1818–48) hatte Brandenburg-Preußen etwa die Hälfte seiner Bevölkerung verloren. Um die Verluste auszugleichen, wurden daher Bauern und Handwerker angeworben – und gezielt auch Glaubensflüchtlingen Zuflucht gewährt. Ende des 18. Jahrhundert war es zu Verfolgungen der Hugenotten gekommen, die daraufhin massenhaft aus Frankreich flohen. Der brandenburgische Kurfürst Friedrich Wilhelm I. bemühte sich aktiv um deren Aufnahme. So wurden beispielsweise Steuerfreijahre und Zuschüsse für den Aufbau von Betrieben gewährt sowie die Errichtung französisch-reformierter Kirchengemeinden erlaubt. In der Bevölkerung stießen die Hugenotten zunächst auf Ablehnung. Vor allem im Handwerk befürchtete man Konkurrenz. Rückblickend gilt die Integration jedoch als gelungen. Die Hugenotten leisteten einen entscheidenden Beitrag zur wirtschaftlichen Belebung und zum kulturellen Austausch.
Die protestantischen Böhmen wurden schon zu Beginn des Dreißigjährigen Krieges verfolgt. Anfang des 18. Jahrhunderts verstärkte sich erneut die Verfolgung der verbliebenen Protestanten. Tausende flohen zunächst in das angrenzende Sachsen. Nachdem sich auch erste böhmische Glaubensflüchtlinge in Berlin niedergelassen hatten und den preußischen König um Nachzug weiterer Familien baten, erlaubte Friedrich Wilhelm I. offiziell den Böhmen unter Auflagen die Zuwanderung. Das 1737 gegründete Böhmisch-Rixdorf (Berlin-Neukölln) und die 1750 gegründete Kolonie Nowawes (Potsdam-Babelsberg) sind Beispiele für ihre Ansiedlung. Die böhmischen Migranten setzten sich von Anfang an für ihre Selbstbestimmung ein. So erhielten sie beispielsweise das Recht auf freie Religionsausübung in ihrer Sprache sowie eine Befreiung vom Militärdienst und Steuerfreiheit.

19. Jahrhundert: Vertreibung der indigenen Bevölkerung

Zwischen 1820 und 1914 wanderten mehr als fünf Millionen Deutsche aus religiösen, politischen und wirtschaftlichen Gründen nach Amerika aus. Politische Gründe spielten in der Zeit nach der gescheiterten Revolution von 1848/49 eine Rolle. Hauptgrund war jedoch

1600 | 1700 | 1800 | 1900 | 2000

17./18. Jahrhundert:
Einwanderung der Hugenotten in das Heilige Römische Reich Deutscher Nation

19. Jahrhundert:
Auswanderung nach Amerika

19. Jahrhundert:
Vertreibung der indigenen Bevölkerung in Amerika

2. Hälfte 20. Jahrhundert:
Arbeitsmigrationen in die Bundesrepublik Deutschland und die DDR

die wirtschaftliche Not, die auf den Mangel an Arbeitsmöglichkeiten infolge des starken Bevölkerungsanstiegs zurückzuführen war. Die meisten Auswanderer waren Kleinbauern, Heimarbeiter, Knechte, Tagelöhner und Handwerker. Anzeigen von Schifffahrtslinien und Briefe von bereits Ausgewanderten ermunterte vor allem junge Menschen, die Heimat zu verlassen. Ein Großteil der deutschen Auswanderer siedelte sich in amerikanischen Großstädten an. Viele kauften preiswertes Siedlungsland im Mittleren Westen und waren an der Erschließung dieses Gebietes wesentlich beteiligt.

19. Jahrhundert: Vertreibung der indigenen Bevölkerung

Die amerikanischen Ureinwohner waren gegen die wachsende Zahl der Siedler und deren überlegene Waffentechnik von Anfang an machtlos. Durch aufgezwungene Friedensverträge verloren sie ihre Siedlungsgebiete. Im Jahr 1830 verabschiedete der US-Kongress ein Umsiedlungsgesetz: Rund 100 000 Indianer wurden mit militärischer Gewalt aus ihrer Heimat im Osten und Süden in Reservate vertrieben. Tausende starben auf den Märschen oder weil sie sich widersetzten. In den Reservaten sorgte eine Indianer-Behörde für die Umerziehung. Weil die Indianer sie nur mit Erlaubnis verlassen durften, konnten sie sich nicht selbst versorgen und waren auf Lebensmittelrationen angewiesen. Diese wurden von den Regierungsvertretern auch als Druckmittel eingesetzt. Hunger und Armut waren die Folge. Immer wieder kam es zu Aufständen, die von US-Truppen jedoch niedergeschlagen wurden.
Weil indianische Soldaten die US-Armee im Ersten Weltkrieg (1914–18) unterstützt hatten, erhielten die Indianer 1924 die amerikanische Staatsbürgerschaft. Zehn Jahre später wurde ihnen das Recht auf kulturelle Eigenständigkeit und lokale Selbstverwaltung zugestanden. Allerdings versuchte die US-Regierung immer wieder die Rechte der Indianer zu beschneiden.

20. Jahrhundert: Migration in das geteilte Deutschland

Während der deutschen Teilung (1949–1990) hatten beide Staaten das gleiche Problem: einen Mangel an Arbeitskräften. Daher warben die Regierungen Arbeiter aus ihren jeweils befreundeten Staaten an. Die Bundesregierung begann Mitte der 1950er-Jahre mit einer Anwerbung ausländischer Arbeitnehmer aus dem Mittelmeerraum, z. B. Italien, Spanien, Griechenland und der Türkei. Nach Deutschland kamen überwiegend junge, männliche und zumeist un- oder angelernte Arbeitsmigranten, die in der Industrie, im Bergbau und im Baugewerbe eingesetzt wurden. Zwischen 1950 und 1973 kamen insgesamt 14 Millionen ausländische Arbeiter, von denen 11 Millionen wieder in ihr Heimatland zurückkehrten. Als es 1973 zu einer Wirtschaftskrise kam, erließ die Bundesregierung einen Anwerbestopp.
In der DDR war es aufgrund der Flucht von 3,4 Millionen Menschen bis zum Mauerbau 1961 zu einem Arbeitskräftemangel gekommen: Die DDR-Regierung begann daher mit einer staatlich geförderten Anwerbung ausländischer Arbeitnehmer aus den Staaten, die im Kalten Krieg zum Ostblock gehörten, z. B. Polen, Ungarn, Algerien, Mosambik und Vietnam. Generell galt ein „Rotationsprinzip", das den Aufenthalt in der DDR auf durchschnittlich drei Jahre beschränkte. Nach der Wiedervereinigung 1990 kam es zu keiner Verlängerung der zwischenstaatlichen Abkommen über die Vertragsarbeiter.

In diesem Kapitel konntest du folgende Kompetenzen erwerben:

- unterschiedliche Formen von Migrationen mithilfe von Kriterien und anhand der historischen Beispiele Ostsiedlung und Binnenkolonisation erläutern;
- frühneuzeitliche Migration der Hugenotten und Böhmen nach Brandenburg-Preußen, Migration im 19. Jahrhundert nach Amerika, Vertreibung der indigenen Bevölkerung sowie Arbeitsmigration in die Bundesrepublik Deutschland und die DDR darstellen und vergleichen

Rede von Bundesinnenminister Thomas de Maizière anlässlich der Verleihung des Hauptstadtpreises für Integration und Toleranz in Berlin am 25.11.2014

Sehr geehrte Damen und Herren,
liebe Kinder,

... Ich möchte uns heute Abend einmal die Fragen stellen: „Was für ein Volk sind wir?" Und: „Was für ein Volk wollen wir sein?". Was für ein Volk wir sind, das ist natürlich eine ziemlich große Frage. Ich möchte mich dieser Frage erst einmal anhand von 120 Minuten nähern. Nicht, dass ich 120 Minuten reden will, sondern ich rede von 120 Minuten, an die sich bestimmt alle in diesem Raum erinnern. Stichwort: WM-Finale [2014]. Mario Götze schoss das goldene Tor. Bastian Schweinsteiger war der Held der Leiden, aber einen mindestens ebenso großen Anteil am Triumph im WM-Finale hatte Jerome Boateng.

„Er brachte" – so schrieb es eine große deutsche Zeitung – „Lionel Messi und Co als Turm in der Schlacht zur Verzweiflung."

Nach dem Spiel legte Mats Hummels ihm den Arm auf die Schulter, um sich zu bedanken.

Diese Szene hat sich mir eingeprägt, denn sie steht sinnbildlich für die beeindruckende Teamarbeit dieser Mannschaft. Die ganz einfache Botschaft dieser Mannschaft lautete: Deine Herkunft spielt keine Rolle. Was zählt, ist Deine Leistung und vor allem anderen das Team.

... Können wir heute jungen Menschen auch außerhalb des Spitzensportes ehrlicherweise sagen: „Alles was zählt, ist Deine Leistung. Deine Herkunft spielt keine Rolle."?

Wir sollten es können.

Deutschlands Einwandererkinder machen zwar immer bessere Schulabschlüsse. Auf dem Arbeitsmarkt jedoch zahlt sich das bisher jedoch noch viel zu selten aus. Das muss sich ändern. Die Frage ist nur „wie"? ...

Integration und Toleranz, das sind die beiden prägenden Begriffe dieses Abends.

Und deshalb möchte ich sie etwas näher beleuchten. In Deutschland und insbesondere hier in Berlin gilt die Zuwanderung der Hugenotten nach Preußen als das Beispiel für eine gelungene Integration. Die Hugenotten, die vor der Verfolgung in Frankreich nach Preußen geflüchtet waren, prägten bald auch Literatur, Verwaltung und Politik wie kaum eine andere Bevölkerungsgruppe.

Bismarck (falls viele Kinder da sind, folgende Ergänzung: Bismarck war vor 150 Jahren so etwas wie ein Vorgänger unserer Bundeskanzlerin, er war „Reichskanzler") bezeichnete die Hugenotten sogar einmal als – ich zitiere – „die besseren Preußen". Dass diese Entwicklung das Ergebnis einer langsamen Annäherung war, an deren Anfang auch Unverständnis und Argwohn der preußischen Bevölkerung standen: Das wird schon seltener erzählt.

Da ich aber selbst aus einer hugenottischen Familie stamme, darf ich die folgende Anekdote erzählen: „Im Hof des Berliner Stadtschlosses hielten die Küchenjungen einen zahmen Storch, für den sie die Frösche aus der Spree fingen. Auch der große Kurfürst Friedrich Wilhelm hatte seinen Spaß an dem Tier. Eines Tages trug der Storch eine für den Kurfürsten bestimmte Bittschrift im Schnabel. In ihr beklagte sich das Tier bitter. Auch ihn würden die eingewanderten Franzosen schädigen. Bisher sei er alleine im Besitz der Frösche gewesen, jetzt aber würden sie ihm von den Franzosen, den ‚Fröschefressern' weggefressen."

Toleranz hört sich anders an. Wie halten wir es heute mit der Toleranz? Und: Ist Toleranz überhaupt das richtige Wort, um über Integration zu sprechen?

http://www.bmi.bund.de/SharedDocs/Reden/DE/2014/11/hauptstadtpreis-integration-und-toleranz.html;jsessionid=FDF5EF86A2BEE2C56326F40DCD9DB44B.2_cid295?nn=3314802 (Download vom 29. 6. 2016).

M2

Auswanderer

nach Amerika, Auſtralien ꝛc. finden mit den beſten Dampf- und Segel-Schiffen über Bremen, Hamburg und Liverpool zu den billigſten Preiſen Beförderung durch die Agentur **Wilh. Balſer** am Lindenplatz. (1475)

Zeitungsanzeige im „Giessener Anzeiger" vom 30. 5. 1874

M3

Auswanderer vor ihrer Ankunft in New York, Kupferstich von Charles Joseph Staniland, 1892

M4

„Geflüchtete: Willkommen in Europa?", Karikatur des Leipziger Zeichners Schwarwel, 2016

Darstellen – historisch erzählen

1 **Partnerarbeit:** Erklärt euch gegenseitig die folgenden Begriffe: Migration und Integration.

2 **Wähle eine Aufgabe aus:**

a) Gestalte auf der Grundlage der Zeitungsanzeige M2 ein Plakat, das im 19. Jahrhundert für die Auswanderung nach Amerika wirbt.

b) Verfasse einen Dialog zwischen zwei Personen über ihre Motive der Auswanderung und ihre Erwartungen in Amerika (M3).

Methoden anwenden

3 Untersuche die Karikatur M4 mithilfe der Arbeitsschritte auf S. 117.

Deuten und analysieren

4 Erkläre, warum der Bundesinnenminister in einer Rede von 2014 die Hugenotten erwähnt (M1).

5 Deute die Geschichte vom Storch (M1).

Urteilen

6 Vergleicht anhand der Kriterien auf der (S. 77) die historischen Beispiele von Migrationen.

7 Erörtert auf der Grundlage eurer Ergebnisse die Leitfrage: Migration – Chance oder Belastung? Berücksichtigt dabei die Sichtweisen: Migranten und Gesellschaft.

Webcode: FG647255-099
Selbsteinschätzungsbogen

REVEIL DU TIERS

Ma feinte, il étoit tems que je me réveillisse, car l'opreſsion de mes fers me do

4

Epochenvertiefung: Politische Revolutionen (ca. 1750–1900)

Der Philosoph Jean-Jacques Rousseau stellte im 18. Jahrhundert fest: „Der Mensch wird frei geboren, und überall ist er in Ketten." Damit kritisierte er das in weiten Teilen Europas geltende absolutistische Herrschaftssystem. Immer breitere Bevölkerungsteile forderten Reformen. Die Voraussetzungen für dieses kritische Denken schuf die Zeit der Aufklärung. Auf dem französischen Flugblatt erkennst du, dass sich der dritte Stand erhebt. Er schreckt nicht davor zurück, eine Revolution zu beginnen. Im Hintergrund stürmt er sogar die Bastille, ein Gefängnis und ein Symbol für die Macht des französischen Königs.

Beschreibe das Flugblatt sehr genau. Stelle Vermutungen über die Ursachen für das „Erwachen des dritten Standes" an.

T

le cochemar un peu trop fort.

Das Erwachen des dritten Standes, anonymes Flugblatt aus der Zeit der Französischen Revolution vom Juli 1789. Unter der Zeichnung steht: „Es wurde verdammt Zeit, dass ich erwache, denn der Druck der Ketten sorgte für einen heftigen Alptraum."

1780 | 1790 | 1800 | 1810

1784
Immanuel Kant verfasst die Schrift „Beantwortung der Frage: Was ist Aufklärung?"

1789
17. Juni: Gründung Nationalversammlung
14. Juli: Sturm auf die Bastille
4./5. August: Abschaffung der Vorrechte des 1. und 2. Standes
26. August: Erklärung der Menschen- und Bürgerrechte

1791
Ende der absoluten Monarchie in Frankreich: der König ist an eine Verfassung gebunden

1792
Ludwig XVI. wird abgesetzt, Frankreich wird Republik

1813
Niederlage Napoleon

1813/14
Wiener Kongress

Epochenvertiefung: Politische Revolutionen

Der Weg zu unserer heutigen Form der Demokratie beginnt im 18. Jahrhundert. Und er beginnt mit Revolutionen. Erst in England, dann in Nordamerika und Frankreich, schließlich auch in Deutschland. Die absolutistische Herrschaft der Könige wurde infrage gestellt und das Bürgertum strebte mit allen Mitteln zur Macht. Schon im 17. Jahrhundert hatte das englische Parlament Krieg gegen den König geführt. 1776 lösten sich die Bürger der amerikanischen Kolonien von England und wählten nun selbst ihre Regierung. In die Unabhängigkeitserklärung der Vereinigten Staaten von Amerika (USA) wurden die Menschenrechte erstmals in eine Verfassung festgeschrieben. Die Amerikanische Revolution wurde auch zum Vorbild für die Französische Revolution. In Frankreich entwickelten sich in Kreisen der Wissenschaft und des neu entstehenden Bildungsbürgertums (Ärzte, Lehrer, Anwälte) Ideen, wie die künftige politische Ordnung funktionieren sollte. Im Mittelpunkt stand dabei die Frage: Wer soll wie viel Macht besitzen? Dieser Prozess führte 1789 in Paris zu einer Revolution, in deren Verlauf neue Herrschaftsformen entstanden. Die Französische Revolution gilt auch als wichtiger Meilenstein für die Entwicklung der Menschen- und Bürgerrechte in Europa. Die revolutionären Prinzipien „Freiheit, Gleichheit und Brüderlichkeit" wirkten über die Grenzen Frankreichs hinaus. In Deutschland stießen sie auf begeisterte Zustimmung. Es dauerte allerdings noch knapp 60 Jahre, bis es auch in Deutschland zu einer Volkserhebung kam – der Revolution von 1848/49.

Mithilfe diese Kapitels findest du Antworten auf folgende Fragen:

- Welche Ursachen hatten die politischen Revolutionen?
- Wie verliefen die Revolutionen?
- Wer waren die Revolutionäre und mit welchen Mitteln setzten sie ihre Forderungen durch?
- Welche neuen Herrschaftsformen entstanden?
- Welche Folgen hatten die politischen Revolutionen für den Einzelnen und die Gesellschaft?

M 1

„Salon" von Madame Geoffrin. In diesem Empfangszimmer trafen sich regelmäßig bis zu 177 Bürger, Gelehrte, Philosophen und Künstler zum Gedankenaustausch. Madame Geoffrin (1. Reihe, dritte v. r.) war eine reiche Witwe, die die Personen einlud. Gemälde von Anicet Lemonnier, 1812

1820 | 1830 | 1840 | 1850

1815–1848 Vormärz

1830/31
Julirevolution Frankreich
Novemberrevolution Polen

1832
Hambacher Fest

1848/49
Revolutionen und
Aufstände in Europa

M 2

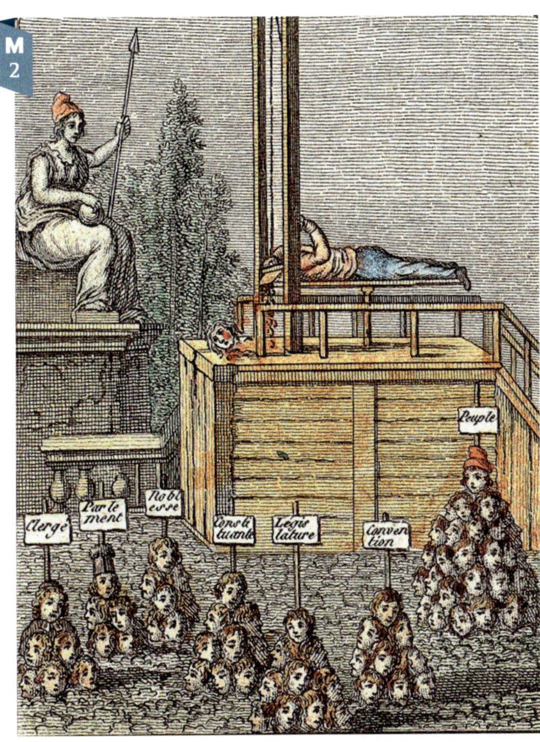

Die Opfer der Terrorherrschaft: u. a. Geistlichkeit (Clergé), Parlament (Parlement), Adel (Noblesse), Volk (Peuple), Stich, 1794

M 3

Der „Platz des 18. März" in Berlin erinnert heute an die Märzrevolution von 1848, die auch in Berlin stattfand. Bis 2000 hieß dieser Ort noch „Platz vor dem Brandenburger Tor", Foto, 2011

1 Szenen aus der Zeit vor (M1) und während der Französischen Revolution (M2):

a) Wähle das Bild aus, das dein Interesse weckt, und begründe, warum.

b) Formuliere Fragen, die sich dir bei der Betrachtung stellen.

2 **Partnerarbeit:** Diskutiert mögliche Gründe, warum Berliner Bürger und Politiker einen zentralen Platz ihrer Stadt nach der Revolution von 1848 benannt haben (M3).

Was wollten die Aufklärer?

„Habe Mut, dich deines eigenen Verstandes zu bedienen!", schrieb der deutsche Philosoph Immanuel Kant im Jahre 1784. Dieser Satz forderte die Menschen des 18. Jahrhunderts zum kritischen Denken auf. Sie sollten z. B. die Rechtmäßigkeit der absolutistischen Herrschaft hinterfragen. Kant war ein Vertreter der Aufklärung, die auch als geistige Ursache für die politischen Revolutionen gilt. Was man unter der neuen Denkrichtung „Aufklärung" versteht und welche Ziele sie hatte, erfährst du auf dieser Doppelseite.

M 1

Immanuel Kant (1724–1804)

Der Begriff „Aufklärung"

Zunächst bedeutet Aufklärung* nichts anderes als einen Gewinn an Erkenntnis. Das heißt, der Mensch ist in der Lage zu denken, sich seine eigene Meinung zu bilden und vernünftig zu handeln. Dies alles führt ihn aus dem Dunkel der Unwissenheit in das Licht des klaren Denkens und der persönlichen Selbstbestimmung. Was heutzutage selbstverständlich ist, war für den Großteil der Menschen im 17. und 18. Jahrhundert etwas völlig Neues. Sie waren es gewohnt, die bestehenden Herrschaftsverhältnisse des Königs und der Kirche nicht infrage zu stellen. Aber Gelehrte wie Galilei oder Kopernikus hatten schon im Zeitalter der Renaissance angefangen, vieles durch genaues Beobachten und Experimentieren zu hinterfragen, und waren so zu neuem Wissen gelangt (S. 48 f.). Seit dem 17. Jahrhundert beschäftigten sich in Westeuropa Philosophen und Schriftsteller mit politischen Fragen. Sie lehnten es ab, die Herrschaft der Monarchen als „von Gottes Gnaden" und die Ständegesellschaft* als „naturgegeben" anzuerkennen. Auch in allen anderen Bereichen des menschlichen Lebens wollten sie Vorurteile abbauen. Deshalb traten sie für die Freiheit und Gleichheit aller Menschen ein und forderten Toleranz* gegenüber anderen Meinungen und Einstellungen. Damit verbanden sich die Kritik an den traditionellen Lehren der Kirche und die Vorstellung, dass andere Religionen neben dem Christentum gleichberechtigt sein sollten. Mit der Aufklärung ging auch ein optimistischer Glaube an den Fortschritt und die Kraft der Vernunft einher, nach denen der Mensch in Staat und Gesellschaft denken und handeln sollte.

Aufklärung – auch für das Volk

Nach Ansicht vieler Gelehrter sollte nicht nur der Adel, sondern auch das Volk die Ideen der Aufklärung kennenlernen. Die Schriftsteller und Philosophen der Aufklärung wollten über Wissenschaft und Erziehung auf das Volk einwirken und veröffentlichten ihre Ansichten in Büchern, Zeitschriften und Theaterstücken. So entstand zum Beispiel eine besondere Art von Literatur, die sich an die Landbevölkerung richtete, die mit Abstand größte Gruppe im Staat. Die politisch interessierten Adligen und Bürger trafen sich in den vornehmen Salons ihrer Häuser, um aus den neu erschienenen Werken vorzulesen und über sie zu diskutieren. Es bildete sich in dieser Schicht eine öffentliche Meinung, die in vielen europäischen Staaten die Macht der absolutistischen Herrscher und damit das Ancien Régime infrage stellte, v. a. auch in Frankreich.

Ancien Régime
Regierungsform der absolutistisch regierenden Könige in Frankreich in den beiden Jahrhunderten vor der Französischen Revolution.

M 2

Die Toleranz besänftigt den Streit der Religionen um die allein selig machende Wahrheit. Radierung von Daniel Nicolas Chodowiecki, 1791

Kritik an den Herrschaftsverhältnissen

Wie lässt sich staatliche Herrschaft rechtfertigen, und ist die Herrschaft des Monarchen legitim (rechtmäßig)? Diese und andere Fragen stellten sich die Philosophen und Schriftsteller, die sogenannten Aufklärer. Sie kritisierten die Herrschaftsform des Absolutismus. Aufklärer wie Immanuel Kant, der Engländer John Locke und die Franzosen Charles de Montesquieu sowie Jean-Jacques Rousseau forderten Reformen*. Sie betonten, dass eine Regierung nur dann legitim sei, wenn sie die natürlichen Rechte (von Natur aus hat jeder Mensch bestimmte Rechte: Freiheit, Gleichheit, Recht auf Leben) jedes Einzelnen beachte und schütze. Die Grundlage der Beziehung zwischen der Regierung und dem Volk müsse ein Gesellschaftsvertrag sein, durch den das Volk die Macht an die Regierung überträgt. Die Bürger sollten das Recht haben, die Herrschenden abzuberufen und neu einzusetzen. Verstößt die Regierung gegen Gesetze und missachtet den Willen des Volkes, dürfe das Volk Widerstand leisten. Die Aufklärer waren der Auffassung, dass alle Macht in einem Staat (die Staatsgewalt) immer vom Volk ausgehe – dies bedeutet Volkssouveränität* und das Ende des Gottesgnadentums*.

M3

Der französische Rechtsgelehrte und Aufklärer Charles de Montesquieu (1689–1755) schrieb 1748 über die Verteilung der Macht in einem Staat:

Es gibt in jedem Staat drei Arten von Gewalt ... Aufgrund der ersten erlässt der Herrscher ... Gesetze auf Zeit oder für die Dauer, ändert geltende Gesetze oder schafft sie ab. Aufgrund der zweiten stiftet er Frieden oder Krieg, sendet oder empfängt Botschaften, stellt die Sicherheit her, sorgt gegen Angriffe vor. Aufgrund der dritten bestraft er Verbrechen oder sitzt zu Gericht über die Streitfälle der Einzelpersonen ... Alles wäre verloren, wenn ein und derselbe Mann folgende drei Machtvollkommenheiten ausübte: Gesetze erlassen, öffentliche Beschlüsse in die Tat umsetzen, Verbrechen und private Streitfälle aburteilen.

Charles de Montesquieu, Vom Geist der Gesetze 1748, hg. und übers. v. Kurt Weigand, Stuttgart (Reclam) 1994, S. 216f. Bearb. v. Verf.

M4

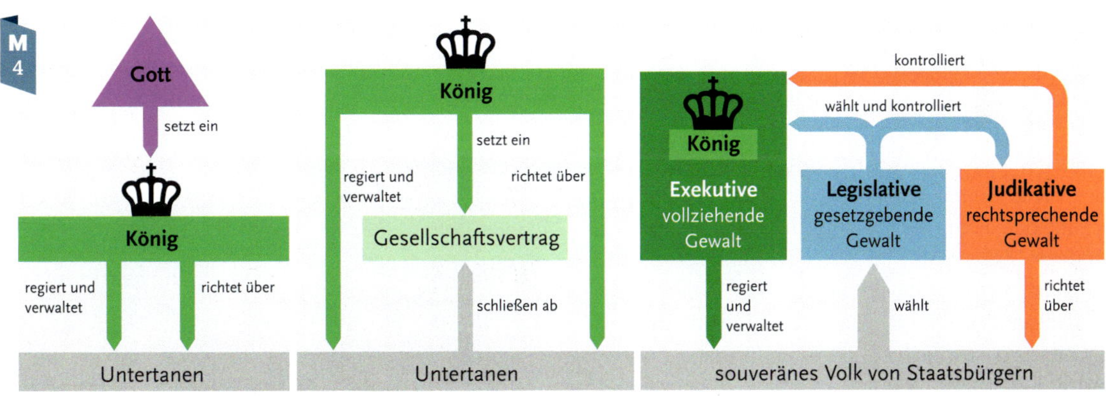

Herrschaftsmodelle

1 Erkläre mithilfe des Darstellungstextes den Begriff „Aufklärung".
Tipp: Erstelle dazu z. B. eine Mindmap.

2 **a)** Beschreibe M2.
b) Erläutere die Bedeutung des Lichts und der Toleranz in der Zeit der Aufklärung.
Tipp: Dargestellt ist die Göttin der Erkenntnis und im Vordergrund Vertreter verschiedener Religionen.

3 **Wähle eine Aufgabe aus:**
a) Beschreibe mithilfe des Darstellungstextes die Herrschaftsmodelle (M4).
Tipp: Erkläre zunächst, von wem die Herrschaft jeweils ausgeht.
b) Ordne Montesquieus Auffassung (M3) einem Herrschaftsmodell (M4) zu und begründe.

4 **Partnerarbeit:** Entwickelt ein Streitgespräch zwischen einem Monarchen und einem Aufklärer. Zur Vorbereitung notiert ein Partner (Monarch) Argumente, die gegen die Gewaltenteilung, und der andere Partner (Aufklärer) Argumente, die für die Gewaltenteilung sprechen.
Tipp: Nutze die Seiten 68f.

Befreiungsbewegung

Aufklärung und Emanzipation (1): Beispiel Juden

Der Dichter Goethe nannte die Schriften „eine köstliche Gabe" und der jüdische Aufklärer Mendelssohn sah in dem Autor einen „philosophischen Staatskundigen". Die Rede ist von Christian Wilhelm Dohm, der in der Aufklärung eine rechtliche Gleichstellung der Juden forderte.

- *Was bedeutete Emanzipation der Juden im 18. Jahrhundert?*

Die gesellschaftliche Situation der Juden

Ende des 18. Jahrhunderts lebten im Heiligen Römischen Reich Deutscher Nation etwa 200 000 Juden. Die Mehrheit wohnte in den östlichen Provinzen des Reiches oder in den Judenvierteln der Großstädte wie Berlin, Hamburg, Prag oder Wien. Allerdings wurden sie in einigen Städten gar nicht geduldet, oder es gab eine Obergrenze. Immer wieder kam es auch zu Vertreibungen. Gegenüber der christlichen Mehrheit war die jüdische Minderheit benachteiligt: Juden durften nicht in den Staatsdienst eintreten, nicht beim Militär dienen, kein Handwerk betreiben und keinen Grundbesitz erwerben. Die Mehrheit lebte daher an der Armutsgrenze und musste als „Betteljuden" sich mit Klein- und Trödelhandel sowie im Verleihgeschäft über Wasser halten.

Haltung der Landesherren

Eine kleine Oberschicht, die „Hofjuden", war im Finanzwesen tätig und war vermögend. Sie versorgten die absolutistischen Fürsten mit Kapital und Luxuswaren. Einige Landesherren gewährten den Juden daher auch Schutz, den diese teuer bezahlen mussten: mit Sonderabgaben, Zöllen, Steuern oder der Bindung an den Wohnort. Darüber hinaus nutzten die Landesherren auch die judenfeindlichen Einstellungen der christlichen Bevölkerung aus. So ließ die österreichische Kaiserin Maria Theresia 1745 alle Juden aus Prag vertreiben, weil man ihnen vorwarf, mit den Preußen zusammenzuarbeiten. Auch in Preußen, wo Friedrich II. sich von den Ideen der Aufklärung leiten ließ und Religionsfreiheit gewährte (S. 110f.), waren die Juden nicht gleichgestellt. Zwar wurde ihnen eine weitgehende Gemeindeautonomie gewährt, aber es gab strenge Regeln, wie Juden zu leben und zu arbeiten hatten. Man müsse verhindern, so schrieb Friedrich II. 1752, „dass ihre Zahl wächst, ... und ihren Handel beschränken".

Jüdische Emanzipation als Teil der Aufklärung

Die Aufklärung veränderte das Leben der Juden – wenn auch langsam. Eine jüdische Aufklärungsbewegung, die sich Haskala (hebräisch = mithilfe des Verstandes aufklären) nannte, erstrebte eine gesellschaftliche Gleichstellung. Zur Leitfigur dieser Bewegung in Berlin wurde der Philosoph Moses Mendelssohn (1729–1786). Zu seinen Freunden gehörten viele aufgeklärte Philosophen (M1). Auf seine Anregung verfasste der preußische Beamte Christian Wilhelm Dohm (1751–1820) 1781 die programmatische Schrift „Über die bürgerliche Verbesserung der Juden" (M2). Erstmals verwirklicht wurde die Emanzipation der Juden in der Französischen Revolution mit der Verfassung von 1791 (S. 122f.). In Preußen wurde sie nach der Niederlage gegen Napoleon im Rahmen eines Reformpakets eingeleitet. Die Hoffnung auf eine völlige Gleichberechtigung in Deutschland erfüllte sich in den folgenden Jahrzehnten jedoch nicht.

M1

Besuch bei Mendelssohn. Gemälde von Moritz Oppenheim, 1865. Diese Darstellung eines fiktiven Besuchs des Dichters Lessing (stehend) und des evangelischen Pfarrers und Philosophen Lavater (rechts) bei Mendelssohn sollte eine Harmonie der drei großen Aufklärer vermitteln.

Aus der Schrift „Über die bürgerliche Verbesserung der Juden" des preußischen Diplomaten Christian Wilhelm Dohm, 1781

Ich wage es, meine Ideen anzugeben, wie die Juden glücklichere und bessere Glieder der bürgerlichen Gesellschaften werden könnten. Um sie dazu zu machen, müssten sie erstens vollkommen gleiche Rechte mit allen übrigen Untertanen erhalten ... Keine beschimpfende Unterscheidung müsste ferner geduldet, kein Weg des Erwerbs ihnen gesperrt, keine andre als die gemeinen Auflagen von ihnen gefordert werden. Alle im Staat üblichen Abgaben müssten auch von ihnen entrichtet, aber ihre bloße Existenz nicht mit einem Schutzgeld erkauft, die Erlaubnis sich zu nähren nicht besonders bezahlt werden. Zweitens: Da es besonders die auf den Handel eingeschränkte Beschäftigung der Juden ist, welche ihrem sittlichen und politischen Charakter eine nachteilige Richtung gegeben; so würde die vollkommenste Freiheit der Beschäftigungen und Mittel des Erwerbs ... angemessen sein. Drittens: Auch mit dem Ackerbau sich zu nähren müsste den Juden nicht verwehrt sein ... Fünftens: Jede Kunst, jede Wissenschaft, müsste auch den Juden, wie jedem anderen Menschen, offenstehen ... Achtens: Ein wichtiger Teil des Genusses aller Rechte der Gesellschaft würde auch dieser sein, dass den Juden an allen Orten ihre völlig freie Religionsausübung, Anlegung von Synagogen und Anstellung von Lehrern auf ihre Kosten, gestattet würde.

Zit. nach Christian Wilhelm Dohm, Über die bürgerliche Verbesserung der Juden, Studienausgabe Bd. 1 Göttingen (Wallstein) 2015, S. 60f. (bearbeitet)

Der Theologe Johann David Michaelis schreibt über Dohms Forderungen, 1783

Aber nun noch etwas aus der Bibel, an das Herr Dohm nicht gedacht zu haben scheint, und das die völlige feste Zuneigung zum Staat ... kaum hoffen lässt. Die Juden werden ihn immer als Zeitwohnung ansehen, die sie einmal zu ihrem großen Glück verlassen, und nach Palästina zurückkehren sollen ... Ein Volk, das solche Hoffnungen hat, wird nie völlig einheimisch, hat wenigstens nicht die patriotische Liebe zum väterlichen Acker, ja steht, wenn es besonders wohnte ... gar in Gefahr, einmal von einem Enthusiasten [= Fanatiker] aufgewiegelt, oder vom Hamelschen Rattenfänger in die Irre geführt zu werden. ... In den Gegenden, in denen Fürsten viel Juden dulden, klagen die Untertanen, dass sie vor Diebereien und nächtlichen Einbrüchen nicht sicher sind ... Soll nun ein Landesherr seinen guten [= deutschen] Untertanen ein solches Volk aufdringen?

Zit. nach Hrn. Ritter Michaelis Beurtheilung von „Über die bürgerliche Verbesserung der Juden", in: Christian Wilhelm Dohm, Über die bürgerliche Verbesserung der Juden, Studienausgabe Bd. 1 Göttingen (Wallstein Verlag) 2015, S. 142, 147f. (bearbeitet).

Moses Mendelssohn zur Kritik an Dohms Forderungen, 1783

Diebe finden sich allerdings unter den jüdischen Trödlern nicht wenige, aber eigentliche Diebe sehr wenige, und diese sind hauptsächlich Leute ohne Schutz, die nirgend auf dem Erdboden unterkommen können. Sobald sie zu einigem Vermögen gekommen sind, kaufen sie sich ein Schutzprivileg, und verlassen ihr bisheriges Gewerbe. ... Die gehoffte Rückkehr nach Palästina, die Herrn Michaelis so besorgt macht, hat auf unser bürgerliches Verhalten nicht den geringsten Einfluss. ... Anstatt von Christen und Juden [zu sprechen], bedient sich Herr M[ichaelis] beständig des Ausdrucks Deutsche und Juden. Er ... will uns lieber als Fremde betrachtet wissen, die sich die Bedingungen gefallen lassen müssen, welche ihnen von den deutschen. Landeigentümern eingeräumt werden.

Zit. nach Moses Mendelssohn, Anmerkungen über die Beurtheilung, in: Christian Wilhelm Dohm, Über die bürgerliche Verbesserung der Juden, Studienausgabe Bd. 1 Göttingen (Wallstein Verlag) 2015, S. 155f. (bearbeitet).

1 Beschreibe die Situation der Juden im 18. Jahrhundert (Darstellungstext).

2 Fasse die Forderungen Dohms zusammen (M2).

3 **a)** Erarbeite die Kritik (M3) und die Verteidigung (M4) von Dohms Schrift.
b) Vergleiche die jeweiligen Menschenbilder.

Aufklärung und Emanzipation (2): Beispiel Frauen

„Er ist die Sonn', sie ist der Mond" – so beschrieb der Dichter Johann Fischart das Verhältnis zwischen Ehemann und Ehefrau. Der Satz stammt aus seinem 1758 erschienenen „Ehezuchtbüchlein". Die Auffassung von der naturgegebenen Unterordnung der Frau, die aus der mittelalterlichen Ständegesellschaft resultierte, wirkte noch weit in die Frühe Neuzeit hinein. Erst die Aufklärung brachte für die Emanzipation der Frau Forschritte. Das Prinzip der Gleichheit, das die Aufklärer vertraten, sollte für alle Menschen gelten – ungeachtet ihrer Herkunft und ihres Geschlechts. Die Forderung nach sozialer und politischer Gleichstellung der Frauen stieß jedoch auf Widerstand – der Männer. Auf dieser Doppelseite kannst du die Situation der Frauen in der Zeit der Aufklärung anhand von drei Themen untersuchen: Gleiche Rechte für Ehefrauen? (A), Gleiche Bildungschancen für Frauen? (B) oder Politische Gleichberechtigung für Frauen? (C).

A

M1 Der Reformator Martin Luther in einer Predigt über die Ehe, 1525:

Da stehet's klärlich: willst du ein gottesfürchtiger Ehemann sein und auf Gottes Wege wandeln, so nähre dich mit deiner Hände Arbeit … Darnach will er deine Arbeit so segnen, dass du dadurch dein Weib und ganzes Hausgesind sollst ernähren …

Das ist nun das erste Stück, dass die Weiber sollen Geduld tragen und es nicht gefallen lassen, so ihnen Gott, wenn sie schwanger werden und ihre Kinder gebären, Schmerzen, Elend und Kümmernis zuschicket, dass solchs eitel selige und aberselige Gotteswerk und Wohlgefallen sei. Zum andern, so soll des Weibes Wille, wie Gott saget, dem Mann unterworfen sein und der soll ihr Herr sein.

Martin Luther, Vom ehelichen Leben, Stuttgart (Reclam) 1978, S. 63ff.

M2 Der evangelische Theologe und Universalgelehrte Christoph August Heumann (1681–1764), 1724:

Nun müssen wir weitersehen, wie sich der Mann gegen seine Frau im Hause aufzuführen habe. Dieses ist aber leicht auszumachen, wenn man sich … erinnert, dass Eheleute in der genauesten Freundschaft miteinander stehen, bei welcher doch der Mann das Direktorium [= Führung] hat. Diese Freundschaft nun machet beide Eheleute gleich, und obgleich in der Tat die Frau gegen ihren Mann Respekt tragen muss, so führte sich doch ein kluger Mann also gegen sie auf, als wenn er nicht von der geringsten Ungleichheit wüsste.

Zit. nach Rita Beke/Birgit Kiupel, Unordentliche Begierden und ihre Folgen, in Praxis Geschichte, Heft 1 (Westermann) 1995, S. 32.

1 Fasse die wesentlichen Aussagen aus M1 und M2 mit eigenen Worten zusammen.

2 Vergleiche die beiden Positionen zur Stellung der Frau in der Ehe.

3 Diskutiere anhand von M2 die Leitfrage: Gleichheit in der Ungleichheit?

M 3

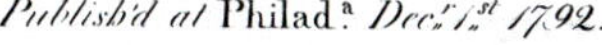

Kupferstich aus der Erstausgabe des Buches „A vindication of the rights of woman“ von Mary Wollstonecraft, 1792

1 Beschreibe den von der Autorin vorgenommenen Unterschied zwischen Mann und Frau.
2 Erkläre ihre Forderung im Fazit: „Die Frauen sollen männlicher werden!“

M 4

Die Frauenrechtlerin Mary Wollstonecraft (1759–1797) schreibt 1792:

Frühzeitig setzte sie sich für die gleichberechtigte Schulbildung der Mädchen ein und gründete 1780 eine Privatschule.

Durch die ganze Natur können wir beobachten, dass in Bezug auf Kraft das Weibchen dem Männchen gewöhnlich nachsteht. Das ist ein Gesetz, das zugunsten der Frau nicht aufgehoben oder abgeändert erscheint. Ein Grad physischer Überlegenheit des Mannes kann demnach nicht geleugnet werden und es ist sein edles Vorrecht!
...
Wenn die Männer damit gegen jene Frauen eifern, die jagen, spielen und schießen, stimme ich in ihren Entrüstungsruf ein. Wenn es sich aber um männliche Eigenschaften handelt, die den menschlichen Charakter veredeln, um Talente und Fähigkeiten, die die Frau über ihre tierische Existenz heben, dann kann ich nur mit allen jenen, die dieser Frage ruhig betrachtend gegenüber stehen, sagen: Die Frauen sollen männlicher werden!

Mary Wollstonecraft, Verteidigung der Rechte der Frauen, übers. v. Berta Pappenheim, hg. v. Berta Rahm, Zürich (Ala-Verlag) 1978, S. 2f.

Brief von Abigail Adams an ihren Ehemann John Adams vom 31. März 1776

Ich sehne mich nach der Nachricht, dass Ihr die Unabhängigkeit [= amerikanische Unabhängigkeitserklärung von 1776] erklärt habt. Und, nebenbei, in dem neuen Gesetzbuch ... solltet Ihr – wie ich wünsche – an die Frauen denken und sie großzügiger und günstiger behandeln, als eure Vorfahren es taten. Gebt keine solche unbegrenzte Macht mehr in die Hände der Ehemänner. Erinnert euch, dass alle Männer Tyrannen wären, wenn sie könnten. Wenn den Frauen keine besondere Sorge und Berücksichtigung zuteil wird, sind wir entschlossen, einen Aufruhr zu schüren. Wir werden uns nicht durch irgendwelche Gesetze gebunden fühlen, bei denen wir kein Stimm- oder Vertretungsrecht haben.

Zit. nach Gerold Niemetz (Hg.), Vernachlässigte Fragen der Geschichtsdidaktik, Hannover (Metzler) 1992, S. 96.

1 Analysiere den Brief unter folgenden Fragen: Welche Position nimmt die Schreiberin gegenüber der Forderung nach politischer Gleichberechtigung der Frauen ein? Wie begründet sie ihre Auffassung?

Zusatzaufgabe: siehe S. 283

Aufgabe für alle:
Vergleicht die Situation der Frauen damals mit der heute.

Friedrich II. von Preußen – ein aufgeklärter König?

Die Aufklärung beeinflusste auch die europäischen Herrscher. Zu ihnen gehörte König Friedrich II., der im 18. Jh. Brandenburg-Preußen 46 Jahre lang regierte. Friedrich der Große war jedoch schon unter Zeitgenossen umstritten: Einige hielten ihn für ein „Ungeheuer" und einen „Schinder der Völker", weil er in Europa drei Kriege führte. Für andere galt Friedrich als „Philosoph auf dem Thron", weil er politische Schriften verfasste und Ideen der Aufklärung in sein Regierungsprogramm aufnahm. Mithilfe dieser Doppelseite und deiner Kenntnisse über den Absolutismus und die Aufklärung kannst du erörtern, ob Friedrich ein aufgeklärter König

M 1

Brandenburg-Preußen 1640 bis 1786

Vom Kurfürstentum zum Königreich

König Friedrich II. gehörte zur Dynastie der Hohenzollern, die seit dem 15. Jahrhundert auch Brandenburg regierten. Das Kurfürstentum war ein Gewinner des Dreißigjährigen Krieges (S. 64 f.). Mitte des 18. Jahrhundert reichte es vom Niederrhein bis zur Ostsee. Außerhalb der Grenzen des Heiligen Römischen Reiches Deutscher Nation* befand sich das Herzogtum Preußen, das die Hohenzollern bereits 1618 als Lehen erworben hatten. Dort ließ sich Friedrichs Großvater 1701 mit Zustimmung des Kaisers als „König in Preußen" krönen.

Die Hohenzollern versuchten nach dem Vorbild Ludwigs XIV. (S. 68 f.) ihr weit verzweigtes Territorium absolutistisch zu regieren: Sie bauten ein stehendes Heer auf und drängten die Mitsprache des Adels zurück. Und Friedrich II. ließ sich in Potsdam das Sommerschloss Sanssouci errichten, das als „preußisches Versailles" gilt (S. 112 f.).

Eroberung Schlesiens

Unter Friedrichs Herrschaft (Reg. 1740–1786) stieg Brandenburg-Preußen durch eine expansive Außenpolitik zur europäischen Großmacht auf. Obwohl er als Kronprinz die Auffassung vertrat, es sei „eine verbrecherische Raubgier, etwas zu erobern, worauf man keinen rechtlichen Anspruch besitzt", begann Friedrich seine Regierung mit einer Eroberung. Unmittelbar nach seiner Thronbesteigung fiel der junge König 1740 ohne Kriegserklärung in die habsburgische Provinz Schlesien ein. Drei Jahre später erklärte er zur Begründung: „Der Ehrgeiz, das Interesse, das Verlangen, von mir reden zu machen, gaben den Ausschlag, und der Krieg wurde beschlossen." Die militärischen Erfolge brachten ihm schon zu Lebzeiten den Beinamen „der Große" ein. Insgesamt führte Friedrich um Schlesien drei Kriege, bei denen eine halbe Million Soldaten ums Leben kam.

„Erster Diener des Staates"?

Innenpolitisch versuchte Friedrich, einige Ideen der Aufklärung umzusetzen. Friedrich sah sich nicht als Eigentümer, sondern als „erster Diener des Staates", dessen Aufgabe es sei, für das Wohl seiner Untertanen zu sorgen. Aus dieser Verpflichtung leitete er Reformen ab. Am weitesten gingen die Veränderungen in der Rechtspolitik: Der König schränkte die Prügelstrafe in der Armee und die Folter im Strafprozess ein. Und er verbot den Brauch, Kindsmörderinnen zu „säcken", d. h. sie in einen ledernen Sack einzunähen und im Fluss zu ertränken. Die Rechtssprechung wurde in Preußen vereinheitlicht und für die Untertanen vereinfacht. Allerdings scheiterte er am Widerstand des Adels mit seinem Versuch, die Frondienste der Bauern zu begrenzen. Die Bauern aus der Leibeigenschaft zu befreien, gelang ihm nur auf seinen Staatsgütern. Auch die Ständegesellschaft blieb bestehen (S. 28 f.).

Landesausbau

Besonders wichtig war ihm der Landesausbau. Sumpfgebiete, wie im Oderbruch, ließ er trockenlegen und nutzbar machen. Zur Besiedlung dieses Gebietes ließ er Siedler aus Europa anwerben. Neue Straßen und Kanäle sorgten zusätzlich für die Förderung von Handel und Gewerbe. Friedrich erneuerte auch die Schulpflicht. Allerdings sollten die Kinder nur das Nötigste lernen: Lesen, Schreiben und Rechnen. Er befürchtete, dass sie dann in die Stadt ziehen würden. Ungeachtet dessen war für den „Alten Fritz" eine umfassende Volksaufklärung unvorstellbar.

M 2

Der König ist überall, Gemälde von Robert Warthmüller, 1886. Friedrich II. setzte sich persönlich für die Anwendung fortschrittlicher Methoden ein. So ermunterte er die Bauern zur Anpflanzung der in Preußen noch unbekannten Kartoffel.

Aus dem „Politischen Testament" Friedrichs II., 1752

Ich bin entschlossen, niemals den Ablauf der Prozessführung zu stören: In den Gerichtshöfen müssen die Gesetze sprechen und der Souverän (= Herrscher) hat zu schweigen; aber von Zeit zu Zeit hat mich dieses Schweigen doch nicht gehindert, die Augen offen zu halten und über die Führung der Richter zu wachen, ... Man darf kein Erbarmen mit den Pflichtvergessenen haben. Die Stimme der Witwen und Waisen fordert Vergeltung (= Rache), und es ist Sache des Königs, die Richter zu ihrer Pflicht zurückzurufen durch Beispiele von Strenge ...

Richard Dietrich (Hg.), Politische Testamente der Hohenzollern, München (dtv) 1981, S. 312 f.

Randnotiz Friedrichs II., 1740

Der König schrieb diese Zeilen an den Rand des Briefes eines Katholiken, der das Bürgerrecht erwerben wollte.

Alle Religionen sind gleich und gut, wenn nur die Leute, die sie bekennen, ehrliche Leute sind. Und wenn Türken und Heiden kämen und wollten sich in diesem Land niederlassen, so wollen wir ihnen Moscheen und Kirchen bauen. Ein jeder kann mir glauben, was er will, wenn er nur ehrlich ist.

Die Werke Friedrichs des Großen, hg. v. Gustav Berthold Volz, Bd. 2, Berlin (Reimar Hobbing) 1913, S. 117.

1 Beschreibe mithilfe von M1 den Aufstieg Brandenburg-Preußens zur europäischen Großmacht.

2 **Partnerarbeit:**

a) Erarbeitet aus dem Darstellungstext, M3 und M4 die Auffassungen und Reformen Friedrichs II., indem ihr sie in einer Tabelle den Begriffen Aufklärung und Absolutismus zuordnet. Nutze S. 104 f. und S. 68 f.

b) Bewertet, ob Friedrich II. ein aufgeklärter König war.

3 **Wähle eine Aufgabe aus:**

a) Beschreibe M2. Schreibe einen Dialog zwischen dem König und dem Bauern.

b) Schreibe den Brief eines Aufklärers, der aus damaliger Sicht die Vorstellungen und Reformen Friedrichs beurteilt.

Zusatzaufgabe: siehe S. 284

Schlösser in Berlin und Brandenburg

Das bekannteste Schloss der Hohenzollern in der Region Berlin-Brandenburg ist Sanssouci. Friedrich II. ließ es zu Beginn seiner Regierungszeit in Potsdam als Sommerschloss bauen. Es gilt als das „preußische Versailles". Die Lage auf den künstlich angelegten Weinbergterrassen und die original erhaltenen Räume aus dem 18. Jahrhundert sind heute ein Anziehungspunkt für Touristen. In welchem Baustil Sanssouci errichtet wurde, welche Funktion es für Friedrich II. hatte und welche Schlösser es in der Region noch gibt, erfährst du auf dieser Doppelseite.

Leichter und verspielter

Der Architekt wollte das neue Schloss höher, tiefer und vor allem prunkvoller bauen. Aber als Georg Wenzeslaus von Knobelsdorff dem König seine Entwürfe für das neue Sommerschloss vorlegte, lehnte Friedrich II. (S. 110) sie ab. Er verwies auf seine eigenen Skizzen und seine Kabinettsorder (= königliche Anweisung) von Januar 1745, mit der er den Bau eines „Lust-Hauses zu Potsdam" in Auftrag gegeben hatte. Friedrich wollte keine prunkvolle Residenz, sondern für die Sommermonate ein kleines Wohnschloss im Stil des Rokoko. Diese europäische Kunstrichtung (1720–1780) unterscheidet sich vom Barock, für den der französische König Ludwig XIV. steht (S. 69). Das Rokoko ist weniger prunkvoll und durch eine heitere, leichtere Architektur mit verspielten Details gekennzeichnet. Eine Sonderform ist das „Friderizianische Rokoko", das gerade Linien betont und dennoch luftig und elegant wirkt. Diese Merkmale entdeckt man in den Räumen von Schloss Sanssouci, z. B. im Konzertzimmer (M1, M2).

Ohne Sorgen

Nach zwei Jahren Bauzeit wurde das neue Schloss 1747 eingeweiht. Der Name war Programm: Sanssouci = ohne Sorgen. Während Friedrich II. im Potsdamer Stadtschloss seinen Pflichten als König nachging, blieb Schloss Sanssouci sein privater Rückzugsraum. Hier komponierte, musizierte und philosophierte er mit berühmten Zeitgenossen wie dem französischen Aufklärer Voltaire. Friedrichs Frau, Königin Elisabeth Christine, gehörte nicht zu seinen Gästen. Weil ihm die Ehe mit der braunschweigischen Prinzessin von seinem Vater aufgezwungen worden war, vollzog Friedrich nach seiner Thronbesteigung 1740 eine räumliche Trennung. In Sanssouci besaß Elisabeth Christine keine eigenen Räume. Aber die Königin erhielt ihre eigene Sommerresidenz: Schloss Schönhausen im Nordosten Berlins. Schloss und Park ließ sie im Stil des Rokoko umbauen (M8).

Friedrich wollte nach seinem Tod auf der Terrasse von Sanssouci in einer Gruft neben seinen Hunden beerdigt werden – „ohne feierlichen Pomp, ohne Prunk". Seine Nachfolger hielten sich jedoch nicht an die Anweisung. Erst 1991 wurde der Sarg Friedrichs II. auf der Terrasse von Schloss Sanssouci beigesetzt.

M1

Das „Flötenkonzert in Sanssouci", Ölgemälde von Adolph Menzel, 1852. Der Maler hat das Bild ca. 70 Jahre nach dem Tod Friedrichs II. gemalt. Für seine Skizzen ließ er sich im Konzertzimmer des Schlosses nachts einschließen.

M2

Das Konzertzimmer von Schloss Sanssouci heute.

M 3

Schloss Sanssouci mit Weinbergterrassen und Park in Potsdam, Luftbildaufnahme, 1999

M 4

Schloss Sanssouci, Parkseite, Fotografie

M 5

Schloss Charlottenburg in Berlin, Luftbildaufnahme

M 6

Schloss Charlottenburg, Hauptportal, Album Berlin und Brandenburg

M 7

Schloss Rheinsberg, Seeseite. Hier lebte Friedrich II. (noch) zusammen mit seiner Ehefrau Elisabeth Christine von 1736 bis zu seiner Thronbesteigung (1740).

M 8

Schloss Schönhausen in Berlin-Pankow, Gartenseite, Kupferstich, 18. Jh. Friedrich hatte es seiner Ehefrau Elisabeth Christine anlässlich der Thronbesteigung 1740 geschenkt. Die preußische Königin nutzte es bis zu ihrem Tod 1797 als Sommerresidenz. Im 20. Jh. wurde das Schloss als Gästehaus der DDR-Regierung genutzt.

1 **a)** Erläutere den Begriff „Rokoko“ am Beispiel des Konzertzimmers von Schloss Sanssouci (M1, M2).
b) Vergleiche die beiden Kunstrichtungen Rokoko und Barock. Berücksichtige S. 69.
Tipp: Bezieht auch die Parkgestaltung in den Vergleich ein.
c) Diskutiere, ob man Schloss Sanssouci als das „preußische Versailles“ bezeichnen kann (M1–M4).

2 **Wähle eine Aufgabe aus:**
Stellt ein Schloss mithilfe eines Steckbriefes (Lage, Bauzeit, Bauherr, Kunststil, berühmte Bewohner, Nutzung heute …) in der Klasse vor:
a) Schloss Charlottenburg (M5, M6),
b) Schloss Rheinsberg (M7),
c) Schloss Schönhausen (M8)
d) oder ein anderes Schloss in der Region Berlin-Brandenburg.

Warum geriet Frankreich in eine Krise?

Die Ideen der Aufklärung (S. 104 f.) gelten als die Wegbereiter der gesellschaftlichen Veränderungen in Frankreich am Ende des 18. Jahrhunderts. Zur Revolution kam es jedoch erst, als das Ancien Régime (frz.: alte Herrschaft) in eine tiefe wirtschaftliche und politische Krise geriet. Der dritte Stand forderte grundlegende Veränderungen. Du erfährst auf dieser Doppelseite, warum Frankreich in eine Krise geriet und welche Forderungen der dritte Stand erhob.

M 1

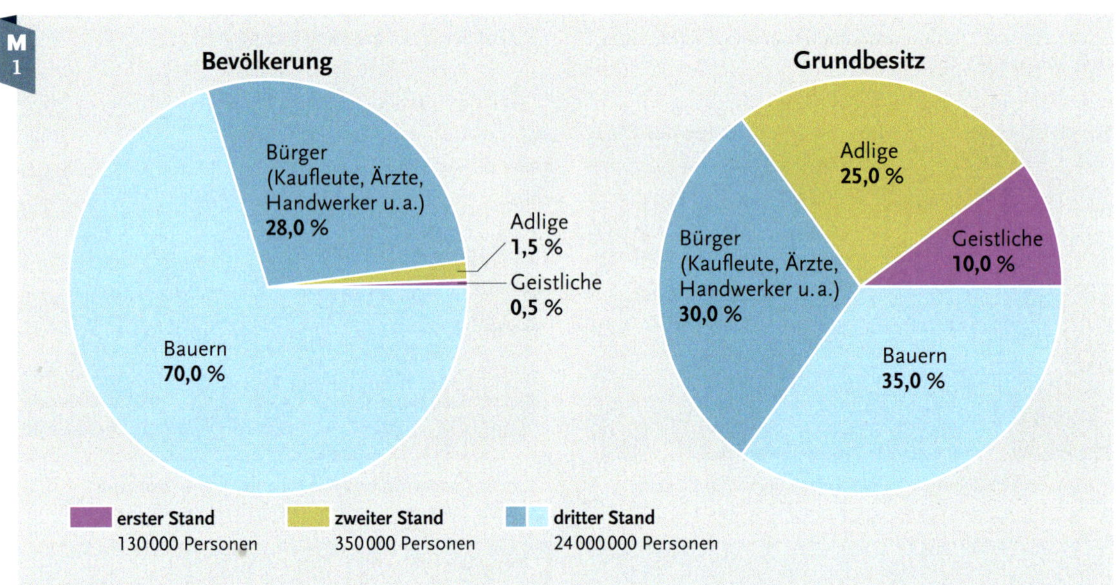

Die französische Ständegesellschaft (links) und die Verteilung des Grundbesitzes um 1780 (rechts)

Privilegien für wenige: Klerus und Adel

Am Vorabend der Revolution lebten die Menschen in Frankreich in einer Ständegesellschaft*. Sowohl der erste Stand, die Geistlichkeit (Klerus), als auch der zweite Stand, der Adel, lebten überwiegend im Wohlstand. Sie besaßen gegenüber dem dritten Stand, den Bürgern und Bauern, viele Privilegien (Vorrechte): So zahlten sie fast keine Steuern und lebten von den Erträgen ihres Grundbesitzes. Deshalb wehrten sich die Adligen ebenso wie der Klerus gegen Reformen*, die ihren Wohlstand als auch ihre gesellschaftliche Stellung gefährden konnten.

Allen drei Ständen gemeinsam war eine weitgehende politische Rechtlosigkeit. Zwar gab es seit dem Spätmittelalter eine Versammlung von Vertretern aus allen drei Ständen – die Generalständeversammlung* –, die den König beriet und Steuern bewilligte. Allerdings war sie von den absolut herrschenden Monarchen seit 1614 nicht mehr einberufen worden.

Der dritte Stand trug die Steuerlast fast allein, insbesondere die oberste Schicht des Bürgertums, wie Kaufleute, Bankiers, Ärzte und Rechtsanwälte, zahlte die höchsten Steuern. Bestärkt durch die Ideen der Aufklärer, forderten sie neben Mitbestimmung in der Politik auch Gleichberechtigung mit dem Adel und den Geistlichen. Unter hohen Steuerabgaben litten auch die kleinen Kaufleute, Handwerker und Bauern. Letztere mussten noch zusätzlich Frondienst* sowie Abgaben für die adligen und geistlichen Grundherren leisten.

Wachsende Not

Die Bevölkerungszahl nahm – wie im 18. Jahrhundert fast überall in Europa – rasch zu. Wenn es Missernten gab, dann trafen Versorgungsengpässe und steigende Preise vor allem den dritten Stand. Das Einkommen reichte in Notzeiten kaum für die Grundbedürfnisse wie Nahrung, Kleidung und Wohnung. In den Städten stiegen die Lebenshaltungskosten. Der Großteil der Franzosen – 70 Prozent lebten von der Landwirtschaft – hatte wegen der hohen Steuern und Abgaben kaum genug zum Überleben. Hungerunruhen waren die Folge.

So geriet Frankreich in der zweiten Hälfte des 18. Jahrhunderts immer tiefer in eine wirtschaftliche Krise. Dazu trugen auch die Auswirkungen des Merkantilismus* bei. Das Wirtschaftssystem des absolutistischen Staates hatte Frankreich in eine erfolgreiche Exportnation* verwandelt. Das ging jedoch auf Kosten vieler Handwerker und Händler, die angesichts der Konkurrenz der staatlichen Manufakturen* zu niedrigen Preisen arbeiten und auch um ihr Überleben kämpfen mussten.

Droht ein Staatsbankrott?

Die wirtschaftliche Krise wirkte sich auch auf den Staatshaushalt aus: Steuereinnahmen deckten schon lange nicht mehr die Ausgaben des Staates. Die Schuldenlast stieg an. Jedes Jahr musste der Staat unter König Ludwig XVI. hohe Zinsen für Schulden bezahlen, die noch aus Kriegen seiner Vorgänger, aber auch aus dem verschwenderischen Luxusleben am Hofe in Versailles stammten. Als 1788 bekannt wurde, wie viel Geld der König und seine Familie ausgaben, war die französische Öffentlichkeit empört. Um den drohenden Zusammenbruch der Staatsfinanzen zu verhindern, wollte Ludwig XVI. die Steuerfreiheit für den ersten und zweiten Stand aufheben und weitere Steuerreformen durchführen.
Doch diese Pläne scheiterten vor allem Widerstand des privilegierten Adels, der dem König immer selbstbewusster gegenüberstand.

Formen der Kritik

Vor allem das Bildungsbürgertum äußerte seinen Unmut über die gesellschaftlichen, wirtschaftlichen und politischen Probleme und forderte Reformen*. Neben Karikaturen und Flugblättern, sorgte besonders die Schrift „Was ist der dritte Stand?" des aufgeklärten Geistlichen Sieyès vom Januar 1789 für Aufsehen. Er forderte darin die Aufhebung aller Privilegien, Gleichheit vor dem Gesetz und Wahl einer Volksvertretung. Die Zweifel an der absoluten Herrschaft des Königs wurden immer lauter.
Eine weitere Form, Missstände anzuprangern, waren die Beschwerdehefte, in die die Landbewohner ihre Klagen schrieben, um sie an die Abgeordneten der Generalstände, und damit an den König, weiterzugeben.

Aus einem Beschwerdeheft der Bauern der Gemeinde Letteguives im Norden Frankreichs (29. März 1789):

2. Die Großbauern bestimmen die Lebensmittelpreise und damit das Schicksal der Allgemeinheit. Sie halten das Getreide teilweise Jahre zurück und spekulieren damit ... Wegen des hohen Getreidepreises wird es kaum noch gehandelt. Wenn man Brot gekauft hat, bleibt kein Geld mehr für den Kauf anderer Lebensmittel übrig. Einige wenige können sich gerade die Hälfte der nötigen Nahrung kaufen. Andere haben gar nichts und sterben an Hunger. ...

8. Möge der König uns vor dem Zusammenbruch des Handels bewahren.

9. Großen Ärger erzeugt die Tatsache, dass die Armen für ihren Platz auf der Kirchenbank bezahlen müssen, damit die Kirche eine zusätzliche Einnahme hat.

10. Wir fordern das Ende des Getreideexports ...

14. Die Salzsteuer sollte abgeschafft werden und der Verkauf von Salz sollte freigegeben werden.

15. Die Bestimmungen zur Wahl der Gemeindeversammlung sollen geändert werden. Der König soll zur Vermeidung der Korruption erlauben, dass auch Repräsentanten gewählt werden können, die weniger als 30 Pfund Steuern im Jahr zahlen.

16. Alle drei Stände sollen gemäß ihren Einkünften Steuern zahlen. ...

18. Der König wird inständig gebeten, alle fünf Jahre die Generalstände einzuberufen, damit er von unserem Unglück erfährt.

Cahiers de doléances du Tiers État du Bailliage de Rouen pour les États généraux de 1789, Band II, Paris 1957. Übers. von Hans-Joachim Cornelißen

1 Erstelle anhand des Darstellungstextes eine Mindmap zur Krise des Ancien Régime.
Tipp: Strukturiere die Übersicht nach politischen und wirtschaftlichen Ursachen.

2 Erkläre, warum eine Steuerreform scheiterte. Nimm M1 und den Darstellungstext zu Hilfe.

3 Erarbeite die zentralen Beschwerden der Bauern (M2).

4 **Wähle eine Aufgabe aus (Partnerarbeit):**
a) Gestaltet die Titelseite einer Zeitung des dritten Standes, auf der ihr die Beschwerden als Forderungen auflistet. Formuliert außerdem eine Schlagzeile, die die Forderungen zugespitzt zusammenfasst.
b) Formuliere aus Sicht Ludwigs XVI. ein Antwortschreiben an die Bauern der Gemeinde Letteguives.

Zusatzaufgabe: siehe S. 284

Eine Karikatur untersuchen

Karikaturen (von ital. caricare = etwas überladen, übertreiben) sind Zeichnungen, bei denen gesellschaftliche, wirtschaftliche und politische Zustände, Entwicklungen und Ereignisse bewusst übertrieben und bis ins Lächerliche verzerrt werden. – Dadurch wird Kritik geübt. Viele dieser Karikaturen aus der Zeit der Französischen Revolution liegen uns heute noch als bildliche Quellen vor. Um sie verstehen zu können, müssen sie beschrieben, gedeutet und in die Zeit, in der sie entstanden sind, eingeordnet werden. Wie dies funktioniert, erfährst du auf dieser Methodenseite.

Karikaturen aus der Zeit der Französischen Revolution

Karikaturen wurden in der Zeit der Französischen Revolution verwendet, um Kritik an König Ludwig XVI., dem Adel und den Geistlichen (Klerus) zu üben. Die Künstler bzw. ihre Auftraggeber machten so auf die gesellschaftliche Ungerechtigkeit und Ungleichheit aufmerksam. Gedruckt auf Flugblättern und verteilt im ganzen Land, erreichten die einfachen bildlichen Darstellungen viele Menschen. Da nur Vertreter des ersten und zweiten Standes sowie das gebildete Bürgertum des dritten Standes lesen konnten, eigneten sich Zeichnungen besser als beispielsweise Flugblätter, um von allen Franzosen verstanden zu werden.

M 2

Französische Karikatur eines unbekannten Künstlers, 1789.

M 1

„Man muss hoffen, dass dieses Spiel bald ein Ende hat.“ Anonyme kolorierte Radierung, 1789. Auf der Hacke steht: „von Tränen getränkt“. Auf dem Taschentuch der unteren Figur steht: „Salz- und Tabaksteuer, Grundsteuer, Zehnt, Frondienst, Militärdienst“. Auf dem Säbel: „gerötet von Blut“.

Arbeitsschritte „Eine Karikatur untersuchen“

Ersten Eindruck festhalten	Lösungshinweise zu M1
1. Wie wirkt die Karikatur auf dich?	• *Notiere hier alle Ideen und Gedanken, die dir beim ersten Betrachten spontan einfallen.*
Einzelheiten beschreiben	
2. Welche Personen, Gegenstände und andere Details lassen sich erkennen? Achte auf den Gesichtsausdruck, die Körperhaltung. Beziehe die Bildunterschrift mit ein.	• *gebeugter Mann, blaue Hose mit einem Taschentuch, auf dem steht: „...“, linke Socke herruntergerutscht, Holzschuhe usw., stützt sich auf eine Hacke, auf der steht: „von Tränen getränkt“, auf seinem Rücken sitzen zwei Männer* • *Hasen fressen den Kohl, die Vögel picken die Saat usw.*
Zusätzliche Informationen heranziehen	
3. Wer ist der Zeichner?	• *unbekannter Künstler*
4. Wann und wo ist die Karikatur entstanden?	• ...
5. Gibt es einen Titel?	• *„Man muss hoffen, dass dieses Spiel bald ein Ende hat.“*
6. Welches Thema hat die Karikatur?	• *die Unterdrückung des dritten Standes durch den ersten und zweiten Stand*
Bildaussage erkennen	
7. Welche Bedeutung haben die Personen und Gegenstände?	• *Der gebeugte Mann mit Holzschuhen und Hacke ist ein Bauer und steht für den dritten Stand.* • *Der Mann mit der roten Jacke, dem Säbel usw. ist ein ...* • *Der Mann in blau mit Priesterkragen usw. ist ein ...* • *Hasen und Vögel zerstören die Ernte und dürfen vom Bauern nicht gejagt werden; die Jagd ist ein Adelsprivileg.*
8. Auf welches Ereignis bezieht sich die Karikatur?	• *Wiederhole deine Kenntnisse über der Krise des französischen Absolutismus (S. 114/115).*
Aussage der Karikatur formulieren	
9. Was ist die Botschaft?	• *Der dritte Stand soll sich befreien, soll diesen Zustand nicht länger dulden.*
10. Was wird kritisiert?	• ...
11. Welche Wirkung könnte die Karikatur haben?	• *Die Menschen des dritten Standes erkennen die Ungerechtigkeit, die Ausbeutung und Demütigung.* • *Sie sind entsetzt und kämpfen gegen diese Zustände an.*

1 Untersuche M1 mithilfe der Arbeitsschritte. Einige Fragen wurden schon beantwortet; gib bei den anderen selbst die Antwort oder ergänze.

2 **Partnerarbeit:**

a) Formuliere für jede der in M1 dargestellten Personen eine Gedankenblase, wie sie auch in Comics verwendet werden.

b) Vergleiche deine Ergebnisse mit deinem Partner und diskutiert, warum eure Ergebnisse gleich sind und/oder sich unterscheiden.

3 Untersuche M2 mithilfe der dir jetzt bekannten Arbeitsschritte.

4 Vergleiche die so erhaltenen Informationen mit deinen ersten Eindrücken.

Sommer 1789 – die Revolution der Bürger und Bauern

Im Sommer 1789 spitzte sich die Lage in Frankreich immer weiter zu. Aufgrund der politischen und wirtschaftlichen Krise (S. 114 f.) machte sich eine revolutionäre Stimmung breit. Die spannende Frage war, wie der König darauf reagieren würde.

- *Mit welchen Mitteln versucht der dritte Stand, seine Forderungen durchzusetzen?*
- *Was geschah im Sommer 1789 und was heißt „Revolution"?*

Der dritte Stand erhebt sich

Die Berater König Ludwigs XVI. (Reg. 1774–1793) hatten zur Lösung der Finanzkrise empfohlen, die Generalstände* (S. 115) einzuberufen. Nachdem Anfang 1789 alle drei Stände ihre Abgeordneten gewählt hatten, kamen diese am 5. Mai 1789 zur feierlichen Eröffnungssitzung in Versailles zusammen. In seiner Rede ging der König jedoch nicht auf die umfassenden Beschwerden der Bevölkerung ein. Auch die anschließenden wochenlangen Verhandlungen der Generalstände blieben erfolglos. Schließlich verloren die Abgeordneten des dritten Standes die Geduld, schlossen sich mit Gleichgesinnten aus dem ersten und zweiten Stand zusammen und erklärten sich zur Nationalversammlung*. Als Ludwig XVI. deshalb wenige Tage später ihren Versammlungsraum schließen ließ, wichen die Abgeordneten in das Ballhaus – eine Art Sporthalle – des Hofes aus. Dort schworen sie sich, so lange nicht auseinanderzugehen, bis Frankreich eine Verfassung* (regelt die Herrschaftsverhältnisse und enthält neben Gesetzen die Freiheitsrechte der Bürger) besäße. Mit diesem Vorgehen, das einer politischen Revolution gleichkam, erklärte die Nationalversammlung die absolutistische Herrschaft und die Ständegesellschaft in Frankreich für beendet. Ludwig XVI. ließ als Reaktion auf diesen revolutionären Akt etwa 20 000 Soldaten um Versailles und Paris zusammenziehen.

Die städtische Revolution

Als die Menschen von den Truppenbewegungen rund um ihre Stadt Paris hörten, gerieten sie in höchste Aufregung. Viele Einwohner bewaffneten sich. Am 14. Juli 1789 stürmte eine Menschenmenge die Bastille, die dem König als Stadtfestung und Gefängnis diente. Sie hofften dort, Waffen zu finden. Der Sturm auf die Bastille wurde später zum Symbol für die gesamte Französische Revolution. Zum Schutz von Paris bildeten die Einwohner eine revolutionäre Bürgerwehr, die Nationalgarde. Auch in vielen anderen Städten vertrieben die Bürger königliche Beamte und traten der königlichen Armee mit Gewalt entgegen. Damit hatte sich die Revolution von der Nationalversammlung auf die Straße verlagert.

M1

Schwur im Ballhaus am 20. Juni 1789, Kupferstich aus dem Jahr 1820 von Jean-Pierre-Marie Jazet nach einer Federzeichnung von Jacques-Louis David

Ein Augenzeuge berichtete über den 14. Juli 1789:
Die Wut flammt auf. Nun gibt es in Paris nur noch einen Schrei: Zu den Waffen! ... Die Menge und die Verwegensten [Draufgänger] begeben sich zum Invalidenhaus [hier lebten ältere Soldaten, und Waffen der Armee wurden hier aufbewahrt]; man verlangt Waffen vom Gouverneur ... Kaum hat man Waffen, so geht's zur Bastille. Der Kommandant, Graf de Launay, der gewiss überrascht war, hunderttausend Flinten und Bajonette zu sehen, muss sehr in Verwirrung gewesen sein. Man knallt ein oder zwei Stunden drauflos, man schießt von den Türmen herunter, was sich dort sehen lässt; Graf Launay ergibt sich; er lässt die Zugbrücke herunter, aber er zieht sie sofort wieder hoch und schießt mit Kartätschen [Munition] drein ... binnen einer halben Stunde ist der Platz im Sturm genommen. Es grenzt ans Wunderbare, um halb drei Uhr war die Bastille schon genommen. Die Bastille hätte sich sechs Monate halten können, aber sie wurde von Bürgersleuten und führerlosen Soldaten genommen, ohne einen einzigen Offizier! ... Herrn de Launay macht man zum Gefangenen ... und ein Schlächter schneidet ihm den Kopf ab.

Zit. nach Wolf Dietrich Behschnitt, Die Französische Revolution, Stuttgart (Klett) 1979, S. 44. Vom Verf. gekürzt.

Die Revolution der Bauern
Die Nachricht von den Ereignissen in Paris löste bei der Landbevölkerung Panik aus. Sie hatte Angst vor einer Verschwörung des Adels, zudem kursierten Gerüchte über plündernde Räuberbanden. Seit Monaten hatte sich die Lage der Bauern nicht verbessert. Nach wie vor bestimmten Hunger und Armut ihren Alltag. Auch sie wählten jetzt den Weg der Gewalt und erstürmten an vielen Orten die Schlösser und Klöster ihrer Grundherren, um deren befürchteten Angriffen zuvorzukommen und die Urkunden über die verhassten Abgaben zu vernichten.

M 3

Bauern stürmen Schloss Weinsberg, Stich, 1525

1 Beschreibe M1. Ordne einzelnen Personen deiner Wahl Sprech- und/oder Denkblasen zu, in denen du ihre möglichen Ausrufe/Gedanken festhältst.
Tipp: Ganz rechts vorn sitzt ein Mann, der die Arme verschränkt. Es ist Joseph Martin-Dauch, ein Repräsentant des dritten Standes. Warum verweigert er den Schwur?

2 Erläutere anhand des Darstellungstextes sowie von M1, M2 und M3, warum und mit welchen Mitteln Bürger und Bauern sich im Sommer 1789 zur Wehr setzten.

3 **Wähle eine Aufgabe aus:**
Schreibe aus der Sicht eines französischen Journalisten im Sommer 1789 einen Artikel über ...
a) die Ereignisse im Ballhaus. Nutze den Darstellungstext und M1.
b) die Geschehnisse um die Bastille. Nutze den Darstellungstext und das Internet (siehe **Webcode** unten).
c) die Ausschreitungen auf dem Land. Nutze den Darstellungstext und M3.

4 Erläutere am Beispiel der Ereignisse im Sommer 1789 den Begriff „Revolution"*. Nutze die Begriffsdefinition.

Zusatzaufgabe: siehe S. 285

Webcode: FG647255-119
Die Ereignisse 1789 und die „Marseillaise"

Die Erklärung der Menschen- und Bürgerrechte

Nach dem Sturm auf die Bastille und den Kämpfen in Stadt und Land befürchteten die Abgeordneten der Nationalversammlung, dass sich die Revolutionäre weiter radikalisieren würden. Die Nationalversammlung fasste daher Beschlüsse, die für Ruhe und Ordnung sorgen sollten. Zugleich veränderten sie die politische Struktur Frankreichs grundlegend. Revolutionär war vor allem die Erklärung der Menschen- und Bürgerrechte. Welche Beschlüsse noch gefasst wurden und inwiefern die damals erzielten Ergebnisse für uns heute noch von Bedeutung sind, erfährst du im Folgenden.

Die Nationalversammlung handelt ...

Nach den Ereignissen im Sommer 1789 war die Stimmung in ganz Frankreich angsterfüllt. Vertreter des Adels und der Geistlichkeit fürchteten um ihr Leben. Das Bürgertum hatte Angst, sein Eigentum zu verlieren, und die einfache Bevölkerung auf dem Land und in der Stadt zweifelte daran, dass sich ihr Zustand verbessern würde. Deshalb musste die Nationalversammlung rasch handeln. So beschloss sie in einer stürmischen Nachtsitzung vom 4. zum 5. August 1789 die Abschaffung der Leibeigenschaft, das Ende der Steuerbefreiung für Klerus und Adel sowie die Zulassung aller Bürger zu Ämtern in Staat und Heer. Abgaben und Frondienste konnten durch Geldzahlungen abgelöst werden – sofern die Bauern das nötige Geld dazu hatten.

... aber die Unruhen bleiben

Die Beseitigung der Privilegien beendete die alte Ständegesellschaft. Es kam jedoch weiterhin zu Unruhen, da die meisten Bauern nicht das Geld hatten, sich von ihren Verpflichtungen freizukaufen. Weiterhin herrschten Hunger und Armut. In Paris unternahmen im Oktober 1789 tausende Bürger – vor allem Frauen – den nächsten Schritt: Sie marschierten zum Schloss von Ludwig XVI. nach Versailles (ca. 20 Kilometer) und erzwangen die Übersiedlung der königlichen Familie und der Nationalversammlung nach Paris. Gemeinsam sollten beide die Probleme des Landes lösen. Denn Gefahr drohte nicht nur im Landesinneren.

Die absoluten Monarchen in den Nachbarstaaten wollten ein Übergreifen der revolutionären Stimmung auf ihre Länder um jeden Preis verhindern und waren bereit, gegen Frankreich Krieg zu führen.

Im Sinne von Freiheit, Gleichheit, Brüderlichkeit – „Liberté, Egalité, Fraternité“

Trotz dieser schwierigen Situation verabschiedete die Nationalversammlung nach einer heftigen Debatte am 26. August 1789 die „Erklärung der Menschen- und Bürgerrechte“. Neben der Beseitigung aller Privilegien für Klerus und Adel beendete sie den Absolutismus in Frankreich. In der Erklärung fanden sich die Gedanken der Aufklärer wieder (S. 120 f.). Die Menschenrechte* sollten nach dem Willen der französischen Abgeordneten nicht auf ein bestimmtes Land begrenzt sein, sondern weltweit gelten.

Die „Erklärung der Menschen- und Bürgerrechte“ hat alle modernen Verfassungen beeinflusst. Im 19. Jahrhundert lieferten die Menschenrechte Argumente für Reformen in den europäischen Monarchien. Nach dem Zweiten Weltkrieg (1939–1945) verabschiedeten die Vereinten Nationen (UNO) eine „Allgemeine Erklärung der Menschenrechte“. Zum ersten Mal in der Geschichte einigten sich die Völker auf verbindliche Menschenrechte, die weltweit gültig sein sollen. Für deren Umsetzung in allen Ländern setzt sich die UNO bis heute ein.

M 1

Die Erklärung der Menschen- und Bürgerrechte, Ölgemälde von Jean Jacques Le Barbier d. Ä., 1789/90 (Ausschnitt)

Die „Erklärung der Menschen- und Bürgerrechte" vom 26. August 1789

Die 17 Artikel wurden später der Verfassung von 1791 vorangestellt:

Art. 1: Die Menschen sind und bleiben von Geburt an frei und gleich an Rechten ...

Art. 2: Das Ziel einer jeden politischen Vereinigung besteht in der Erhaltung der natürlichen und unantastbaren Menschenrechte. Diese Rechte sind Freiheit, Eigentum, Sicherheit und Widerstand gegen Unterdrückung.

Art. 3: Die Nation bildet den hauptsächlichen Ursprung jeder Souveränität [der höchsten Gewalt] ...

Art. 4: Die Freiheit besteht darin, alles tun zu können, was dem anderen nicht schadet ...

Art. 7: Kein Mensch kann anders als in den gesetzlich ... verfügten Fällen und vorgeschriebenen Formen angeklagt, verhaftet und gefangengenommen werden ...

Art. 10: Niemand darf wegen seiner Meinung, selbst religiöser Art, belangt werden ...

Art. 11: Die freie Mitteilung der Gedanken und Ansichten ist eines der kostbarsten Menschenrechte; jeder Bürger kann daher frei schreiben, reden und drucken, unter Vorbehalt des Missbrauchs dieser Freiheit ...

Art. 17: Da das Eigentum ein unverletzliches und heiliges Recht ist, kann es niemandem genommen werden, außer im Falle öffentlicher Notwendigkeit unter der Bedingung einer gerechten ... Entschädigung.

Zit. nach Geschichte in Quellen, Bd. 4, hg. v. Wolfgang Lautemann u. a., München (bsv) 1981, S. 199ff. Bearb. v. Verf.

In der „Allgemeinen Erklärung der Menschenrechte" verpflichteten sich 1948 die Mitgliedstaaten der UNO, die Grundrechte* weltweit zu verteidigen:

Art. 1: Alle Menschen sind frei und gleich an Würde und Rechten geboren. Sie sind mit Vernunft ... begabt und sollen einander im Geiste der Brüderlichkeit begegnen ...

Art. 3: Jeder Mensch hat das Recht auf Leben, Freiheit und Sicherheit der Person.

Art. 4: Niemand darf in Sklaverei oder Leibeigenschaft gehalten werden ...

Art. 5: Niemand darf der Folter oder grausamer, unmenschlicher oder erniedrigender Behandlung oder Strafe unterworfen werden ...

Art. 7: Alle Menschen sind vor dem Gesetz gleich und haben ohne Unterschied Anspruch auf gleichen Schutz durch das Gesetz ...

Art. 9: Niemand darf willkürlich festgenommen, in Haft gehalten oder des Landes verwiesen werden ...

Art. 13: Jeder hat das Recht, sich innerhalb eines Staates frei zu bewegen und seinen Aufenthaltsort frei zu wählen ...

Art. 17: Jeder hat das Recht, sowohl allein als auch in Gemeinschaft mit anderen Eigentum innezuhaben. Niemand darf willkürlich seines Eigentums beraubt werden.

Art. 18: Jeder hat das Recht auf Gedanken-, Gewissens- und Religionsfreiheit ...

Art. 19: Jeder hat das Recht auf Meinungsfreiheit und freie Meinungsäußerung ...

Art. 21: ... Der Wille des Volkes bildet die Grundlage für die Autorität der öffentlichen Gewalt ...

Zit. nach http://www.un.org/depts/german/grunddok/ar217a3.html (Stand: 5. 5. 2013). Bearb. v. Verf.

---

1 Nenne die Beschlüsse der Nationalversammlung und erläutere, warum sie den Absolutismus in Frankreich beendeten.

2 **a)** Beschreibe M1.
b) Nenne Elemente, die sich auch in der Radierung „Toleranz" auf S. 104 wiederfinden und erkläre deren Bedeutung.

3 **Wähle eine Aufgabe aus:**
a) Erkläre die einzelnen Artikel (M2) mit eigenen Worten.
b) „Freiheit, Gleichheit, Brüderlichkeit" waren die Schlagworte der Revolutionäre. In welchen Artikeln lassen sich diese Gedanken wiederfinden?

4 **Partnerarbeit:** Vergleicht die Artikel von 1789 (M2) mit denen von 1948 (M3). Stellt inhaltlich ähnliche Artikel in einer Tabelle gegenüber.

5 Beurteile die Beschlüsse der Nationalversammlung aus Sicht eines Vertreters des dritten Standes.
Tipp: Was hat sich für ihn verändert (Verbesserungen, Verschlechterungen, keine Veränderungen)?

6 **Gruppenarbeit:** Bewertet mithilfe eines *Placemates* (S. 300) den Einfluss der Menschen- und Bürgerrechte von 1789 für die Gegenwart.
Tipp: Welches Recht/welche Rechte ist/sind für dich bedeutsam und warum?

Die Verfassung von 1791 – eine Verletzung der Menschenrechte?

Die Abgeordneten hatten im Ballhaus im Juni 1789 geschworen, erst auseinanderzugehen, wenn eine neue Verfassung geschaffen worden war (S. 118). Im September 1791 war es so weit. Allerdings fand sie nicht nur Zustimmung. Auf dieser Doppelseite setzt du dich mit der neuen Verfassung auseinander und untersuchst, inwiefern sie die Ideen der Aufklärung und die Menschenrechtserklärung von 1789 umsetzt.

Die neue Verfassung

Nach zweijähriger Beratung verabschiedete die Nationalversammlung am 3. September 1791 eine neue Verfassung* für Frankreich (M2). Ihr wurde die Erklärung der Menschen- und Bürgerrechte von 1789 vorangestellt (S. 120 f.). Das größte Problem bei den kontroversen Beratungen war, die politische Rolle des Königs neu zu definieren: Sollte er Staatsoberhaupt bleiben und welche Rechte sollte er bekommen? Eine weitere Herausforderung bestand darin, die Ideen der Aufklärung umzusetzen (S. 104 f.). So wurde lange darüber diskutiert, wie man die Gewaltenteilung mit der Volkssouveränität* verbindet.

Die neue Rolle des Königs

Nach der neuen Verfassung ging die oberste Gewalt im Staat, die Souveränität, nicht mehr vom König, sondern vom Volk aus. Das Amt des Königs wurde jedoch nicht abgeschafft. Es blieb auch erblich. Der König war ein Staatsorgan geworden und in seinen Regierungsbefugnissen eingeschränkt. Der Titel für Ludwig XVI. lautete jetzt: „Durch Gottes Gnade und die Verfassungsgesetze König der Franzosen" (= konstitutionelle Monarchie).

„Mann, bist du fähig, gerecht zu sein?"

Durch ein Zensuswahlrecht war die politische Mitbestimmung der Bürger allerdings begrenzt. Wählen konnten nur „Aktivbürger", die eine bestimmte Steuersumme zahlen konnten. Das war nur knapp die Hälfte der 28 Millionen Franzosen. Männliche „Passivbürger" und Frauen blieben bei politischen Entscheidungen ausgeschlossen. Das führte zu Protesten der Jakobiner (M4). Und der Frauen: Nur wenige Tage nach der Verabschiedung der neuen Verfassung erschien in Paris eine Schrift mit dem Titel: „Die Rechte der Frau – an die Königin." Verfasserin war die Schriftstellerin Olympe de Gouges (1748–1793), die sich für die Gleichberechtigung zwischen Mann und Frau einsetzte (M3). De Gouges kritisierte nicht nur die Verfassung, sondern später auch die Schreckensherrschaft (S. 126f.). Sie wurde im November 1793 hingerichtet.

Der König auf der Flucht

Nur widerwillig unterschrieb der König die Verfassung zehn Tage nach ihrer Verabschiedung. Dass er mit der neuen Ordnung nicht einverstanden war, zeigte sich bereits im Frühsommer. Am 21. Juni 1791 las man in Paris auf Plakaten: „Volk, da hast du die Treue, die Ehre und die Religion der Könige. Misstraue ihren Eiden! In der letzten Nacht hat Ludwig XVI. die Flucht ergriffen." Der König, als Kammerdiener verkleidet, hatte zusammen mit seiner Familie heimlich Paris verlassen. Er wollte die deutsche Grenze erreichen und sich mit den ca. 40 000 französischen Adligen verbünden, die bereits vor ihm ins Ausland geflohen waren. Sein Ziel war es, mit einer Armee nach Paris zurückzukehren, um die Monarchie wiederherzustellen. Noch am Abend wurde der König auf der Flucht erkannt und gezwungen, nach Paris zurückzukehren. Weil Preußen und Österreich mit militärischer Gewalt drohten, erklärte ihnen die französische Nationalversammlung im Frühjahr 1792 den Krieg. Im Sommer erklärte sie außerdem Ludwig XVI. für abgesetzt und klagte ihn wegen Hochverrats an. Am 21. September 1792 erklärte sich Frankreich zur Republik. Der König wurde im Januar 1793 hingerichtet (S. 124 f.).

M1

Die Verhaftung von König Ludwig XVI. auf der Flucht 1791. Zeitgenössischer Stich eines unbekannten Malers

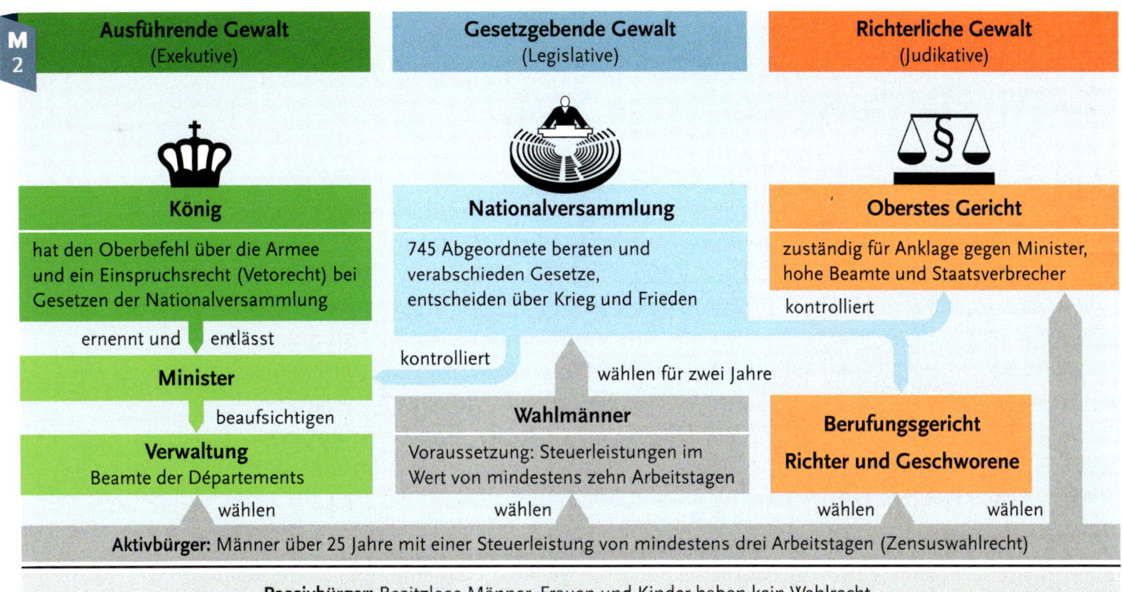

Die französische Verfassung von 1791

Aus der Schrift „Die Rechte der Frau – An die Königin." von Olympe de Gouges, 1791

Mann, bist du fähig, gerecht zu sein? Eine Frau stellt dir diese Frage. Dieses Recht wirst du ihr zumindest nicht nehmen können. Sag mir, wer hat dir die selbstherrliche Macht verliehen, mein Geschlecht zu unterdrücken. Extravagant, blind, von den Wissenschaften aufgeblasen und degeneriert [= zurückgebildet], will er in diesem Jahrhundert der Aufklärung und Scharfsichtigkeit ... despotisch über ein Geschlecht befehlen, das alle intellektuellen Fähigkeiten besitzt.

Zit. nach Autorinnengruppe Wien (Hg.), Das ewige Klischee. Zum Rollenbild und Selbstverständnis bei Männern und Frauen, Wien (Böhlau) 1981, S. 48f.

Der Rechtsanwalt und führende Jakobiner Maximilien de Robespierre über die neue Verfassung, 1791

Wer wagt es unter gleichberechtigten Menschen, seinen Nächsten der Ausübung der Rechte, die ihm zukommen, für unwürdig zu erklären, um ihn zu eigenem Vorteil auszuplündern? Glaubt ihr im Ernst, dass ein hartes, arbeitsames Leben mehr Lasten erzeugt als Weichlichkeit, Luxus und Ehrgeiz? Habt ihr weniger Vertrauen zu der Rechtschaffenheit [= Ehrlichkeit, Anständigkeit] unserer Handwerker und Bauern, die nach eurem Tarif fast niemals Aktivbürger sein werden, als zu der der Zollpächter, der Höflinge und großen Herren ...? Die geheiligten Menschenrechte sind verletzt durch die eben entstehende Verfassung.

Zit. nach Irmgard und Paul Hartig, Die Französische Revolution, Stuttgart (Klett) 1986, S. 59.

1 **Partnerarbeit:** Untersucht die Verfassung (M2) mithilfe der Arbeitsschritte S. 143.

2 **Wähle eine Aufgabe aus:**
Überprüfe, ob und inwiefern
a) die Menschen- und Bürgerrechte von 1789 (S. 120) oder
b) die Ideen der Aufklärung (S. 104) in der Verfassung umgesetzt wurden.

3 **Wähle eine Aufgabe aus:**
a) Erarbeite aus M3 oder M4 die Position gegenüber der Verfassung.
b) Beurteile, ob die Kritik berechtigt ist.

4 Diskutiert auf der Grundlage eurer Ergebnisse die Leitfrage aus heutiger Sicht.

5 Beschreibt ausgehend vom Bild M1 die Rolle des Königs im Jahr 1791.

Ein historisches Urteil bilden: die Hinrichtung Ludwigs XVI.

König Ludwig XVI. stand der Revolution ablehnend gegenüber. Im Frühjahr 1791 wollte er ins Ausland fliehen und im September unterschrieb er nur widerwillig die von der Nationalversammlung verabschiedete Verfassung, die seine Macht als König einschränkte (S. 122). Schließlich wurde Ludwig XVI. wegen Hochverrats angeklagt und am 21. September 1792 die Republik in Frankreich ausgerufen. Damit endete die Monarchie. Ludwig XVI. wurde am 21. Januar 1793 hingerichtet. Darüber entschied kein Gericht, sondern die Nationalversammlung, die sich nun Nationalkonvent nannte, mit 387 gegen 334 Stimmen. Im Folgenden erfährst du, warum Zeitgenossen die Hinrichtung befürworteten oder ablehnten. Außerdem wirst du die Hinrichtung Ludwigs XVI. mithilfe der vorgegebenen Arbeitsschritte beurteilen und bewerten.*

M 1

Rede von Rechtsanwalt Romain de Sèze (1748–1828), Rechtsanwalt und Verteidiger Ludwigs XVI., vor dem Nationalkonvent am 26. Dezember 1792:

Ohne Zweifel kann die Nation heute erklären, dass sie kein monarchisches Regiment mehr will, weil dieses ohne Unverletzlichkeit seines Hauptes nicht bestehen kann; sie kann wegen ebendieser Unverletzlichkeit auf diese Verfassungsart verzichten; aber sie kann sie nicht auslöschen für die ganze Zeit, in der Ludwig den verfassungsmäßigen Thron eingenommen hat. Ludwig war unverletzlich, solange er König war; die Abschaffung des Königtums kann an seiner Rechtslage nichts ändern. ... Aber nehmt euch in Acht; nehmt ihr Ludwig die Unverletzlichkeit des Königs, so seid ihr ihm wenigstens die Rechte des Bürgers schuldig; denn ihr könnt nicht bewirken, dass Ludwig aufhört, König zu sein, wenn ihr erklärt, ihn richten zu wollen, und dass er wieder König wird in dem Augenblick, da ihr das Urteil sprecht. Wollt ihr nun aber Ludwig als König richten, dann frage ich euch: Wo sind die schützenden Formen, die jeder Bürger kraft unveräußerlichen Rechtes verlangen kann? Ich frage euch: Wo ist jene Teilung der Gewalten, ohne die weder Verfassung noch Freiheit möglich ist? ...

Zit. nach Histoire parlementaire XXII, S. 17–19, aus: Irmgard und Paul Hartig, Die Französische Revolution, Stuttgart (Klett) 1988, S. 83f. Bearb. v. Verf.

M 2

Rede von Maximilien de Robespierre (1758–1794), Rechtsanwalt und Abgeordneter im Nationalkonvent, vom 3. Dezember 1792:

Hier ist kein Prozess zu führen. Ludwig ist kein Angeklagter, ihr seid keine Richter. Ihr seid nur Staatsmänner und Vertreter der Nation und könntet nichts anderes sein. Ihr habt kein Gerichtsurteil für oder gegen einen Menschen zu fällen, sondern eine Maßnahme der öffentlichen Wohlfahrt zu treffen ... Wenn Ludwig tatsächlich noch Gegenstand eines Prozesses sein kann, so kann er auch freigesprochen werden, er kann unschuldig sein; was sage ich? Er wird als unschuldig angenommen, bis er gerichtet ist. Wenn aber Ludwig als unschuldig angenommen werden kann, was wird dann aus der Revolution? ... Aber ein entthronter König im Schoße einer Revolution, die noch weit davon entfernt ist, durch gerechte Gesetze verankert zu sein, ein König, ... dessen Dasein kann weder durch Haft noch Verbannung für das öffentliche Wohl gleichgültig werden. Mit Schmerz spreche ich die verhängnisvolle Wahrheit aus: Es ist besser, dass Ludwig stirbt, als dass 100 000 tugendhafte Bürger umkommen; Ludwig muss sterben, weil das Vaterland leben muss.

Zit. nach Histoire parlementaire XXI, S. 162f., aus: Irmgard und Paul Hartig, Die Französische Revolution, Stuttgart (Klett) 1988, S. 81f. Bearb. v. Verf.

Arbeitsschritte „Ein historisches Urteil bilden“

Leitfrage formulieren	Lösungshinweise
1. Welche Leitfrage bestimmt die Urteilsbildung?	• *Die Hinrichtung Ludwigs XVI. – notwendig für den Erfolg der Revolution?* • *oder: War die Hinrichtung gerechtfertigt?*
Analyse von Quellen	
2. Analysiere die wesentlichen Aussagen der Quellen (Position und Argumentation). **Tipp:** Nutze die Methodenseite S. 59.	• *De Sèze vertritt die Auffassung, dass …* • *Er sieht den König als Bürger, für den die gleichen Bürgerrechte gelten müssen wie für alle anderen …* • *Robespierre ist der Meinung, dass …* • *Er sieht die Revolution in Gefahr, wenn der König am Leben bliebe …*
Den historischen Gegenstand/das historische Ereignis beschreiben	
3. Was hast du bisher über das historische Ereignis erfahren?	• *Lies dazu den Moderationstext und informiere dich über die Ursachen der Hinrichtung Ludwigs XVI.*
Ein Sachurteil bilden	
Ein Sachurteil orientiert sich an den Normen (Regeln, Gesetze, Maßstäbe) der damaligen Zeit. Beurteilt werden beispielsweise die Position und die Handlungsspielräume von historischen Personen anhand von Quellen.	
4. Wie würde der Autor die Leitfrage beantworten?	• *Rechtsanwalt de Sèze lehnt die Verurteilung und Hinrichtung des Königs ab, während sich Robespierre dafür ausspricht.*
5. Ist seine Position überzeugend? Ist seine Begründung nachvollziehbar?	
6. Welche gesellschaftlichen Normen dienen als Grundlage?	
7. Welche Interessen verfolgte der Autor?	
8. Welche Handlungsspielräume gab es für den historischen Akteur?	
Ein Werturteil bilden	
Beim Werturteil wird das historische Ereignis auf der Grundlage heute gültiger Normen bewertet.	
9. Welche gesellschaftlichen Normen dienen heute als Grundlage?	• *unsere Verfassung, das Grundgesetz, das z. B. die Todesstrafe verbietet*
10. Wie bewertest du das historische Ereignis (Pro- und Kontra-Argumente)? Welche Argumente sind dir besonders wichtig (Gewichtung)?	• *Die Hinrichtung des Königs ist nicht gerechtfertigt, da der Nationalkonvent kein Gericht war und Ludwig …*
11. Welche Ergebnisse aus dem Sachurteil lassen sich übernehmen?	• *Ich schließe mich der Meinung von … an, weil …*
12. Wie würdest du abschließend die Leitfrage beantworten?	• …

Die Schreckensherrschaft – Kann Terror die Ideen der Revolution retten?

Nach der Ausrufung der Republik 1792 und der Hinrichtung König Ludwigs XVI. im Januar 1793 trat die Revolution in eine weitere Phase. Neue Personen und Gruppen übernahmen die politische Führung. Die Revolution wurde radikaler, eine Herrschaft des Schreckens und Terrors entstand. Auf dieser Doppelseite wird dargestellt, welche Ursachen und Kennzeichen diese Schreckensherrschaft hatte.

Girondisten, Jakobiner und Sansculotten

Im gewählten Nationalkonvent, so nannte sich die Nationalversammlung in der neuen Republik, standen sich zwei politische Gruppierungen gegenüber: Eine Gruppe waren die Jakobiner, die nach ihrem Versammlungsort, dem Jakobskloster, benannt waren. Sie traten für eine Republik ein, in der das Volk alle Macht besaß und direkt herrschen sollte. Eine Regierung, einen Nationalkonvent und andere politische Organe sahen sie als überflüssig an. Zur anderen Gruppe gehörten die Girondisten, so genannt, weil ihre bekanntesten Redner aus der Landschaft Gironde in Südwestfrankreich kamen. Auch sie waren für die Republik, aber gegen die direkte Volksherrschaft. Die Girondisten traten für die Verfassung und den Schutz der Grundrechte* ein.

Die Jakobiner hatten mit ihrem Plan, dass alle Bürger im Staat denselben Besitzstand haben sollten, besonders viele Anhänger unter den Pariser Kleinbürgern gefunden. Diese nannten sich Sansculotten, d. h. „Ohnehosen“, weil sie nicht die Kniehose, das typischen Kleidungsstück des Adels, trugen. Sie trugen die rote Jakobinermütze.

M1

Zwei Sansculotten, zeitgenössische Zeichnung

Die Revolutionskriege

Mit der Kriegserklärung 1792 an Österreich und Preußen wollten die Girondisten einem drohenden Angriff der verbündeten absoluten Monarchien gegen das revolutionäre Frankreich zuvorkommen. Sie hofften aber auch, durch den gemeinsamen Kampf gegen die äußeren Feinde die inneren Konflikte im Land überwinden zu können. Es herrschte immer noch Hunger, die Wirtschaft lag am Boden, viele Menschen waren arbeitslos, und die staatliche Verwaltung war in vielen Landesteilen zusammengebrochen. Tatsächlich stärkte der Krieg trotz anfänglicher Niederlagen das Nationalgefühl der Franzosen. Die Revolutionsheere besetzten die Niederlande und das linke Rheinufer. Angesichts dieser Eroberungspolitik und der Hinrichtung Ludwigs XVI. traten weitere europäische Mächte in den Krieg ein. Im Jahr 1793 sah sich Frankreich von Feinden umringt, während im Inneren des Landes weiter die Aufstände tobten.

Die Revolution radikalisiert sich

Die Pariser Massen und die Jakobiner machten für diese gefährliche Entwicklung die Girondisten verantwortlich. Deshalb forderten die von den Sansculotten beherrschten Versammlungen der Pariser Stadtteile, gegen die „Feinde der Revolution“ mit aller Härte vorzugehen. Daraufhin schalteten die Jakobiner die Girondisten im Nationalkonvent aus: Die meisten von ihnen wurden verhaftet und hingerichtet. Auf die äußere Gefahr reagierten die Jakobiner mit der „Levée en masse“ (Massenaushebung). Alle Kräfte des Volkes sollten für den Krieg mobilisiert werden. Männer, die nicht im Krieg kämpfen wollten, wurden gegen ihren Willen gezwungen. Dieses Volksherr gewann an den Fronten die Oberhand.

Guillotine, Modell, 20. Jh. Die Guillotine wurde 1792 auf Vorschlag des Arztes Joseph Guillotine als einfaches und schnelles Hinrichtungsinstrument in Frankreich eingeführt.

Die Schreckensherrschaft Robespierres

Vor dem Hintergrund dieser kritischen Situation, in der sich Frankreich befand, bildeten die Jakobiner eine Revolutionsregierung: Der gewählte Nationalkonvent legte seine komplette Macht in die Hände von zwei Ausschüssen. Der wichtigste Ausschuss war der Wohlfahrtsausschuss, dessen Mitglieder für die Versorgung der Bevölkerung, für das Militär und die Polizei zuständig waren. Zum Vorsitzenden des Ausschusses wurde Maximilien de Robespierre ernannt.

Der zweite Ausschuss, der Sicherheitsausschuss, hatte die Aufgabe, „Feinde der öffentlichen Ordnung" aufzuspüren und verhaften zu lassen. 1793 herrschte der Terror in Frankreich. Etwa 17 000 dieser angeblichen Feinde wurden vor dem Revolutionsgericht zum Tode verurteilt und durch die Guillotine hingerichtet (M2). Die Todesurteile standen meist schon vor der Verhandlung fest.

Das Ende von Schrecken und Terror

Angesichts dieser Schreckensherrschaft protestierten gemäßigte Republikaner, überlebende Girondisten und sogar Sansculotten gegen die Politik Robespierres. Auch der Nationalkonvent wurde Gegner dieser Gewaltherrschaft und verurteilte Robespierre. Mit seinem Tode 1794 endete in Frankreich die Terrorherrschaft.

Am 17. September 1793 erließ der Wohlfahrtsausschuss folgendes Gesetz (Auszüge):

Art. 1: Sofort nach Verkündung des vorliegenden Dekrets (Gesetzes) werden alle verdächtigen Personen, die sich auf dem Territorium der Republik aufhalten und noch in Freiheit befinden, in Haft genommen.

Art. 2: Als verdächtige Personen gelten:

1. Alle, die sich durch ihr Verhalten oder ihre Beziehungen oder durch ihre mündlich oder schriftlich geäußerten Ansichten als ... Feinde der Freiheit zu erkennen gegeben haben ...

5. Alle diejenigen vormaligen Adligen, ob Männer, Frauen, Väter, Mütter, Söhne oder Töchter ..., die nicht dauernd ihre Verbundenheit mit der Revolution unter Beweis gestellt haben.

Zit. nach Walter Grab (Hg.), Die Französische Revolution. Eine Dokumentation. München (Nymphenburger) 1973, S. 176f. Bearb. v. Verf.

Maximilien de Robespierre

Robespierre (1758–1794) war Rechtsanwalt und in der Nationalversammlung Abgeordneter des dritten Standes. In seinen Reden vertrat er die Ideen der Aufklärung. Sein Name steht für die Zeit der Terrorherrschaft, die der Wohlfahrtsausschuss unter seinem Vorsitz ausübte. Am 27. Juli 1794 wurde Robespierre von seinen engsten Freunden gestürzt und am folgenden Tag hingerichtet.

1 Charakterisiere mithilfe des Darstellungstextes die politischen Gruppierungen in der Phase der Schreckensherrschaft. Nutze Kriterien (z. B. Ziele).

2 Nenne auf der Grundlage des Darstellungstextes die Gründe für die Radikalisierung der Revolution.

3 **Wähle eine Aufgabe aus:**

a) Robespierre sagte zur Rechtfertigung der Schreckensherrschaft: „Man muss die inneren und äußeren Feinde der Republik vernichten oder mit ihnen untergehen." Diskutiert ausgehend von dieser Aussage und euren Kenntnissen, ob der Terror die Ideen der Revolution retten konnte.

b) Überprüfe die Aussage: „Die Revolution frisst ihre Kinder." mithilfe deiner Kenntnisse.

4 **Gruppenarbeit:**

a) Vergleicht M3 mit Artikel 10 und 11 der Menschenrechtserklärung von 1789 auf S. 121.

b) Diskutiert, ob in Notzeiten z. B. das Recht und ein ordentliches Gerichtsverfahren aufgehoben werden dürfen.

5 Kleidung dient auch als Zeichen für ein Amt, für die Zugehörigkeit zu einer bestimmten Gesellschaftsschicht oder für die Zugehörigkeit zu einer Gruppe mit gleichen Interessen (M1). Nenne Beispiele aus heutiger Zeit.

Die Herrschaft Napoleons – Verteidiger oder Vernichter der Revolution?

Nach dem Ende der Terrorherrschaft kam es darauf an, im Landesinnern Ruhe und Ordnung wiederherzustellen und Frankreichs Macht gegenüber den ausländischen Feinden zu festigen. Die zentrale Person dabei war Napoleon Bonaparte, der Frankreich 1804 zu einem Kaiserreich machte und damit die Monarchie wiedereinführte. Wie ihm der politische Aufstieg gelang und ob er mit seiner Alleinherrschaft die Ideale der Revolution verteidigte oder vernichtete, kannst du mithilfe dieser Doppelseite diskutieren.

M 1

Napoleon als Erster Konsul, Gemälde von Antoine-Jean Gros 1799, Größe 2,08 x 1,30 m

Napoleon Bonaparte (1769–1821)
stammte aus Korsika und war französischer Offizier. 1798 befehligte er den erfolgreichen Feldzug gegen Ägypten. Bis zur Völkerschlacht von Leipzig 1813 bestimmte er die europäische Politik. Nach der französischen Niederlage wurde er 1815 auf die Insel Elba im Mittelmeer und nach kurzer Rückkehr endgültig auf die Insel St. Helena vor der afrikanischen Küste verbannt, wo er 1821 starb.

M 2

Napoleon zu dem französischen Gesandten in der Toskana (1. Juli 1797):

Glauben Sie vielleicht, dass ich eine Republik begründen will? ... Das ist eine Wahnvorstellung, in die die Franzosen vernarrt sind, die aber auch wie so manches andere vergehen wird. Was sie brauchen, ist Ruhm, die Befriedigung ihrer Eitelkeit, aber von der Freiheit verstehen sie nichts. Blicken Sie auf die Armee! Die Triumphe ... haben den wahren Charakter des französischen Soldaten wieder hervortreten lassen. Für ihn bin ich alles ... Die Nation braucht einen Führer und keine Reden von Ideologien, die die Franzosen ... nicht verstehen.

Zit. nach Irmgard und Paul Hartig (Hg.): Die Französische Revolution, Stuttgart (Klett) 1984, S. 112f.

Napoleons Weg zu Alleinherrschaft

Nach dem Sturz Robespierres kamen die Vertreter des wohlhabenden Bürgertums an die Macht – die Regierung wurde im August 1795 fünf Direktoren übertragen. Das schwache Direktorium konnte seine Macht über Frankreich jedoch nicht festigen, sodass vier Jahre später General Napoleon Bonaparte am 9./10. November 1799 mithilfe eines Staatsstreiches die Macht als Erster Konsul in Frankreich übernahm. Von der Mehrheit des Volkes wurde er als Alleinherrscher akzeptiert, weil er durch eine straffe Verwaltung Ruhe und Ordnung in Frankreich herstellte. Dadurch konnte sich die Wirtschaft erholen. Mit dem Code civil* führte Napoleon ein Gesetzbuch ein, das die Gleichheit aller männlichen Bürger vor dem Gesetz festschrieb und Freiheitsrechte festlegte. Mithilfe einer scharfen Pressezensur* und einer mächtigen Polizei unterdrückte Napoleon jegliche Kritik an seiner Politik. Durch eine Volksabstimmung abgesichert – ca. 3,5 Millionen stimmten mit „Ja" und etwa 2500 mit „Nein" – krönte sich Napoleon am 2. Dezember 1804 im Beisein des Papstes selbst zum „Kaiser der Franzosen".

Napoleon und Deutschland

Mit seiner zu Beginn erfolgreichen Kriegspolitik beeinflusste Napoleon die Machtverhältnisse in Europa und damit auch in den deutschen Monarchien. Er eroberte bis 1801 die deutschen Gebiete links des Rheins. Um ihre Herrschaft zu sichern, schlossen 16 deutsche Monarchen ihre Staaten 1806 zum Rheinbund, einem Militärbündnis, zusammen und unterstellten sich Napoleon. Franz II. legte auf Druck Napoleons die Kaiserkrone nieder; damit endete die fast tausendjährige Geschichte des Heiligen Römischen Reichs. Preußen, das sich diesem Bund nicht angeschlossen hatte, wurde von Frankreich 1806/07 geschlagen und verlor große Teile seines Staatsgebietes. Aufgeklärte Beamte erkannten, nur mit Reformen in Politik, Bildungswesen und Militär sei Napoleon zu besiegen.

M3 *Europa unter napoleonischer Herrschaft 1804 bis 1812*

Aus dem Code civil, der 1804 verfasst wurde

1. Freiheit

Der Staatsbürger hat mit seiner Großjährigkeit [21 Jahre] die Freiheit, über seine Person zu verfügen. Er kann daher seinen Wohnsitz wählen, wo es ihm gut dünkt ...

Wir bezeichnen es als Naturrecht, dass wir den Menschen als moralisches Wesen behandeln, d. h. als ein vernunftbegabtes und freies Wesen, das dazu bestimmt ist, mit anderen vernunftbegabten und freien Wesen zusammenzuleben.

2. Rechtsgleichheit

Nachdem unsere Verfassung die Rechtsgleichheit eingeführt hat, muss jeder, der sie wieder abschwört und die abgeschafften Vorrechte der Geburt wieder einführen will, als Frevler [Verbrecher] gegen unseren Gesellschaftsvertrag gelten und kann nicht Franzose bleiben.

3. Die Gewalt des Familienvaters als Vorbild

Der Ehemann schuldet seiner Frau jeglichen Schutz, die Ehefrau schuldet dem Manne Gehorsam. Die Frau kann vor Gericht erscheinen nur mit Ermächtigung ihres Mannes, auch wenn sie selbst einen Beruf ausübt. ...

4. Von dem Eigentum

... Niemand kann gezwungen werden, sein Eigentum abzutreten, wenn es nicht des öffentlichen Wohls wegen und gegen eine angemessene und vorgängige Entschädigung geschieht.

Code Napoleon. Einzige offizielle Ausgabe für das Großherzogtum Berg, Düsseldorf 1810, Bearb. v. Verf.

1 Stelle mithilfe des Darstellungstextes die einzelnen Etappen Napoleons auf dem Weg zur Alleinherrschaft in einer Zeitleiste dar.

2 Erläutere anhand von M2 die politischen Vorstellungen Napoleons, insbesondere seine Einstellung zu den Idealen der Französischen Revolution.

3 Untersuche anhand von M4, ob sich die Ideen der Französischen Revolution im Code civil widerspiegeln.

Tipp: Vergleiche die Gesetzgebung mit der Erklärung der Menschen- und Bürgerrechte auf S. 121.

4 Beschreibe mithilfe des Darstellungstextes und M3 den Einfluss Napoleons auf die Herrschaftsverhältnisse in Europa.

5 **Partnerarbeit:**

a) Arbeitet aus dem Darstellungstext positive und negative Aspekte der Herrschaft Napoleons heraus.

b) Vergleicht eure Ergebnisse.

c) Diskutiert, warum die Mehrheit der Bevölkerung die Alleinherrschaft Napoleons unterstützte.

6 Setze dich auf der Grundlage deiner Arbeitsergebnisse mit der Leitfrage auseinander.

Preußische Reformen – eine Revolution von oben?

Nach seinen Siegen begann Napoleon ganz Europa unter seine Herrschaft zu bringen. Preußen hatte mit der Niederlage gegen die französische Armee seine Vormachtstellung in Deutschland verloren. Die preußische Regierung erkannte, dass nur durch Reformen ein Wiedererstarken des Landes möglich sei. Hier erfährst du, welche Reformen eingeleitet wurden und ob sie halfen, Napoleon zu besiegen.

Die Niederlage Preußens

Nach der militärischen Niederlage Preußens 1806 (S. 228) zwang Napoleon dem Kriegsgegner harte Friedensbedingungen auf: Preußen verlor mehr als die Hälfte seines Gebietes, musste eine hohe Kriegsentschädigung zahlen und sich an der Kontinentalsperre gegen England beteiligen. Außerdem mussten preußische Soldaten in der französischen Armee dienen. Nach der Niederlage war der preußische König Friedrich Wilhelm III. nun zu Reformen bereit. Sie sollten das Überleben des Staates und der Monarchie garantieren. Hauptziel war die Modernisierung Preußens. Die Bürger sollten mehr Rechte erhalten und Eigentum erwerben können. Im Gegenzug erhoffte sich die Regierung mehr Interesse und Einsatz für den Staat. Und langfristig sollten die Reformen helfen, Preußen von der französischen Fremdherrschaft zu befreien.

Reformen in Preußen

Die bedeutendste Reform war die Aufhebung der Leibeigenschaft der Bauern 1807. Die Bauern mussten keine Abgaben und Dienste mehr leisten und konnten ihren Beruf und ihren Wohnort frei wählen. Wenn sie bleiben und ihren Hof erwerben wollten, mussten sie jedoch eine Entschädigung an den Gutsherren zahlen (1811). Viele Bauern verschuldeten sich dafür. Die Einführung der Gewerbefreiheit (1810) erlaubte es den Bürgern, jedes Gewerbe und jeden Beruf auszuüben. Der Zunftzwang wurde aufgehoben. Den Städten wurde mehr Selbstverwaltung gestattet (1808). So konnte jeder, der über ein Bürgerrecht (nur eine Minderheit) und ein bestimmtes Einkommen verfügte, die Stadtverordneten wählen. Juden wurden rechtlich allen anderen Bürgern gleichgestellt. Diese Verordnung von 1812 beinhaltete jedoch Einschränkungen (S. 228).

Karl August von Hardenberg schreibt in einer Denkschrift, 1807

Hardenberg gehörte zu den führenden Reformern. 1804–1806 war er preußischer Außenminister; ab 1810 wurde er zusätzlich Staatskanzler.

Die Französische Revolution, wovon die gegenwärtigen Kriege die Fortsetzung sind, gab den Franzosen unter Blutvergießen und Stürmen einen ganz neuen Schwung. ... Der Wahn, dass man der Revolution am sichersten durch Festhalten am Alten ... entgegenstreben könne, hat besonders dazu beigetragen, die Revolution zu befördern ... Also eine Revolution im guten Sinne ... durch Weisheit unserer Regierung und nicht durch gewaltsame Impulsion (= Druck) von innen oder außen, das ist unser Ziel. ... Demokratische Grundsätze in einer monarchischen Regierung: dieses scheint mir die angemessene Form für den gegenwärtigen Zeitgeist.

Zit. nach www.staatskanzler-hardenberg.de/quellentexte_riga.html (Download vom 10. 4. 2016).

Ein Gutsherr über die Preußischen Reformen, um 1810

Er [= Freiherr vom Stein, ein weiterer Reformer] fing nun mit ihnen ... die Revolutionierung des Vaterlandes an, den Krieg der Besitzlosen gegen das Eigentum, der Industrie gegen den Ackerbau, ... des krassen Materialismus [hier: Vorherrschen der materiellen Werte wie Geld und Besitz] gegen die von Gott eingeführte Ordnung ..., als ob dies die Ursachen unseres Falles gewesen wären! Und deswegen gab er nun das Land dem Feinde preis!

Zit. nach Werner Conze, Die preußische Reform unter Stein und Hardenberg, Stuttgart (Klett-Cotta) 1979, S. 29.

Eine weiteres Reformpaket (ab 1809) schuf ein staatliches, dreigliedriges Bildungssystem: Volksschule, Gymnasium und Universität. Der Staat sollte nun konsequent die Schulpflicht und einheitliche Lehrpläne durchsetzen. In den Universitäten sollten die Studenten durch die Teilnahme an der Forschung wissenschaftliches Arbeiten lernen.

Auch die Armee wurde ab 1807 modernisiert: Die Prügelstrafe wurde abgeschafft und Offiziere durften nicht mehr nur Adlige werden. Für alle Männer wurde eine Wehrpflicht eingeführt. Die Reformen bildeten die Basis für einen wirtschaftlichen Aufschwung und den Kampf gegen Napoleon.

Befreiungskriege

Parallel zu dieser Entwicklung in Preußen lehnten sich in Europa immer mehr Menschen und Staaten gegen die französische Fremdherrschaft auf. Überall regte sich der Wille nach Freiheit und nationaler Unabhängigkeit. Der gemeinsame Widerstand gegen Napoleon stärkte das Nationalgefühl der Völker. Als Russland die von Napoleon verhängte Kontinentalsperre gegen England durchbrach, marschierte die französische Armee 1812 in Russland ein. Zwar konnte Napoleon Moskau besetzen, aber Wintereinbruch, Versorgungsschwierigkeiten und russische Angriffe zwangen ihn zum Rückzug. Daraufhin schlossen sich Russland, Österreich, Preußen, Schweden, England und andere Länder zu einer antifranzösischen Koalition zusammen. In Deutschland traten viele Freiwillige in die Armee ein oder organisierten sich in Freikorps*. Die Preußischen Reformen hatten ein wichtiges Ziel erreicht. Schließlich wurde die französische Armee im Oktober 1813 in der „Völkerschlacht" bei Leipzig geschlagen. Napoleon konnte mit den Resten seiner Truppen nach Paris fliehen. Weil er Friedensangebote der europäischen Koalition ablehnte, marschierten deren Armeen in Frankreich ein und zwangen ihn zum Rücktritt. Napoleon wurde auf die Insel Elba verbannt. Zwei Jahre später gelang es ihm, die Macht wiederzuerlangen. Seine neue Herrschaft dauerte 100 Tage, bevor sein Heer im Juni 1815 bei Waterloo von den verbündeten Preußen und Engländern besiegt wurde. Erneut wurde er verbannt – auf die Insel St. Helena, wo er 1821 starb. Obwohl seine Kriege mindestens drei Millionen Menschen das Leben kosteten, wurde er schon bald nach seinem Tod von den Franzosen verehrt. In anderen Ländern verbindet man seine Eroberungskriege auch mit den Ideen der Französischen Revolution, die sich überall in Europa verbreiteten.

M 3

Napoleons Rückzug aus Russland, Ölgemälde von Adolf Northen, 1866

M 4

Das Völkerschlachtdenkmal wurde 1913 – 100 Jahre nach der Schlacht bei Leipzig – errichtet. Mit seinen 91 Metern Höhe gehört es zu den größten Denkmälern Europas.

1 a) Stellt die Preußischen Reformen in einer Tabelle zusammen (Zeit und Inhalt).
b) Ordnet sie Oberbegriffen (z. B. Militär) zu.

2 Wähle eine Aufgabe aus:
a) Beurteile die Reformen, indem du dich in die Lage eines Zeitgenossen versetzt: a) eines Bauern, b) eines Handwerkers oder c) eines Adligen.
b) Erläutere und beurteile die Sicht des adligen Grundherren (M2).

3 Erkläre die Auswirkungen der Reformen auf den Kampf gegen Napoleon.

4 a) Erläutere, was Hardenberg mit der „Revolution im guten Sinne" meint (M1).
b) Diskutiere, ob es sich um eine Revolution von oben handelt. Nutze den Begriff „Revolution".

5 Beschreibe mithilfe des Darstellungstextes und M3 den militärischen Niedergang Napoleons.

6 a) Informiere dich über das Völkerschlachtdenkmal (M4) und erstelle einen Steckbrief.
b) Erläutere die Wirkung des Denkmals. Berücksichtige das Entstehungsjahr.
Tipp: 1914 begann der Erste Weltkrieg.

Friedensschluss von 1815 – eine stabile Ordnung für Europa?

Nach der Niederlage Napoleons in der Völkerschlacht bei Leipzig (S. 131) verständigten sich die europäischen Staaten 1814/15 über eine neue Friedensordnung in Wien. Auf dieser Doppelseite kannst du die Beschlüsse dieses Wiener Kongresses erarbeiten und bewerten.

Europa schaut nach Wien

„Die Stadt Wien bietet gegenwärtig einen überraschenden Anblick; alles was Europa an erlauchten (= würdigen) Persönlichkeiten umfasst, ist hier in hervorragender Weise vertreten", schrieb der Kongressbeobachter Friedrich Gentz zur Eröffnung des Wiener Kongresses 1814. Dagegen kommentierte der französische Diplomat Talleyrand mit dem Verweis auf die vielen Bälle in Wien: „Der Kongress tanzt, aber er kommt nicht voran." Beide ahnten nicht, dass die Verhandlungen fast ein Jahr dauern würden und dann noch durch die 100-Tage-Herrschaft Napoleons (S. 131) unterbrochen wurden.
Mit der Wiener Schlussakte von 1815 wurde nach dem Westfälischen Frieden 1648 (S. 66 f.) das zweite große Friedensabkommen in der europäischen Geschichte verabschiedet. Von den Beschlüssen erhofften sich viele Kämpfer und Befürworter der Befreiungskriege gegen Napoleon die Umsetzung der Ideen der Französischen Revolution in den europäischen Staaten.

Grundsätze des Wiener Kongresses

Ein Grundsatz war die Restauration*, d. h. die Wiederherstellung der politischen Verhältnisse vor der Französischen Revolution. Monarchen wurden wieder eingesetzt; Adel und Klerus erhielten ihre Privilegien zurück. Dem Gedanken Volkssouveränität* (S. 105) wurde der Grundsatz der Legitimität entgegengesetzt: Nur die monarchische Herrschaft im göttlichen Auftrag sei legitim (= gerechtfertigt). Ein dritter Grundsatz des Kongresses war die Solidarität der Fürsten zum Erhalt der Monarchie. So schlossen Russland, Österreich und Preußen die „Heilige Allianz", die sie zum gegenseitigen Beistand bei revolutionären National- und Freiheitsbewegungen verpflichtete. Schließlich wurde am 8. Juni 1815 die Wiener Schlussakte unterzeichnet. Neben territorialen Bestimmungen (M1) wurde das Gleichgewicht zwischen den fünf europäischen Großmächten Frankreich, Preußen, Österreich, England und Frankreich wiederhergestellt.

M 1

Mittel- und Osteuropa nach dem Wiener Kongress 1815

Der Deutsche Bund

In Wien wurde auch die Gründung des Deutschen Bundes beschlossen: ein Zusammenschluss von 35 Fürstenstaaten und vier freien Städten. Diese entsandten ihre Vertreter nach Frankfurt/M. zur Bundesversammlung. Im Gegensatz zum Bundesstaat (z.B. Bundesrepublik Deutschland) behielten die einzelnen Staaten jedoch ihre Eigenständigkeit. Ein gemeinsames Staatsoberhaupt gab es nicht. Zudem hatten ausländische Herrscher, z.B. England und Dänemark, durch ihre Besitzungen in Deutschland ein Mitspracherecht.

Der Historiker Georg Weber (1808–1888) schreibt über den Wiener Kongress, 1888

[D]ie Staatskunst des Wiener Kongresses [zeigte] wenig schöpferischen Geist und reformatorisches Streben. Man übersah die Zeichen der Zeit, die Stimmungen und Bewegungen der Völker, die Umwälzungen, die im politischen Leben und Denken der Nationen vorgegangen ...

Die territorialen Abmachungen des Wiener Kongresses zeigten im Grunde dasselbe willkürliche Schalten mit Kronen [= Monarchien] und Völkern, wie es die revolutionäre Staatskunst Napoleons kennzeichnet, dieselbe Geringschätzung des historisch Gewordenen und national Zusammengehörigen ... Die Gemeinsamkeit der Sprache war so wenig ein Grund für Staatenbildungen wie die Verschiedenheit der Religionen ... So wenig wie die nationalen Bedürfnisse der Völker befriedigt wurden, ist der Wiener Kongress auch den freiheitlichen Forderungen gerecht geworden.

Georg Weber, Allgemeine Weltgeschichte. Bd. 14: Geschichte des neunzehnten Jahrhunderts, Leipzig (W. Engelmann) 1888, S. 503f.

Der Historiker Manfred Görtemaker (*1951) schreibt über den Wiener Kongress, 1989:

Dieses System eines europäischen Mächtegleichgewichts, in dem jedes Streben eines Staates nach Vorherrschaft durch Maßnahmen der anderen Staaten ... so rechtzeitig unterlaufen werden sollte, ... hat die zwischenstaatlichen Beziehungen in Europa nahezu während des gesamten 19. Jahrhunderts geprägt und für jene Stabilität gesorgt, die Metternich seiner Konstruktion zu geben versucht hatte. Erst die ab etwa 1890 sich ausbreitende Übersteigerung des Nationalismus, das sich verschärfende Wettrüsten und der Kolonialismus, der sich nun zum gefährlich eskalierenden Imperialismus entwickelte, der die europäischen Mächte nicht mehr länger in Europa, sondern auch in weiten Teilen der übrigen Welt miteinander konkurrieren ließ ...

[Sie] höhlten dieses System aus und bewirkten schließlich 1914 seinen Zusammenbruch. Sie beseitigten die Solidarität der Monarchien, die neben den Grundsätzen der Restauration und der Legitimität eine Voraussetzung und ein Eckpfeiler des metternichschen Systems gewesen war.

Manfred Görtemaker, Deutschland im 19. Jahrhundert. Entwicklungslinien, Bonn (Leske & Budrich) 1989, S. 71.

M 4

Die Monarchen Alexander I. von Russland, Franz I. von Österreich und Friedrich Wilhelm III. von Preußen (v.l.n.r.) beraten über die Neuordnung Europas. Im Hintergrund ist Napoleon auf der Insel Elba zu erkennen. Druckgrafik von Johann Michael Voltz, 1815

1 Erkläre die Grundsätze des Kongresses.

2 **a)** Beschreibe das Bild M4.
b) Erläutere, welche Grundsätze des Kongresses sich in dem Bild wiederfinden.

3 Beschreibe die territorialen Veränderungen (M1). Vergleiche mit der Karte auf S. 129.

4 Erkläre die Gründung des Deutschen Bundes.

5 **Geschichte kontrovers (Partnerarbeit):**
a) Analysiert M2 und M3. Nutzt die Arbeitsschritte auf S. 135.
b) Vergleicht die Positionen im Hinblick auf die Leitfrage.
c) Nehmt nun selbst Stellung.

Zusatzaufgabe: siehe S. 285

Darstellungen untersuchen

Die Ergebnisse des Wiener Kongresses von 1815 wurden nicht nur von Zeitgenossen, sondern werden auch in der Geschichtswissenschaft unterschiedlich beurteilt. Im Zentrum der Diskussion steht dabei die Gründung des Deutschen Bundes. Dazu haben viele Historiker ihre Position veröffentlicht. Diese Veröffentlichungen nennt man Darstellungen, häufig auch Sekundärtexte. Für diese fachwissenschaftlichen Darstellungen haben die Historiker zuvor viele Quellen ausgewertet. Mithilfe der Arbeitsschritte lernst du, wie man eine Darstellung analysiert und beurteilt.

Betrachtung eines Historikers, 1987

Der Historiker Hans-Ulrich Wehler (1931–2014) war einer der bedeutendsten deutschen Historiker. Seine fünfbändige „Deutsche Gesellschaftsgeschichte" zählt zu den Standardwerken der deutschen Geschichtswissenschaft für die Zeit von der Mitte des 18. Jahrhunderts bis 1990.

Die ungeschriebenen Spielregeln des europäischen Staatensystems, die Interessenlagen sowohl der deutschen Einzelstaaten als auch der außerdeutschen Großmächte, nicht zuletzt aber die jahrhundertealten Traditionen einer lockeren, international garantierten Föderation der deutschen Staaten und Herrschaftsverbände bestimmten den Erfahrungshorizont der politisch handelnden Akteure. Insofern setzte sich mit innerer, interessenadäquater Konsequenz die staatenbündische Lösung durch. In veränderter Form knüpfte der neugegründete Bund an Kooperationsformen des alten Reichs und des Rheinbunds an, obwohl es in die Irre führt, in ihm nur eine Ausweitung und Verlängerung der Rheinbundverfassung in die neue Zeit hinein zu sehen. Der Heterogenität der Bundesmitglieder, zu denen Großmächte und Zwergstaaten, konstitutionelle Monarchien und Stadtrepubliken gehörten, entsprach der Staatenbund als allgemein akzeptable, zweckmäßige Verfassungsform. Sie wurde auch dem Stabilitätsprinzip und Sicherheitsbedürfnis der postrevolutionären deutschen und europäischen Staatengemeinschaft am ehesten gerecht, da diese Lösung der deutschen Frage – wie seit 1648 – unter die Garantie der umliegenden Staaten gestellt und damit ein potenzieller Krisenherd entschärft wurde.

Zit. nach Hans-Ulrich Wehler, Deutsche Gesellschaftsgeschichte, Bd. 2, München (C. H. Beck) 1987, S. 325.

M 2

Wissenschaft im Gespräch mit Rundfunk und Fernsehen: Der Historiker Hans-Ulrich Wehler auf der Leipziger Buchmesse bei der Präsentation seines neuen Buches zur sozialen Ungleichheit. Fotografie, 2013

Begriffe:

interessenadäquat = mit den Interessen übereinstimmend
Heterogenität = Ungleichartigkeit, Ungleichheit
postrevolutionär = die Zeit nach der Revolution
Lösung der deutschen Frage = Bezeichnung für die in der europäischen Geschichte zwischen 1806 und 1990 ungelöste Frage der deutschen Einheit
potenzieller Krisenherd = mögliche Gefahrenzone

Arbeitsschritte „Darstellungen untersuchen“

Leitfrage	Lösungshinweise zu M1
1. Fragestellung Welche Leitfrage könnte die Untersuchung der Darstellung bestimmen?	• *Denkbar wäre die Leitfrage aus dem Schulbuchtext: Der Deutsche Bund – eine Garantie für die Erhaltung des europäischen Friedens?*
Formale Analyse	
2. Autor und Zeit Von wem und wann wurde der Text verfasst?	• *Der Text wurde ... von dem deutschen ... Hans-Ulrich Wehler (1931–2014) verfasst.*
3. Thema Was ist das Thema des Textes?	• *Der Autor setzt sich mit ... auseinander.*
4. Textart Um welche Textart handelt es sich?	• *Bei dem Text handelt es sich um eine wissenschaftliche Darstellung.*
5. Adressaten An wen ist der Text gerichtet?	• *Gerichtet ist der Text an die interessierte Öffentlichkeit.*
Inhaltliche Analyse	
6. Position Welche These(n) stellt der Autor auf?	• *Der Autor behauptet, dass der Deutsche Bund eine „akzeptable, zweckmäßige Verfassungsform“ sei, die dem Bedürfnis nach europäischer Sicherheit und Stabilität am ehesten gerecht wurde (Z. 19f.).*
7. Begründung Mit welchen Argumenten belegt er sie?	• *Als Begründung führt der Historiker an ...*
Beurteilung des Textes	
8. Bezug zur Leifrage Wie beantwortet der Autor die Leitfrage?	• *Nach Meinung des Autors ist der Deutsche Bund ...*
9. Argumentationsstruktur Ist die Argumentation differenziert? Berücksichtigt der Autor auch Gegenargumente? Ist der Text logisch aufgebaut? (Gibt es z. B. Widersprüche?)	• *Die Argumentation ist nachvollziehbar ...* • *Allerdings argumentiert der Autor einseitig, denn er ...*
10. Bezug zum historischen Kontext Inwiefern werden historische Fakten und Prozesse berücksichtigt?	• *Der Autor stellt in seinem Text einige historische Bezüge her. So spricht er beispielsweise ...*
11. Fazit Ist die Darstellung insgesamt überzeugend, teilweise oder nicht überzeugend?	• *Insgesamt überzeugt mich der Text des Historikers Hans-Ulrich Wehler ...*

1 Untersuche M1 mithilfe der Arbeitsschritte. Ergänze die Lösungshinweise mit deinen Ergebnissen.

2 **Wähle eine Aufgabe aus:**

a) Vergleiche die Darstellung mit dem Text des Historikers Georg Weber (S. 133). Welche Position überzeugt dich mehr?

b) Nimm auf der Grundlage deiner Kenntnisse selbst Stellung zur Leitfrage. Welche Pro- und Kontra-Argumente lassen sich aus heutiger Sicht finden?

Tipp: Überlege, welche Argumente sich aus M1 übernehmen lassen.

Der Vormärz – revolutionäre Vorboten in Deutschland und Europa

Mit dem Wiener Kongress von 1815 war die Monarchie wiederhergestellt und durch die Gründung des Deutschen Bundes der Traum von einem geeinten Deutschland zerstört. Viele Deutsche gaben jedoch die Hoffnung auf einen einheitlichen Staat und eine freiheitliche Verfassung nicht auf und setzten sich aktiv für politische Veränderungen ein. 1848 kam es auch in Deutschland zur Revolution. Die Vorgeschichte wird als „Vormärz" bezeichnet.

- ***Wie wurde der Kampf geführt?***
- ***Wie reagierten die Monarchen darauf?***

Das Wartburgfest 1817

Seit 1815 schlossen sich in den deutschen und anderen Staaten Europas Studenten zu Burschenschaften* zusammen. Darunter waren viele, die in den Befreiungskriegen* gegen Napoleon mitgekämpft hatten, in deren Zuge auch die Farben schwarz-rot-gold an Bedeutung gewannen. Sie empfanden es als besonders bitter, dass der Wiener Kongress ihre Hoffnungen auf Freiheit und Einheit nicht erfüllt hatte. Im Oktober 1817 lud die Jenaer Burschenschaft Vertreter deutscher Universitäten auf die Wartburg zu einem „Nationalfest" ein, zum Gedenken an den 300. Jahrestag der Reformation und an die Völkerschlacht bei Leipzig. 500 Interessierte folgten dem Aufruf. „Freiheit" und „ein einiges Vaterland" waren die Forderungen der Studenten. Am Abend entzündeten sie ein Feuer und verbrannten unter anderem Bücher, die den Adel positiv darstellten, einen Soldatenzopf und Uniformteile – radikale Handlungen, die die Monarchen beunruhigten.

M 1

Das Wartburgfest 1817, Holzstich aus dem Jahr 1880.

Ein politischer Mord und die Reaktion

August von Kotzebue war einer der Autoren, dessen Werke auf dem Wartburgfest verbrannt wurden. Er war erklärter Gegner der Burschenschaften und des Liberalismus*. Außerdem diente er dem russischen Zaren, einem absolutistischen Monarchen. Am 23. März 1819 wurde er von dem Theologiestudenten Karl Ludwig Sand als „Spion und Vaterlandsverräter" erstochen. Sand wurde für seine Tat hingerichtet. Doch die Tatsache, dass er als Märtyrer und Symbolfigur für die Nationalbewegung gefeiert wurde, zeigt die Stimmung, die in Deutschland herrschte. Sowohl das Wartburgfest als auch die Ermordung Kotzebues boten der Heiligen Allianz*, zu der Russland, Österreich und Preußen gehörten, Anlass für Gegenmaßnahmen. Unter der Leitung des österreichischen Staatskanzlers Fürst von Metternich wurden 1819 die „Karlsbader Beschlüsse" verfasst: Die Universitäten, insbesondere die Professoren, wurden bundesweit überwacht, die Burschenschaften verboten und die Pressezensur eingeführt. Die Fronten zwischen den *Nationalliberalen*, Menschen die für einen geeinten deutschen Nationalstaat mit freiheitlichen Menschen- und Bürgerrechten eintraten, und den Monarchen, die in der Mehrzahl die Ideen der Französischen Revolution ablehnten sowie das alte absolutistische System *konservieren* wollten, verhärteten sich zunehmend. Der Widerstand der Monarchen wird auch als *Reaktion* bezeichnet.

Das Hambacher Fest 1832

Im Juli 1830 wehrten sich die Franzosen erfolgreich gegen die Versuche Karls X., zur absoluten Monarchie zurückzukehren. Der König floh, und an seiner Stelle wurde Louis Philippe als „Bürgerkönig" eingesetzt. Die französische Julirevolution war Vorbild für Erhebungen in anderen europäischen Ländern. Im November 1831 wurde ein Aufstand in Polen, das sich seit 1815 unter der Herrschaft des russischen Zaren befand, blutig niedergeschlagen. Tausende von Polen flohen nach Westeuropa, wo sie als Freiheitshelden gefeiert wurden. Die Wirkung auf Deutschland war gewaltig. Aufstände in den Staaten Hannover, Hessen-Kassel, Sachsen und Braunschweig führten dort zur Einführung von Verfassungen. Am 27. Mai 1832 kam es zur ersten Massendemonstration für politische Freiheit und nationale Einheit auf deutschem Boden: dem Hambacher Fest. Hier folgten ca. 30 000 nationalliberal eingestellte Männer und Frauen der Einladung von Johann Jakob Siebenpfeiffer, einem Mitinitiator dieser Veranstaltung, „zu einem Nationalfeste“ auf der Schlossruine Hambach im heutigen Rheinland-Pfalz. Neben Deutschen nahmen auch Polen und Franzosen teil. Die Reaktion der Monarchen auf das Hambacher Fest war eine Verschärfung der Karlsbader Beschlüsse. Außerdem wurden die Initiatoren des Festes und die Redner verfolgt und verhaftet.

M 2 *Der Denker-Club, Karikatur als Reaktion auf die Karlsbader Beschlüsse 1820, aus dem Jahr 1825*

M 3

Aus der Rede Philipp Jakob Siebenpfeiffers, 1832:

Und es wird kommen der Tag, ... wo der Deutsche vom Alpengebirg und der Nordsee, vom Rhein, der Donau und Elbe den Bruder im Bruder umarmt, wo die Zollstöcke und die Schlagbäume, wo alle Hoheitszeichen der Trennung und Hemmung und Bedrückung verschwinden, samt den Konstitutiönchen, ... wo der Beamte, der Krieger statt mit der Bedientenjacke des Herrn mit der Volksbinde sich schmückt, ... wo das deutsche Weib, nicht mehr die dienstpflichtige Magd des herrschenden Mannes, sondern die freie Genossin des freien Bürgers, unsern Söhnen und Töchtern schon als stammelnden Säuglingen die Freiheit einflößt.

Zit. nach Gustav Adolf Süß, Das Hambacher Fest, Mainz (Landeszentrale politische Bildung, Rheinland-Pfalz) 1981, S. 55.

M 4

Das Hambacher Fest am 27. Mai 1832, Radierung, 1832

1 **Partnerarbeit:** Stellt anhand des Darstellungstextes sowie M3 und M4 die Ziele und die politischen Aktionen der nationalliberalen Bewegung und der Monarchen in einer Tabelle gegenüber.

2 Verfasse auf der Grundlage deiner Ergebnisse einen kurzen Lexikonartikel zum Begriff „Vormärz“.

3 Analysiere M2 mithilfe der Arbeitsschritte „Karikaturen entschlüsseln“ auf Seite 117 f.

4 **Wähle eine Aufgabe aus:**

a) Beschreibe M1 und M4. Nenne Unterschiede und Gemeinsamkeiten.

b) Auf dem Wartburgfest (M1) wurden auch französische Schriften verbrannt und die Studenten lehnten alles Nichtdeutsche ab. In M4 schwenken die Besucher französische und polnische Flaggen. Erkläre die Ursachen für diesen Wandel.
Tipp: Nutze den Darstellungstext.

c) Überprüfe die Entstehungszeit der beiden Quellen M1 und M4 und bewerte deren Glaubwürdigkeit.

5 Begründe, warum das Motiv von M4 in Deutschland 175 Jahre nach dem Hambacher Fest auf eine Gedenkbriefmarke gedruckt wurde.

Unruhen in Berlin – Warum kam es zur Revolution von 1848?

Als am 24. Februar 1848 in Paris der „Bürgerkönig“ Louis Philippe gestürzt wurde, war Frankreich nach 1792 wieder eine Republik. Die Vorgänge in Paris wirkten wie ein Funke im Pulverfass. Im gesamten Deutschen Bund forderten die Bürgerinnen und Bürger von den Monarchen Reformen und die Gründung eines geeinten Deutschlands – so auch in der preußischen Hauptstadt Berlin. Du erfährst im Folgenden, warum es zur Revolution kam, wie sie in Berlin verlief und welches erstes Ergebnis sie hatte.

Ursachen der Revolution

Insgesamt lassen sich fünf Hauptursachen für die Revolution 1848 ausmachen. Erstens erreichten die Nachrichten von der Februarrevolution in Frankreich, bei der der König abgesetzt und die Republik ausgerufen wurde, durch die Telegrafie*, ein weit verzweigtes Eisenbahnnetz sowie schnell gedruckte Zeitungen und Flugblätter in Windeseile die Menschen in den deutschen Städten. Zweitens blieben die Forderungen nach Freiheitsrechten in den Staaten des Deutschen Bundes weitestgehend unerfüllt: Nach wie vor existierte die Ständeordnung, und den Bürgern wurden Grundrechte verwehrt. Als dritte Ursache kann die Vorherrschaft der Monarchen gesehen werden. Existierten in Frankreich vor der Revolution und in einigen Staaten des Deutschen Bundes konstitutionelle Monarchien, so war dies in den Großstaaten Österreich und Preußen nicht der Fall. Hier regierten die Monarchen absolutistisch und es fehlten für das Bürgertum Möglichkeiten der politischen Mitbestimmung. Republikanische Ideen fielen der Restauration* zum Opfer. Viertens strebten viele Deutsche nach einem einheitlichen Staat. Dieser Wunsch verstärkte sich seit den Befreiungskriegen gegen Napoleon und blieb durch den Wiener Kongress 1815 unerfüllt. Als fünfte Ursache können die mangelhafte Versorgung der Bevölkerung mit Nahrungsmitteln, u. a. aufgrund von Missernten, die Situation der Arbeiter und Arbeiterinnen, die teilweise unter unmenschlichen Bedingungen für einen Hungerlohn arbeiten mussten, sowie die ungünstige wirtschaftliche Lage angesehen werden. Dies führte zu einer Massenarmut in der deutschen Gesellschaft, was auch als Pauperismus* bezeichnet werden kann.

Der Verlauf der Revolution am Beispiel Berlins

In der Zeit vom 6. bis 18. März 1848 versammelten sich in der Hauptstadt Preußens viele Menschen aus unterschiedlichen sozialen Schichten, wie zum Beispiel Bürger und Arbeiter. Sie forderten vom preußischen König Friedrich Wilhelm IV. (Reg. 1840–1861) die Aufhebung der Pressezensur, die Einführung von Menschen- und Bürgerrechten sowie die Bildung eines Parlamentes in Preußen. Des Weiteren setzten sie sich für die Bildung einer gesamtdeutschen Nationalversammlung ein, die eine Verfassung für ein geeintes Deutschland erarbeiten sollte. Friedrich Wilhelm IV. gab dem Druck dieser Massenbewegung nach und bewilligte die Märzforderungen. Um dem König zu danken, versammelte sich die begeisterte Volksmasse am 18. März vor dem Berliner Schloss. Die Lage eskalierte, als sich aus den Reihen der königlichen Truppen zwei Schüsse lösten. Die Menge fühlte sich verraten und griff zu den Waffen. Es entbrannte ein Barrikadenkampf zwischen Bürgern, Arbeitern und Handwerkern auf der einen und Soldaten der preußischen Armee auf der anderen Seite, der über 200 Todesopfer forderte. Tags darauf lenkte Friedrich Wilhelm IV. ein, zog die Truppen aus Berlin ab und erwies den Opfern der Barrikadenkämpfe, die vor dem Berliner Schloss aufgebahrt wurden, öffentlich die letzte Ehre.

M 1

Die Barrikaden an der Kronen- und Friedrichstraße, Berlin am 18. März 1848, Lithografie, 1848

Die Bildung der Nationalversammlung – ein Ergebnis der Märzrevolution

In den deutschen Einzelstaaten hatten zunächst die Revolutionäre gesiegt, obwohl noch kein Monarch zurückgetreten war. Nun galt es, ein einheitliches Deutschland zu schaffen und eine Verfassung zu erarbeiten. Dazu wurde in allgemeinen, freien und gleichen Wahlen (nur für Männer) die Nationalversammlung, das erste deutsche Nationalparlament, gewählt. Am 18. Mai 1848 traten über 600 Abgeordnete aus allen deutschen Staaten in der Frankfurter Paulskirche zusammen.

Ein Zeitzeuge erinnerte sich 1852 an die Ereignisse am Berliner Schloss am 19. März 1848:

Zuerst wurden sechs bis sieben Leichen von der Breiten Straße her nach dem Schloss angefahren. Die blutigen Wunden aufgedeckt, bekränzt mit Blumen und Laub. Die begleitende Volksmenge sang Lieder und schrie. Der König solle die Leichen sehen, hieß es. Auf den ... Ruf erschien der König auf dem Altan (Balkon), der nach dem Schlossplatz hinausführt ... Alles hatte den Kopf entblößt, nur der König die Mütze auf. Da hieß es gebieterisch: „Die Mütze herab!“, und er nahm sie ab. Die Leichen wurden dann durch das Schloss nach dem Dom gefahren. Alle folgenden ebenso, diese aber machten auf dem inneren Schlosshof Halt, und hier musste der König ebenfalls wiederholt auf der Galerie erscheinen, die Leichen grüßen und vieles anhören. Endlich wurde ein geistliches Lied angestimmt, ... die ganze Volksmenge sang mit und schien versöhnt. Der König durfte sich erschöpft und vernichtet zurückziehen.

Zit. nach Hans Bentzien, Unterm roten und schwarzen Adler, Berlin (Volk und Welt) 1992, S. 225.

Am 21. März 1848 veröffentlichte der preußische König Friedrich Wilhelm IV. die Proklamation (öffentliche Erklärung): „An mein Volk“:

An mein Volk und die deutsche Nation! ... Deutschland ist von innerer Gärung (innere Gefahr) ergriffen und kann durch äußere Gefahr (z. B. durch Russland) von mehr als einer Seite bedroht werden. Rettung aus dieser doppelten dringenden Gefahr kann nur aus der innigsten Vereinigung der deutschen Fürsten und Völker unter einer Leitung hervorgehen. Ich übernehme heute diese Leitung für die Tage der Gefahr. ... Ich habe heute die alten deutschen Farben (schwarz-rot-goldene Binde am Arm; Farben aus den Befreiungskriegen gegen Napoleon 1813) angenommen und mich und mein Volk unter das ehrwürdige Banner des deutschen Reiches gestellt. Preußen geht fortan in Deutschland auf.

Zit. nach Tim Klein, Der Vorkämpfer deutscher Einheit und Freiheit, München 1927, S. 209.

M 4

Zug des deutschen Parlaments nach der Paulskirche in Frankfurt am Main am 18. Mai 1848, zeitgenössischer Holzstich, spätere Kolorierung

1 Erstelle mithilfe des Darstellungstextes eine Mindmap zu den Ursachen der deutschen Märzrevolution 1848.

2 **Wähle eine Aufgabe aus:**

a) Gestalte die Titelseite einer Zeitung, die über die Ereignisse im März 1848 berichtet.

b) Gestalte ein Flugblatt mit den Forderungen der Märzrevolutionäre.

3 Beurteile die Auswirkungen der in M2 geschilderten Ereignisse auf das Ansehen des Königs.

4 **a)** Analysiere M3 mithilfe der Arbeitsschritte „Schriftliche Quellen untersuchen“ auf Seite 59.

b) Beurteile die Haltung Friedrich Wilhelms IV. zur Revolution aus Sicht eines Bürgers, der an den Kämpfen am 18. März 1848 in Berlin teilnahm.

Tipp: Was könnte dieser in der Proklamation (M3) als positiv und was als negativ ansehen?

Auf dem Weg zu Verfassung und Nationalstaat – die deutsche Nationalversammlung

Das erste deutsche Nationalparlament stand vor großen Herausforderungen: Welche Rechte sollte die Bevölkerung in der neuen Verfassung erhalten? Und welche Größe sollte das Staatsgebiet haben? Auf dieser Doppelseite untersuchst du, welche Lösungen die Nationalversammlung diskutierte – und beschloss. Auf der Methodenseite (S. 142 f.) erfährst du die Lösung zu einer weiteren Frage: Sollte der künftige Staat eine Republik oder eine Monarchie sein?

Das Parlament „der Professoren"

Über zwei Drittel der Abgeordneten der ersten deutschen Nationalversammlung hatten ein Hochschulstudium absolviert. Der Anteil der Vertreter aus der Wirtschaft und Industrie war deutlich geringer. Arbeiter und Frauen waren gar nicht vertreten. Kritiker bezeichneten das Parlament in der Paulskirche als „Professorenparlament", das nicht die gesamte Bevölkerung repräsentierte. Im Verlauf der Parlamentsdebatten bildeten sich Gruppen, die ähnliche politische Meinungen vertraten. Sie trafen sich in Gaststätten und erarbeiteten gemeinsame Positionen zu den zentralen Fragen. So entstanden die Vorläufer der heutigen Parteien, die sich damals nach ihren Tagungsorten benannten, z. B. hießen Teile der Demokraten „Deutscher Hof" oder die konservativen Anhänger der Monarchie „Café Milani". In der Frankfurter Paulskirche saßen sie dann – wie heute die Fraktionen im Deutschen Bundestag – zusammen und an der Sitzordnung ließ sich die politische Zugehörigkeit erkennen. Links vom Rednerpult aus gesehen saßen die Demokraten, in der Mitte die Liberalen und rechts die Konservativen. Am 28. März verabschiedete das Parlament eine Verfassung. Diskutiert wurde auch, welche Größe das Staatsgebiet haben sollte: Sollte es „großdeutsch" mit oder „kleindeutsch" ohne Österreich sein? Die Abgeordneten beschlossen die „kleindeutsche" Lösung.

Welche Rechte sollte die Bevölkerung in der neuen Verfassung erhalten?

Die folgenden Grundrechte waren bereits 1848 beschlossen worden und wurden in die am 28. März 1849 verabschiedete Reichsverfassung aufgenommen:

§ 133: Jeder Deutsche hat das Recht, an jedem Ort des Reichsgebietes seinen Aufenthalt und Wohnsitz zu nehmen, ...

§ 137: Vor dem Gesetz gilt kein Unterschied der Stände. Der Adel als Stand ist aufgehoben. ... Die Deutschen sind vor dem Gesetz gleich.

§ 138: Die Freiheit der Person ist unverletzlich. ...

§ 140: Die Wohnung ist unverletzlich. ...

§ 143: Jeder Deutsche hat das Recht, durch Wort, Schrift, Druck und bildliche Darstellung seine Meinung frei zu äußern. ...

§ 144: Jeder Deutsche hat volle Glaubens- und Gewissensfreiheit ...

http://www.verfassungen.de/de/de06-66/verfassung48-i.htm und http://www.verfassungen.de/de/gg49-kons-i.htm (11. 1. 2016)

1 Recherchiere im Internet die Grundrechte der Bundesrepublik Deutschland von 1949. Vergleiche diese mit den Grundrechten von 1848/49.

2 Beurteile die Bedeutung dieser Rechte für die Menschen damals und bewerte ihre Bedeutung für uns heute.
Tipp: Welche Rechte sind für dich persönlich wichtig? Begründe deine Meinung.

B

Welche Größe sollte das Staatsgebiet haben?

Rede des österreichischen liberalen Abgeordneten Joseph von Würth vom Januar 1849 vor der deutschen Nationalversammlung:

Wir werden aufgefordert, eine Teilung von Deutschland vorzunehmen, wie sie in der deutschen Geschichte noch nicht vorgekommen ist. ... Lassen Sie sich nicht von der Hoffnung täuschen, dass das, was Sie jetzt gewaltsam trennen, so schnell sich wieder zusammenfügen werde. Die deutschen Länder Österreichs waren immer Kernlande des Deutschen Reichs, sie waren immer ein Teil von Deutschland; sie wollen es bleiben, sie wollen die tausendjährigen Bande nicht aufgeben ... Österreich wird, wenn es von Deutschland gegen seinen Willen getrennt ist, den Einfluss, den es bisher immer in Deutschland hatte und den es jetzt aufgeben soll, zu erhalten suchen. Es wird die Missstimmung benutzen, die in vielen Teilen Deutschlands gegen die neue Gestaltung der Dinge vorhanden sein wird, es wird auf die Schwäche und Zerrissenheit Deutschlands spekulieren. Deutschland dagegen wird, wenn Sie diese Trennung vornehmen, mit den abgetrennten deutsch-österreichischen Provinzen, deren Verlust es nicht verschmerzen kann, beständig liebäugeln. ... Es wird beständig hinarbeiten auf den Zerfall des österreichischen Kaisertums. Ich fürchte, wenn wir die Trennung vollziehen, so wird Österreich Deutschland und Deutschland Österreich zu erobern suchen; beide aber werden sich dabei verbluten unter dem Hohn und dem Jubel unserer gemeinsamen Feinde. Freuen werden sich dabei nur die Deutschland feindlichen Mächte: Russland, England und Frankreich.

http://sammlungen.ub.uni-frankfurt.de/1848/content/pageview/2191909

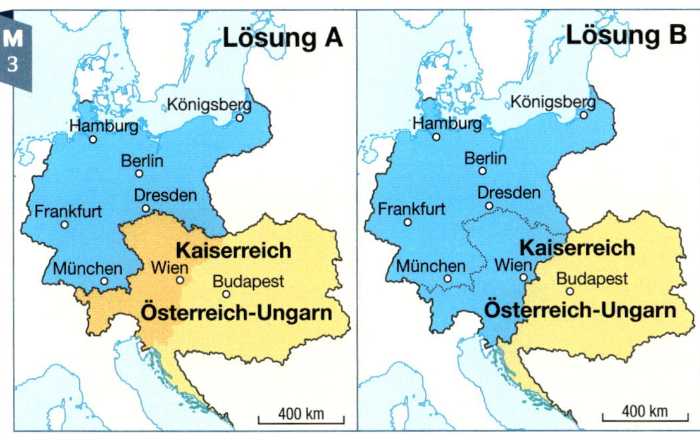

Lösungsvorschläge der Paulskirche für das deutsche Staatsgebiet

1 Analysiere M2 anhand der Arbeitsschritte auf S. 58 f.

2 Formuliere die Rede eines Abgeordneten, der für die „kleindeutsche" Lösung eintritt.

3 Beurteile den Beschluss der Nationalversammlung zur „kleindeutschen" Lösung.
Tipp: Beachte, dass zum damaligen österreichischen Staatsgebiet auch Teile des heutigen Italiens, Tscheiens und Polens gehörten und damit große Bevölkerungsteile keine Deutschen waren.

Aufgabe für alle:
Vergleicht die Ergebnisse und diskutiert die Lösungen der Nationalversammlung: Werden sie den Forderungen der Revolutionäre gerecht?
Tipp: Bezieht auch die Verfassung von 1849 (S. 142) in eure Argumentation mit ein.

Ein Verfassungsschaubild untersuchen

Verfassungen bestimmen, wer die Macht im Staat ausübt, wie sie kontrolliert wird und wie das Zusammenleben der Menschen funktionieren soll. Sie bestehen aus Gesetzen, die kompliziert zu lesen sind, aber in Schaubildern vereinfacht dargestellt werden können. Die Arbeitsschritte für die Untersuchung eines Verfassungsschaubildes lernst du auf dieser Doppelseite kennen.

Viele Ideen von einem zukünftigen Deutschland

Die Abgeordneten in der Frankfurter Nationalversammlung diskutierten nicht nur über die Grundrechte und die Größe des Staatsgebietes (S. 140 f.), sondern auch über die politische Struktur des neuen Staates. Sollte er eine Republik oder eine Monarchie sein? Sollte ein Zentralstaat oder ein Bundesstaat entstehen? Wer sollte das künftige Staatsoberhaupt sein? Nach langen Debatten wurde am 28. März 1849 eine Verfassung verabschiedet. Mit Blick auf die Organisation des Staatsgebietes konnte sich das Parlament auf einen Bundesstaat* einigen, der aus 38 Einzelstaaten (ohne Österreich) bestand. Diese Prinzip nennt man Föderalismus*, der bis heute in Deutschland existiert. Bei der Frage der Machtausübung vertraten die Demokraten die Position, dass Deutschland eine Republik werden soll, in der die Staatsgewalt vom Volk ausgeht und dieses die Macht durch Wahlen an die Herrschenden überträgt. Somit setzten sie sich für das Prinzip der Volkssouveränität* ein und waren gegen die Monarchie. Die konservativen Abgeordneten wollten an der Spitze des Staates einen starken Monarchen, der entweder absolutistisch regiert oder an eine Verfassung gebunden ist und mit dem Parlament zusammenarbeiten musste (konstitutionelle Monarchie*). Welche Idee hat sich nun durchgesetzt?

M 1

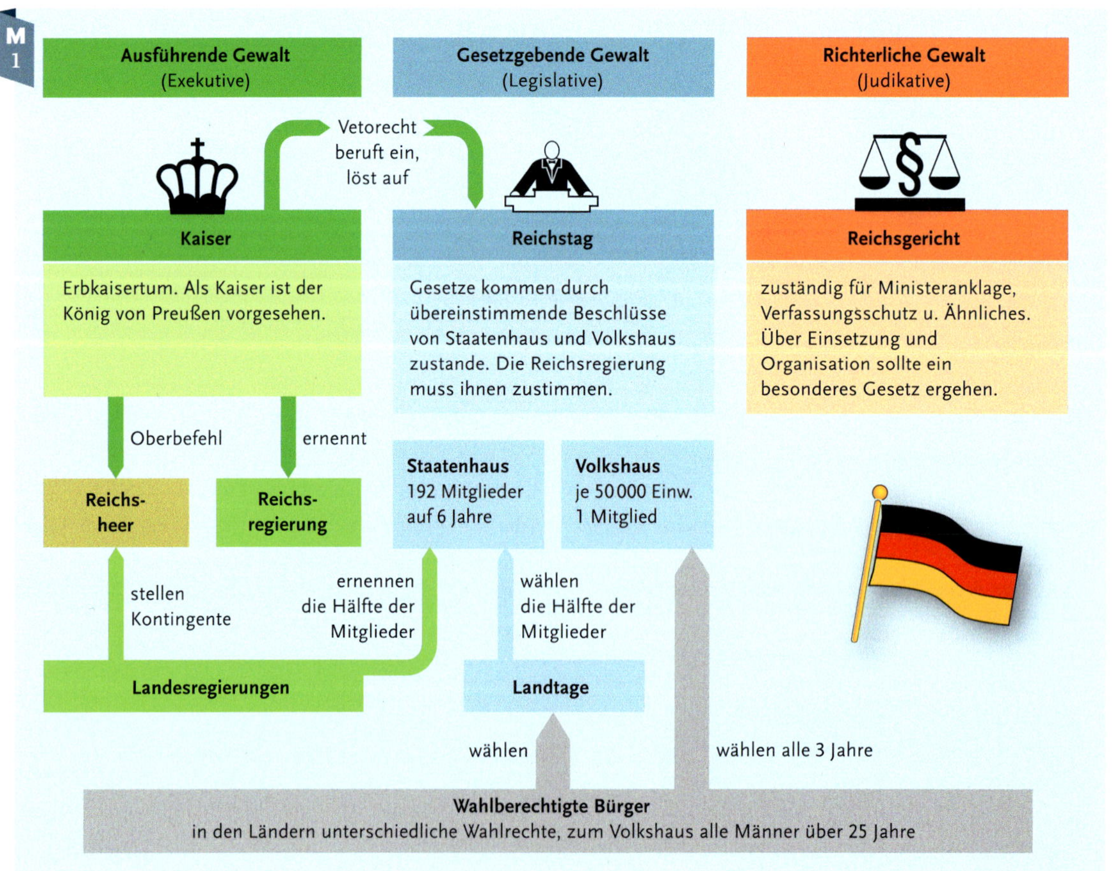

Die Reichsverfassung vom 28. März 1849

Arbeitsschritte „Ein Verfassungsschaubild untersuchen“

Arbeitsschritte Leitfrage(n)	**Lösungshinweise zu M1**
1. Welche Fragestellung bestimmt die Untersuchung des Schaubildes?	• *z. B.: Wer hatte die Macht in Deutschland?*
Einzelne Elemente der Abbildung erfassen	
2. Wie ist das Schaubild zu lesen (von unten nach oben, von links nach rechts)?	• *Alle Zugangsweisen sind denkbar; die Aussagen ändern sich dadurch nicht.*
3. Welche Fachbegriffe werden genannt?	• ...
4. Welche Bedeutung haben Farben, Pfeile etc.	• *Grün symbolisiert die Organe der Exekutive.* • *Die Pfeile verdeutlichen, wie die einzelnen Staatsorgane zusammenhängen und ...*
Formale Aspekte	
5. Für welchen Staat gilt die Verfassung?	• ...
6. Wann und durch wen wurde die Verfassung verabschiedet (angenommen, beschlossen) und wann wurde sie in Kraft gesetzt?	• *Die Verfassung wurde am ... verabschiedet.* • *Die Verfassung ist nicht in Kraft getreten. (Die Ursachen dafür findest du auf Seite ...).*
Inhaltliche Aspekte	
7. Welche Verfassungsorgane sind dargestellt? Welche Aufgaben haben sie?	• *Kaiser, Reichsregierung, ...*
8. Wie ist die Gewaltenteilung umgesetzt? Wer kontrolliert sie?	• *Die Exekutive wird vom Kaiser, der ... und ... ausgeübt.* • *Die Legislative ...* • *Die Judikative ...*
9. Wer darf wen wie oft wählen?	• ...
10. Um welche Herrschaftsform handelt es sich?	• *Es handelt sich um eine ... Monarchie, weil ...*
Urteilen	
11. Für welche Zeitgenossen bedeutete diese Verfassung einen Fortschritt/Rückschritt und warum?	• *Für einen Großteil der männliche Bevölkerung ist es ein Fortschritt, weil ...* • *Für den Monarchen ist es ...*
12. Wie lässt sich die Leitfrage beantworten?	• ...
13. Worüber gibt das Schaubild keine Auskunft?	• *Zum Beispiel darüber, wie das Vetorecht des Kaisers funktioniert. Er hat nämlich nur ein aufschiebendes Veto, was vom Parlament in einer bestimmten Zeit überstimmt werden kann.*

1 Untersuche mithilfe der Arbeitsschritte M1.

2 **Wähle eine Aufgabe aus:**
Vergleiche anhand von selbst gewählten Kriterien die Verfassung von 1848 mit
a) der französischen Verfassung von 1791 (S. 123),
b) der Verfassung der Bundesrepublik Deutschland.

War die Revolution 1848/49 erfolgreich?

Die Revolutionäre von 1848/49 wollten die deutsche Einheit erreichen und hatten sich für politische Ziele eingesetzt, die uns heute als selbstverständlich erscheinen: politische Mitbestimmung und garantierte Grundrechte. Hier erfährst du etwas über das Durchsetzen ihrer Forderungen.

„Gegen Demokraten helfen nur Soldaten"

Während die Abgeordneten in der Paulskirche um eine Verfassung rangen, kam es erneut zu bewaffneten Auseinandersetzungen im Land. Noch hatten die Monarchen in den deutschen Einzelstaaten die Macht über das Militär. Sie gewannen wieder Selbstvertrauen und begannen die Revolution offen zu bekämpfen. Die Gegenrevolution setzte zuerst in Wien ein: Am 28. Oktober 1848 begannen die kaiserlichen Truppen den Sturm auf die Stadt. Wien war innerhalb von drei Tagen vollständig besetzt. Robert Blum, überzeugter Demokrat und Abgeordneter der Paulskirche, der sich an den Kämpfen beteiligt hatte, wurde inhaftiert und am 9. November 1848 hingerichtet. Die Nachricht vom Erfolg des österreichischen Monarchen im Kampf gegen die Revolutionäre erreichte schnell Berlin. Hier rückte am 10. November das preußische Militär unter General Wrangel ein und verhängte den Belagerungszustand. Die im Mai zusammengetretene preußische Nationalversammlung wurde kurzerhand aufgelöst.

Der König lehnt die Krone ab

Trotz dieser Veränderungen arbeiteten die Abgeordneten in der Frankfurter Nationalversammlung an der Verfassung, die am 28. März 1849 verabschiedet wurde. Deutschland ohne Österreich sollte ein Erbkaisertum sein (S. 142). Zum ersten Kaiser des neuen Staates wählten die Abgeordneten den preußischen König Friedrich Wilhelm IV. Ihm wurde durch eine Delegation aus Frankfurt am 3. April 1849 die Krone angetragen. Erst Ende April reagierte Friedrich Wilhelm IV. und lehnte die Kaiserkrone ab. Sie sei ein „Hundehalsband der Parlamentarier", dem der „Ludergeruch" (Luder = totes Tier als Köder für Raubwild) der Revolution anhafte. Ein legitimer König von Gottes Gnaden trage einen solchen „Reif aus Dreck und Letten" (= Lehm) nicht!

Obwohl die Empörung über die Ablehnung groß war, bleiben die Vertreter der neuen Verfassung machtlos. Preußen und Österreich zogen ihre Abgeordneten aus Frankfurt ab, viele andere gaben auf und verließen die Nationalversammlung. Ein „Rumpfparlament" aus ca. 150 Demokraten und republikanisch Gesinnten wich Anfang Juni nach Stuttgart aus, wurde aber am 18. Juni 1849 von württembergischen Truppen zerschlagen. Die letzten Revolutionäre bäumten sich in der Bundesfestung Rastatt im Großherzogtum Baden gegen die Niederlage auf. Sie wurden am 23. Juli 1849 von preußischen Truppen besiegt. Zahlreiche Revolutionäre wurden standrechtlich erschossen. Damit endete die deutsche Revolution 1848/49. Durch einen Vertrag zwischen Österreich und Preußen wurde 1850 der Deutsche Bund wiederhergestellt.

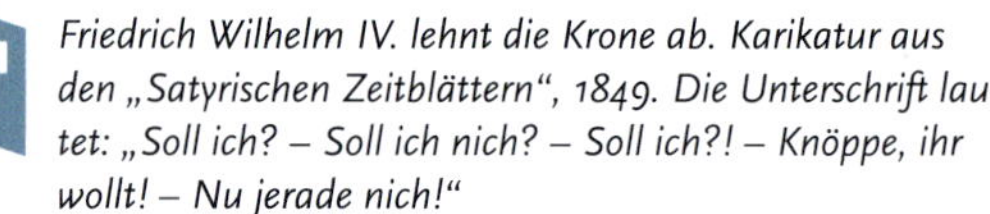

M1 *Friedrich Wilhelm IV. lehnt die Krone ab. Karikatur aus den „Satyrischen Zeitblättern", 1849. Die Unterschrift lautet: „Soll ich? – Soll ich nich? – Soll ich?! – Knöppe, ihr wollt! – Nu jerade nich!"*

Lesen, paar Grü schreiben, warum die Re ution scheiterte

Der Historiker Thomas Nipperdey zum Scheitern der Revolution 1848/49 (1998):

[Die Liberalen] trieben eine Politik der Mitte, gegen die Linke[1] gewiss, aber gegen die alten Mächte ... Sie waren keine dezidierten[2] Revolutionäre gewesen, sondern Revolutionäre wider Willen; sie machten vor den Thronen Halt; sie wollten die Revolution beenden und in Legalität[3] überführen ... Und die Einheitsforderung stieß auf den ... Partikularismus[4] der deutschen politischen Welt ... Sie stieß zudem auf den deutschen Dualismus: Nationale Einheit gab es nicht ohne Österreich, nicht ohne Preußen, aber solange die als Staaten bestanden, stellte sich das Problem der Führung ... Deutsche Einheit, deutsche Grenzen, deutsche Freiheit und ein Stück sozialer Gerechtigkeit – das waren schon vier Probleme, die gleichzeitig anstanden und die doch ältere (und insofern glücklichere) Nationen nacheinander zu lösen hatten versuchen können. Aber das war kein Zufall: Ohne nationale Einheit konnte es keine bürgerliche Herrschaft geben und auch nicht ohne bürgerliche Gesellschaft. Freiheit und Einheit waren nicht zu trennen. Es ist die Vielzahl der Probleme gewesen und ihre Unlösbarkeiten, die zum Scheitern der Revolution geführt hat. Man wollte einen Staat gründen und eine Verfassung durchsetzen, beides zugleich und das angesichts gravierender sozialer Spannungen.

Thomas Nipperdey, Deutsche Geschichte 1800–1866, München (C. H. Beck) 1998, S. 664ff.

[1] *die republikanisch gesinnten Radikaldemokraten*
[2] *entschlossen*
[3] *durch Gesetze abgesicherter Zustand*
[4] *Interessen der Einzelstaaten*

Der Historiker Theodor Schieder zu den Auswirkungen der Revolution (1975):

Trotz aller Rückschläge ... in der Revolutionsära ist aber der gesellschaftliche Emanzipationsprozess[1], den ... die unter dem Einfluss der Revolution stehenden Parlamente und Regierungen vorangetrieben haben, nach dem Scheitern der Revolution in der Hauptsache nur verlangsamt, aber nicht aufgehalten worden ... Überhaupt kann man die Entstehung politischer Parteien, die zum Teil schon eine massentümliche Basis besitzen, als eines der wesentlichsten politischen Ergebnisse der 48er-Revolution bezeichnen. Die Wahlbewegung von 1848, die parlamentarischen Erfahrungen vor allem in Frankfurt und Berlin, aber auch in Wien ... , die lange dauernde politische Hochspannung der Revolutionsjahre, das Zusammentreffen von Politikern aus allen Teilen Deutschlands schufen die Voraussetzungen für politische Zusammenschlüsse, für die Entstehung parlamentarischer und außerparlamentarischer Organisationen. Das gilt für fast alle politischen Bewegungen.

Theodor Schieder, Vom Deutschen Bund zum Deutschen Reich (Gebhardt: Handbuch der deutschen Geschichte, Bd. 15), 10. Aufl., Stuttgart (Klett-Cotta) 1985, S. 104f.

[1] *Emanzipation: Befreiung*

1 a) **Methode:** Untersuche M1 mithilfe der Arbeitsschritte S. 117.
b) Erkläre mithilfe des Darstellungstextes die Gründe für die Ablehnung der Krone durch den preußischen König und die Änderung seiner Haltung vom 21. März 1848.

2 **Geschichte kontrovers (Partnerarbeit):**
a) Analysiert zunächst in Einzelarbeit M2 bzw. M3 mithilfe der Arbeitsschritte S. 135.
b) Vergleicht eure Ergebnisse, indem ihr unter Bezugnahme der Leitfrage die Positionen und mindestens zwei zentrale Begründungen der Historiker gegenüberstellt.

3 **Wähle eine Aufgabe aus:**
a) Beurteile aus Sicht eines zeitgenössischen Demokraten (also 1848/49), ob die Revolution ein Erfolg war.
b) Bewerte aus heutiger Sicht, ob die Revolution ein Erfolg war.
Tipp: Nutze die Definition des Begriffes „Revolution".

1780 | 1790 | 1800 | 1810

1789
5. Mai: Eröffnung der Generalstände
17. Juni: Gründung Nationalversammlung
20. Juni: Ballhausschwur
14. Juli: Sturm auf die Bastille
4./5. August: Abschaffung der Vorrechte des 1. u. 2. Standes
26. August: Erklärung der Menschen- und Bürgerrechte
5./6. Oktober: Hof und Nationalversammlung nach Paris verlegt

1792
Ludwig XVI. wird abgesetzt.
Frankreich wird Republik

1807
Beginn Preußische Reformen

1812
Napoleons Russland-Feldzug

1813
Beginn der Freiheitskriege

1815
Niederlage Napoleons

Politische Revolutionen

Aufklärung und Emanzipation

Im 18. Jahrhundert wurde die Aufklärung zur vorherrschenden gesamteuropäischen Geistesbewegung. Die Aufklärer erhoben den Anspruch, ein neues Zeitalter einzuleiten, in dem das „Licht der Vernunft" anstelle unbewiesener Glaubenssätze sowie kirchlicher und fürstlicher Bevormundung herrschen solle. Die Aufklärer ermunterten die Menschen nicht nur zu Kritik und geistiger Freiheit, sie forderten auch Toleranz gegenüber Andersdenkenden und -gläubigen. Die Aufklärung brachte auch für die Emanzipation der Frauen Forschritte: Das Prinzip der Gleichheit sollte für alle Menschen gelten – ungeachtet ihrer Herkunft und ihres Geschlechts. Auch für die Emanzipation der Juden gab die Aufklärung Impulse.

Aufgeklärter Absolutismus

In vielen europäischen und deutschen Staaten folgten die Herrscher aufklärerischen Ideen. Die Vorstellung vom Gottesgnadentum wurde ersetzt durch die Theorie vom Gesellschaftsvertrag, nach dem der Fürst auf das Gemeinwohl verpflichtet sei. Im Sinne dieser Herrschaftsauffassung verstanden sich die „aufgeklärten Monarchen" nicht mehr als Eigentümer des Staates, sondern als ein Staatsorgan, dessen Aufgabe es ist, das Wohl seiner Untertanen zu sichern. Aus dieser Verpflichtung leiteten sie weitgehende politische, wirtschaftliche und soziale Reformen ab.

Das bekannteste und zugleich umstrittenste Beispiel für den aufgeklärten Absolutismus ist die Regierungszeit des preußischen Königs Friedrichs II. (Reg. 1740–86). Am weitesten gingen seine Reformen in der Rechtspolitik.

Ursachen der Französischen Revolution

Gegen Ende des 18. Jahrhunderts geriet Frankreich in eine tiefe gesellschaftliche Krise. Missernten führten zu Versorgungsproblemen und Preissteigerungen. Wiederholt kam es zu Hungerunruhen. Der Staat befand sich aufgrund der hohen Verschuldung in einer katastrophalen Finanzlage. Der König scheiterte mit seinem Versuch, die Steuern zu erhöhen, am Widerstand des ersten und zweiten Standes. Der dritte Stand, die Bauern und Bürger, der die wesentlichen finanziellen Lasten trug, begehrte zusehends auf.

Verfassungsrevolution

Als König Ludwig XVI. im Frühjahr 1789 die Generalstände in Versailles zur Behebung der Finanzkrise einberief, verlangten die Vertreter des dritten Standes grundlegende Veränderungen. Eine Hauptforderung war die Abstimmung „nach Köpfen" und nicht – wie bisher – nach Ständen. Weil diese Forderung auf Widerstand des ersten und zweiten Stande stieß, erklärte sich der dritte Stand zur Nationalversammlung, der das Recht auf die Gesamtrepräsentation der Franzosen zustehe.

1820 | 1830 | 1840 | 1850

1817
Wartburgfest

1830/31
Julirevolution Frankreich
Novemberrevolution Polen

1832
Hambacher Fest

1848
Märzrevolution
Paulskirchenparlament

1849
Friedrich Wilhelm IV.
lehnt Kaiserkrone ab.

Die städtische Revolution

In Paris eroberten die Aufständischen am 14. Juli 1789 die Pariser Stadtfestung. Militärisch ohne Bedeutung erlangte der Sturm auf die Bastille eine Symbolkraft für die gesamte Französische Revolution. In den Städten kam es zu Aufständen, die zur Bildung neuer, bürgerlicher Stadträte sowie zur Gründung von Bürgermilizen führten.

Die Revolution der Bauern

Auch auf dem Land kam es zu revolutionären Unruhen, worauf die reformorientierten Abgeordneten der Nationalversammlung in einer Nachtsitzung vom 4. auf den 5. August 1789 den Verzicht auf feudale Abgaben und auf alle steuerlichen Privilegien verabschiedeten.

Menschen- und Bürgerrechte

Am 26. August 1789 verabschiedete die Nationalversammlung die Erklärung der Menschen- und Bürgerrechte. Die Gesetze sollten den allgemeinen Willen zum Ausdruck bringen. Garantiert wurden die Gleichberechtigung der Bürger, die Meinungs-, Presse- und Glaubensfreiheit sowie das Privateigentum.

Radikalisierung der Revolution

Die Verfassung von 1791 enthielt mit der Gewaltenteilung und den Grundrechten zentrale Forderungen der Aufklärer. Frankreich wurde von einer absoluten in eine konstitutionelle Monarchie umgewandelt. Die Verfassung scheiterte am Einfluss der Jakobiner, die 1792 Ludwig XVI. absetzten und die Republik ausriefen. Nach der Hinrichtung des Königs im Januar 1793 begann die Schreckensherrschaft des Wohlfahrtsausschusses unter Robespierre 1793/94.

Die Herrschaft Napoleons

Die Regierungsmacht erhielt ein Direktorium, das jedoch 1799 durch den militärisch erfolgreichen General Napoleon Bonaparte gestürzt wurde. Mit seiner Krönung 1804 erneuerte er die Monarchie. Sein Ansehen steigerte er innenpolitisch z. B. mit dem Code civil und außenpolitisch mit seinem zunächst erfolgreichen Kampf um die Vorherrschaft in Europa. Er gründete den Rheinbund, was 1806 zur Auflösung des Heiligen Römischen Reiches Deutscher Nation führte. Letztendlich wurde Napoleon von einer breiten europäischen Allianz geschlagen und verbannt. Der Wiener Kongress 1814/15 schuf eine neue europäische Ordnung, die die alten vorrevolutionären Verhältnisse restaurierte.

Die Revolution von 1848/49

Die Revolution verlief zunächst erfolgreich. Nach Unruhen in Berlin und anderen Städten trat im März 1848 das erste frei gewählte Parlament in der Frankfurter Paulskirche zusammen. Die Abgeordneten erarbeiteten eine Verfassung und einigten sich auf eine konstitutionelle Monarchie unter preußischer Führung. Der preußische König lehnte die Kaiserkrone jedoch ab und die Fürsten schlugen die Revolution nieder.

In diesem Kapitel konntest du folgende Kompetenzen erwerben:

- die Ziele der Aufklärung erklären
- den Zusammenhang von Aufklärung und Emanzipation am Beispiel der Frauen und der Juden erläutern
- den aufgeklärten Absolutismus am Beispiel Friedrichs II. beurteilen
- Ursachen, Verlauf, Ergebnisse und Folgen der Französischen Revolution darstellen
- die Herrschaft Napoleons beschreiben und beurteilen
- die Ergebnisse des Wiener Kongresses nennen und beurteilen
- Ursachen, Verlauf und Ergebnisse der Revolution 1848/49 darstellen
- das Scheitern der Revolution 1848/49 beurteilen
- **Methode:** Eine Karikatur untersuchen
- **Methode:** Darstellungen untersuchen
- **Methode:** Ein Verfassungsschaubild untersuchen
- **Methode:** Ein historisches Urteil bilden

Der Historiker Bruno Preisendörfer über den preußischen König Friedrich II., 2012:

Friedrich II. gilt als der größte Herrscher seiner Zeit. Aber war er das wirklich? ...
Die Erneuerung des Rechts erwies sich ... als ein zäher Prozess. Er schaffte die Folter ab, aber in den Gefängnissen merkte davon niemand etwas ... Friedrichs Gesetz konnte die Androhung und Anwendung von Gewalt in der städtischen Justiz nicht verhindern ... In seiner religiösen Toleranz war er geprägt von politischer Zweckmäßigkeit. Die Gleichstellung der Juden wurde unter Friedrich nicht erreicht ... [S]ie litten unter Sondersteuern und rechtlichen Nachteilen.
Bei seinen Feldzügen zeigte sich Friedrich von rücksichtsloser Entschlossenheit. Als in Wien der Kaiser starb, legte er die Flöte beiseite und marschierte mit Pauken und Trompeten nach Schlesien.

http://www.zeit.de/zeitgeschichte/2011/04/Aufklaerung-Preussen (Download vom 18. 3. 2014).

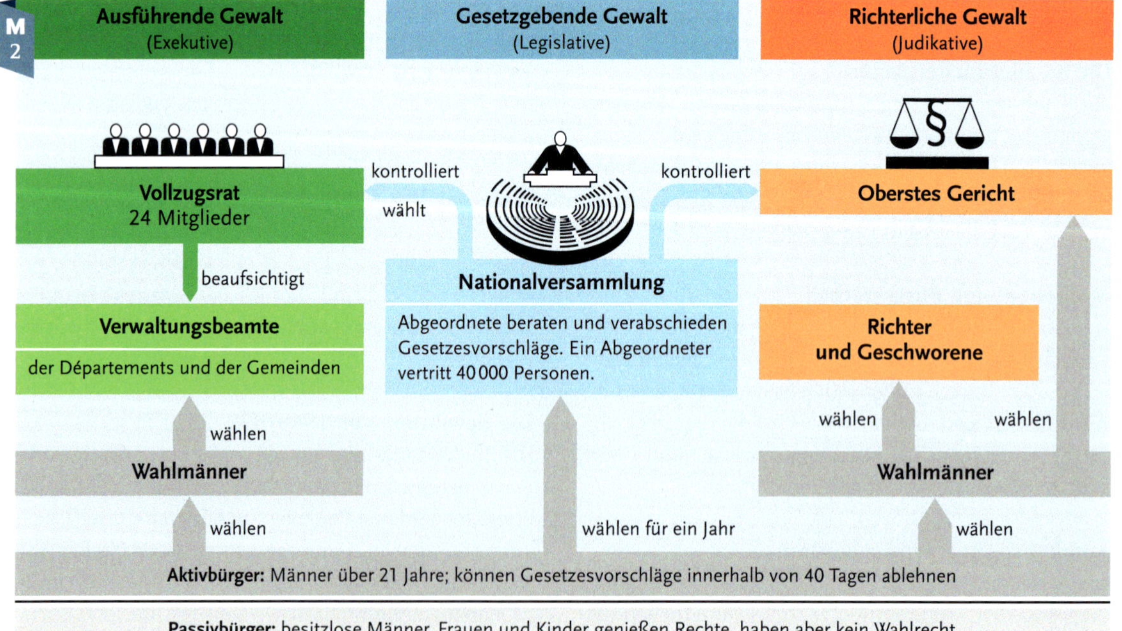

Die französische Verfassung von 1795

Der ehemalige Bundespräsident Walter Scheel bei der 150-Jahrfeier des Hambacher Festes:

Deutscher sein zu wollen, bedeutete damals nicht, deshalb Antifranzose oder Antipole zu sein. Im Gegenteil: Hier in Hambach wurde ein Stück europäischer Solidarität sichtbar. Man wusste genau, dass ich meine Freiheit und die meiner Mitbürger nicht mit Unfreiheit der Nachbarnationen erkaufen kann – und sie ihre Freiheit nicht mit meiner Unfreiheit. Man wusste damals in Hambach, dass Freiheit ein gemeinsames Anliegen der europäischen Völker ist. Deshalb gehörte der Ruf nach einem konföderierten, republikanischen Europa zu den politischen Forderungen.

Zit. nach Walter Scheel, Bekenntnis zu Europa. In: Manfred H. Däuwel (Hg.), Hambach in Europa – es lebe das confoederirte republikanische Europa, Bonn (Europa-Union-Verlag) 1983, S. 3.

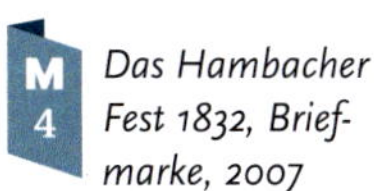

M4 *Das Hambacher Fest 1832, Briefmarke, 2007*

Darstellen – historisch erzählen

1 **Partnerarbeit:** Erklärt euch gegenseitig die folgenden Begriffe: Aufklärung, aufgeklärter Absolutismus, Revolution.

2 **Wähle eine Aufgabe aus:**

a) Stelle wesentliche Aspekte der Französischen Revolution in einem Kurzvortrag dar.

b) Stelle wesentliche Aspekte der Revolution 1848/49 in einem Kurzvortrag dar.

Methoden anwenden

3 Untersuche die Darstellung (M1) mithilfe der Arbeitsschritte S. 135.

4 **a)** Untersuche die Verfassung (M1) mithilfe der Arbeitsschritte S. 143.

b) Vergleiche die Verfassung mit der von 1791 (S. 123).

Deuten und analysieren

5 **a)** Erarbeite die wesentlichen Aussagen des Redners (M3) über das Hambacher Fest.

b) Erkläre, warum man in Deutschland 175 Jahre nach dem Hambacher Fest eine Gedenkbriefmarke druckt (M6). Nutze die S. 137.

Urteilen

6 Vergleiche die französische Menschenrechtserklärung von 1789 (S. 120f.) mit dem Grundrechte-Katalog der deutschen Paulskirchenverfassung von 1849 (S. 140).

Webcode: FG647255-149
Selbsteinschätzungsbogen

Jannowitzbrücke und Stadtbahnho

5

Epochenvertiefung: Technisch-industrielle Revolution (ca. 1750–1900)

„Und wirklich! Da kam es, das gewaltige Geschöpf mit seinen beiden Glühaugen, einen langen Zug wie im Spiel hinter sich her ziehend", schreibt ein Zeitzeuge 1841, als er erstmals eine Eisenbahn sah. Bald werde man, sagte er voraus, mit Gleichgültigkeit auf dieses „Wunderwerk des Menschengeistes" blicken. Und nicht daran denken, „welche wunderbaren Wandlungen in der Weltgeschichte es bewirkt hat". Tatsächlich wurde die Eisenbahn zum Motor der technisch-industriellen Revolution im19. Jahrhundert. In Preußen wurde 1838 die erste Eisenbahnstrecke eingeweiht: Sie verband Berlin und Potsdam. Nur wenige Jahre später gehörten die Lokomotiven zum Stadtbild.

Beschreibe das Gemälde. Erläutere die Veränderungen im Verkehrswesen.

Die Stadtbahn an der Jannowitzbrücke in Berlin, Feldpostkarte, 1909

1760 | 1770 | 1780 | 1790 | 1800 | 1810 | 1820 | 1830

Beginn der Industrialisierung in England

Beginn der Industrialisierung in Deutschland

1789 Französische Revolution

Epochenvertiefung: Technisch-industrielle Revolution

„Die Teilung der Arbeit, die Benutzung der Wasser- und besonders der Dampfkraft und der Mechanismus der Maschinerie – das sind die drei großen Hebel, mit denen die Industrie seit der Mitte des vorigen Jahrhunderts daran arbeitet, die Welt aus ihren Fugen zu heben", schreibt der Fabrikantensohn Friedrich Engels 1845 nach seinem Besuch in der englischen Stadt Manchester. Auch andere Zeitgenossen erkannten, dass die „Macht der Maschinen" im Zeitalter der Industrialisierung eine grundlegende Umwälzung der Arbeits- und Lebensbedingungen bewirkte. Der Prozess wird auch als „Industrielle Revolution" bezeichnet – vergleichbar mit der Neolithischen Revolution vor etwa 10 000 Jahren, als sich die Jäger und Sammler zu sesshaften Viehzüchtern und Bauern entwickelten.

Die Folgen der Industrialisierung im 19. Jahrhundert lösten bei Zeitgenossen wie Historikern heftige Diskussionen aus: Einerseits werden die technischen Neuerungen wie die Eisenbahn sowie die Automatisierung der Arbeit hervorgehoben. Andererseits betonen die Kritiker, die Industrialisierung habe die Menschen aus ihrem „natürlichen" Lebensumfeld gerissen – und die Umwelt verschmutzt; ein Problem, das bis heute nicht gelöst ist.

In diesem Kapitel erfährst du:

- Warum setzte die Industrialisierung zuerst in England und in Deutschland verspätet ein?
- Welche Folgen hatte die Industrialisierung für die Lebenswelt der Menschen?

Hinweis: über die Soziale Frage im Industriezeitalter siehe Kap. 6 „Armut und Reichtum"

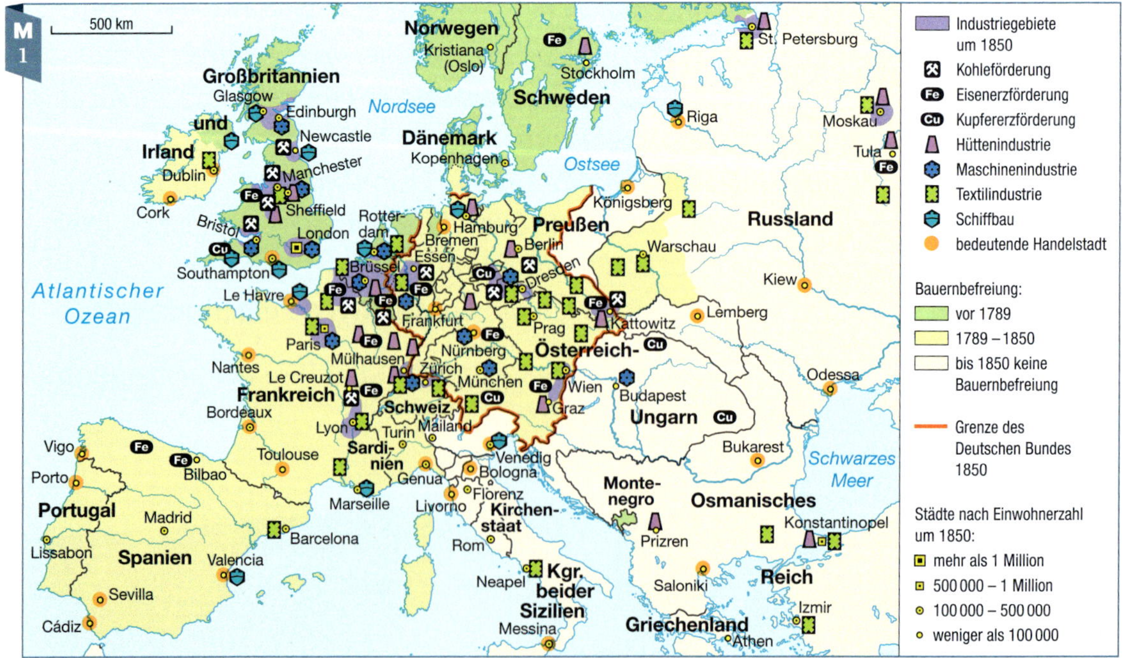

Die Industrialisierung in Europa bis 1850

1840 | 1850 | 1860 | 1870 | 1880 | 1890 | 1900 | 1910 | 1920

1848/49 Revolutionen in Europa

1871 Gründung des Deutschen Reichs

1914–1918 Erster Weltkrieg

M2

Eisenwalzwerk, Gemälde von Adolph Menzel, 1875

M3

Erste Eisenbahn in Deutschland: Abfahrt des Eröffnungszuges von Nürnberg nach Fürth am 7. 12. 1835, Zeichnung, 19. Jh.

1 Erläutere anhand von Beispielen die Entstehung von Industriezentren in Europa Anfang des 19. Jahrhunderts (M1).

2 Beschreibe M2. Diskutiere Vor- und Nachteile des Einsatzes von Maschinen.

3 Erkläre den Nutzen der Eisenbahn im Vergleich zur Kutsche (M3).

4 Überlege, ob eine Erfindung in der Gegenwart für dich revolutionär ist, und begründe.

Von der Werkstatt zur Fabrik

Jahrhundertelang wurden Stoffe in der Heimarbeit mit Spinnrädern produziert. Ursprünglich stammt das Spinnrad aus dem Orient und begann sich im 13. Jahrhundert in Mitteleuropa zu verbreiten. Erst 500 Jahre wurde später das Spinnen durch den Engländer James Hargreaves automatisiert.

- ***Mit welcher revolutionären Erfindung gelang ihm das?***

M 1

Traditionelles Spinnen in der Wohnung: Aus Baumwolle wurde mittels Spinnen zunächst Garn hergestellt. Dazu wurden die Fasern verdreht und auf einem Spinnrad aufgespult, Kupferstich, 1883

M 2

Beginn der Automatisierung in der Werkstatt: Wenn man das Rad drehte, zogen und drehten die Spindeln die Wolle automatisch zu Fäden. Damit konnte ein Mensch so viel Garn spinnen wie acht Menschen mit je einem Spinnrad, Kupferstich, 18. Jh.

M 3

Maschinelles Spinnen in der Fabrik: Mechanische Webstühle in einer Baumwollfabrik, Stahlstich, um 1835

„Spinning Jenny"

Erschrocken sahen alle zum Vater. Tochter Jenny hatte aus Versehen ein Handspinnrad umgestoßen. Der Vater, der englische Weber James Hargreaves, verwies jedoch mit seiner Hand auf den Boden: Rad und Spindel drehten sich wie von selbst weiter. Das brachte den Weber auf die Idee, das Spinnen zu automatisieren. 1764 baute Hargreaves eine Maschine, die er nach seiner Tochter „Spinning Jenny" nannte. Ob die überlieferte Geschichte stimmt, können Historiker nicht beweisen. Belegt ist jedoch, dass sich Hargreaves mit seiner Erfindung an einem Wettbewerb beteiligte, den die „Gesellschaft zur Förderung des Handwerks und der Manufakturen" ausgeschrieben hatte. Den ersten Preis sollte derjenige erhalten, der eine Spinnmaschine entwickelt, die „sechs Fäden Wolle, Flachs, Hanf oder Baumwolle gleichzeitig spinnt, sodass nur eine Person zur Bedienung nötig ist". Hargreaves gewann den Wettbewerb. Seine Maschine zum Verspinnen von Baumwolle zu Garn ersetzte acht Spinnräder. Von dem Preisgeld richtete er sich eine Werkstatt ein, die jedoch kurz darauf von wütenden Webern gestürmt wurde. Dabei zerstörten sie die „Spinning Jenny", durch die sie ihre Existenz bedroht sahen.

Entstehung von Fabriken

Proteste dieser Art hielten die industrielle Entwicklung jedoch nicht auf. Und Hargreaves ließ sich nicht einschüchtern: Er flüchtete nach Nottingham, meldete für seine Erfindung 1770 ein Patent an und errichtete eine kleine Fabrik. Sie befand sich in der Nähe der Fabrik seines Konkurrenten Richard Arkwright, der 1769 die „Waterframe" erfunden hatte. Diese Spinnmaschine wurde mit Wasserkraft angetrieben und war daher an ein fließendes Gewässer gebunden. Für eine Werkstatt war sie nicht mehr geeignet. Und so entstanden immer weitere Fabriken, in denen alle notwendigen Arbeitsschritte gleichzeitig ausgeführt werden konnten. Die Textilproduktion wurde zum Motor der Industrialisierung in England.

Der preußische Beamte May über die englische Baumwollspinnerei, 1814

Im Auftrag der preußischen Regierung berichtete der Beamte über seine Reise nach Manchester, den Hauptort der englischen Baumwollindustrie.

Zu Hunderten sieht man fünf und sechs Stock hohe Fabrikgebäude hervorragen, zur Seite mit turmhohen Schornsteinen versehen, welche schwarzen Steinkohlendampf aushauchen und damit andeuten, dass hier mächtige Dampfmaschinen wirksam sind. Die Wolke, welche der Steinkohlendampf bildet, ist von vornher schon zu bemerken. Die Häuser sind davon schwarz gefärbt. Der Fluss, welcher Manchester bewässert, ist so mit ausgeflossenen Farbflotten angefüllt, dass er selbst einer Farbenbrühe ähnlich sieht. ... Baumwollspinnereien sieht man von aller Gattung und Art. Um Arbeitslohn zu sparen, hat man die Anlagen der Mules [Maschinen] so weit getrieben, dass 600 Spinnspillen [Spinnwinden] von einer erwachsenen Person und von zwei Kindern versehen werden. Zwei Mules, welche diese Anzahl Spillen enthalten, stehen sich gegenüber. Die Wagen werden durch die Kraft der Dampfmaschine wechselseitig ausgezogen; das Zurückschieben derselben besorgt die erwachsene Person ... Die Kinder sind zu beiden Seiten zum Anknüpfen der gerissenen Fäden in Bereitschaft ... In den großen Spinnereien sind die verschiedenen Arten von Maschinen wie die Bataillone in einer Armee aufgestellt. ...

Zit. nach Jürgen Kuczynski, Darstellung der Lage der Arbeiter in England von 1760 bis 1832, Bd. 33, (Akademie Verlag), Berlin 1964, S. 174ff.

Der Schweizer Wirtschaftswissenschaftler Christoph Bernoulli über die englische Baumwollspinnerei (1827):

Eine der ersten, unmittelbarsten Folgen, welche die Erfindung der Spinnmaschinen hatte, war ohne Zweifel der fabrikmäßige Betrieb des Baumwollspinnens. Die Einführung großer Maschinen veränderte notwendig die Verhältnisse ganz. Sie erforderten große und dazu besonders eingerichtete Gebäude, große Kapitalien[1], Tiere oder Elementarkräfte zum Betrieb, Arbeiter, die ausschließlich diesem Gewerbe ... sich ergaben, eine gehörige Verteilung und Anordnung aller Operationen usw. Mit dem Aufkommen des Maschinenspinnens ergab sich daher auch der fabrikförmige Betrieb dieser Industrie ... Die Arbeit der Spinner wurde ungleich produktiver. Keine Wirkung ist wohl auffallender als diese und bei keiner Erfindung war dieses Ergebnis so erstaunenswürdig; sehen wir, was jetzt 100 oder 200 Menschen in einer mechanischen Spinnerei zu produzieren vermögen und wie viel dieselbe Anzahl ehemals liefern konnte. Viele geben diese Steigerung der Produktivität wenigstens auf das 100-oder 120-Fache, manche sogar auf das 150-Fache an.

Zit. nach Wilhelm Treue/Karl-Heinz Manegold, Quellen zur Geschichte der industriellen Revolution, Göttingen (Musterschmidt) 1979, S. 103f.

[1] *Finanzkraft*

Werkstatt
Arbeitsstätte mit Werkzeugen oder Maschinen zur Fertigung oder Reparatur von Produktionsgütern (z. B. eine Tischlerei- oder Schlosserwerkstatt)

Manufaktur
(lat. manus = Hand, factura = das Machen) Übergangsform von der Werkstatt zur Fabrik

Fabrik
(lat. fabrica = Werkstätte) Zentralisierte Produktion von Waren in Gebäuden mit Kraftmaschinen (z. B. Dampfmaschinen) als Antrieb und Arbeitsmaschinen (z. B. Drehmaschinen) zur Bearbeitung von Rohstoffen. Weitere Merkmale sind Arbeitsteilung und eine Vielzahl von Arbeitskräften.

1 Beschreibe anhand von M1–M3, wie sich die Technik des Spinnens veränderte. Nutze auch den Darstellungstext sowie die Begriffe „Handwerk“ und „Fabrik“.

2 **Wähle eine Aufgabe aus:**
Schreibe einen Tagebucheintrag aus der Sicht
a) eines Webers, der sich an der Zerstörung der „Spinning Jenny“ beteiligt hat, oder
b) von James Hargreaves nach der Zerstörung seiner Werkstatt.

3 **Wähle eine Aufgabe aus:**
a) Erläutere anhand von M4 erste Auswirkungen der Industrialisierung auf die Arbeitsbedingungen und die Umwelt.
b) Erläutere anhand von M5, wie sich die Arbeitswelt der Spinnerinnen und Spinner veränderte.

4 Bewerte die Entwicklung der Baumwollspinnerei, indem du Vor- und Nachteile in einer Tabelle zusammenstellst.

England – „Mutterland der Industrialisierung“

Die technisch-industrielle Revolution begann in der Mitte des 18. Jahrhunderts in England. Erst 50 Jahre später setzte sie auch auf dem europäischen Kontinent und in Nordamerika ein. England gilt daher als „Mutterland der Industrialisierung“.

- *Warum begann die Industrielle Revolution in England?*

M 1

Einsatz einer „Feuermaschine“ des Engländers Thomas Newcomen im englischen Kohlebergbau, mit der Grubenwasser abgepumpt wurde (Ausschnitt), unbekannter Maler, 1792.

„Ein Land wie kein anderes“

Vor 60–80 Jahren sei England ein Land gewesen wie alle anderen, schrieb der Fabrikant Friedrich Engels 1845: „mit kleinen Städten, wenig und einfacher Industrie und einer verhältnismäßig großen Ackerbaubevölkerung. Und jetzt: Ein Land wie kein anderes, … mit großen Fabrikstädten, mit einer Industrie, die die ganze Welt versorgt und die fast alles mit den kompliziertesten Maschinen macht …“ . Wie war so etwas möglich?

Technik und Bevölkerung

Für die Beantwortung der Frage, warum England als „Mutterland der Industrialisierung“ gilt, muss eine Reihe von Voraussetzungen angeführt werden. Eine erste Voraussetzung bildeten die technischen Erfindungen, die zum Motor der Industrialisierung wurden: Vor allem die Spinnmaschine von Hargreaves (S. 154) und die Dampfmaschine von James Watt (1769) revolutionierten die Textilindustrie und führten zum Bau von Fabriken, in denen kostengünstig Massenprodukte hergestellt werden konnten. Ein zweite Voraussetzung war die Bevölkerungsentwicklung: Zwischen 1780 bis 1850 stieg die Bevölkerung von acht auf 18 Millionen, bis 1900 auf 32 Millionen an. Eine bessere medizinische Versorgung, z. B. eine Pockenschutzimpfung, sowie höhere Erträge in der Landwirtschaft durch neue Maschinen, z. B. Sämaschinen, und neue Früchte und Gemüsesorten, z. B. die Kartoffel aus Südamerika oder die Erbsen aus Kleinasien, führten zu einer steigenden Lebenserwartung. Außerdem konnten Bauern in die Städte umziehen. Die Schule vermittelte Grundkenntnisse, damit genügend Arbeitskräfte die Maschinen bauen und bedienen konnten.

Wirtschaft und Politik

Die wirtschaftlichen Bedingungen waren eine dritte Voraussetzung. England verfügte über einen großen Binnenmarkt mit einem weitgehend einheitlichen Finanz- und Zollsystem – im Gegensatz zu Deutschland (S. 158 f.). Zusätzliche Gewinne brachten die Kolonien in Übersee ein. Außerdem verfügte der Inselstaat über umfangreiche Kohlevorkommen sowie gut ausgebaute Straßen, Kanäle und Häfen. Eine vierte Voraussetzung bildete die innenpolitische Situation. England war seit

1688 eine konstitutionelle Monarchie*. Die reichen Bürger konnten an der Gesetzgebung mitwirken – viel früher als in den anderen europäischen Staaten. Kaufleute, Händler und Bankiers setzen sich im Parlament für ihre wirtschaftspolitischen Interessen ein. Volkswirtschaftler, wie Adam Smith (1723–1790), setzten sich für einen offenen Markt und freien Wettbewerb ein. Der Staat sollte die Interessen der Unternehmer weder lenken noch behindern. Nur so sei gesellschaftlicher und wirtschaftlicher Fortschritt möglich.

M 2

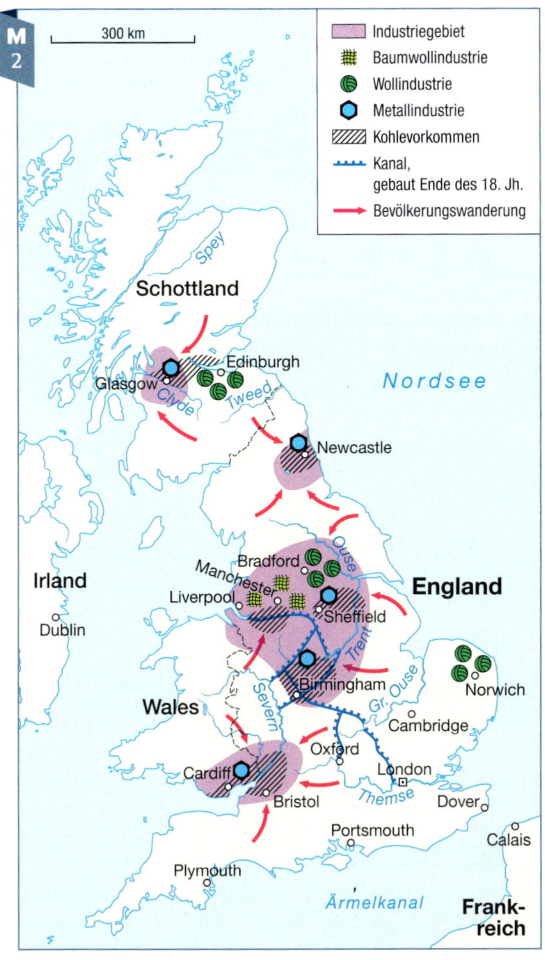

Wirtschaftzentren in England im 18. Jahrhundert

M 3

Der Historiker Carlo Cipolla schreibt über die Industrielle Revolution, 1985:

[D]as einzige geschichtlich vergleichbare Ereignis mit der Industriellen Revolution [ist] die neolithische Revolution [= Übergang zu Ackerbau, Viehzucht sowie Sesshaftigkeit vor mehr als 10 000 Jahren]. Aber ... die neolithische Revolution entwickelte sich im Lauf Tausender von Jahren. Sie brauchte mehr als 5000 Jahre, um vom Mittleren Osten nach Skandinavien zu gelangen ... Der Mensch hatte Zeit, sich nach und nach anzupassen. Die Industrielle Revolution hingegen hat die Welt überfallen, unsere ganze Existenz umgekrempelt, die Strukturen aller bestehenden menschlichen Gesellschaften über den Haufen geworfen – und das innerhalb von nur acht Generationen. Und heute beginnt sie uns mit größter Eile neue Probleme von solcher Ungeheuerlichkeit aufzuzwingen, dass der menschliche Geist in seinem gegenwärtigen Zustand sie kaum zu erfassen vermag; den unkontrollierten Bevölkerungszuwachs; die Wasserstoffbombe; die Verpestung der Luft und der natürlichen Umgebung durch Industriemüll; ... die unbegrenzten Möglichkeiten, die Genetiker und Biologen besitzen, um die Natur und das Verhalten der Menschen zu beeinflussen. Unter dem Gewicht dieser Probleme brechen die alten Strukturen zusammen. ...

Carlo Cipolla, u. a. (Hg.), Europäische Wirtschaftsgeschichte, Bd. 3, Die Industrielle Revolution, Stuttgart/New York (UTB Gustav Fischer) 1985, S. 10.

Industrielle Revolution

Der Begriff wird für die Anfangsphase der Industrialisierung (2. Hälfte des 18. Jh. bis 1870er-Jahre) verwendet. In Bezug auf die Französische Revolution zeige der Begriff den revolutionären Charakter der Veränderung der Arbeits- und Lebenswelt. Wichtige Kennzeichen sind die Arbeitsteilung und Spezialisierung sowie die maschinelle Massenproduktionen in den Fabriken.

1 Beschreibe anhand von M1 Kennzeichen der Industrialisierung.
Tipp: Nutze die Begriffsdefinition.
2 Beschreibe M2.
3 Stell dir vor, du bist Berater für einen Fabrikbesitzer, der einen Standort für seine neue Textilfabrik sucht. Worauf weist du ihn bei der Suche hin?
4 Stelle die Voraussetzungen für die Industrialisierung in England in einer Mindmap dar.
5 Erarbeite die Thesen des Historikers (M3) im Hinblick auf seinen Vergleich mit der neolithischen Revolution und der Entwicklung im 20. Jh.

Zusatzaufgabe: siehe S. 286

„Nachzügler" Deutschland

Um 1800 lebte in Deutschland die Mehrheit der Bevölkerung von der Heimarbeit und der Landwirtschaft. Obwohl bereits einige Industrieregionen existierten, setzte die technisch-industrielle Revolution erst in der zweiten Hälfte des 19. Jahrhunderts ein – hundert Jahre später als in England.

- ***Warum setzte die Industrialisierung in Deutschland verspätet ein?***

M 1

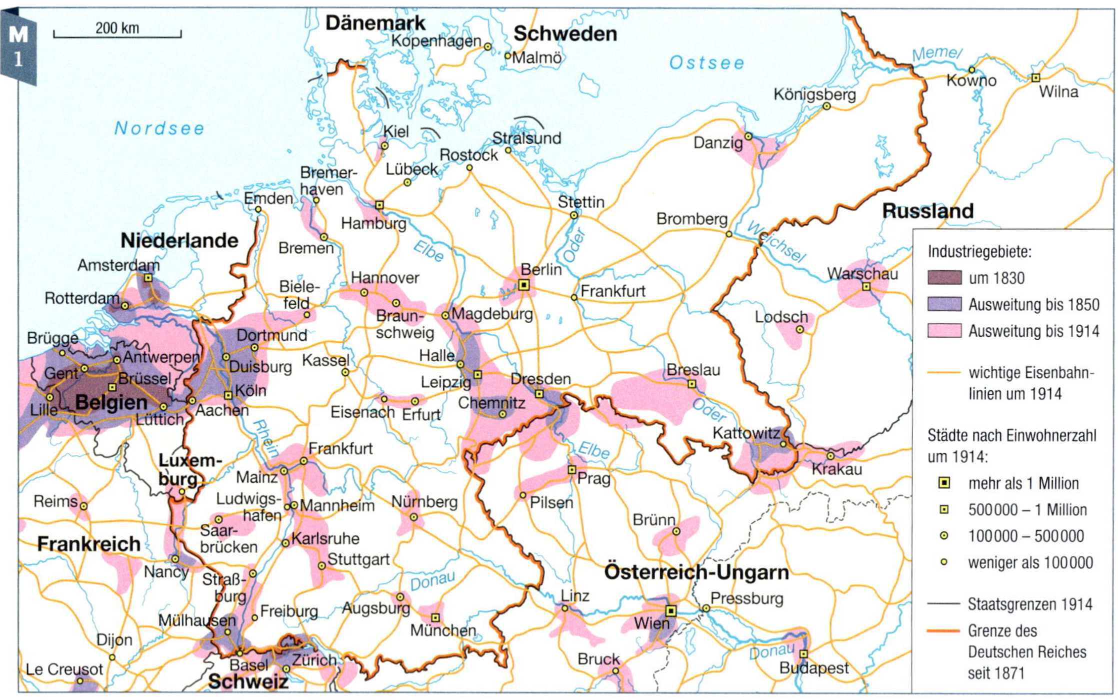

Die Entwicklung der Industrialisierung in Deutschland und dem angrenzenden Mitteleuropa 1830–1914

Gründe für die Verspätung

Im Vergleich zum „Pionierland" England war Deutschland ein „Entwicklungsland". Dafür gibt es sowohl politische als auch wirtschaftliche Gründe. Zunächst existierte aufgrund der territorialen Zersplitterung Deutschlands (39 Einzelstaaten) kein nationaler Markt. Der Warenaustausch wurde zudem durch zahlreiche Binnenzölle, unterschiedliche Währungen und Maße erschwert. Allein in Preußen gab es 67 lokale Zolltarife. Die Entwicklung des freien Handels wurde außerdem durch staatliche Eingriffe in die Wirtschaft, z. B. Ein- und Ausfuhrbeschränkungen, behindert. Schließlich fehlten in Deutschland geeignete Verkehrswege für den Gütertransport. Im Handwerk bestimmten die Zünfte, wer was herstellen und zu welchem Preis verkaufen durfte. Und auf dem Land verhinderte die Leibeigenschaft, dass die Bauern über eigenes Land frei verfügen oder in die Stadt ziehen konnten.

Preußen wird Vorreiter

Die Napoleonischen Kriege Anfang des 19. Jahrhunderts (S. 131) offenbarten die Rückständigkeit Deutschlands. Daher begannen viele deutsche Regierungen nun Reformen einzuleiten. Preußen wurde Vorreiter. Zu den wichtigsten Maßnahmen gehörte die Abschaffung der Leibeigenschaft und die Aufhebung des Zunftzwanges. Preußen betrieb auch Industriespionage in England und warb Fachleute ab. Darüber hinaus kam es zu einer Vereinheitlichung des deutschen Wirtschaftsraumes: Die Gründung des Zollvereins 1834 beseitigte die Zollschranken. Geschaffen wurde ein gleiches Münz- und Gewichtssystem. Die Einheitswährung wurde allerdings erst 1874 eingeführt – nach der Gründung des Kaiserreichs 1871. Um 1900 erreichte Deutschland den Umfang der industriellen Produktion in England.

Der Wirtschaftswissenschaftler Friedrich List (1789–1846) verfasste für den „Allgemeinen Deutschen Handels- und Gewerbsverein“ eine Bittschrift an die Bundesversammlung in Frankfurt/M., 1819:

38 Zoll- und Mautlinien in Deutschland lähmen den Verkehr im Innern und bringen ungefähr dieselbe Wirkung hervor, wie wenn jedes Glied des menschlichen Körpers unterbunden wird, damit das Blut ja nicht in ein anderes überfließe. Um von Hamburg nach Österreich, von Berlin in die Schweiz zu handeln, hat man zehn Staaten zu durchschneiden, zehn Zoll- und Mautordnungen zu studieren, zehnmal Durchgangszoll zu bezahlen. Wer aber das Unglück hat, auf einer Grenze zu wohnen, wo drei oder vier Staaten zusammenstoßen, der verlebt sein ganzes Leben mitten unter feindlich gesinnten Zöllnern und Mautnern, der hat kein Vaterland ...

Zoll und Maut können, wie der Krieg, nur als Verteidigung gerechtfertigt werden. Je kleiner aber der Staat ist, welcher eine Maut errichtet, desto größer das Übel, desto mehr würgt sie die Regsamkeit des Volkes, desto größer die Erhebungskosten; denn kleine Staaten liegen überall an der Grenze ... Und so geht denn die Kraft derselben Deutschen, die zur Zeit der Hansa, unter dem Schutz eigener Kriegsschiffe, den Welthandel trieben, durch 38 Maut- und Zollsysteme zugrunde ...

Die alleruntertänigst Unterzeichneten ... wagen es demnach, einer hohen Bundesversammlung die alleruntertänigste Bitte vorzutragen: ...

Friedrich List, Schriften, Reden, Briefe. Bd. 1/Teil 2, hg. v. Erwin Beckerath u. a., Berlin 1929, S 491f.

M 3

Die Schlagbäume (= Grenzsicherung) markieren hier auch die Zollschranken innerhalb Deutschlands. Zeitgenössische Karikatur, 1. Hälfte des 19. Jahrhunderts

Erfindungen und Entdeckungen (Auswahl)

1856	künstliche Farbstoffe
1861	Telefon
1876	Ottomotor
1876	Ammoniak-Kältemaschinen
1878	Elektromotor
1879	Glühbirne
1879	Elektrische Lokomotive (Siemens)
1883	Benzinmotor (Daimler)
1884	Auto (Benz)
1884	keimfreie Operation
1895	Röntgenstrahlen
1895	Filmgerät
1897	Dieselmotor
1898	Aspirintabletten gegen Schmerzen

1 Wähle eine Aufgabe aus:

a) Beschreibe die Karikatur (M3). Deute sie im Hinblick auf die Kritik des Zeichners und formuliere einen passenden Titel.

b) Analysiere die Quelle (M2) im Hinblick auf die Kritik des Autors. Ergänze die Bittschrift um eine Forderung, die sich aus der Kritik ergibt.

2 Nenne mithilfe des Darstellungstextes weitere Gründe für die verspätete Industrialisierung in Deutschland.

3 Erkläre, wie die deutschen Staaten die Rückständigkeit überwanden.

4 Betrachte die Karte (M1). Erläutere anhand ausgewählter Beispiele die Entstehung von Industrieregionen.

5 a) Ordne die Erfindungen und Entdeckungen (M4) den Bereichen Elektrotechnik, Fahrzeugbau, Chemie und Medizin zu.

b) Erläutere, wie das Leben deiner Familie ohne die Erfindungen aussehen würde.

Zusatzaufgabe: siehe S. 286

Eine Statistik auswerten

Beim Lesen der Zeitung oder im Fernsehen begegnen uns oft jede Menge Zahlen. Als Tabellen und Grafiken aufbereitet, stellen sie z. B. Entwicklungen in der Wirtschaft dar oder bilden Umfrageergebnisse ab. Wie können solche Statistiken entschlüsselt werden? Und warum ist Zahlenmaterial für den Historiker überhaupt wichtig?

M 1

Industrielle Produktion
(in Mio. englische Pfund)

Jahr	Deutschland	England	Frankreich	Russland
1800	60	230	190	15
1840	150	387	264	40
1888	583	820	485	363

Heinrich Lutz, Zwischen Habsburg und Preußen, Deutschland 1815–1866, Berlin/München (Siedler/Goldmann TB) 1998, S. 89.

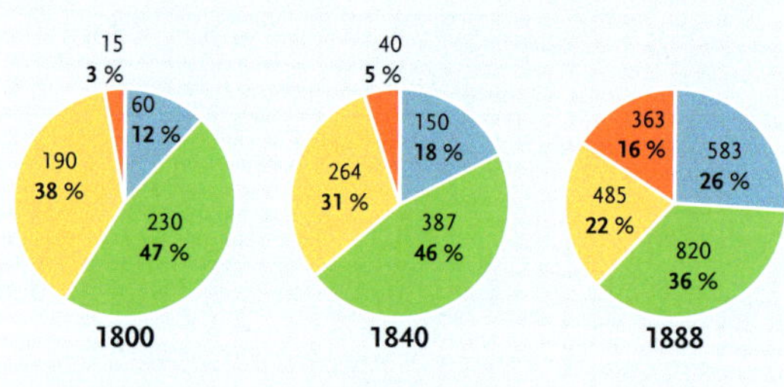

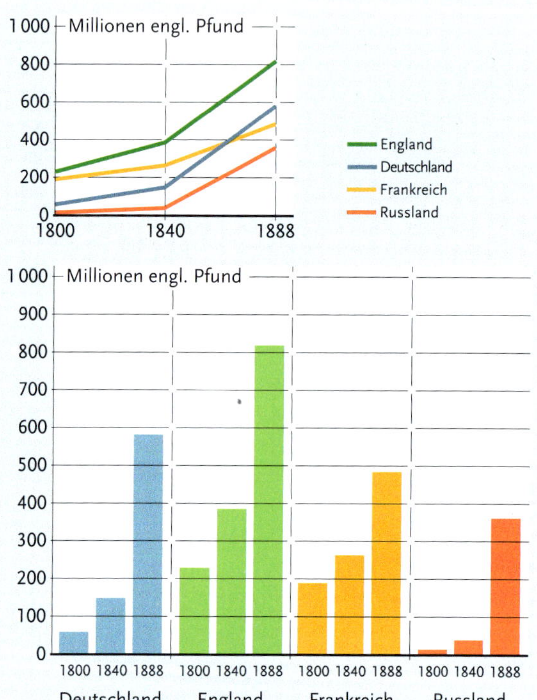

Kreisdiagramm, Liniendiagramm, Säulendiagramm

Wenn Zahlen sprechen:
Statistiken erzählen Geschichte

Wenn Historiker wirtschaftliche und soziale Entwicklungen untersuchen, nutzen sie dafür statistisches Datenmaterial als Quelle. Langfristige Entwicklungen lassen sich oft besser in Zahlen beschreiben, z. B. die Produktion von Waren, Anzahl der Beschäftigten und Arbeitslosen, Angaben über Einkommenshöhen und wirtschaftliche Entwicklungen.
Historiker sammeln daher Zahlenmaterial, das sie nach Frage- oder Problemstellungen ordnen. Sie werten es aus, um es als Tabellen oder grafisch als Diagramme darzustellen. Die so erstellten Statistiken gelten in der Geschichtswissenschaft als eigenständige Form der historischen Darstellung. Das Zahlenmaterial bis in die ersten Jahrzehnte des 19. Jahrhunderts zeigt allerdings nur Tendenzen an, denn die Quellen sind unsicher.

M 2

In Betrieb befindliche Lokomotiven in Preußen
(nach Herkunftsländern und Anschaffungsjahr)

Jahr	Gesamtzahl	Deutschland	England	Belgien
1838	7	0	6	1
1842	22	6	12	2
1848	74	57	11	6
1853	105	99	0	6

Rainer Fremdling, Eisenbahnen und deutsches Wirtschaftswachstum, Dortmund (Gesellschaft für Westfälische Wirtschaftsgeschichte) 1975, S. 76, Tab. 26.

Arbeitsschritte „Eine Statistik auswerten“

Formale Aspekte	Lösungshinweise zu M1
1. Gegenstand: Zeitabschnitt; historisches Ereignis, das dargestellt wird	• *Diagramme, die die Entwicklung der Industrieproduktion 1800–1888 für die Länder ... dokumentieren*
2. Fundstelle: Ort, Zeit, Urheber der Daten (Institution oder Person, politische/öffentliche Stellung)	• *Die Zahlen wurden 1998 von dem Historiker Heinrich Lutz verwendet.*
3. Adressatenbezug: Wer wird angesprochen?	• *Historiker und Interessierte, die sich für die Wirtschaftsgeschichte des 19. Jahrhunderts interessieren*
4. Wie wird das Zahlenmaterial präsentiert? (Tabelle oder Diagramm? Säulen- bzw. Balkendiagramm, Linien- bzw. Kurvendiagramm, Kreisdiagramm oder Stapeldiagramm?)	• ...
Inhaltliche Aspekte	
5. Jahreszahlen, Spalten- oder Achsenbezeichnungen, Strukturierungshilfen	• *Die jeweilige Jahreszahl gibt Auskunft über den damaligen Stand der prozentualen Verteilung der ...*
6. Legende, z. B. die Zuordnung von Farben zu bestimmten Staaten	• *Die Farblegende verweist auf die vier Länder ...*
7. Aussageart des Diagramms: Wird ein Vergleich angestrebt oder eine Entwicklung aufgezeigt? Gibt es Auffälligkeiten?	• *Jedes Kreisdiagramm für sich bietet einen Vergleich der Industrieproduktion der vier Länder an. Die drei Diagramme weisen zusammengenommen auf eine Entwicklung hin. Das Kurvendiagramm ...*
Aussagekraft bewerten	
8. Gib der Statistik zunächst eine Überschrift mit eigenen Worten: Worum geht es überhaupt?	• ...
9. Fasse die Kernaussagen mit eigenen Worten zusammen und erläutere sie jeweils kurz.	• *Obwohl Deutschland innerhalb von fast 100 Jahren den Umfang an industrieller Produktion vervielfachen kann, bleibt England der absolute Spitzenreiter.*
10. Setze die Aussagen in ihren historischen Zusammenhang.	• *Lies nach auf den Seiten 156–159.*
11. Bewerte die Aussagekraft der statistischen Daten: Ist die grafische Darstellung angemessen? Wird der Sachverhalt zu sehr vereinfacht?	• *Auch wenn der Sachverhalt vereinfacht dargestellt wird, lässt er weitreichende Rückschlüsse zu, die erklärt und interpretiert werden müssen. Zu berücksichtigen sind die wirtschaftlichen Anstrengungen und die gesellschaftlichen Veränderungen, die mit einer solchen Entwicklung einhergehen.*

1 Analysiere M1 mithilfe der Arbeitsschritte und Lösungshinweise. An einigen Stellen musst du noch eine Antwort ergänzen.

2 Erarbeite M2 mithilfe der Arbeitsschritte.

3 Setze die Tabelle M2 in ein Säulen- oder in ein Liniendiagramm um.

Die Eisenbahn – Ungeheuer oder Wunderding?

„Staaten und Nationen rücken einander näher, die Verbindungen werden zahlreicher und enger, und der Mensch bemächtigt sich immer mehr der Herrschaft über Raum und Zeit", schrieben 1833 Bürger, die sich für den Bau der ersten deutschen Eisenbahnstrecke zwischen Nürnberg und Fürth einsetzten. Aber nicht alle Zeitgenossen waren von dem neuen Verkehrsmittel begeistert. Du kannst dich auf dieser Doppelseite mit verschiedenen Materialien über Ängste und Hoffnungen, Vor- und Nachteile des Eisenbahnbaus informieren.

Die erste Eisenbahnlinie in Deutschland wurde am 7. Dezember 1835 eröffnet (S. 153, M3). Sie war sechs Kilometer lang und verband die beiden Nachbarstädte Nürnberg und Fürth. Mit einer Geschwindigkeit von 40 km in der Stunde war die Eisenbahn ungefähr siebenmal schneller als eine Postkutsche. Bereits ein Jahr später wurden die ersten Güter transportiert: zwei Fässer Bier (M6). In Deutschland kam es nun zu einem schnellen Ausbau des Streckennetzes: Von 1838 bis 1860 wuchs es von 240 auf 12 000 km. In Berlin wurde 1838 die erste Linie (nach Potsdam) in Betrieb genommen. Der Eisenbahnbau, der entweder von privaten Geldgebern oder von den Regierungen finanziert wurde, kurbelte die gesamte Wirtschaft an; er wurde zum Motor der Industrialisierung (M5).

M 1

Am Gleisdreieck in Berlin (mit Landwehrkanal), Bildpostkarte, 1905

A

M 2

Aus dem Gutachten eines Bayerischen Ärzte-Rates, 1838:

Die schnelle Bewegung muss bei den Reisenden unfehlbar eine Gehirnkrankheit ... erzeugen. Wollen sich aber dennoch Reisende freiwillig dieser Gefahr aussetzen, so muss der Staat wenigstens die Zuschauer schützen, denn sonst verfallen diese beim Anblick des schnell dahinfahrenden Dampfwagens genau derselben Gehirnkrankheit. Es ist daher notwendig, die Bahnstrecke auf beiden Seiten mit einem hohen Bretterzaun einzufassen.

Zit. nach Wilhelm Treue, Quellen zur Geschichte der industriellen Revolution, Göttingen, Frankfurt, Zürich (Musterschmidt-Verlag) 1966, S. 84f.

M 3

Aus der „Magdeburger Zeitung" vom 3. Juli 1833:

Der Eisenbahnbau muss die Landwirtschaft völlig ruinieren. Der Landwirt wird höhere Zinsen zahlen müssen; er wird, wenn die Pferde außer Kurs kommen [= nicht mehr gebraucht werden], weil wir mit Dampf fahren, keinen Hafer mehr anbauen können.

Zit. nach Wilhelm Treue, Quellen zur Geschichte der industriellen Revolution, Göttingen, Frankfurt, Zürich (Musterschmidt-Verlag) 1966, S. 84f.

1 Erarbeite aus M2 und M3 die Argumente gegen die Eisenbahn.
2 Erkläre die Gründe für die Ablehnung.
3 Schreibe einen Zeitungskommentar, in dem du die Argumente gegen die Eisenbahn entkräftest.

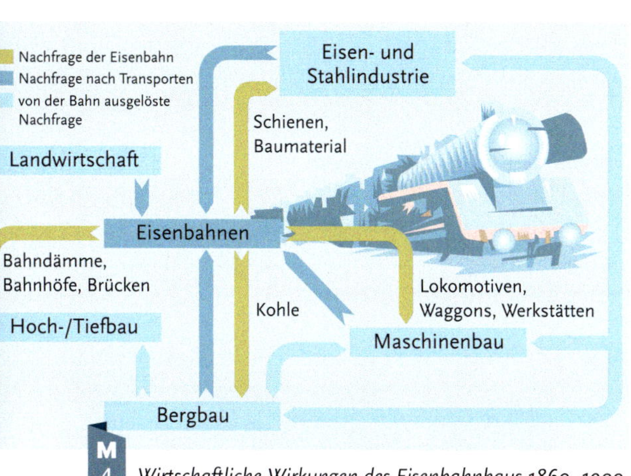

M4 *Wirtschaftliche Wirkungen des Eisenbahnbaus 1860–1900*

M6 *Erster Getränketransport am 11. Juli 1836 auf der ein halbes Jahr zuvor eröffneten Strecke Nürnberg–Fürth, Farblithografie, 1905*

M5

Der Wirtschaftswissenschaftler Friedrich List über den Eisenbahnbau, 1841:

Der Zollverein und das Eisenbahnsystem sind siamesische Zwillinge; zur gleichen Zeit geboren ..., unterstützen sie sich wechselseitig, streben nach Vereinigung der deutschen Stämme zu einer großen und gebildeten Nation. Ohne den Zollverein wäre ein deutsches Eisenbahnsystem nie zur Sprache, geschweige denn zur Ausführung gekommen ... Das deutsche Eisenbahnsystem wirkt ... auch als Stärkungsmittel des Nationalgeistes; denn es vernichtet die Übel der Kleinstaaterei und des provinziellen Eigendünkels und Vorurteils.

Zit. nach Friedrich List, Das nationale System der politischen Ökonomie, hg. v. Hartfrid Voss, München (Langewiesche-Brandt) 1942, S. 179 f.

1 Erkläre die wirtschaftlichen Auswirkungen des Eisenbahnbaus (M4, M6).
2 Erläutere die Vorteile der Eisenbahn (M5).
Tipp: Nutze den Darstellungstext und M1 auf S. 158.
3 Schreibe einen Zeitungskommentar, in dem du die Vorteile der Eisenbahn zusammenfasst.

M7

Bericht des Schriftstellers Heinrich Heine über die Eisenbahn, 1843:

Der Dichter lebte in Paris im Exil.

Welche Veränderungen müssen jetzt eintreten in unsrer Anschauungsweise und in unsern Vorstellungen! Sogar die Elementarbegriffe von Zeit und Raum sind schwankend geworden. Durch die Eisenbahnen wird der Raum getötet und es bleibt uns nur noch die Zeit übrig. Hätten wir nur Geld genug, um auch Letztere anständig zu töten! In vierthalb Stunden reist man jetzt nach Orleans, in ebenso viel Stunden nach Rouen [von Paris]. Was wird das erst geben, wenn die Linien nach Belgien und Deutschland ausgeführt und mit den dortigen Bahnen verbunden sein werden! Mir ist, als kämen die Berge und Wälder auf Paris angerückt. Ich rieche schon den Duft der deutschen Linden, vor meiner Türe brandet die Nordsee.

Heinrich Heine, Lutetia – Zweiter Teil, LVII, zit. nach: Heinrich Heine, Sämtliche Schriften, hg. v. Klaus Briegleb, Bd. 5, München (dtv) 1997, S. 448 f.

1 Gib Heines Aussagen mit eigenen Worten wieder.
2 Erarbeite seine Hoffnungen und Ängste gegenüber dem Eisenbahnbau.
3 Schreibe einen ähnlichen Bericht über den Flugzeugbau ca. 50 Jahre später.

Aufgabe für alle:

Benennt vergleichbare Erfindungen von heute. Diskutiert, welche Vor- bzw. Nachteile diese Entwicklungen haben und welche Befürchtungen sie ggf. auslösen.

Borsig – vom Handwerker zum Lokomotivkönig

Von der neuen Technik war er fasziniert: Der junge August Borsig hatte gelesen, dass in England eine Eisenbahn gebaut wird, die siebenmal schneller als eine Postkutsche war. 1841 baute er seine erste Lokomotive. Sie war noch schneller als die englische. Es wird sein Durchbruch als Unternehmer.

- *Wie gelang August Borsig der Aufstieg zum führenden Lokomotivproduzenten Europas?*

M1

„Die Eisengießerei und Maschinenbauanstalt von A. Borsig im Jahre 1847". Ölgemälde von Carl Eduard Biermann, 1847. Im Zentrum befinden sich der Uhr- und Wasserturm sowie die Gießanlage. Links sieht man die Kesselschmiede und rechts die Montagehalle.

Der Aufstieg Borsigs

Als die Borsig-Werke 1870 der größte Lokomotivproduzent in Europa sind, ist der Firmengründer schon 16 Jahre tot. Und niemand hatte August Borsig eine solche Erfolgsgeschichte vorausgesagt. Denn der junge August absolvierte zunächst in Breslau, wo er 1804 geboren wurde, eine Lehre als Zimmermann. 1823 ging er nach Berlin, brach eine zweite Ausbildung ab und erhielt nach einer weiteren Ausbildung im Maschinenbau 1827 kein gutes Zeugnis: In Chemie habe er versagt und als Techniker sei er kaum zu gebrauchen. Dennoch stellte ihn sein Ausbilder ein. 1836 gründete Borsig auf einem zuvor erworbenen Grundstück an der Chausseestraße eine eigene Maschinenfabrik (M1). Sein erster Auftrag bestand in der Lieferung von Schrauben für die Verlegung der Gleise zwischen Berlin und Potsdam.

M2

„Der große Maschinenbauer" August Borsig (1804–1854), Gemälde von Franz Krüger, 19. Jh.

Lokomotivkönig

August Borsig stellte zunächst Dampfmaschinen her und beschäftigte sich nebenbei intensiv mit dem Eisenbahnbau. Die erste Lokomotive ließ er 1841 noch in Handarbeit fertigen. Sie war bei einer Wettfahrt von Berlin nach Jüterbog (Anhalter Bahn) zehn Minuten schneller als die Lokomotive von Stephenson aus England. Es wurde sein Durchbruch als Industrieller. Denn überall in Deutschland wurden neue Eisenbahnstrecken gebaut. Borsig erhielt fast alle Aufträge der preußischen Bahnen und wurde so zum größten Lokomotivbauer (M4). Sein Unternehmen begann sich schnell zu vergrößern: 1847 wurde mit dem Bau des Eisenwerks Moabit begonnen, das bereits zwei Jahre später in Betrieb ging. 1850 wurde die Maschinenbauanstalt und Eisengießerei in der Moabiter Kirchstraße hinzugekauft. An den drei Berliner Industriestandorten waren 1800 Arbeiter beschäftigt. Entsprechend schnell wuchs auch sein Reichtum, den Borsig – wie andere Unternehmer (S. 166 f.) – mit dem Bau einer prunkvollen Villa zur Schau stellte. Andererseits gründete er für seine Angestellten eine Kranken- und Sterbekasse und richtete auf dem Werksgelände einen Unterrichtsraum, einen Speiseraum und ein Bad mit Schwimmbecken ein. 1854, kurz nach seinem 50. Geburtstag und der Fertigstellung der 500. Lokomotive, starb August Borsig.

M 3

Nachbau der berühmten „Beuth" von Borsig. Die zweite Baureihe der Borsig-Lokomotive wurde zwischen 1843–47 gebaut. Dieser Nachbau steht im Deutschen Technikmuseum in Berlin, Fotografie, o. D.

M 5

Lokomotivproduktion deutscher Firmen

Firma	Standort	1.	100.	500.	1000.
Borsig	Berlin	1841	1846	1854	1858
Maffei	München	1841	1852	1863	1874
Kessler	Karlsruhe	1842	1847	1868	1880
Henschel	Kassel	1848	1865	1873	1879

Zit. nach Hubert Kiesewetter, Industrielle Revolution in Deutschland, Stuttgart (Franz Steiner Verlag) 2004, S. 206.

M 4

Das alte Tor der ehemaligen Borsigwerke in Berlin-Tegel, Fotografie, 2007

1 Stelle den Aufstieg Borsigs mithilfe des Darstellungstextes in einer Zeitleiste dar.

2 **Wähle eine Aufgabe aus:**

a) Beschreibe M2 und erkläre die zentrale Aussage des Bildes.
Tipp: Nutze die Biografie Borsigs.

b) Beschreibe M1 und interpretiere die Perspektive des Malers.
Tipp: Achte auf den Vordergrund.

3 Untersuche anhand der Statistik M5 die Entwicklung der Lokomotivproduktion in Deutschland. Nutze die Arbeitsschritte S. 161.

4 Erläutere auf der Grundlage deiner Ergebnisse die Aussage: „Borsig steht stellvertretend für die Industrialisierung in Deutschland."

5 Recherchiere den weiteren Verlauf der Unternehmensgeschichte der Borsig-Werke (M4).

Unternehmer – die neuen Fürsten?

Im Verlauf der Industrialisierung entstand eine neue gesellschaftliche Gruppe: die Unternehmer. Zu den bekanntesten gehörten August Borsig in Berlin und Alfred Krupp in Essen. Aufgrund ihrer wirtschaftlichen Macht wurden sie als die „neuen Fürsten" bezeichnet. Du erfährst, welche Aufgaben Unternehmer und welches Verhältnis sie zu ihren Beschäftigten hatten.

Wirtschaftlicher Erfolg und soziale Verantwortung

Die Unternehmer entstammten meist dem Wirtschaftsbürgertum, das – im Gegensatz zu den Handwerkern – über das notwendige Kapital für Firmengründungen verfügte. Als Eigentümer seines Betriebs besaß er nicht nur das Kapital*, sondern auch die benötigten Rohstoffe, Maschinen, Werkzeuge sowie die hergestellten Produkte. Er nahm persönlich Einfluss auf das tägliche Geschäft: Er regelte den Rohstoffkauf, die Produktion und den Absatz; er entschied über Einstellungen bzw. Entlassungen der Arbeitskräfte sowie deren Bezahlung. Oberstes Geschäftsprinzip war es, Gewinn zu erzielen. Einige Unternehmer zeigten stolz ihre wirtschaftlichen Erfolge, indem sie den Lebensstil der Adligen nachahmten (M5). Andererseits setzen sich einige Unternehmer auch für verbesserte Arbeitsbedingungen ein. Sie boten den Arbeitern soziale Leistungen an. Im Gegenzug verlangten sie von ihren Beschäftigten Fleiß, Unterordnung und Treue (M4).

Kapital

Ein Vermögen, das im Wirtschaftsprozess eingesetzt wird, damit es möglichst schnell und stark vermehrt wird. Unterschieden wird zwischen Geldkapital und Produktionskapital (Maschinen, Produktionsstätten).

M 1

Alfred Krupp (1812–1887) erbte mit 14 Jahren von seinem Vater ein kleines, völlig unrentables, hochverschuldetes Eisen- und Stahlwerk in Essen. Bis zu seinem Tod entwickelte er es zu einem der bedeutendsten Industrieunternehmen in Deutschland, Gemälde von Julius Gruen, um 1875.

Nachruf zum Tod von August Borsig (1804–1854) in einer Tageszeitung, 1854:

Der Tod Borsigs, des Fürsten der Berliner Industrie, gehört nicht zu den leichtesten Schicksalsschlägen dieser verhängnisvollen Zeit ... Sein Tod erschreckt die gedankenlose Menge ebenso sehr als der Tod bekannter Heerführer und Staatsmänner ... Wenn Borsigs Tod Berlin in eine allgemeine Aufregung versetze, si verbreitete er in Moabit, dem eigentlichen Fürstentum dieses großen Industriellen, gerade Entsetzen ...

Zit. nach Schlesische Zeitung vom 8. Juli 1854.

Der Wirtschaftswissenschaftler Werner Sombart über die Unternehmer, 1927:

Die treibende Kraft in der modernen kapitalistischen Wirtschaft ist der ... Unternehmer und nur er. Ohne ihn geschieht nichts. Er ist darum aber auch die einzige produktive, das heißt schaffende, schöpferische Kraft ... Alle übrigen Produktionsfaktoren, Arbeit und Kapital, befinden sich ihm gegenüber im Verhältnis der Abhängigkeit ... Auch alle technischen Erfindungen werden erst durch ihn lebendig. Die hochkapitalistische Wirtschaft ist ... aus der schöpferischen Initiative der Wenigen hervorgewachsen.

Werner Sombart, Der moderne Kapitalismus, Bd. 1, München (Duncker & Homblot) 1927, S. 12 f.

„Ein Wort an die Angehörigen meiner gewerblichen Anlagen" – Ansprache Alfred Krupps, 1877:

Trotz wiederholter Warnungen scheint sich unter einem Teile von Euch der Geist der Sozialdemokratie einschleichen zu wollen. Dieser Geist aber ist verderblich und jeder Verständige muss ihn bekämpfen, der Arbeiter so gut wie der Arbeitgeber ...

Die Erfindungen und dazugehörenden Produktionen habe ich eingeführt; der Arbeiter darf aber nicht die Frucht verlangen von der Tätigkeit anderer; das ist gegen das jedem Menschen eingeborene Rechtsgefühl. Wie jedermann verteidige auch ich mein Eigentum; wie mein Haus, so ist meine Erfindung mein und die Frucht derselben, sie mag Gewinn sein oder Verlust ...

Um die Lage der Arbeiter zu verbessern, war ich von jeher zunächst darauf bedacht, ihnen ein möglichst sorgenfreies Dasein für die Zeiten zu verschaffen, in denen sie selbst nicht mehr arbeiten können. Ihr selbst wisst es am besten, wie es mit Kranken, Invaliden und ausgedienten Arbeitern bei uns gehalten wird [Krupp führte eine Betriebsversicherung für Krankheit, Invalidität und Alter ein – Anm. d. Verf.]. Dann habe ich den Arbeitern Wohnungen gebaut, worin bereits 20 000 Seelen untergebracht sind, habe Schulen gegründet, Schenkungen verliehen und Einrichtungen getroffen [= gegründet] zur billigen Beschaffung von Lebens- und Hausbedarf ...

Es treten Jahre ein, welche keinen Gewinn abwerfen, der Arbeiter erhält trotzdem seinen Lohn ... Das sollten die Arbeiter dankbar anerkennen ... Genießet, was euch beschieden ist. Nach getaner Arbeit bleibt im Kreis der Eurigen, bei den Eltern, bei der Frau und den Kindern sinnt über Haushalt und Erziehung. Das sei eure Politik, dabei werdet ihr frohe Stunden erleben. Aber für die große Landespolitik erspart euch die Aufregung ... Was ich nun hiermit ausgesprochen habe, möge jedem zur Aufklärung dienen über die Verhältnisse und deutlich machen, was er zu erwarten hat von Handlungen und Bestrebungen im Dienste der Sozialismus.

Man erwärmt keine Schlange an seiner Brust, und wer nicht von Herzen ergeben mit uns geht, der beeile sich, auf anderen Boden zu kommen, denn seines Bleibens ist hier nicht.

Zit. nach Gerhard Adelmann, Quellensammlung zur Geschichte der sozialen Betriebsverfassung, Bd. 2, Bonn (Hanstein) 1965, S. 295f.

M 5

Die Villa Hügel, von Alfred Krupp 1870–73 erbaut, war das ehemalige Familienwohnhaus, Fotografie, um 1880.

1 Nenne anhand des Darstellungstextes die Aufgaben eines Unternehmers.

2 **Wähle eine Aufgabe aus:**

a) Erkläre mithilfe von M2 die Aussage: „Die Unternehmer wurden die neuen Fürsten." Beziehe auch M1 und M5 mit ein.

b) Erkläre mithilfe von M3 die Aussage: „Der Geldadel [= Unternehmer] ersetzt den Geburtsadel." Beziehe auch M1 und M5 ein.

3 Analysiert M4 entsprechend den Arbeitsschritten auf S. 59.

4 Beurteilt Krupps Auffassungen, indem ihr ein Streitgespräch zwischen ihm und einem Arbeiter, der sich in der Gewerkschaft engagiert, schreibt.

Im Takt der Maschine – Arbeit in der Fabrik

Die Industrialisierung veränderte auch die Arbeitswelt. Die Fabrikarbeit unterschied sich grundlegend von der Arbeit auf dem Bauernhof. Und es entstand eine neue gesellschaftliche Gruppe: die Arbeiter.

- ***Wie war die Fabrikarbeit geregelt und wie wirkte sie sich auf die Arbeiterfamilien aus?***

Veränderte Arbeitswelt

Für die Menschen brachte die Industrialisierung zwei entscheidende Veränderungen mit sich. Zum einen regelten nun feste Arbeitszeiten den Tagesablauf. Denn die Arbeit in den Fabriken unterschied sich grundlegend von den Tätigkeiten auf dem Bauernhof. Richtete sich der Bauer auf dem Feld nach den natürlichen Gegebenheiten, wurde nun die Tätigkeit in der Fabrik vom Takt der Maschinen bestimmt. Außerdem waren nun Wohn- und Arbeitsplatz getrennt, obwohl durch den Bau von Arbeitersiedlungen den Weg zur Fabrik verkürzt werden sollte. Fabrikordnungen, Sirenen und Strafen stellten eine militärähnliche Disziplin in den Fabriken sicher (M3). Weil Sicherheitsvorkehrungen fehlten, kam es oft zu Arbeitsunfällen mit schweren Verletzungen. Bis in die 1880er-Jahe gab es zudem keine gesetzliche soziale Absicherung (Kranken-, Unfall-, Renten- oder Krankenversicherung).

M 1

Blick in eine Maschinenfabrik in Leipzig, Fotografie, um 1910

M 2

Ein Zeitzeuge und Arzt über die Fabrikarbeit (1894):

Es ist kein schöner, kein erheiternder Anblick, die Arbeitermassen so zu betrachten, wenn sie von ihrer Tätigkeit kommen, die Männer in den rußigen Gesichtern und abgetragenen Kitteln, die bleichen Weiber in ihren dürftigen Kleidern, man sieht ihnen das Ungesunde, die harte, drückende Ausnutzung der Kräfte und das geistig Abstumpfende ihres Berufes an. Die Arbeitszeit ist lang mit ganz unzureichenden, zu klein bemessenen Unterbrechungen, und dazu kommt, dass die Arbeit zum größten Teil äußerst einförmig und gleichmäßig ist, häufig den Körper in eine bestimmte, andauende Haltung zwingt, die leicht zur Ermüdung führt und gesundheitsschädlich wirkt. Die Arbeit in den Fabrikräumen ist aus dem Grunde schon der Gesundheit nicht zuträglich, weil sie in geschlossenen, überfüllten, ungenügend gelüfteten Werkstätten stattfindet und eine ausreichende und ausgleichende Bewegung in frischer Luft mangelt. So arbeiten sie einen Tag wie den anderen von früh bis abends, jahrein, jahraus, immer wieder dasselbe in denselben Räumen auf demselben Fleck. Eine Hoffnung, dass sie mit der Zeit durch Ausdauer und Anstrengung vorwärts streben könnten, gibt es nicht.

R. Zeuner, Die Not des vierten Standes, Leipzig (Grunow) 1894, S. 2f.

M 3

Aus einer Fabrikordnung der Firma Krupp (1838):

Jeder Arbeiter muss treu und unbedingt folgsam sein, sich in- und außerhalb der Fabrik anständig betragen, pünktlich die Arbeitsstunden halten und durch seinen Fleiß beweisen, dass er die Absicht hat, zum Nutzen der Fabrik zu arbeiten. Wer dies befolgt, hat zu erwarten, dass dem Wert der Arbeit nach auch sein Lohn erhöht wird. Wer aus Nachlässigkeit oder bösem Willen sich vergeht, wird bestraft. Branntweintrinken in der Fabrik wird nicht geduldet. Wer ein Stück Arbeit, ein Werkzeug und dergleichen verdirbt oder umkommen lässt, muss dasselbe vergüten. Wer fünf Minuten nach dem Läuten zur Arbeit kommt, verliert ¼ Tag, wer ¼ Tag eigenmächtig fortbleibt, verliert ½ Tag, für ½ Tag Fortbleiben wird ¾ Tag abgezogen.

Zit. nach Carl Jantke, Der Vierte Stand, Freiburg (Herder) 1955, S. 178.

Frauen zwischen Fabrik und Haushalt

Da der niedrige Lohn der Fabrikarbeiter meist nicht zur Ernährung der Familie ausreichte, mussten auch Frauen in der Fabrik zusätzlich Geld verdienen. Allerdings erhielten Frauen häufig nur die Hälfte des Verdienstes eines ungelernten Arbeiters. Die Fabrikarbeit führte zu erheblichen gesundheitlichen Schäden, vor allem während der Schwangerschaft. Die Arbeiterfrauen hatten darüber hinaus die Doppelbelastung von Fabrikarbeit auf der einen und dem Haushalt und der Kindererziehung auf der anderen Seite zu bewältigen.

M 4

Frauen beim Wickeln von Spulen für Elektromotoren, Maschinensaal der AEG in Berlin, Foto, um 1890

M 6

Der Historiker Dieter Ziegler über Frauen als Arbeitskräfte (2012):

Die Frauen der Fabrikarbeiterfamilien arbeiteten vielfach als Dienstboten bürgerlicher Haushalte oder im Gesindedienst. Zunehmend wurden aber auch Frauen zur Fabrikarbeit herangezogen, insbesondere in der Textilindustrie. Einen gesetzlichen Schutz von Frauenarbeit (Beschränkung der Arbeitszeit bei Schwangeren oder Wöchnerinnen, Nachtarbeitsverbot) existierte in der Frühzeit der Industrialisierung nicht. Abgesehen von einigen wenigen frühen Sozialreformen wurde die schrankenlose Ausbeutung der weiblichen Arbeitskraft von den Zeitgenossen kaum als anstößig angesehen. Denn auch in der Landwirtschaft hatten Frauen seit Jahrhunderten körperlich schwer und dauerhaft arbeiten müssen.

Dieter Ziegler, Die Industrielle Revolution, 3. Aufl., Darmstadt (Wissenschaftliche Buchgesellschaft) 2012, S. 47f.

M 5

Der Tagesablauf einer Fabrikarbeiterin um 1900:

Je nach der Entfernung der Wohnung von der Fabrik, nach dem Beginn der Fabrikarbeit und je nach dem Arbeitsbeginn des Mannes steht die Frau um 3:30, 4:30 oder 5 Uhr auf ... Dann wird das Frühstück für Mann, Frau und Kinder zubereitet und genossen, das abends vorher schon vorbereitete und angekochte Essen aufs Feuer gebracht und – wenn Mann und Frau oder einer von ihnen mittags nicht heimkehren kann – für diese in Blechtöpfe gefüllt, für die Kinder zum Wärmen hergerichtet. Die Kinder werden dann angekleidet, wenn sie größer sind, schulfertig gemacht, wenn kleiner und der Aufsicht und Wartung bedürftig, genährt und zur Hütfrau (= Kindermädchen) getragen; wo eine Krippe vorhanden ist oder eine Bewahrschule, werden die Kleinen und Kleinsten diesen viel billigeren Anstalten anvertraut. Von da an geht es zur Fabrik. Entfernungen von 2–3 km gelten als nahe, es gibt aber zahlreiche Arbeiterinnen, welche täglich 10–12 km auf ihren Fabrikwegen zu Fuße zurücklegen müssen ... Abends dasselbe, Abendessen, Schularbeiten der Kinder, Flicken und Waschen der Kleider und Wäsche. Vorbereitung des Essens für den anderen Tag. Vor 9 Uhr abends endet der Arbeitstag nie, vor 10 Uhr selten und oft erst nach 11 Uhr.

Ingeborg Weber-Kellermann, Frauenleben im 19. Jahrhundert, München (C. H. Beck) 1983, S. 165.

1 Beschreibe mithilfe des Darstellungstextes und M1 die Arbeit in den Fabriken.

2 **Wähle eine Aufgabe aus:**

a) Nenne die Vorschriften und Strafen (M3).

b) Erläutere die körperlichen und seelischen Folgen der Fabrikarbeit (M2).

3 Beschreibe anhand des Darstellungstextes sowie M4 und M6 die Arbeits- und Lebensbedingungen der Frauen.

4 Stelle den Tagesablauf einer Fabrikarbeiterin in einem Kreisdiagramm dar (M5).

5 Vergleicht die Arbeits- und Lebensbedingungen von Frauen im 19. Jahrhundert mit denen von heute.

Kinder: Arbeit statt Schule und Freizeit

In der Woche sind Kinder und Jugendliche spätestens um 8 Uhr morgens in der Schule. Denn in Deutschland gilt die zehnjährige Schulpflicht. Davon konnten die Kinder im 19. Jahrhundert nur träumen. Obwohl Preußen bereits 1717 die allgemeine Schulpflicht eingeführt hatte, blieb die Schulbildung aufgrund der Kinderarbeit für lange Zeit ein Privileg reicher Familien.

- ***Welche Auswirkungen hatte die Kinderarbeit?***

Billige Arbeitskräfte

In den armen Familien reichte der Lohn meist nicht aus, sodass Kinder mitarbeiten mussten. Sie arbeiteten in den Werkstätten, in Fabriken und im Bergbau. Die Unternehmer im Bergbau machten sich dabei die geringe Körpergröße der Kinder zunutze. In vielen Teilen Deutschlands arbeiteten noch bis weit ins 20. Jahrhundert viele Kinder in der Textilindustrie, bei der Tongewinnung und in Ziegeleien. Kinder waren billige Arbeitskräfte für die Unternehmer. Denn meist bekamen sie nur ein Viertel des Verdienstes eines ungelernten Arbeiters. Der Gewinn der Unternehmer aus der Kinderarbeit entwickelte sich jedoch zum Schaden der Gesellschaft: Einerseits wurden die Kinder aufgrund von Schlafmangel und schlechten Arbeitsbedingungen anfälliger für Krankheiten (M1). Andererseits fehlte es ihnen an Bildung, da der Schulbesuch entweder auf wenige Stunden am Tag begrenzt war oder ganz entfiel (M4). Vor allem der preußischen Armee fehlten taugliche Soldaten. Denn aufgrund ihres Arbeitseinsatzes waren viele Jugendliche körperlich und geistig zurückgeblieben. So begann der Staat die Kinderarbeit durch Gesetze einzuschränken. Preußen war hier Vorreiter (M3).

M2

Kohlesortieren in einem belgischen Bergwerk, Foto, 1904

M1

Bericht eines Gewerbeinspektors, 1891:

Bleiche Gesichter, matte und entzündete Augen, geschwollene Leiber, aufgedunsene Backen, Hautausschläge und asthmatische Anfälle unterscheiden diese unglücklichen Geschöpfe, die früh dem Familienleben entfremdet werden und ihre Jugendzeit in Kummer und Elend verbrachten, in gesundheitlicher Beziehung von Kindern derselben Volksklasse, welche nicht in Fabriken arbeiteten. Entsprechend mangelhaft war ihre geistige und sittliche Bildung.

Zit. nach Alfons Labisch, Die Montanindustrie in der Gewerbeaufsicht des Regierungsbezirkes Düsseldorf, Bonn (Hanstein) 1996, S. 48.

M3

Gesetze zur Kinderarbeit

1839	**Preußen:** Die Kinderarbeit vor dem 9. Lebensjahr wird verboten. Die Arbeitszeit von Kindern über 9 Jahre wird auf täglich 10 Stunden begrenzt.
1853	**Preußen:** Die Kinderarbeit vor dem 12. Lebensjahr wird verboten. Die tägliche Arbeitszeit von schulpflichtigen Kindern wird auf 6 Stunden begrenzt.
1891	**Deutsches Reich:** Die Arbeitsschutzbestimmungen regeln, dass die Beschäftigung von Kindern unter 13 Jahren in Fabriken verboten ist.
1903	**Deutsches Reich:** Das für Fabriken geltende Verbot der Kinderarbeit wird auf das Handwerk und andere Gewerbe ausgedehnt. Ausgenommen bleibt die Landwirtschaft.
1976	**BRD:** Das Jugendarbeitsschutzgesetz verbietet die Arbeit von Kindern unter 15 Jahren. Ausnahmen: Landarbeit, Sport-, Musik- und Theaterveranstaltungen, Zeitungen austragen u. Ä.

Zusammengestellt vom Verfasser

Die Textilarbeiterin Anna Perthen erinnert sich an ihre Jugend um 1880:

Als ich 12 Jahre alt war, musste ich in die Textilfabrik gehen, wo damals noch die Arbeitszeit von 5 Uhr früh bis 7 Uhr abends dauerte. Nachmittags von 4 bis 6 Uhr besuchten wir die Fabrikschule, welche neben der Fabrik in einem Gasthaus abgehalten wurde. Von 6 bis 7 Uhr ginge es wieder in die Fabrik. Mit dem Lernen war freilich nicht viel los, wir betrachteten die zwei Stunden mehr als eine Erholung. Die Arbeit war eine nervenanspannende. Eine Zeit lang bin ich abends nach Hause schlafen gegangen, da musste ich schon um halb vier früh aufstehen, denn der Weg in die Fabrik war ein sehr langer. Eine Zeit lang wieder war ich die ganze Woche in Logs [= Herberge zur Übernachtung], bloß samstags ging ich nach Hause. Ich war froh, dass ich Geld verdiente, aber die Enttäuschung war oft bitter. Der Verdienst war klein. Die zwei Stunden Schulbesuch wurden uns natürlich abgezogen. Wenn ich dann das Logis bezahlt hatte, blieb nur ein kleiner Betrag übrig, und samstags wartete schon der Vater auf mich, um mir das Geld abzunehmen.

Zit. nach Wolfgang Emmerich (Hg.), Proletarische Lebensläufe, Bd. 1, Leipzig (Reinbek) 1979, S. 89f.

Das Magazin „Spiegel online" über Kinder- und Jugendarbeit in Deutschland (2004):

Die meisten Kinder sehen in ihrer Arbeit mehr als reinen Gelderwerb. Sie sehen, dass sie selbst etwas leisten können. Besonders Kinder, die in der Schule Probleme haben, erhielten so die nötige Selbstbestätigung ... Das Jugendarbeitsschutzgesetz steckt die Grenzen bei der Kinderarbeit. Grundsätzlich gilt: Wer noch zur Schule gehen muss, darf nicht jobben. Für Kinder ab 13 Jahren öffnet der Gesetzgeber die Arbeitswelt zumindest ein wenig. Sie passen auf das Baby der Nachbarn auf, geben dem Sohn von Tante Trude Nachhilfe oder kaufen für Oma Meier aus dem Erdgeschoss ein. Der Job-Klassiker schlechthin ist das Austragen von Anzeigenblättern. 80 000 Schüler ziehen mittwochs um die Häuser – samstags dürfen sie nämlich nicht. Kindern ist es nur erlaubt, montags bis freitags zu arbeiten, und das maximal zwei Stunden am Tag zwischen 8 und 18 Uhr. Ausgenommen sind Ferienjobs. Aber die gibt's erst ab 15 Jahren und dann auch nur vier Wochen im Jahr.

Zit. nach Daniel Schnettler, Spiegel online (30. 7. 2004).

Ein zwölfjähriges Mädchen in einer amerikanischen Baumwollspinnerei, Fotografie, 1910

1 Wähle eine Aufgabe aus:

a) Beschreibe anhand der Fotos (M2, M6) sowie des Berichtes (M1) die Arbeitsbedingungen der Kinder.

b) Beschreibe anhand von M4 und M6 den Alltag eines zwölfjährigen Mädchens in der Textilfabrik. Erstelle einen Tagesablauf.

2 Erkläre mithilfe des Darstellungstextes und der Materialien, warum die preußische Regierung die Kinderarbeit gesetzlich einschränkte.

3 Erläutere die Regelungen (M3).

4 a) Vergleiche deinen Alltag mit dem eines Gleichaltrigen im 19. Jahrhundert.

b) Diskutiert in der Klasse die heutigen gesetzlichen Regelungen zum Jugendarbeitsschutz (M5).

Wohnungsnot in den Städten

Deutschland war in der Mitte des 19. Jahrhunderts von Dörfern und Kleinstädten geprägt. Nur Berlin, Hamburg und München waren Großstädte mit über 100 000 Einwohnern. In der zunehmenden Industrialisierung wanderten immer mehr Menschen aus den Dörfern in die Städte, um in den neuen Fabriken Arbeit zu finden.

- *Welche Auswirkungen hatte diese Landflucht auf die Wohnsituation in den Städten?*

Warum wanderten die Menschen in die Städte?

Seit Mitte des 18. Jahrhunderts nahm die Bevölkerung in Deutschland stetig zu. Zurückzuführen ist der Anstieg auf eine Steigerung der Nahrungsmittelproduktion durch den Ausbau der Landwirtschaft. Hinzu kam eine bessere medizinische Versorgung, wodurch beispielsweise immer weniger Säuglinge starben. Diese Gründe führten zu einem Anstieg der Bevölkerung von 24,4 Millionen Menschen im Jahr 1800 auf 64,9 Millionen im Jahr 1910. Landwirtschaft und Heimarbeit boten der wachsenden Bevölkerung jedoch keine ausreichenden Verdienstmöglichkeiten mehr. Daher wanderten immer mehr Menschen in die Städte (Binnenwanderung). Sie hofften dort Arbeit zu finden. Und tatsächlich wurden in den vielen neuen Fabriken immer mehr Arbeitskräfte benötigt. So wuchs die Bevölkerung in den Städten besonders rasant. Diese Entwicklung wird als Urbanisierung bezeichnet. Konkret beschreibt der Begriff die Vergrößerung von Städten nach Zahl, Fläche und Einwohnern. Allein in Berlin wuchs die Bevölkerung zwischen 1800 und 1850 von 153 000 auf 430 000 Einwohner. Schon 20 Jahre später war die Millionengrenze erreicht. Viele Zuwanderer kamen aus den Dörfern in Ost- und Westpreußen, Pommern und Schlesien.

Wohnen auf engstem Raum

Durch die Vergrößerung der Städte und die damit verbundene dichte Besiedlung veränderten sich die alten Innenstädte. Zur Verbesserung der Infrastruktur wurden neue Straßen angelegt, Straßenbahnen ersetzten die Pferdebahnen, Schulen und Krankenhäuser wurden gebaut. In den Wohnungen standen zunehmend Gas und Elektrizität zur Verfügung. Außerdem boten die Städte neue Freizeitmöglichkeiten für gut verdienende Bürger: den Besuch von Museen und Opernhäusern oder das Shoppen in den neu errichteten Warenhäusern. Zur größten Herausforderung der Urbanisierung wurde jedoch die Wohnsituation. Die Mehrzahl der Arbeiterfamilien wohnte in Mietskasernen (M5). Sie waren um die historischen Stadtkerne als dicht gedrängter Gürtel großer, aber sehr einfach ausgestatteter Mietshäuser gebaut worden. Die Wohnungen bestanden meist aus zwei Räumen, in denen Familien von sechs bis zu zehn Personen lebten (M2, M4, M5). Häufig besaßen die Wohnungen keine Toilette. Diese befand sich im Hausflur und wurde von mehreren Familien genutzt. Viele Zuwanderer fanden jedoch keine Wohnung oder konnten sich keine eigene leisten. Diese hausten in provisorisch errichteten „Barackenstädten" oder suchten in Kellern und auf Dachböden Unterschlupf.

M1

Gutbürgerliches Wohnzimmer der Familie Schraube, Schraube-Museum, Halberstadt

M2

Kellerwohnung, Berlin, Pücklerstraße 10, Foto, 1910

Bericht einer Krankenkasse über die Wohnverhältnisse in Berlin, 1907:

Unter den „dauernd wirksamen“ Ursachen wäre unseres Erachtens auch der Umstand zu rechnen, dass die Fertigstellung unserer Massenmietshäuser sehr überhastet wird; das Bestreben, möglichst zum allgemeinen Ziehtermin, dem 1. April oder 1. Oktober, fertig zu werden, ist ganz verständlich, aber es hat, besonders zum April, doch den großen Übelstand zur Folge, dass von einer gründlichen Austrocknung der Häuser und einzelnen Räume nicht gesprochen werden kann …

Es kann völlig zugegeben werden, was von den Herren Hausbesitzern so gern häufig betont wird, dass mancherlei Mängel auf fehlerhafte Benutzung der Wohnungen zurückzuführen sind. Wir selbst haben unsere Krankenkontrolleure in den Stand gesetzt, den Mietern mit Ratschlägen zur Verhütung der Feuchtigkeit an die Hand zu gehen, und es ist richtig, dass sich mancherlei Gewohnheiten eingebürgert haben, welche im Widerspruch mit hygienischen Grundsätzen stehen. Aber auch hier muss doch beachtet werden, dass die Gewohnheiten recht häufig hervorgegangen sind aus Zwangslagen der betreffenden Bevölkerungsschichten; so leicht es ist, zu tadeln, dass in der Küche gewaschen wird, trotzdem eine Waschküche benützt werden könnte, so schwierig ist es für die Proletarierin, die Kinder in der Wohnung allein zu lassen, um in die Waschküche zu gehen; dazu kommt dann noch, dass doppeltes Feuerungsmaterial benötigt würde.

Zit. nach Ortskrankenkasse für den Gewerbebetrieb der Kaufleute, Handelsleute und Apotheker, Unsere Wohnungs-Enquete im Jahre 1906, Berlin 1907, S. 21f.
Zit. nach: Jochen Boberg/Tilman Fichter u. a. (Hg.), Exerzierfeld der Moderne. Industriekultur in Berlin im 19. Jahrhundert, München (C. H. Beck) 1984, S. 263.

Der evangelische Theologe Johann Hinrich Wichern (1808–1881) besucht eine Familie in Hamburg, 1867:

Die scheußlichste Pestluft aus den Gossen erfüllt zuzeiten die enge Straße, in welcher die Bewohner einander in die Fenster sehen. Unter manchen dieser Häuser sind wieder Eingänge in neue Labyrinthe. Nur gebückt ist das Innere dieser zweiten Höfe zu erreichen. … Wieder links war eine noch engere von Wohnungen gebildete Linie; der Atem wurde von Stickluft, die sich an dieser Stelle entwickelt hatte, gehemmt; hier wohnte rechts die gesuchte Familie in einer förmlichen Höhle; im untern Teile der elenden Baracke war fast im Finstern ein … Paar einquartiert, eine Art Hühnertreppe führte nach oben, wo wieder zwei bis drei voneinander unabhängige Parteien ihr Obdach hatten; alles strotzte von Schmutz aller Art an Wänden, Fenstern, Fußböden; 5 Kinder und 3 Weiber und ein kaum herangewachsener Bube mit seiner Dirne aßen und tranken hier durcheinander. Frechheit, Verzweiflung und völliger Stumpfsinn warfen dunkle Schatten auf die Gesichtszüge der Versammelten, um das Bild des leiblichen und sittlichen Elends, das hier hauste, zu vollenden.

Zit. nach Quellen zur Alltagsgeschichte der Deutschen 1815–1870, hg. von Hartwig Brandt und Ewald Grothe, Darmstadt (Wissenschaftliche Buchgesellschaft) 2005, S. 40f.

1 a) Erkläre mithilfe des Darstellungstextes den Begriff Urbanisierung.
b) Beschreibe die Auswirkungen der Urbanisierung.

2 Wähle eine Aufgabe aus:
a) Vergleiche die beiden Wohnsituationen (M1, M2).
b) Beschreibe die Wohnsituation der Arbeiterfamilien in den Mietskasernen (M4, M5).
c) Erläutere, warum die Wohnungen in den Mietskasernen häufig feucht waren (M3, M5).

3 Diskutiert, welche Folgen sich aus der Wohnsituation in den Mietskasernen für das Familienleben ergaben.

4 Vergleicht die Wohnsituation in Berlin zur Zeit der Industrialisierung mit der von heute.

Häuserblock mit Mietskasernen in Berlin, Luftfotografie um 1928

Umweltverschmutzung

Qualm und Rauch aus Schornsteinen von Fabriken und Lokomotiven galten im 19. Jahrhundert als Fortschritt. Dass sie die Luft verpesteten, wurde zwar erkannt, aber nur langsam entwickelte sich ein Bewusstsein zum schonenden Umgang mit der Natur.

- *Welche Auswirkungen hatte die Industrialisierung auf die Umwelt?*

Ansicht der Krupp-Stahlwerke in Essen, Kupferstich, 19. Jh.

Brief Alfred Krupps vom 12. Januar 1867:

Für die Pariser Ausstellung und für einzelne Geschenke an hochstehende Personen müssen wir neue Fotografien im Mai, wenn alles grünt und der Wind stille ist, ausführen ...

Ich denke nämlich, dass die kleinen Fotografien vollkommen im Allgemeinen ausreichen, daneben wünsche ich aber in größtem Maßstabe eine oder besser zwei Ansichten mit Staffage [= mit Ausstattung, Ausschmückung, damit es etwas besser aussieht] und Leben auf den Plätzen, Höfen und Eisenbahnen. Ich würde vorschlagen, dass man dazu Sonntage nehme, weil die Werktage zu viel Rauch, Dampf und Unruhe mit sich führen, auch der Verlust zu groß wäre ...

Es ist nachteilig, wenn zu viel Dampf die Umgebung unklar macht, es wird aber sehr hübsch sein, wenn an möglichst vielen Stellen etwas weniger Dampf ausströmt. Die Lokomotiven und Züge sind auch sehr imponierend so wie die großen Transportwagen für Güsse.

Zit. nach Wilhelm Berdrow (Hg.), Alfred Krupps Briefe 1826–1887, Berlin (Verlag Reimar Hobbing) 1928, S. 180f.

Gedicht des Schriftstellers Philipp Witkop über das Ruhrgebiet, 1901:

Aus tausend Schloten steigt ein dicker Rauch,
Der wälzt sich langsam durch die Lüfte her,
Dann sinkt er nieder dicht und schwarz und schwer,
Und brütet dumpf auf Haus und Baum und Strauch.
Es lauert rings ein großes schwarzes Sterben,
Und alle Blätter sind so welk und grau,
Als funkelte hier nie ein Tropfen Tau,
Kein Frühling will die Straßen bunter färben.
...
Ihr wisst es nicht, ihr könnt es nimmer wissen,
Und nimmer fühlen könnt ihr all das Leid,
Das mir die ganze Jugend hat zerrissen,
Das mich durchbebt so lange, lange Zeit,
Nur Rauch, nur Qualm, der sich voll träger Ruh
Aus tausend Schloten wälzt in schwarzer Masse –
Wie ich dich hasse, meine Heimat du!
Wie ich seit Kindertagen schon dich hasse!

Philipp Witkop, Ein Liebeslied und andere Gedichte, Kempten-München (Kösel) 1902, S. 73f.

Gutachten des Chemikers Konrad Jurisch von 1890:

Wie weit hat die Fischerei eine Berechtigung gegenüber der Chemischen Industrie in der Abwässerfrage? Es hat sich herausgestellt, dass für ganz Deutschland der wirtschaftliche Wert der Industrie, welche Abwässer liefern, ca. tausendmal größer ist als der Wert der Binnenfischerei in Seen und Flüssen ... Haben sich an einem kleinen Flusse ... so viele Fabriken angesiedelt, dass die Fischzucht in demselben gestört wird, so muss man dieselbe preisgeben [= aufgeben, beseitigen]. Die Flüsse dienen dann als die wohltätigen, natürlichen Ableitungen der Industrieabwässer nach dem Meere ... Dieser Grundsatz entspricht nicht nur den Anforderungen des Nationalwohlstandes, sondern auch den wirtschaftlichen Interessen eines jeden Landstriches, das Aufblühen der Industrie zu fördern, selbst auf Kosten der Fischerei.

Zit. nach Konrad Wilhelm Jurisch, Die Verunreinigung der Gewässer, Berlin 1890, S. 103, in: Gerhard Henke-Bockschatz, Industrialisierung, Schwalbach/Ts. (Wochenschau) 2003, S. 224f.

Bericht des Fabrikanten Friedrich Engels über Manchester, 1845:

Die Aussicht von dieser Brücke – zartfühlenderweise von einer mannshohen gemauerten Brustwehr den kleineren Sterblichen verhüllt – ist überhaupt charakteristisch für den ganzen Bezirk. In der Tiefe fließt oder vielmehr stagniert der Irk [Fluss, der durch Manchester fließt], ein schmaler, pechschwarzer, stinkender Fluss voll Unrat und Abfall, den er ans rechte, flachere Ufer anspült; bei trocknem Wetter bleibt an diesem Ufer eine lange Reihe der ekelhaftesten schwarzgrünen Schlammpfützen stehen, aus deren Tiefe fortwährend Blasen miasmatischer [= giftiger] Gase aufsteigen und einen Geruch entwickeln, der selbst oben auf der Brücke, vierzig oder fünfzig Fuß über dem Wasserspiegel, noch unerträglich ist. Der Fluss selbst wird dazu noch alle fingerlang durch hohe Wehre aufgehalten, hinter denen sich der Schlamm und Abfall in dicken Massen absetzt und verfault. Oberhalb der Brücke stehen hohe Gerbereien, weiter hinauf Färbereien, Knochenmühlen und Gaswerke, deren Abflüsse und Abfälle samt und sonders in den Irk wandern, der außerdem noch den Inhalt der anschließenden Kloaken und Abtritte aufnimmt.

Zit. nach Marx-Engels-Werke, Bd. 2, Berlin (Dietz Verlag) 1972, S. 282f.

M 6

THE "SILENT HIGHWAY"-MAN.
"Your MONEY or your LIFE!"

Karikatur aus der englischen Zeitschrift „Punch", 1858

1 **Wähle eine Aufgabe aus:**
Erarbeite aus den Materialien Informationen über die Umweltverschmutzung im 19. Jahrhundert:
a) Bild (M1),
b) Gedicht (M3).
2 Erkläre die Motive Krupps (M2).
3 Erarbeite aus M4 die Argumente der Industrie.
4 Beschreibe M6. Fasse die zentrale Aussage zusammen, indem du einen Titel für die Karikatur formulierst.
5 Beschreibe am Beispiel von M5 die Verschmutzung der Flüsse.
6 Beurteile die Auswirkungen der Industrialisierung auf die Umwelt, indem du einen (zeitgenössischen) Brief an den Chemiker Konrad Jurisch schreibst.
7 Informiert euch über heutige Maßnahmen zum Schutz der Luft und Gewässer.

1760 1770 1780 1790 1800 1810 1820 1830

um 1764 James Hargreaves baut eine Spinnmaschine („Spinning Jenny“), auf der viele Fäden gleichzeitig gesponnen werden können

1769 James Watt meldet eine betriebstaugliche Dampfmaschine zum Patent an

um 1770 Beginn der Industriellen Revolution in England

1771 Richard Arkwright entwickelt eine Spinnmaschine, die mit Wasser- und Dampfkraft angetrieben wird

um 1776 Adam Smith veröffentlicht seine Wirtschaftslehre: Staat soll Wirtschaft nicht behindern

1817 Missernten und extrem gestiegene Getreidepreise („Hungerjahr“) bringen erste Auswanderungswelle aus Europa

1833 der evangelische Theologe Johann Hinrich Wichern gründet in Hamburg das „Rauhe Haus“ für obdachlose Kinder

1834 Gründung des Deutschen Zollvereins

1835 erste Eisenbahnlinie in Deutschland

1839 Verbot der Kinderarbeit in Preußen in Fabriken für Kinder unter neun Jahren

Technisch-industrielle Revolution

Vorindustrielle Gesellschaft

In der zweiten Hälfte des 18. Jahrhunderts begann eine Entwicklung von weltgeschichtlicher Bedeutung: die Industrialisierung. Sie veränderte die Arbeits- und Lebensbedingungen der Menschen grundlegend. In der vorindustriellen Gesellschaft arbeitete die Mehrheit der Bevölkerung in der Landwirtschaft. Nur eine Minderheit war im Handwerk und im Handel tätig. Bei den meisten Familien waren Wohnung und Arbeitsplatz nicht getrennt. So wurden beispielsweise jahrhundertelang Garn und Stoffe in Heimarbeit an Spinnrädern hergestellt. Dann erfand der englische Weber James Hargreaves eine Spinnmaschine, die acht Spinnräder ersetzte. Seine Erfindung markiert den Beginn der Industrialisierung.

Industrialisierung in England

Die Industrialisierung begann in England, das als „Mutterland der Industrialisierung“ gilt. Eine erste Voraussetzung bildeten die technischen Erfindungen. So revolutionieren die Spinnmaschine und die Dampfmaschine von James Watt die Textilindustrie und führten zum Bau von Fabriken, in denen kostengünstig Massenprodukte hergestellt werden konnten. Ein zweite Voraussetzung war der Anstieg der Bevölkerung. Bauern erhielten zudem die Möglichkeit, in die Städte umzuziehen. Hinzu kam eine Schulbildung, die Grundkenntnisse vermittelte, damit genügend Arbeitskräfte die Maschinen bauen und bedienen konnten. Die wirtschaftlichen Bedingungen waren ein dritte Voraussetzung. England verfügte im Gegensatz zu Deutschland über einen großen Binnenmarkt mit einem weitgehend einheitlichen Finanz- und Zollsystem. Außerdem verfügte der Inselstaat über umfangreiche Kohlevorkommen sowie gut ausgebaute Straßen, Kanäle und Häfen. Eine vierte Voraussetzung bildete die innenpolitische Situation. England war seit 1688 eine konstitutionelle Monarchie. Die reichen Bürger, Kaufleute, Händler und Bankiers, konnten an der Gesetzgebung mitwirken – viel früher als in den anderen europäischen Staaten.

Industrialisierung in Deutschland

In Deutschland begann die Industrialisierung verspätet. Dafür gibt es politische und wirtschaftliche Gründe. Aufgrund zahlreicher Binnenzölle sowie verschiedener Maß-, Währungs- und Gewichtssysteme infolge der deutschen Kleinstaaterei existierte kein nationaler Markt. Die Entwicklung des freien Handels wurde zudem durch staatliche Eingriffe der absolutistischen Herrscher in die Wirtschaft, z. B. Ein- und Ausfuhrbeschränkungen, erschwert. Schließlich fehlten in Deutschland geeignete Verkehrswege für den Gütertransport. Große Hindernisse waren zudem der Zunftzwang und die Leibeigenschaft.

Daher begannen die deutschen Staaten Anfang des 19. Jahrhunderts Reformen einzuleiten. Dazu gehörten die Abschaffung der Leibeigenschaft und die Aufhebung des Zunftzwanges. Das bedeutete eine freie Berufs- und Wohnsitzwahl. Außerdem kam es zu einer Vereinheitlichung des deutschen Wirtschaftsraumes: Die Gründung des Zollvereins 1834 beseitigte die Zollschranken.

1840 | 1850 | 1860 | 1870 | 1880 | 1890 | 1900 | 1910

1846 erster katholischer Gesellenverein (Adolf Kolping)

1848 Kommunistisches Manifest von Karl Marx und Friedrich Engels

1848/49 Revolutionen in Europa

1853 Verbot der Arbeit von Kindern unter zwölf Jahren in Fabriken

1857 Gründung der Kammgarnspinnerei in Kaiserslautern

1863 Ferdinand Lassalle gründet den „Allgemeinen Deutschen Arbeiterverein"

1865 Friedrich Engelhorn gründet zusammen mit anderen Aktionären die „Badische Anilin- und Soda-Fabrik" (BASF)

1903 Kinderschutzgesetz im Deutschen Reich

Es wurde ein gleiches Münz- und Gewichtssystem eingeführt. Um 1900 erreichte Deutschland den Umfang der industriellen Produktion in England.

Eisenbahn – Motor der Industrialisierung

Die erste Eisenbahnlinie in Deutschland wurde am 7. Dezember 1835 eröffnet. Die Eisenbahn war siebenmal schneller als eine Postkutsche. In Deutschland kam es in der Folgezeit zu einem schnellen Ausbau des Streckennetzes. Der Eisenbahnbau kurbelte die gesamte Wirtschaft an; er wurde zum Motor der Industrialisierung.

Folgen der Industrialisierung

Die technisch-industrielle Revolution hatte eine Reihe von Folgen. So entstanden neue gesellschaftliche Gruppen: die Unternehmer und die Arbeiter. Die Unternehmer waren Eigentümer ihres Betriebs. Sie besaßen nicht nur das Kapital, sondern auch die benötigten Rohstoffe, Maschinen, Werkzeuge sowie die hergestellten Produkte. Sie nahmen persönlich Einfluss auf das tägliche Geschäft und regelten Rohstoffkauf, Produktion, Absatz und Personalfragen. Einige Unternehmer setzten sich auch für die sozialen Belange der Arbeiter ein.
Die Arbeit in den Fabriken unterschied sich grundlegend von den Tätigkeiten auf dem Bauernhof. Richtete sich der Bauer auf dem Feld nach den natürlichen Gegebenheiten, wurde nun die Tätigkeit in der Fabrik vom Takt der Maschinen bestimmt. Außerdem waren nun Wohn- und Arbeitsplatz getrennt. Strenge Fabrikordnungen regelten den Arbeitsablauf in den Fabriken. Bis in die 1880er-Jahre gab es keine gesetzliche soziale Absicherung (Kranken-, Unfall-, Renten- oder Krankenversicherung).

Frauen- und Kinderarbeit

Ein großes Problem stellte die Frauen- und Kinderarbeit dar. Da der niedrige Lohn der Fabrikarbeiter meist nicht zur Ernährung der Familie ausreichte, mussten auch Frauen und Kinder in der Fabrik zusätzlich Geld verdienen. Allerdings erhielten Frauen häufig nur die Hälfte und Kinder ein Viertel des Verdienstes eines ungelernten Arbeiters. Die Fabrikarbeit führte zu erheblichen gesundheitlichen Schäden.

Wohn- und Umweltprobleme

Weitere Folgen der Industrialisierung waren die Wohnungsnot und die Umweltverschmutzung. Massenhaft zogen die Menschen in die Städte, um Arbeit zu finden. Die Mehrzahl der Arbeiterfamilien wohnte in Mietskasernen. Die Wohnungen bestanden meist aus zwei Räumen, in denen Familien von sechs bis zu zehn Personen lebten. Viele Zuwanderer fanden jedoch keine Wohnung oder konnten sich keine eigene leisten.
Die Entstehung vieler Fabriken belastete auch die Umwelt. Gerade die Eisenverhüttung und Stahlindustrie führten zu einer gefährlichen Luftverschmutzung. Ein Umweltbewusstsein wie heute gab es im 19. Jahrhundert noch nicht.

Die soziale Frage – Lösungsansätze

siehe Kap. 6 Fächerverbindendes Modul „Armut und Reichtum" S. 196–203

In diesem Kapitel konntest du folgende Kompetenzen erwerben:

- Voraussetzungen für den Beginn der Industrialisierung in England nennen
- Faktoren für die verspätete Industrialisierung in Deutschland erklären
- Erfindungen und technischen Fortschritt als Motor der Industrialisierung an nationalen und regionalen Beispielen beschreiben
- die Folgen der Industrialisierung erläutern und bewerten
- die Bedeutung der Industriellen Revolution diskutieren

M1

Blick in eine Fabrikhalle: Metallverarbeitung mit Dampfhammer, Farblithografie, 1842

M2

Hinterhof in Berlin-Mitte

M3

Ein Mädchen bedient eine Spinnmaschine, Foto, um 1900

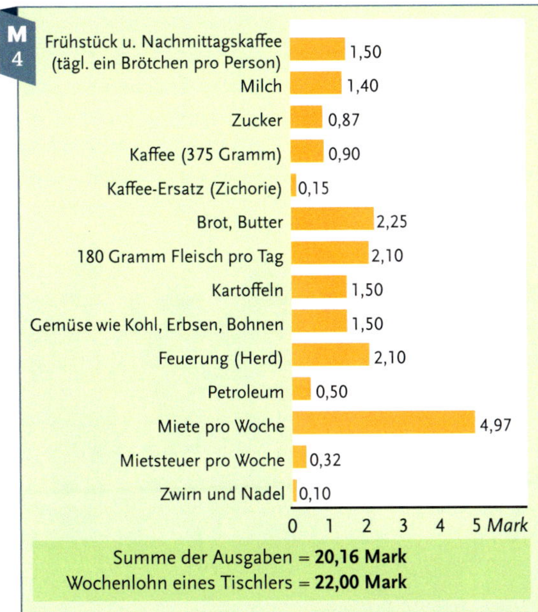

Wöchentliche Ausgaben für eine Familie mit vier Kindern um 1870

So stellte sich der Zeichner Arpad Schmiedhammer die Stadt im 20. Jahrhundert vor. Die Karikatur „Zukunftsvision einer Straße" wurde 1895 in der Zeitschrift „Simplicissimus" veröffentlicht.

Darstellen – historisch erzählen

1 Erkläre die Voraussetzungen für den Beginn der Industrialisierung in England.

2 Erläutere anhand von Beispielen, warum die Industrialisierung in Deutschland verspätet einsetzte.

3 Partnerarbeit: Erklärt euch gegenseitig die folgenden Begriffe: Industrielle Revolution, Fabrik, Deutscher Zollverein, Urbanisierung und Kapital.

Methoden anwenden

4 Untersuche die Statistik (M4) mithilfe der Arbeitsschritte S. 161. Ziehe Rückschlüsse auf die finanzielle Situation einer Arbeiterfamilie.

5 Untersuche die Karikatur (M5) mithilfe der Arbeitsschritte S. 117. Diskutiere, ob der Zeichner mit seiner Zukunftsvision Recht behalten hat.

Deuten und analysieren

6 Erläutere anhand von M1 die Veränderung der Arbeitswelt im Zeitalter der Industrialisierung.

Urteilen

7 **Wähle eine Aufgabe aus:**

a) Diskutiere ausgehend von M2 die Folgen der Industrialisierung.

b) Diskutiere ausgehend von M3 die Folgen der Industrialisierung.

8 Beurteile abschließend, ob es sich bei der Industrialisierung um eine Revolution handelte.

Tipp: Nutze deine Kenntnisse über die politischen Revolutionen (Kap. 4).

Webcode: FG647255-179
Selbsteinschätzungsbogen

6

Fächerverbindendes Modul: Armut und Reichtum (Längsschnitt)

Touristen in Venedig erkunden die Sehenswürdigkeiten der Stadt. Die knieende Bettlerin erbittet ein Almosen. Zu allen Zeiten haben Reichtum und Armut nebeneinander existiert. Das Gefühl, arm und ausgeschlossen zu sein, wird sich im Verlauf der Geschichte kaum geändert haben. Verändert hat sich über die Jahrhunderte aber der Blick der Menschen auf die ungleiche Verteilung von Reichtum und Armut.

Welche Gedanken und Gefühle wecken die beiden Abbildungen in dir.
Überlege, mit welchen Problemen die beiden Armen jeweils zu kämpfen haben.

Bettlerin und Touristen in Venedig, Foto 2012 / Bettler empfängt von der Nonne an der Klosterpforte ein Almosen, Holzschnitt, 1507

500	600	700	800	900	1000	1100	1200

500–850 Frühmittelalter

850–1250 Hochmittelalter

Armut und Reichtum: Hilfe bei individueller Armut – eine Verantwortung der Allgemeinheit?

Obwohl Deutschland als reiches Land gilt, sind Reichtum und Armut ungleich verteilt, und die Kluft zwischen arm und reich wächst in Deutschland weiter.

Nur zehn Prozent der Bevölkerung sind so reich, dass sie über die Hälfte des deutschen Gesamtvermögens verfügen. Auf der anderen Seite sind es vor allem Kinder, die in unserer Gesellschaft von Armut betroffen sind. Deutschlandweit leben 15 Prozent aller Kinder in Familien, die Arbeitslosengeld II (ALG II) vom Staat beziehen. Knapp 4,4 Millionen Menschen bekamen 2014 ALG II (auch Hartz IV genannt), weil sie entweder gar keine Arbeit bekommen oder so wenig verdienen, dass sie weniger hatten, als ein Mensch in Deutschland braucht, um eine Wohnung und Kleidung zu haben und nicht hungern zu müssen – das sog. Existenzminimum.

Das ALG II betrug 2017 409 Euro pro Monat plus die Kosten für Miete und Heizung. Wer Kinder unter 18 Jahren zu versorgen hat, bekommt für jedes Kind zwischen 14 und 17 Jahren nochmal 311, für jedes Kind zwischen 6 und 13 291 Euro dazu. In Berlin lebt jedes dritte Kind in einer Familie, die Arbeitslosengeld II bezieht, in Brandenburg jedes fünfte.

M 1

Ein Bettler bittet auf dem Kurfürstendamm in Berlin um eine Gabe, Fotografie, 2011

Neben der Hilfe vom Staat gibt es noch viele Menschen, die sich ehrenamtlich für Arme einsetzen. Beispielsweise verteilen sogenannte Tafeln kostenlos Lebensmittel und Kleidung, die sie als Spenden erhalten.

Arm ist in diesem reichen Deutschland also nicht erst, wer unter Brücken schlafen oder Pfandflaschen sammeln muss, sondern derjenige, der am üblichen Lebensstandard nicht teilhaben kann.

Trotzdem ist Deutschland mit seinem dichten sozialen Netz attraktiv für viele Menschen, die aus Not ihre Heimat verlassen, um hier ein sicheres Auskommen zu finden. Angesichts der wachsenden Flüchtlingszahlen stellt sich die Frage, wie die Weltgemeinschaft zukünftig mit dem Problem der Armut umgehen wird: Wie sollen Geld und Reichtum in einer Gesellschaft gerecht verteilt werden? Und ist die Hilfe bei individueller Armut eine Verantwortung der Allgemeinheit?

Die Unterschiede zwischen Arm und Reich gab es auch schon in der Vergangenheit. Dabei stellten sich folgende Fragen:

- Wer galt als arm, wer als reich?
- Wie organisierte die Gemeinschaft die Armenfürsorge?
- Wie und warum hat sich der Blick auf die Armut gewandelt?
- Welche Rolle spielten dabei Kirche und Religion?
- Sollte der Staat die Fürsorgepflicht für die Arme übernehmen?

Auf diese Fragen findest du im folgenden Kapitel Anregungen und Antworten.

1300	1400	1500	1600	1700	1800	1900

1250–1500
Spätmittelalter

ab ca. 1550
Frühe Neuzeit

1780
Beginn der Industrialisierung

M 2

„Von ursprünglicher Armut", kinderreiche arme Frau im Kindbett, Holzschnitt, Augsburg, 1532

Themen
In diesem Längsschnitt-Kapitel beschäftigst du dich mit folgenden Themen:

Mittelalter	• *Armut* • *Reichtum* • *Armut als christliches Ideal*
Frühe Neuzeit	• *Neuer Blick auf die Armut beim Übergang zur Neuzeit* • *Armenpolitik städtischer Eliten*
Industriezeitalter	*Soziale Frage: Antworten von Wirtschaft, Religion und Politik* • *Unternehmer* • *Kirche* • *Arbeiterbewegung* • *Bismarcks Sozialgesetzgebung*

Vorschlag für die Untersuchung des Themas:
Bei der Untersuchung, wie sich das Verständnis und der Umgang mit Armut im Laufe der Zeit verändert hat, könnt ihr wie folgt vorgehen:
Teilt euch in Gruppen auf und untersucht, was Armut im Mittelalter, in der Frühen Neuzeit und im Zeitalter der Industrialisierung bedeutet hat. Wählt einige der oben stehenden Leitfragen aus.

Kriterien	***Mittelalter***	***Frühe Neuzeit***	***Industriezeitalter***
Wer galt als arm?			
Wie wurde die Armenfürsorge organisiert?			
…			

- Präsentiert eure Ergebnisse und vergleicht sie anschließend.
- Diskutiert, ob sich moderne Armut mit früheren Formen vergleichen lässt.

1 Überlege dir zunächst selbst, was du unter „arm sein" verstehst. Notiere und vergleiche mit deinem Nachbarn.

2 Erkläre mithilfe des Darstellungstextes, wer in Deutschland als arm gilt.

3 **Partnerarbeit:** Beschreibt die Abbildungen M1 und M2 und bringt mindestens eine der abgebildeten Personen zum Sprechen: Was denken sie über ihre Situation?

4 Vergleicht die Abbildungen. Nennt Unterschiede und Gemeinsamkeiten.

Armut im Mittelalter

Das Denken und Handeln der Menschen im Mittelalter war durch die Kirche bestimmt. Daher waren sowohl das Verständnis als auch der Umgang mit der Armut durch christliche Vorstellungen geprägt.

- ***Welche Bedeutung hatte die Armut für die mittelalterliche Gesellschaft?***

Wer galt als arm?

Während des gesamten Mittelalters lebte ein hoher Anteil der Bevölkerung in bitterer Armut. Missernten, Krankheiten, Kriege, Feuersbrunst und Naturkatastrophen bedeuteten oft den finanziellen Ruin und führten in ausweglose Situationen.

Als arm galt im Mittelalter, wer zum Überleben auf fremde Hilfe angewiesen war. Dabei rechnete man der Gruppe der Armen auch diejenigen zu, die durch das Feudalsystem (S. 26 f.) von einem Grundherrn abhängig oder macht-, recht- und schutzlos waren. Sowohl Armut als auch Reichtum galten als gottgegeben. Den Armen war auferlegt, ihr Los mit Demut zu tragen, den Reichen, es durch Almosen zu lindern. Neben der Armut durch Geburt oder Schicksalsschläge gab es im Mittelalter darüber hinaus Gruppen von Menschen, die aus religiöser Überzeugung in frei gewählter Armut lebten. Ausgehend von der Idee, dass auch Jesus besitzlos gewesen sei und Armut predigte, galt den Mönchen der Bettelorden Armut als Ideal (S. 186 f.)

M 1 Bestickte Almosentasche, die um 1340 in Paris entstanden ist. Aus diesen Beuteln verteilten reiche Männer und Frauen Geldspenden an Arme. Fundort: Museum für Kunst und Gewerbe in Hamburg.

Ursachen der Armut

Ein großer Teil der mittelalterlichen Gesellschaft lebte am Rande des Existenzminimums. Zu der Masse der Armen gehörten: Leibeigene, verarmte Bauern, fahrendes Volk wie Gaukler, Landstreicher, Tagelöhner und verarmte Ritter. Dazu kamen jene, die ein ungnädiges Schicksal an den Bettelstab gebracht hatte: Witwen und Waisen, körperlich oder geistig Behinderte, durch Krieg, Hungersnot oder Seuchen Entwurzelte, wegen Schulden von Haus und Hof Vertriebene, aus dem Sold entlassene Krieger. Dabei standen diejenigen, die als Tagelöhner von der Hand in den Mund lebten, gesellschaftlich noch über der großen Schar von Bettlern und Dieben.

Die Kirche rief dazu auf, die Armen im Namen der Barmherzigkeit materiell zu unterstützen. Das Gebot der christlichen Nächstenliebe verpflichtete die Kirche, ein Viertel der Einkünfte eines Bistums als Almosen zur Unterstützung der Armen aufzuwenden.

M 2 **Zitat aus der Lebensgeschichte des Heiligen Eligius:**

„Gott hätte alle Menschen reich erschaffen können, aber er wollte, dass es auf dieser Welt Arme gibt, damit die Reichen Gelegenheit erhalten, sich von ihren Sünden freizukaufen."

Aus: Vita Eligii; zit. nach Geremek, Borislaw, Geschichte der Armut, Elend und Barmherzigkeit in Europa, München (Artemis), 1988, S. 27.

Kirchliche Armenfürsorge: Das Almosenwesen im Mittelalter

Die Ständeordnung (S. 28 f.) des Mittelalters galt als Spiegel der göttlichen Ordnung. In der mittelalterlichen Gesellschaftsordnung nahmen die Armen und Notleidenden den letzten Platz ein. Da Armut als gottgewollt galt, kam der Gedanke, die Ursachen durch soziale Veränderungen zu beseitigen, nicht auf. Allerdings genossen Arme den Schutz der Kirche und hatten das Recht, ihren Unterhalt durch Betteln zu bestreiten. Das Fehlen einer staatlichen Sozialfürsorge verpflichtete die Kirchen zur Unterstützung von Hilfsbedürftigen. Vor allem in Klöstern fanden Notleidende Hilfe in Form von Speisen, Kleiderspenden und Geldzuwendungen.

Die materielle Unterstützung der Armen wurde Almosen genannt. Das Wort leitet sich vom altgriechischen Wort für Mitleid, Mildtätigkeit ab.

War die Gewährung von Almosen durch die Kirche an keine Gegenleistung gebunden, erhofften sich Herrscher und Reiche durch die Verteilung milder Gaben durchaus einen Vorteil. Neben der Rettung des eigenen Seelenheils, bot sie die Möglichkeit, seine Frömmigkeit oder seinen Reichtum öffentlich zu demonstrieren und auf diese Art allgemein Ansehen zu erlangen. Oft wurde mit der Schenkung die Erwartung verbunden, der Almosenempfänger solle für die Seele des Spenders beten.

Bibelzitate über die Armut

A) Im Matthäusevangelium in der sog. Bergpredigt spricht Jesus über die Armut. Er sagte:

Selig, die arm sind vor Gott; denn ihnen gehört das Himmelreich.

Matthäus 5,3

B) Im Markusevangelium antwortet Jesus auf die Frage eines jungen Mannes nach dem Weg ins Himmelreich:

Jesus aber wiederholte seinen Ausspruch nochmals mit den Worten: „Kinder, wie schwer ist es doch für Menschen, die sich auf Geld und Gut verlassen, in das Reich Gottes einzugehen! Es ist leichter, dass ein Kamel durch ein Nadelöhr hindurchgeht, als dass ein Reicher in das Reich Gottes eingeht."

Markus 10,21–25

Der italienische Philosoph und Theologe Thomas Aquin (1225–1274) über Wohltätigkeit, ca. 1270:

Da die Nächstenliebe unter Gebot steht, so muss notwendig alles unter Gebot fallen, ohne das die Liebe zum nächsten nicht gewahrt werden kann. Zur Nächstenliebe gehört aber, dass wir dem Nächsten nicht bloß das Gut wollen, sondern es auch wirklich tun. ... Dazu aber, dass wir jemandes Gut wollen und wirken, wird erfordert, daß wir seiner Not zu Hilfe kommen, was durch die Spendung von Almosen geschieht. Und deswegen steht das Almosenspenden unter Gebot.

Thomas von Aquino 1985 (ca. 1270), 162f., zit. n. Engelke 2002, 37; Hervorhebungen im Original.

1 a) Erkläre, was Armut im Mittelalter bedeutete.
b) Nenne Gründe, warum Menschen in Armut gerieten.
c) Wer gehörte zu den Armen?

2 Beschreibe das Bild der Almosentasche (M1) und erkläre ihre Funktion. Erkläre, warum sie so aufwändig und reich gestaltet war.

3 Fasse die Aussagen der Bibelzitate (M3) zusammen. Erkläre mit eigenen Worten, was Jesus damit sagen will.

4 Beschreibe mithilfe des Darstellungstextes und M4 die Aufgaben der Kirche bei der Armenfürsorge.

5 Beurteile das Verhalten der (reichen) Herrscher gegenüber den Armen.

Zusatzaufgaben: siehe S. 287

Armut als christliches Ideal

Das Mittelalter kannte zwei Grundformen der Armut: Menschen, die unfreiwillig in Not geraten waren, und Menschen, die aus freien Stücken ein Leben in Armut und Besitzlosigkeit wählten.
- ***Warum begaben sich Menschen freiwillig in die Armut?***

„Selig, die arm sind vor Gott; denn ihnen gehört das Himmelreich", sagte Jesus über Armut. Er selbst war arm und forderte seine Jünger zum Verzicht auf Reichtum auf. Die selbstgewählte Armut galt im Mittelalter als Zeichen der Demut und der Nähe zu Gott. Der freiwillige Verzicht auf materielle Güter sollte den Gläubigen ermöglichen, sich auf das Gebet und die Andacht zu konzentrieren. Ein solches Leben in Enthaltsamkeit findet sich zum Beispiel im Alltag der Mönche wieder. Dem Idealbild der freiwilligen Armut entsprachen die Einsiedler (Eremiten), die sich in die Ödnis der Natur zurückzogen, um fernab der menschlichen Zivilisation in Armut ein gottesfürchtiges Leben zu führen.

Der Armutsstreit der Kirche

Zu Beginn des 14. Jahrhunderts kam es innerhalb der katholischen Kirche zu einer erbitterten Auseinandersetzung um die Frage, wie arm Jesus wirklich gewesen war. Während eine Gruppe die These vertrat, Jesus und seine Jünger hätten durchaus über Eigentum verfügt, behauptete die andere Seite, Jesus habe materielle Dinge nie als seinen Besitz betrachtet. Bei diesem Streit ging es auch um die grundsätzliche Frage, wie reich die Kirche sein dürfe. Denn zu diesem Zeitpunkt hatte sie sich bereits weit vom christlichen Armutsideal entfernt.

Die Entstehung der Bettelorden

Im Verlauf des Mittelalters war die Kirche, die sich schon damals als allumfassend (= katholisch) bezeichnete, reich und mächtig geworden. Viele Geistliche führten ein luxuriöses Leben, während in den Städten die Kluft zwischen Arm und Reich immer größer wurde. Als Reaktion auf diesen Reichtum bildete sich im 13. Jahrhundert innerhalb der Kirche eine Gegenbewegung, die eine Rückkehr zum alten Armutsideal forderte. Im Zuge dieser Reformbewegung gründeten sich die Bettelorden. Ihre Mitglieder verpflichteten sich zu einem Leben in völliger Armut. Ihren Lebensunterhalt verdienten sich die Ordensbrüder durch Arbeit und Betteln. Auf ihrer Wanderschaft predigten sie die Worte des Evangeliums und widmeten sich der Fürsorge für Arme und Kranke.

Der Franziskanerorden

Neben anderen Bettelorden gewann der *Orden der Minderbrüder des Heiligen Franziskus* im Mittelalter große Bedeutung. Namensgeber war der Ordensgründer Franziskus von Assisi, der 1228 heiliggesprochen wurde. Der Franziskanerorden ist noch heute mit rund 16 000 Mitgliedern der drittgrößte Männerorden der katholischen Kirche. Die schlichte Ordenstracht der Franziskanermönche, braune Kutte und weißer Strick, prägen bis heute die Vorstellung der mittelalterlichen Mönchskleidung.

Die Kirche rückt vom Armutsideal ab

Nach dem Tod des Ordensgründers Franziskus bildeten sich innerhalb des Ordens zwei Strömungen mit unterschiedlichen Ansichten: Die einen traten für eine weniger strenge Befolgung der Armutsregeln ein; die anderen forderten weiterhin die strikte Armut der Gemeinschaft und sogar der gesamten Kirche. Die katholische Kirche sah darin eine Bedrohung ihrer Macht. Die Lage verschärfte sich, als in den ärmeren Regionen Europas viele Menschen den Gedanken der kirchlichen Armut begeistert aufgriffen. In den unteren Bevölkerungsschichten gründeten sich, ohne Zustimmung des Papstes, neue Gemeinschaften nach dem Vorbild der Bettelorden. Sie

M 1

Der heilige Franziskus als Eremit. El Greco, 16. Jh.

verbanden die Idee der Besitzlosigkeit mit dem Gedanken der Gleichheit aller Menschen. Die radikalen Ansichten der Armutsbewegung waren der Kirche ein Dorn im Auge, zumal einige Anhänger dieser Gemeinschaften Klöster plünderten und reiche Bürger überfielen.

Im Jahre 1323 verurteilte Papst Johannes XXII. die Lehre von der Besitzlosigkeit Jesu als gotteslästerlich (= sündhaft, gottlos). In der Folge wurden Anhänger der Lehre der armen Kirche als Ketzer verfolgt und zum Tode verurteilt. Unter den Opfern waren auch Brüder des Franziskaner-Ordens. Die Kirche hatte sich damit vom Armutsideal entfernt.

A) Missionsauftrag der zwölf Apostel nach dem Matthäusevangelium:

„Steckt nicht Gold, Silber und Kupfermünzen in euren Gürtel. Nehmt keine Vorratstasche mit auf den Weg, kein zweites Hemd, keine Schuhe, keinen Wanderstab; denn wer arbeitet, hat ein Recht auf seinen Unterhalt."

Matthäus 10,9

B) Aus der Ordensregel des Heiligen Franziskus von 1223:

Und die durch Not gezwungen sind, können Schuhwerk tragen.

Und alle Brüder sollen geringwertige Kleidung tragen und sollen sie mit grobem Tuch und anderen Tuchstücken verstärken können mit dem Segen Gottes.

Ich gebiete allen Brüdern streng, auf keine Weise Münzen oder Geld anzunehmen, weder selbst noch durch eine Mittelsperson.

Die Brüder sollen sich nichts zu eigen machen, weder Haus noch Platz noch irgendein Ding. Und als Pilger und Fremdlinge in dieser Zeitlichkeit in Armut und Demut dem Herren dienend, mögen sie vertrauensvoll um Almosen ausziehen, und keine Scham gebührt ihnen, da der Herr sich für uns in dieser Welt arm gemacht hat. Dies ist jene Erhabenheit der tiefsten Armut, die euch, meine teuersten Brüder, zu Erben und Königen im Königreich des Himmels gesetzt, euch arm an Habe gemacht, an Kräften geadelt hat.

Zit. nach https://franziskaner.net (Zugriff: 23.11.2015)

Aus einem Schreiben von Papst Franziskus an die Kardinäle, am 24.11.2013:

Für die Kirche ist die Option für die Armen in erster Linie eine theologische Kategorie und erst an zweiter Stelle eine kulturelle, soziologische, politische oder philosophische Frage. Gott gewährt ihnen „seine erste Barmherzigkeit". Diese göttliche Vorliebe hat Konsequenzen im Glaubensleben aller Christen, die ja dazu berufen sind, so gesinnt zu sein wie Jesus ... Von ihr inspiriert, hat die Kirche eine Option für die Armen gefällt, die zu verstehen ist als „besonderer Vorrang in der Weise, wie die christliche Liebe ausgeübt wird; eine solche Option wird von der ganzen Tradition der Kirche bezeugt" ... Diese Option ... ist „im christologischen Glauben an jenen Gott ... enthalten, der für uns arm geworden ist, um uns durch seine Armut reich zu machen" ... Aus diesem Grund wünsche ich mir eine arme Kirche für die Armen. Sie haben uns vieles zu lehren. Sie ... kennen ... dank ihrer eigenen Leiden den leidenden Christus ... Die riesige Mehrheit der Armen ist besonders offen für den Glauben; sie brauchen Gott, und wir dürfen es nicht unterlassen, ihnen seine Freundschaft, seinen Segen, sein Wort ... anzubieten ...

Zit. nach Apostolisches Schreiben „Evangelii Gaudium", 2013, Abschnitte 198, 200.

Papst Franziskus bei einer Audienz

1 Erkläre den Armutsstreit der Kirche und seine Folgen.

2 Beschreibe das Bild M1 und erkläre, was der Gesichtsausdruck des betenden Franziskus ausdrückt.

3 **a)** Fasse M2A mit eigenen Worten zusammen.
b) Vergleiche sie mit dem Missionsauftrag nach Franziskus (M2B) und nimm Stellung zu M2A.

4 **a)** Franziskus heißt mit bürgerlichem Namen Jorge Mario Bergoglio. Erkläre, warum er als Papstnamen Franziskus wählte (M1, M2B, M4).
b) Erläutere, welche Bedeutung die Armen für die katholische Kirche haben (M3).

Reichtum im Mittelalter

Im Mittelalter klaffte die Schere zwischen Arm und Reich weit auseinander. Neben einer großen Anzahl von Menschen, die in Armut lebten, gab es eine kleine reiche Oberschicht.

- ***Welche Formen von Reichtum gab es und wie lebten die Reichen?***

Reichtum und Besitz

Im Mittelalter lebte der Großteil der Bevölkerung auf dem Land. Hier galt als reich und mächtig, wer viel Grund und Boden besaß. Reichtum wurde weniger nach Geld und Einkommen bemessen, sondern vielmehr nach der Größe des Besitzes. Der Grundherr, in der Regel ein Adliger (z. B. Graf) oder ein Geistlicher (z. B. Bischof), verfügte über große Flächen an Wald, Ackerland und Wiesen. Teile dieses Besitzes verlieh er zur Bebauung an die Bauern. Diese mussten dem Grundherrn dafür Abgaben bezahlen, meist einen Teil der Ernte. Zudem mussten die Bauern an bestimmten Tagen auf den Feldern des Grundherrn arbeiten. Da der Grundherr zugleich auch der Gerichtsherr auf seinem Grund und Boden war, besaß er die Macht über die abhängigen Bauern (S. 26). Je größer der Besitz, desto mächtiger war der Grundherr.

Der Grundherr wiederum war von einem höherrangigen Adligen abhängig, dessen Land er als „Lehen" erhalten hatte. Er hatte dafür seinem Lehnsherrn treue Dienste wie Kriegsdienst und Gefolgschaft zu leisten. Dieses System der gesellschaftlichen und politischen Beziehungen zwischen Lehnsherren und Vasallen nennt man auch „Lehnswesen" (S. 22).

M 1

Auch die Kirche war reich

Im Mittelalter konnte ein Grundherr sowohl ein weltlicher oder ein kirchlicher Eigentümer sein. Vor allem Klöster verfügten über große Teile des bäuerlichen Ackerlandes. Neben dem Grundbesitz, der der Kirche als Lehen übertragen wurde, vermachten adlige Familien den Klöstern Ländereien als Schenkung. Diese dienten zur standesgemäßen Versorgung der Familienmitglieder, die im Kloster lebten. Im Gegenzug verpflichteten sich die Klöster für das Seelenheil der Spender zu beten. So war die Kirche neben dem Adel die zweite mächtige Institution des Mittelalters.

Der Reichtum der Kirche wurde durch kostspielige Kirchenbauten und wertvolle Domschätze zu Ehren Gottes und zur Schau auf das prophezeite Paradies sichtbar. Im Verlauf des Mittelalters wurden die Kirchenfürsten politisch und wirtschaftlich einflussreicher. Manche geistlichen Herren waren dem weltlichen Adel an Reichtum, Macht und Einfluss weit überlegen. Dieser Reichtum, der im krassen Widerspruch zum christlichen Armutsideal stand, empörte gegen Ende des Mittelalters viele Menschen. Daraus entstanden Forderungen zur Reformation der Kirche (S. 54 ff.).

Der Reichtum der Städte

Seit dem 12. Jahrhundert kam es in Europa zu einer Welle von Stadtgründungen. Die Städte entwickelten sich zu Markt- und Handelszentren und wurden zum Anziehungspunkt für Händler, Kaufleute und Handwerker (S. 36 f.). Der rege Handel brachte den Städten Wohlstand und politischen Einfluss. In den Städten entwickelte sich mit den Kaufleuten eine neue bürgerliche Oberschicht. Neben dem Grundbesitz wuchs nun auch die wirtschaftliche Bedeutung des Geldes. Es gründeten sich große Handels- und Bankgesellschaften mit Zweigstellen in ganz Europa. Gegen Ende des Mittelalters waren auch einige Kaufleute reicher als manch adliger Herr. Selbst Könige und Kaiser liehen sich bei finanzstarken Bankiers Geld. Somit wuchs der Einfluss der vermögenden Bürger in der Gesellschaft immer weiter.

Neujahrsempfang beim Herzog von Berry. Die farbenprächtigen Gewänder der Gäste verweisen auf ihren Stand.

Wie lebten die Reichen?

Der Reichtum ermöglichte seinen Besitzern ein Leben, das frei von körperlicher Arbeit und materieller Not war. Im Vergleich zum weitaus größten Teil der Bevölkerung lebten die Reichen in einem unvorstellbaren Luxus. Feste und Tafelrunden waren zwar nicht die Regel, fanden aber in den Adelskreisen mehrmals im Jahr statt. Wie heute auch galten teure Kleider und wertvoller Schmuck als Statussymbole, die den Wohlstand und die gesellschaftliche Stellung auch nach außen hin repräsentieren sollten. Die Farben der Kleider signalisierten, wie einer Person angemessen zu begegnen war. Eine wichtige Aufgabe in einer Gesellschaft, in der Ansehen und Ehre von Stand und Rang abhingen. Die Kleidervorschriften waren unbedingt einzuhalten. Denn wer von Adel war und sich wie die Bauern kleidete, verwischte die Grenze zwischen Herren und Untertanen und verletzte damit die Ehre seines ganzen Standes.

Wer es sich leisten konnte, ließ seine Fenster verglasen und hatte es so auch im Winter warm. Im Gegensatz zu der üblichen Bauweise aus Holz und Lehm waren die Häuser der städtischen Oberschicht aus Stein gebaut.

Aber Reichtum war im Mittelalter immer auch mit Verpflichtungen verbunden. So hatte der Reiche die moralische Pflicht, die Armen durch Almosen* zu unterstützen. Reiche Kaufleute ließen nach ihrem Tod Messen und Gebete auf ihre Kosten abhalten, um für ihr Seelenheil zu sorgen.

M2 Auszug aus der Kieler Kleiderordnung von 1417:

Keine Frau darf gekrauste Tücher tragen und nicht mehr als zwei Mäntel haben, die mit Pelzwerk gefüttert sind, und darf auch keinerlei Geschmeide (Schmuck) mit teurem Gestein und Perlen an allen ihren Kleidern tragen, wenn ihr Mann an die Stadt nicht mindestens 400 Mark Silber zu versteuern hat. Wenn eine Frau dessen überführt wird, so soll das der Stadt mit 10 Mark Silber gebessert werden. Dieselbe Strafe trifft den Übertreter der weiteren Bestimmungen: Wenn der Mann der Stadt für mindestens 200 Mark Steuern zahlt, so darf seine Frau eine lötige (= rein, ungemischt) Mark Silber an allen ihren Kleidern tragen. Die Jungfrauen sollen es in derselben Weise halten ... Wenn der Mann der Stadt zwar Steuern zahlt, aber nicht für 100 Mark, so darf seine Frau keinerlei Geschmeide tragen.

Stefan Hradil, Soziale Ungleichheit in Deutschland, Wiesbaden (VS Verlag für Sozialwissenschaften) 2005, S. 16f.

M3 Vermögensklassen in Frankfurt a. M. von 1405.

Ein Goldgulden entsprach etwa dem heutigen Gegenwert von 394 Euro.

Vermögen in Gulden	Anteil der Stadtbevölkerung
unter 20	45,7%
20–100	26,8%
100–200	8,2%
200–1000	11,0%
1000–5000	5,5%
über 5000	2,8%

http://www.homes.uni-bielefeld.de/esteinberg/pdf/stadtgeschichte/mittelalter/leben_in_der_mittelalterlichen_stadt.pdf (Download vom 17. 8. 2016)

1 **a)** Arbeite anhand des Darstellungstextes den Zusammenhang zwischen Reichtum und Macht heraus. **Tipp:** Nutze auch die Themenseite S. 184f.
b) Überlege, inwieweit Reichtum und gesellschaftlicher Einfluss noch heute eine Rolle spielen.

2 Stelle fest, wie der Reichtum der Kirche entstand. Wie lässt sich der Reichtum mit dem christlichen Armutsideal vereinbaren? Nutze auch S. 186f.

3 Beschreibe die Darstellung M1 und überlege, wie sich der Reichtum dieser Gesellschaft ausdrückt.

4 Versetze dich in die Lage des Dieners mit dem Hund oder des Hausherrn und beschreibe, was du siehst, hörst, riechst und denkst.

5 Gib den Text von M2 mit eigenen Worten wieder. **Tipp:** Beziehe auch die öffentliche Diskussion über Schuluniformen mit ein.

6 Überlege, wo solche Kleiderordnungen noch gelten. Gibt es Situationen, in denen du Kleidervorschriften sinnvoll findest?

7 Was sagt die Tabelle M3 über die Vermögensverteilung in der Stadt Frankfurt aus? Vergleiche dein Ergebnis mit dem Ergebnis aus Aufgabe 1 und triff eine Aussage darüber, wie viel Prozent der Bevölkerung entscheidenden politischen Einfluss haben.

Neuer Blick auf die Armut beim Übergang zur Neuzeit

Im Spätmittelalter und in der Ffrühen Neuzeit beginnt sich die Einstellung der Menschen zur Armut zu verändern. Auslöser für diesen Wandel war eine Krisenstimmung, die u. a. durch Pest und Missernten verursacht wurde. Beeinflusst wurde der neuen Blick auf die Armut auch durch eine neue Bewertung der Arbeit.

- ***Wie veränderte sich die Haltung zur Armut und welche Auswirkungen hatte sie?***

Die Krise des Spätmittelalters

Im ausgehenden Mittelalter verunsicherten mehrere Ereignisse die Menschen und lösten eine Krisenstimmung aus. Zwischen 1347 und 1353 wurden weite Teile Europas von einer verheerenden Pestepidemie heimgesucht. Schätzungsweise ein Drittel der europäischen Bevölkerung fiel dem „schwarze Tod" zum Opfer. Ganze Landstriche verödeten, Handel und Landwirtschaft kamen an einigen Orten fast ganz zum Erliegen. Auch in den nächsten drei Jahrhunderten brach die Pest in verschiedenen Regionen Europas immer wieder aus. Seit der Mitte des 14. Jahrhunderts begann sich zudem das Klima in Europa merklich abzukühlen. Als Folge kam es zu Missernten und Hungersnöten. Das Anwachsen der Armut ängstigte die Menschen. So wollten sie nicht leben. Trugen Bettler selbst Schuld an ihrem Leben? Das Misstrauen gegenüber den Bettlern wuchs. Die Stadtverwaltungen versuchten, durch immer strengere Verordnungen das Betteln in den Städten einzuschränken.

Ein neuer Blick auf Armut

In den Städten entstand im Spätmittelalter mit den wohlhabenden Handwerkern und Kaufleuten eine neue und einflussreiche Gesellschaftsschicht. Sie bezog ihr Selbstbewusstsein aus der Tatsache, dass ihr Reichtum das Ergebnis ihres Fleißes war. Entsprechend hoch war für sie der Stellenwert der Arbeit. Damit änderte sich auch die Einstellung vieler Menschen zur Armut. Sie wurde nun nicht mehr ausschließlich als göttliches Schicksal angesehen, sondern als selbstverschuldet. „Wer arbeitet, muss nicht arm sein. Wer arm ist, will nicht arbeiten", so dachten große Teile der Stadtbevölkerung. Im Bewusstsein der Menschen begann man die Bedürftigen in zwei Kategorien einzuteilen: Den „ehrlichen Armen", die trotz Arbeit nicht genug zum Leben verdienten oder die aufgrund von Alter oder Krankheit nicht mehr erwerbsfähig waren, stand die Gruppe der Armen gegenüber, denen man einen Mangel an Arbeitswillen unterstellte. Strenge Verordnungen der Stadt-

M 1

Aus der Nürnberger Polizeiordnung von 1478

Unsere Herren vom Rat verordnen, dass kein Bürger oder Fremder in dieser Stadt betteln soll, es sei denn, es werde ihm von einer Amtsperson erlaubt. Denen es erlaubt wird, sollen sichtbar das Abzeichen tragen.

Ein jeder Bettler soll wahrheitsgemäß Angaben über seinen körperlichen Zustand machen und zu erkennen geben, ob er des Bettelns notdürftig ist.

Bettlern, die Kinder bei sich haben, welche älter als acht Jahre und ohne Gebrechen sind, wird das Betteln nicht erlaubt, da diese ihr Brot selbst verdienen sollen.

Bettler, die nicht Krüppel, lahm oder blind sind, sollen an Werktagen nicht müßig bettelnd vor den Kirchen sitzen, sondern spinnen oder andere Arbeit, die ihnen möglich ist, verrichten.

Ein jeder Bettler, dem zu Betteln erlaubt wird und der ein ekelerregendes Gebrechen hat, durch dessen Anblick schwangere Frauen Schaden nehmen könnten, soll dieses Gebrechen verdecken und nicht öffentlich zeigen.

Nürnberger Polizeiordnung aus dem 14.Jahrhundert, hg. v. Joseph Baader, Titel?; in: Bibliothek des Literarischen (sic) Vereins Stuttgart, Stuttgart 1861, Abschnitt 316 (Bettlerordnung).

M 2

Bettlerzeichen von 1599. Westfälisches Landesmuseum für Kunst- und Kulturgeschichte Münster, Numismatische Abteilung

verwaltungen begrenzten die Armenfürsorge auf die „ehrlichen Armen". Die Pflicht zur Arbeit verdrängte langsam das christliche Gebot der Barmherzigkeit.

Die Reformation: Arbeit als Gottes Gebot

Die Reformation (S. 56 f.) markierte nicht nur einen tiefen Wandel in der Kirchenpolitik, sie verschärfte auch die negative Sicht auf Armut, indem sie in der Arbeit eine moralische Pflicht des Menschen gegenüber Gott sah. Wer dieser Verpflichtung, ob verschuldet oder unverschuldet, nicht nachkam, wurde als Müßiggänger und Schmarotzer angesehen, der auf Kosten der Mitmenschen lebte. Das galt insbesondere für die Bettler, denen man vorwarf, milde Gaben ohne Gegenleistung zu erlangen, was in den protestantischen Landesteilen als Betrug gegen die Mitmenschen und gegen Gott aufgefasst wurde.

Der absolutistische Staat: Erziehung zur Arbeit

Die Krisensituation im Spätmittelalter wurde durch Unruhen und Kriege in der Frühen Neuzeit, wie den Dreißigjährigen Krieg (1618–1648) noch verstärkt (S. 64 f.). Sie führten zur Verelendung weiter Gebiete in Europa. In der Bevölkerung wuchs der Wunsch nach einem starken, ordnungsstiftenden Staat. Der absolutistische Staat (S. 68) nahm das Recht und die Pflicht für sich in Anspruch, für die Ordnung in seinem Gemeinwesen zu sorgen. So geriet auch die Armenfürsorge immer stärker in staatliche Hand. Das Motiv der barmherzigen Armenpflege trat zugunsten eines nüchternen Blicks auf Armut in den Hintergrund. Bedürftigkeit wurde zunehmend als gesellschaftliches Problem angesehen, dem der Staat begegnen musste. Da man überzeugt war, dass Not und Armut aus Faulheit und moralischer Verdorbenheit resultierten, galt die Erziehung zur Arbeit als geeignetes Mittel gegen die Armut. Zu diesem Zweck wurden in Deutschland seit dem 17 Jahrhundert staatliche „Zucht- und Arbeitshäuser" eingerichtet. Auf engstem Raum lebten und arbeiteten hier bedürftige Menschen, Waisenkinder neben Kriminellen und sozialen Außenseitern, meist als Spinner und Weber für die Textilindustrie. Die Arbeitshäuser waren zugleich Armenhaus und Besserungsanstalt, in denen die Armen zu harter Arbeit angehalten wurden, weil man glaubte, sie durch Disziplin an eine „rechte Lebensweise" zu gewöhnen. Für die sich langsam entwickelnde Industrie waren die Arbeitshäusler billige Arbeitskräfte.

M 3

Aus einer Predigt Martin Luthers 1532:

Wenn Du eine geringe Hausmagd fragst, warum sie das Haus kehre, die Schüsseln wasche, die Kühe melke, so kann sie sagen: Ich weiß, dass meine Arbeit Gott gefällt, sintemal ich sein Wort und Befehl für mich habe. ... Müßiggang ist Sünde wider Gottes Gebot, der hier Arbeit befohlen hat. Zum andern sündigst Du gegen deinen Nächsten.

http://folio.nzz.ch/1993/september/wer-nicht-arbeitet-soll-auch-nicht-essen

Aus dem Allgemeinen Landrecht für Preußen 1794

Diejenigen, die nur aus Trägheit, Liebe zum Müßiggang oder anderen unordentlichen Neigungen die Mittel, sich ihren Unterhalt selbst zu verdienen, nicht anwenden wollen, sollen durch Zwang und Strafen zu nützlichen Arbeiten unter gehöriger Aufsicht angehalten werden.

Allgemeines Landrecht für die Preußischen Staaten (1. Juni 1794): Zweyter Theil, 19. Titel, § 2 auf: OpinioIuris: Die freie juristische Bibliothek.

1 a) Erarbeite aus dem Darstellungstext die Gründe für die Krisensituation des Spätmittelalters.
b) Beschreibe den Wandel in der Sicht auf Arbeit und Armut.
c) Wie lässt sich dieser Wandel erklären?
Tipp: Nutze auch die Themenseiten S. 56f. und S. 68f.

2 Untersuche die Polizeiordnung M1 anhand der Arbeitsschritte S. 59.

3 Finde heraus, welchem Zweck die Bettelmarke M2 diente.

4 Untersuche Luthers Predigt (M3) hinsichtlich der veränderten Sicht auf Arbeit und Armut.

5 a) Nennt anhand des Darstellungstextes und M4 die Gründe, die für Armut gesehen wurden.
b) Diskutiert die Lösung für das Problem in M4.

Armenpolitik städtischer Eliten

Seit dem Ende des 12. Jahrhunderts nahmen Stadtgründungen im mittelalterlichen Europa sprunghaft zu. Die Anzahl der 1400 gegründeten Städte entsprach etwa der heutigen. Zunächst wurden die Städte von einem Stadtherr, später von den wohlhabenden Kaufleuten und Handwerkern regiert. Dabei war die Stadtverwaltung von Anfang an auch mit dem Problem der Armut konfrontiert.

- ***Wie organisierte die städtische Oberschicht die Armenfürsorge?***

Städtische Armut

In der Zeitenwende zwischen Mittelalter und Neuzeit wurde in den Städten die Schere zwischen Arm und Reich immer größer. Während selbstständige Kaufleute und Handwerker durch gute Geschäfte ihr Vermögen stetig vermehren konnten und zu materiellem Reichtum gelangten, ließen die Löhne von angestellten Handwerkern und Tagelöhnern kaum Vermögensbildung zu. Armut betraf vor allem ältere Menschen, die sich weder selbst ernähren konnten noch Angehörige hatten, die für sie sorgten. Auch alleinstehende Frauen und Menschen ohne eine handwerkliche Ausbildung waren oft von Armut bedroht.

Hospitäler und Armenhäuser

Im Spätmittelalter übernahmen in den Städten schrittweise reiche Kaufleute und Handwerker die politische Macht. Statt von einem Stadtherrn, häufig ein Fürst oder ein Bischof, wurde die Stadt nun von einem Rat der Stadt verwaltet. Dazu gehörte auch die Fürsorge für arme, alte und kranke Stadtbewohner. Eine schwierige Aufgabe, denn die Zahl der Armen nahm in den Städten stetig zu: Zahlreiche Notleidende zogen vom Land in die Stadt, wo sie sich Arbeit und bessere Lebensverhältnisse erhofften. Um sie zu versorgen, richteten die Stadtverwaltungen seit der Mitte des 13. Jahrhunderts Hospitäler und Armenhäuser ein. Zur Finanzierung wurde von den Stadtbewohnern eine spezielle Abgabe erhoben. Wohlhabende Bürger unterstützten diese Einrichtungen zudem durch Spenden oder bedachten sie in ihren Testamenten. Neben dem Almosenwesen entstand so eine städtische Armenfürsorge. Ein von der Stadtverwaltung ernannter Armenvogt und bezahlte Armenknechte waren für die Versorgung und Registrierung der Bedürftigen verantwortlich. Auch die Kirche und reiche Bürger unterhielten in den Städten Hospitäler. Man schätzt, dass rund 20 % der städtischen Bevölkerung auf die Armenfürsorge angewiesen war.

Neben der christlichen Verpflichtung zur Nächstenliebe war es vor allem die Sorge um das eigene Seelenheil, die die Bürger zur Unterstützung der Armen motivierte. Darüber hinaus hatte die Stadtverwaltung auch ein politisches Interesse an der Armenfürsorge: Die Stadtregierungen wollten sozialen Unruhen vorbeugen, die dem Ansehen und dem Handel der Stadt schaden konnten.

Das Bettlerwesen

Der Reichtum der Städte zog auch Bettler in großer Zahl an. An Markt- und Messetagen sowie an kirchlichen Feiertagen baten sie auf Plätzen und vor Kirchenportalen um eine milde Spende. Zwar galt auch in den Städten die christliche Pflicht zur Barmherzigkeit, dennoch

M1

Alltag in einem mittelalterlichen Hospital. Armenärzte versorgen die Kranken. Im Vordergrund nähen zwei Schwestern einen Verstorbenen in ein Leichentuch.

wurde der Bettlerstand als unehrlich und damit als rechtlos angesehen.

Weil die Bettler keinen festen Wohnsitz hatten, misstrauten ihnen viele Stadtbewohner. Die Bettler galten als „elilenti“, was so viel wie „vertreiben“ oder „landlos“ bedeutet. Unser Wort „Elend“ geht auf diesen mittelalterlichen Begriff zurück. Es kam vor, dass Bettler versuchten, körperliche Gebrechen oder Krankheiten vorzutäuschen um Mitleid zu erregen. Das zur Schau gestellte Elend löste oft Abscheu aus und erregte die Furcht, selbst in diese Lage zu geraten. Das schürte die Angst vor den Bettlern und führte zu ihrer Ausgrenzung. Um die wachsende Zahl der Bettler kontrollieren zu können, erließ die Nürnberger Stadtregierung 1370 die erste Bettelordnung in Deutschland. Hier wurden erstmalig feste Regeln für das Betteln in der Stadt aufgestellt (S. 190).

„Die Bettler“, Gemälde von Pieter Brueghels d. Ä., 1568

Mit selbst gefertigten Holzprothesen und Holzkrücken versuchen sich die Bettler fortzubewegen.

Auszug aus dem Testament des Bürgermeisters von Stade, 1493:

Ich, Johann de Sworn, ... nun zur Zeit krank am Leib, doch gesund und mächtig meiner Sinne und meines Verstandes verfüge aufrichtig, ... auf dass sich der allmächtige Gott meiner erbarme und mir meine Sünden vergebe, dreizehn Almosen alle Tage zu geben, ... Die Almosen sollen an 36 Personen verteilt werden. Sie sollen in drei Teile geteilt werden, sodass 12 von ihnen am Montag jeder für einen Pfennig Brot und 3 Pfennig in Münzen erhält ... Desgleichen sollen die nächsten 12 der vorbenannten 36 am Dienstag die Almosen empfangen, die letzten 12 am Mittwoch, jeweils immer am Ende der Liebfrauenmesse. Am Sonntag soll man 12 anderen elenden Armen, die nicht zu den 36 gehören, die Almosen geben. Alle Almosenempfänger sollen an dem Tag, an dem sie ihr Almosen haben wollen, in der Cosmae-Kirche sein (...) und flehentlich zu Gott und seiner gebenedeiten Mutter Maria beten – für mich, mein Weib Mette, unserer beider Eltern, Schwestern und Brüder, für unsere Verwandten, Freunde und alle Christenseelen.

http://www.museen-stade.de/fileadmin/museen-stade.de/medien/bilder/schwedenspeicher/Unterrichtsmaterialien/Stade_im_Mittelalter_Kapitel_5_Beduerftige.pdf (Download 17. 8. 2016).

1 **a)** Beschreibe anhand des Darstellungstextes und des Bildes M3 die Ursachen und Erscheinungsformen der städtischen Armut.
b) Erkläre, inwiefern das Bettlerwesen ein typisch städtisches Problem war

2 **Partnerarbeit:** Bereitet ein Streitgespräch vor, in dem zwei Kaufleute über die Erhebung einer Armensteuer diskutieren.

3 **a)** Beschreibe die auf M1 abgebildeten Tätigkeiten und die Stimmung im Hospital.
b) Erkläre, warum der Übergang vom Hospital zum Armenhaus fließend war.

4 **a)** Erarbeite aus dem Testament des Bürgermeisters von Stade (M3), welche Mittel er für die Stadtarmen hinterlässt und welchen Zweck er damit verfolgt.
b) Erkläre, warum die Almosen in der Kirche verteilt werden sollen.

5 Im Dezember 2010 sagte der Facebook-Gründer Mark Zuckerberg zu, sich an der Kampagne „The Giving Pledge“ zu beteiligen.
a) Informiere dich über die Ziele dieser Kampagne.
Tipp: Recherchiere dazu im Internet.
b) Vergleiche diese mit den Motiven der mittelalterlichen Stadteliten für die Armenfürsorge.

Eine historische Fotografie untersuchen

Im Jahre 1826 wurde erstmals ohne Stift und Farbe ein Bild gefertig: Dem Franzosen Nicéphore Niépce gelang es, allein durch physikalisch-chemische Prozesse eine Kameraaufnahme vom Hof seines Landhauses herzustellen. Dieses erste Foto der Welt benötigte noch eine Belichtungszeit von acht bis zehn Stunden. Am Ende des 19. Jahrhunderts hatte die Fotografie sich weiterentwickelt. Es entstanden so viele Fotos, dass Historiker sie heute als Quelle nutzen können. Wie aber lässt sich aus einem Foto die historische Wirklichkeit erschließen?

M 1

Blick in ein gutbürgerliches Wohnzimmer, Foto, um 1900

M 2

Küche in einer Mietskaserne, Berlin, Seestraße 27, Foto, 1908

Ein Foto: Abbild der Wirklichkeit?

Eine Fotografie drängt sich ihrem Betrachter als direktes Abbild der Wirklichkeit auf. Was nicht ist, kann ja auch nicht fotografiert werden. Aber ist dem wirklich so? Zeigte das Foto von Niépce tatsächlich die Wirklichkeit auf seinem Hof, oder hatte er diesen vorher etwa aufgeräumt, die Aufnahme also gestellt?

Historiker achten auch auf das, was nicht auf dem Bild zu sehen ist. Und sie stellen sich die Frage, ob möglicherweise verändert (retuschiert, manipuliert) worden ist.

Aus Fotografien lassen sich Aussagen gewinnen, die über andere Quellen hinausgehen. Wie sahen Wohnhäuser, Stadtviertel, Fabriken aus? Wie wohnten Menschen? Wie kleideten sie sich?

Es reicht nicht, sich ausschließlich auf ein Foto zu stützen, wenn man allgemeine Aussagen über ein Thema treffen möchte. Dazu sind ganze Fotoserien notwendig. Heute sind im Internet viele historische Fotos zu finden, z. B. bei historischen Museen oder Bildarchiven sind sie meist mit zusätzlichen Informationen und einer korrekten Quellenangabe veröffentlicht.

Erst wenn auch schriftliche Quellen hinzugezogen werden, können abschließende Ergebnisse formuliert werden.

Aus den Notizen eines sozialdemokratischen Reichstagsabgeordneten Mitte der 1890er Jahre:

Wir kamen in einer der Querstraßen, die von der Müllerstraße nach der Reinickendorfer Straße gehen, in ein menschenreiches Massenmietshaus, eines von jenen, in denen die wirkliche Armut ihr Quartier aufgeschlagen hat ... In diesem Quergebäude gab es fast nur zweiräumige Wohnungen, aus Stube und Küche bestehend. Viele Mieter teilten ihre Räume noch mit Schlafburschen oder Logiermädchen ... Nur wenig ärmlicher Hausrat fand sich in dem unwohnlichen Raum ... Außer dem Mann und der Frau lebten in dieser Küche [der zweite Raum war vermietet] noch drei Kinder ...
Wie die Familie schlief? Mann und Frau in dem einzigen Bette. Die Kinder wurden auf ausgebreiteten Kleidungsstücken untergebracht und durften erst dann ins Bett kriechen, wenn Vater und Mutter – gewöhnlich vor 5 Uhr morgens – aufgestanden waren. Die kleinsten Kinder waren ... in einem halbaufgezogenen Schub der Kommode gebettet gewesen.

Zit. nach Quellen zur Alltagsgeschichte der Deutschen 1871 bis 1914, Bd. 7, hg. von Jens Flemming u. a., Darmstadt (Wissenschaftliche Buchgesellschaft) 1997, S. 237ff.

Arbeitsschritte „Eine historische Fotografie untersuchen“

Entstehung der Fotografie	Lösungshinweise zu M1
1. Wann ist das Foto entstanden?	• *Die Fotografie ist um 1900 entstanden.*
2. Was wird/ist dargestellt?	• *Sie gibt einen Einblick in eine bürgerliche Wohnung.*
3. Wer hat in wessen Auftrag fotografiert?	• *Der Auftraggeber bleibt unbekannt.*
4. Für welchen Adressaten ist die Fotografie angefertigt worden?	• *Der Adressat bleibt unbekannt.*
5. Welche Bildtechnik ist zu erkennen (Perspektive, Brennweite, Entfernung, Ausschnitt)?	• *Der Fotograf hat eine mittlere Brennweite gewählt, um einen Bildausschnitt aus dem Wohn- sowie Esszimmer abzulichten.*
Aussage und Deutung	
6. Was ist der erste Eindruck?	• *Die Wohnung ist hell und aufgeräumt. Die Familie sitzt geordnet am Kaffeetisch. Sie verfügt über ein Klavier.*
7. Welche Gesamtaussage lässt sich formulieren?	• *Die Einrichtungsgegenstände lassen auf eine gut situierte Familie (Beamte? gehobenes Bürgertum?) schließen.*
8. Welche Fragen bleiben offen?	• *kein Hinweis auf die Größe der Wohnung, auch nicht, wie viele Menschen dort wohnten (z. B. Bedienstete)*

1 Überprüfe und ergänze die Lösungshinweise zu M1.
2 Bearbeite M2 mithilfe der Arbeitsschritte.
3 **Wähle eine Aufgabe aus:**
a) Vergleiche die beiden Wohnsituationen (M1 und M2).
b) **Partnerarbeit:** Erörtert anhand von M2 und M3 Stärken und Schwächen von Bildquellen.
c) Ein Kind aus dem in M3 beschriebenen Mietshaus betrachtet das Foto M1. Formuliere drei Wünsche, die es daraufhin haben könnte.
4 **Recherche:** Sammle mithilfe von Lexika, Fachbüchern und des Internets Informationen über die Geschichte der Fotografie und berichte in der Klasse darüber.

Soziale Frage (1): Antworten der Unternehmer

Unsichere Arbeitsplätze, niedrige Löhne, die kaum zum Überleben reichten, und Wohnen auf engstem Raum – Alltag vieler Industriearbeiter. Die schlechten Arbeits- und Lebensbedingungen wurden auch für die Arbeitgeber zum Problem.

- *Welche Antworten gab die Wirtschaft auf die „Soziale Frage" und waren sie auf Dauer erfolgreich?*

Eine neue Form der Armut

Die seit Mitte des 19. Jahrhunderts auch in Deutschland erfolgreiche Industrialisierung veränderte die Lebenssituation vieler Menschen (S. 166–175). Die Hoffnung auf einen Arbeitsplatz in der Industrie zog Scharen von Arbeitssuchenden in die Städte. Verarmte Bauern und Handwerker, arbeitslose Heimwerker, Tagelöhner und Landarbeiter hofften, in den Fabriken ihrer Not zu entkommen. Tatsächlich schien mit voranschreitender Industrialisierung das Problem der Massenarmut lösbar zu werden. Es zeigte sich jedoch bald, dass durch die Industrialisierung eine neue Form von Armut entstand.

In der Großstadt gab es bei Krankheit, in Notzeiten und im Alter keine Fürsorge durch die Familie, die auf dem Land möglich und üblich war. Bedingungslos waren die Arbeiter auf die Lohnzahlung der Unternehmer angewiesen und hausten oft unter hygienisch und räumlich unzumutbaren Umständen in winzigen, dunklen, feuchten Wohnungen der neu entstehenden Mietskasernen am Rande der Städte. Die Unternehmer konnten einem Arbeiter im Unfall- oder Krankheitsfall ohne Probleme fristlos kündigen, da es keinen Kündigungsschutz und viele Arbeitssuchende gab. Das Elend und die Rechtlosigkeit der Arbeiter überschatteten den technischen Fortschritt und wurden zum zentralen Problem der Industriegesellschaft: Die „soziale Frage" war entstanden.

Wie reagierten die Unternehmer?

Viele Unternehmer, die als Fabrikbesitzer ihr Vermögen den eigenen Leistungen zu verdanken hatten, zeigten wenig Verständnis für die Lage der Arbeiter: Sie waren überzeugt, dass diese durch mehr Fleiß und Genügsamkeit die Probleme ihres schwierigen Alltags selbst lösen könnten. Besonders in kleinen und mittleren Betrieben führte der wachsende Konkurrenzdruck dazu, dass die Arbeiter bis zum Äußersten ausgenutzt wurden. Manche Unternehmer, wie z. B. Alfred Krupp in Essen, versuchten durch werkseigene Wohnungen und Läden die Arbeits- und Lebensbedingungen der Belegschaft zu verbessern. Insgesamt verzeichnete der betriebliche Wohnungsbau in den 1870er Jahren einen enormen Aufschwung. Um die Jahrhundertwende lebten Schätzungen zufolge allein zwölf Prozent der Essener Bevölkerung in Werkswohnungen.

Die Motive für die Fürsorge der Unternehmer für ihre Arbeiter waren unterschiedlich: Viele sahen sich der grundherrschaftlichen Tradition verpflichtet, die vom Grundherrn eine soziale Verantwortung für seine Unter-

M 1

In der Natur
Jean-François Millet „Die Ährenleserinnen", 1857

M 2

Fabrik
Adolph Menzel „Eisenwalzwerk", 1875

gebenen forderte. Andere fürchteten auch mögliche Proteste ihrer Arbeiterschaft wie Streiks oder gewaltsame Unruhen.

Engagement von Berliner Unternehmern

Ernst Werner von Siemens (1816–1892) gilt als einer der Erfinder der modernen Elektrotechnik und gründete zusammen mit Johann Georg Halske 1847 die Telegraphen Bau-Anstalt von Siemens & Halske in Berlin. In wenigen Jahren wuchs das Unternehmen von einem kleinen Betrieb zu einem der weltweit größten Elektro- und Technologiekonzerne.

Schon früh trug Siemens Sorge für seine Mitarbeiter und beteiligte sie am Gewinn: „Mir würde das Geld wie glühendes Eisen in der Hand brennen, wenn ich den treuen Gehilfen nicht den erwarteten Anteil gäbe", schrieb er in einem Brief an seinen Bruder. 1872 gründete Siemens die Pensions-, Witwen- und Waisenkasse und senkte 1873 die tägliche Arbeitszeit von zwölf auf neun Stunden.

Auch August Borsig, Gründer einer Gießerei und Maschinenbau-Anstalt, die Lokomotiven herstellte und schon 1847 1200 Menschen beschäftigte (S. 164f.), zeigte soziales Engagement. Er richtete für seine Arbeiter eine Krankenkasse, eine Sterbekasse und eine Sparkasse ein und sorgte auch für einen Unterrichts-, einen Speiseraum und ein Bad mit Schwimmbecken.

Werner von Siemens in seinen „Lebenserinnerungen", 1938

Es war mir früh klar geworden, dass eine befriedigende Weiterentwicklung der stetig wachsenden Firma nur herbeizuführen sei, wenn ein freudiges, selbsttätiges Zusammenwirken aller Mitarbeiter zur Förderung ihrer Interessen erwirkt werden könnte. Um dieses zu erzielen, schien es mir erforderlich, alle Angehörigen der Firma nach Maßgabe ihrer Leistungen am Gewinne zu beteiligen... Wir bestimmten damals, dass regelmäßig ein ansehnlicher Teil des Jahresgewinnes zu Tantiemen für Beamte und Prämien für Lohnarbeiter, sowie zu Unterstützungen derselben in Notfällen zurückgestellt werden sollten ...

Beamte und Arbeiter betrachten sich als dauernd zugehörig zur Firma und identifizieren die Interessen derselben mit ihren eigenen. ... Auch die Arbeiter bleiben dem Geschäft dauernd erhalten, da die Pensionshöhe mit der ununterbrochenen Dienstzeit steigt. ... Doch fast mehr als die Aussicht auf die Pension bindet die mit der Pensionskasse verbundene Witwen- und Waisen-Unterstützung die Arbeiter an die Firma.

Zit. nach Werner von Siemens, Lebenserinnerungen (1892), 13. Aufl., Berlin (J. Springer) 1938, S. 270ff.

Erfinder und Unternehmer in Deutschland

August Borsig
1804–1854, Gründer der Berliner „Borsig-Werke", die schon 1847 etwa 1200 Menschen beschäftigten. 1844 präsentierte das Unternehmen die erste selbst entwickelte Lokomotive, die „Beuth".

Werner von Siemens
1816–1892, Begründer der Elektrotechnik, u. a. verantwortlich für den Bau des ersten Elektromotors (1866) und der ersten Elektrolokomotive (1879).

1 Partnerarbeit:

a) Untersucht M1 oder M2. Fertigt eine Liste mit Adjektiven an, die das Bild beschreiben: beschaulich, hektisch, ruhig, laut etc.

b) Versetze dich in eine der Personen und schreibe auf, was deine Person in diesem Moment denkt, fühlt und wahrnimmt.

2 Beschreibe mithilfe des Darstellungstextes, was man unter der Sozialen Frage versteht.

3 Erkläre, wie die Unternehmer auf die Soziale Frage reagierten.

4 Wähle eine Aufgabe aus (M3):

a) Erkläre, was Siemens für seine Arbeiter tun will.

b) Erläutere die Motivation des Unternehmers.

Tipp: Berücksichtige auch die Informationen über August Borsig S. 164f.

5 Diskutiert auf der Grundlage eurer Ergebnisse in der Klasse, inwiefern die Maßnahmen der genannten Unternehmer geeignet waren, die soziale Frage zu lösen.

Tipp: Beziehe auch die Ansichten Alfred Krupps auf S. 166f. mit ein.

Soziale Frage (2): Antworten der Kirchen

Die Not vieler entwurzelter und geistig heimatlos gewordener Menschen infolge der Industrialisierung rief auch die christlichen Kirchen auf den Plan. Vertreter der Kirchen äußerten sich zur Sozialen Frage und unternahmen Schritte zu deren Lösung.

- ***Welche Lösungsansätze gab es?***

M 1

Werkstatt des „Rauhen Hauses", Kupferstich von 1845

Lösungsansätze protestantischer Christen

Die Fürsorge für die Armen verstanden die Kirchen immer als eine ihrer zentralen Aufgaben. Sie sahen die Ursache der sozialen Not und der Unfähigkeit der Gesellschaft, diese aufzufangen, in der zunehmenden Abkehr vom christlichen Glauben. Im Sinne eines „aktiven Christentums" wollten Geistliche den Arbeitern helfen.

1833 gründete der 25-jährige evangelische Theologe Johann Hinrich Wichern (1808–1881) das „Rauhe Haus" (urspr. rotes Backsteinhaus = niederdt. „Ruges Hus = Rotes Haus) in Hamburg, eine „Anstalt zur Betreuung gefährdeter männlicher Jugendlicher". Bei seiner Arbeit als Sonntagsschullehrer und Sozialpädagoge hatte Wichern das Elend armer Kinder kennengelernt. Ziel seiner Einrichtung, für deren Finanzierung er wohlhabende Hamburger Bürger gewinnen konnte, war die Versorgung und Ausbildung obdachloser Kinder. Sie sollten ihren Platz im Leben finden und auf eigenen Füßen stehen können. Das Leben der Zöglinge des „Rauhen Hauses" bestand aus Arbeit (im Sommer 9,5; im Winter 6,5 h), Unterricht (2–3 h) sowie Gesprächen, Gottesdienst und Feiern. Mit einem Erzieher lebten sie in Familiengruppen zu max. 12 zusammen. Pastor Bodelschwingh schuf in Bethel bei Bielefeld eine Pflegestelle für Nervenkranke und Körperbehinderte. Aus der Arbeit von Wichern und Bodelschwingh entwickelte sich das Hilfswerk der evangelischen Kirche, die „Innere Mission".

Antworten der katholischen Kirche

In der katholischen Kirche wurde 1897 die „Caritas" (lat. Nächstenliebe) gegründet. Dabei handelt es sich um einen bis heute bestehenden Dachverband von Wohlfahrtsverbänden zur Unterstützung der sozial Schwachen. 1846 wurde in Köln ein erster katholischer Gesellenverein durch den Priester Adolph Kolping (1813–1865) ins Leben gerufen. Kolping, der als Sohn eines Schäfers zunächst mit 12 Jahren selbst eine Schuhmacherlehre absolviert hatte, bevor er dank der Unterstützung einer reichen Gönnerin das Abitur ablegte und Theologie studierte, kannte die Not unverheirateter Gesellen aus eigener Anschauung. Anders als früher wurden diese nicht mehr in die Familie ihres Meisters aufgenommen, sondern waren in der Freizeit vor allem auf das Wirtshaus angewiesen. Für diese bot sich nun die Möglichkeit, in den Häusern des Kolpingwerkes ein „christlich orientiertes" Zuhause und den Halt einer Art Ersatzfamilie zu finden. Diese bescherte den Bewohnern nicht nur eine Unterkunft, sondern auch Krankenpflege, Geselligkeit, berufliche, politische und religiöse Fortbildung. 1864 umfasste das Kolpingwerk bereits 420 Vereine sowie 60000 Mitglieder. Kolpings Studienfreund Wilhelm Emmanuel von Ketteler (1811–1877), der aus westfälischem Adel stammte, regte in seiner Ausbildungszeit als Kaplan in Beckum den Bau eines Krankenhauses für die unteren Bevölkerungsschichten an. Als ausgebildeter Jurist engagierte er sich auch politisch, indem er als Erzbischof von Mainz für Sozialreformen und ein Streikrecht für Arbeiter eintrat. Er erkannte, dass die beste Hilfe für die Arbeiter Hilfe zur Selbsthilfe sein würde. Aber er nahm auch die besitzenden Schichten in die Pflicht: In seinen Mainzer Adventspredigten 1848 vertrat er die Ansicht, dass „Eigentum verpflichte" insofern, als Reiche ihren Reichtum zum Zwecke der Fürsorge und Verwaltung für die Allgemeinheit besäßen. Die Arbeiterfrage nannte er „ihrem Wesen nach eine Arbeiterernährungsfrage". Ketteler beeinflusste auch das päpstliche Rundschreiben von Papst Leo XIII. (1891), in dem u. a. eine gerechte Eigentumsverteilung sowie Maßnahmen zur Verbesserung der Arbeitsbedingungen gefordert wurden.

Die Kirchen appellierten an die Hilfsbereitschaft der Mitmenschen und waren zur Fürsorge für notleidende Arbeiter bereit. Für die politischen Ziele der Arbeiter bzw. eine grundsätzliche Veränderung der Gesellschaft zeigten sie wenig Verständnis.

M 2

Der Mainzer Erzbischof Wilhelm Emmanuel von Ketteler über die Soziale Frage (1864):

Die von uns bisher besprochenen Ursachen der damaligen Lage der Arbeiter sowie die Bösartigkeit der aus diesen Ursachen hervorgegangenen Wirkungen und Folgen haben ihren wesentlichen und tiefsten Grund im Abfall vom Geiste des Christentums, der in den letzten Jahrhunderten stattgefunden hat ... Hier kann und wird daher die Heilung von innen heraus erfolgen ... Damit die Macht des Reichtums nicht die Armen erdrücke, dazu ist es notwendig, dass die Reichen sich selbst beschränken und nicht alles, was einer rein egoistischen Ausbeutung aller den Reichen zustehenden Mittel möglich wäre, sich auch zu erlauben. [Zur Abhilfe nennt Ketteler im Folgenden: 1. Anstalten für arbeitsunfähige Arbeiter, 2. Die christliche Familie und Ehe, 3. Wahre Bildung durch das Christentum, 4. Katholische Handwerker- und Gesellenvereine.]

Zit. nach Martin Großmann/Wolfgang Jäger, Industrielle Revolution und Moderne um 1900, Berlin (Cornelsen) 2001; S. 112f.

M 3

Porträt des Erzbischofs Wilhelm Emmanuel Ketteler (1811–1877)

1 Wähle eine Aufgabe aus:

a) Erläutere die Lösungsansätze der evangelischen Kirche.

b) Erläutere die Lösungsansätze der katholischen Kirche.

2 Stellt eure Ergebnisse in der Klasse vor und vergleicht sie. Welche Maßnahme haltet ihr für am wirkungsvollsten?

3 Wähle eine Aufgabe aus:

a) Beschreibe M1 und nenne Berufe, in denen die Jungen ausgebildet wurden.
Erkläre, warum auch die Jungen sechs bis neun Stunden am Tag arbeiten mussten. Nutze auch den Darstellungstext.

b) Erkläre, worin Erzbischof Ketteler die Ursache und die Lösung der Sozialen Frage sieht (M2).

Soziale Frage (3): Antworten der Arbeiterbewegung

Um ihre Situation zu verbessern, schlossen sich die Arbeiter zusammen und gründeten Gemeinschaften: Arbeitervereine und Gewerkschaften.

- ***Wie organisierten sie ihren Kampf für bessere Arbeitsbedingungen?***
- ***Wie erreichten sie politisches Mitspracherecht?***

Arbeiterfrage und Arbeitervereine

Mit der Industrialisierung war eine neue gesellschaftliche Gruppe entstanden: die Fabrik- oder Industriearbeiter (S. 168 f.). Sie waren Lohnarbeiter, die ihre Arbeitskraft einsetzten, um ihren Lebensunterhalt zu sichern. Sie besaßen kein Eigentum, weder an Grund und Boden noch an den Maschinen in der Fabrik, geschweige an den fertigen Waren. Sie hatten Bedürfnisse nach höheren Löhnen, Verbesserung der Arbeitsbedingungen, Beschränkung der Arbeitszeit, Schutz vor Arbeitslosigkeit, Unterstützung bei Krankheit und Unfall, nach Verbesserung der Ausbildung und der Wohnsituation.

Schon früh erkannten die Arbeiter, dass sie ihre Lage am wirksamsten verbessern konnten, wenn sie sich zusammenschlossen und auf diese Weise versuchten, gemeinsam ihre Interessen gegenüber den Unternehmern durchzusetzen. Denn ein Unternehmer konnte nicht riskieren, viele oder alle Arbeiter seiner Fabrik gleichzeitig zu entlassen. Zunächst verboten die Regierungen den Zusammenschluss von Arbeitern zu größeren Gruppen aus Angst vor Unruhe und revolutionären Umsturzversuchen. Doch in den Revolutionstagen von 1848 (S. 138 f.) wurden in verschiedenen Berufen, z. B. bei den Druckern und Zigarrenarbeitern, überregionale Organisationen gegründet. Neben Kassen zur gegenseitigen Hilfeleistung im Unglücks- oder Krankheitsfall und zur Unterstützung der Kindererziehung beschlossen sie, Volksbibliotheken und Sonntagsschulen zu gründen, um sich zu einer besseren Bildung zu verhelfen. Die sog. Arbeiterbildungsvereine boten ihren Mitgliedern auch spezielle Aus- und Fortbildungen an, um deren Wissensstand und dadurch ihre Chancen auf eine besser bezahlte Arbeit zu erhöhen.

Politische Ideen, die für den Zusammenschluss von Arbeitern eine Rolle spielten, waren u. a. die des Sozialismus und Kommunismus nach Karl Marx und Friedrich Engels. Als jedoch die Revolution 1849 scheiterte, wanderten viele politisch Aktive aus, weil sie sonst Gefahr liefen, verhaftet zu werden.

Zwischen 1861 und 1872 ließen Kontrolle und Druck der Herrschenden nach und mit Beginn der 1860er-Jahre schossen Arbeitervereine „aus dem Boden wie Pilze nach einem warmen Sommerregen“, erinnerte sich der spätere Vorsitzende der sozialdemokratischen Arbeiterpartei (SPD) August Bebel.

Gewerkschaften

1871 erhielten die Arbeiter in ganz Deutschland das Recht, sich zu Gewerkschaften zusammenzuschließen. Dies geschah meist in Berufsgruppen, die Einzelgewerkschaften bildeten und sich später zu einem Verband zusammenschlossen.

In den Jahrzehnten vor dem Ersten Weltkrieg (1914 bis 1918) traten viele Arbeiter in Gewerkschaften ein; fast 3,5 Millionen waren im Jahr 1913 organisiert, 2,5 Millionen davon in sog. „freien Gewerkschaften“, die im Unterschied zu den christlichen Gewerkschaften den sozialistischen Arbeiterparteien nahestanden. Die Gewerkschaften verhandelten mit den Unternehmern über Arbeitszeitverkürzungen, über höhere Löhne und bessere Arbeitsbedingungen. Sie organisierten u. a. gemeinsame Arbeitsniederlegungen und Streiks, um ihre Forderungen durchzusetzen. Neben den Streikenden unterstützten sie arbeitslose und kranke Mitglieder aus der Gewerkschaftskasse. Es entstand eine regelrechte „Arbeiterkultur“: Zeitungen und Zeitschriften, genos-

M 1

Gedenkblatt zur Stuttgarter Maifeier 1892, Schmuckblatt aus der Maifest-Zeitung.
Auf dem Internationalen Arbeiterkongress 1889 in Paris wurde für den 1. Mai eine alljährliche Kundgebung beschlossen, bei der die Arbeiter öffentlich ihre Forderungen vortragen wollten.

senschaftliche Läden, Arbeitersport- und Gesangsvereine, Bildungsvereine und gemeinsame Jubiläen wirkten in allen Bereichen des täglichen Lebens.

Arbeiterbewegung und Arbeiterparteien

Die Gewerkschaften gaben den Arbeitern Rückhalt und machten aus der Arbeiterbewegung eine Massenbewegung. Aber genügte es, mit den Unternehmern zu verhandeln, um die Situation der Arbeiter in einzelnen Betrieben zu verbessern? Mussten die Arbeiter nicht vielmehr auf die Gesetzgebung einwirken, um ein generelles gesellschaftliches Umdenken zu erreichen und ihre Lage grundsätzlich zu verbessern? Um über die Parlamente auch aktiv in der Politik mitreden zu können, gründete der Schriftsteller Ferdinand Lassalle 1863 in den Leipzig den Allgemeinen Deutschen Arbeiterverein (ADAV), die erste deutsche Arbeiterpartei. Schon früh zeigten sich Differenzen zwischen Reformern wie Lassalle, die mit dem Staat zusammenarbeiten wollten, und denjenigen, die im Sinne von Karl Marx revolutionär (S. 274 f.) gesinnt waren: 1869 gründeten Wilhelm Liebknecht und August Bebel in Eisenach die „Sozialdemokratische Arbeiterpartei" (SDAP). 1875 schloss man sich schließlich zur SAP, der Sozialistischen Arbeiterpartei, zusammen, aus der 1890 die SPD, die Sozialdemokratische Partei Deutschlands, hervorging. Obwohl sie sich grundsätzlich zum revolutionären Programm von Karl Marx bekannte, versuchte sie die Situation der Arbeiter schrittweise durch Reformgesetze zu verbessern.

M 2 Aus der Programmschrift „Manifest der kommunistischen Partei" von Karl Marx und Friedrich Engels (1848):

Diese Arbeiter, die sich stückweise verkaufen müssen, sind eine Ware wie jeder andere Handelsartikel und daher gleichmäßig allen Wechselfällen der Konkurrenz, allen Schwankungen des Marktes ausgesetzt. Die Arbeit der Proletarier hat durch die Ausdehnung der Maschinerie und die Teilung der Arbeit allen selbstständigen Charakter und damit allen Reiz für den Arbeiter verloren. Er wird ein bloßes Zubehör der Maschine.

Die Geschichte aller bisherigen Gesellschaften ist die Geschichte von Klassenkämpfen. Freier und Sklave, Patrizier und Plebejer, Baron und Leibeigener, Zunftbürger und Gesell, kurz Unterdrücker und Unterdrückte standen im steten Gegensatz zueinander ...

Zit. nach Dieter Dowe/Kurt Klotzbach (Hg.), Programmatische Dokumente der deutschen Sozialdemokratie, Berlin/Bonn (Dietz) 1973, S. 52 f., 58 f., 64.

M 3

Der Streik, Gemälde von Robert Koehler, 1886

---

1 a) Stelle mithilfe des Darstellungstextes zusammen, was die Arbeiter taten, um die Soziale Frage zu lösen.

b) Erarbeite anhand des Darstellungstextes den Unterschied zwischen Arbeitervereinen/Gewerkschaften und Arbeiterparteien.

2 Wähle eine Aufgabe aus:

a) Beschreibe das Bild „Der Streik" (M3) und schreibe anschließend einen Dialog zwischen dem Unternehmer und dem Arbeiter mit dem ausgestreckten Arm oder zwischen der Frau und dem Mann im Vordergrund oder zwischen zwei anderen Personen.

b) Erörtere, ob der Streik damals wie heute eine sinnvolle Maßnahme zur Durchsetzung von sozialen Forderungen ist.

3 a) Erläutere, wie Karl Marx die Lösung der sozialen Frage sieht (M2).

b) Beurteile, ob der Weg von Marx oder der Arbeitervereine/Gewerkschaften im Hinblick auf die Ziel setzung erfolgversprechender gewesen ist.

Tipp: Nutze auch die Themenseite S. 274 f.

4 Recherchiere, warum der 1. Mai heute ein Feiertag ist (M1), und überlege, ob er noch zeitgemäß ist.

Soziale Frage (4): Bismarcks Sozialgesetzgebung

Die Gründung des Deutschen Reiches 1871 konnte die soziale Frage nicht entschärfen. Um dem Zulauf der Arbeiter zur SPD den Wind aus den Segeln zu nehmen, verfolgte Reichskanzler Bismarck eine Doppelstrategie.

- ***Was hatte Bismarck vor?***
- ***Wie sah seine Doppelstrategie aus?***

Politik mit Zuckerbrot und Peitsche

Die soziale Frage verlangte auch nach politischen Antworten, besonders als in den 1870er-Jahren wirtschaftliche Probleme und damit gesellschaftliche Spannungen zunahmen. Über mögliche Antworten gab es heftige Auseinandersetzungen, vor allem zwischen der Sozialdemokratischen Partei Deutschlands (SPD) – als Vertreterin der Arbeiterbewegung – und der kaiserlichen Regierung unter Reichskanzler Otto von Bismarck. 1878 verbot die Regierung die SPD, der sie „umstürzlerische" Aktivitäten vorwarf. Aber sie führte zugleich – in den folgenden Jahren – eine staatliche Sozial-, Renten-, Unfall- und Invalidenversicherung ein. Die staatliche Sozialgesetzgebung (1883 bis 1889) war der Versuch des Staates, die soziale Frage zu lösen. Sie sollte die Arbeiter für die Interessen des Staates gewinnen und gleichzeitig von der SPD trennen. Bismarcks Sozialgesetze legten den Grundstein für unseren heutigen Sozialstaat.

Sozialgesetzgebung

1883 brachte Bismarck das „Gesetz betreffend die Krankenversicherung der Arbeiter" auf den Weg. Es sollte den Schutz der Arbeiter im Krankheitsfall gewährleisten. Die Mitgliedschaft in der Krankenversicherung war für alle Arbeiter bis zu einem Jahreseinkommen von 2000 RM – und somit für fast alle Lohnabhängigen – verpflichtend.

Im Krankheitsfall trug die Kasse die Kosten der ärztlichen Behandlung sowie der Medikamente. Bei Arbeitsunfähigkeit bezahlte sie vom dritten Tag der Krankheit an ein Krankengeld in Höhe von 50 Prozent des durchschnittlichen Lohnes, höchstens aber zwei Mark pro Arbeitstag. Der Versicherungsschutz betrug in der Regel maximal 13 Wochen. Im Todesfall stand den Hinterbliebenen ein Sterbegeld zu. Zwar konnte das Krankengeld die betroffenen Familien nicht vor materieller Not bewahren, denn das Existenzminimum einer vierköpfigen Familie lag bei rund 25 Mark in der Woche, aber die Krankenversicherung trug erheblich dazu bei, dass eine ärztliche Versorgung für versicherte Arbeiter die Regel werden konnte. Finanziert wurden die staatlichen Krankenkassen durch die Beiträge der Arbeiter selbst (2/3) und der Unternehmer (1/3).

Nur ein Jahr später verabschiedete der Reichstag das „Unfallversicherungsgesetz". Es sicherte die Arbeiter bei Arbeitsunfällen finanziell ab. Musste ein Arbeiter bisher im Falle eines Unfalls ein Verschulden des Unternehmers nachweisen, um eine Entschädigung zu erhalten, wurde das Unfallopfer nun, unabhängig von der Schuldfrage, ab der 14. Woche entschädigt. Bei völliger Erwerbsunfähigkeit wurde eine Rente von zwei Drittel des Arbeitslohnes ausbezahlt. Bei einem tödlichen Betriebsunfall erhielt die Witwe 20 Prozent des Verdienstes ihres Mannes.

Bismarck nahm besonders die Unternehmer in die Pflicht: Sie finanzierten durch ihre Beiträge an die Berufsgenossenschaften die Unfallversicherung.

Die dritte Säule in Bismarcks Sozialgesetzgebung war das „Gesetz betreffend die Invaliditäts- und Altersversicherung" aus dem Jahre 1889. Versicherungspflichtig waren, wie bei der Krankenversicherung, alle Arbeiter und Angestellten vom 16. Lebensjahr an mit einem Jahreseinkommen bis zu 2000 RM. Wer 30 Jahre lang Beiträge eingezahlt hatte, konnte ab dem 70. Lebensjahr die

M 1

Die deutsche Sozialversicherung, Plakat der Reichsregierung, 1913

Altersrente in Anspruch nehmen. Bei Invalidität wurde ein Drittel des Durchschnittslohnes gezahlt. Die Finanzierung erfolgte über Beiträge der Arbeitnehmer und Arbeitgeber. Zusätzlich zahlte der Staat für jede Invaliden- und Altersrente einen jährlichen Grundbetrag von 50 RM.

Kritik an der Sozialgesetzgebung

Bismarcks Sozialgesetze hatten die soziale Absicherung der 4,7 Millionen Arbeiter im Deutschen Reich zur Aufgabe des Staates gemacht. Allerdings musste Bismarck seine Gesetze gegen heftige Widerstände durchsetzen: Kritik kam aus den Reihen der Unternehmer, die durch ihre Beitragspflicht Gewinneinbußen befürchteten. Auch die katholische Kirche stand den Ideen staatlich verordneter Hilfe skeptisch gegenüber, da sie ihrer Meinung nach die christliche Pflicht zur Nächstenliebe untergrub. Die Arbeiterbewegung erkannte zwar eine grundsätzliche Verbesserung der Situation an, wollte die Gesetze aber nicht als Ersatz für politische Reformen verstanden wissen.

Kurz oder weit?

M 2 *Zeitgenössische Karikatur aus der Satirezeitschrift Kladderadatsch. Darstellung der Diskussion um Bismarcks Sozialgesetzgebung: „Kurz oder weit".*

M 3 **Rede Bismarcks im Reichstag, 1884:**

Der eigentliche Beschwerdepunkt des Arbeiters ist die Unsicherheit seiner Existenz. Er ist nicht sicher, dass er immer Arbeit haben wird, er ist nicht sicher, dass er immer gesund ist, und er sieht voraus, dass er einmal alt und arbeitsunfähig sein wird. ... Für den Arbeiter ist da immer eine Tatsache, dass der Armut und der Armenpflege in einer großen Stadt zu verfallen gleichbedeutend ist mit Elend, und diese Unsicherheit macht ihn feindlich und misstrauisch gegen die Gesellschaft. Das ist menschlich nicht unnatürlich, und solange der Staat ihm da nicht entgegenkommt, oder solange er zu dem Entgegenkommen des Staats kein Vertrauen hat, da wird er, wo er es finden mag, immer wieder zu dem sozialistischen Wunderdoktor laufen, und ohne großes Nachdenken sich von ihm Dinge versprechen lassen, die nicht gehalten werden. Deshalb glaube ich, dass die Unfallversicherung, mit der wir vorgehen, sobald sie namentlich ihre volle Ausdehnung bekommt auf die gesamte Landwirtschaft, auf die Baugewerbe vor allem, auf alle Gewerke, wie wir das erstreben, doch mildernd auf die Besorgnis und auf die Verstimmung der arbeitenden Klassen wirken wird. Ganz heilbar ist die Krankheit nicht, aber durch die Unterdrückung äußerer Symptome derselben, durch Zwangsgesetze halten wir sie nur auf und treiben sie nach innen.

Zit. nach Reden im Deutschen Reichstag am 15. und 20. März 1884, in: Bismarck, Gesammelte Werke, Bd. 3, 1892, Reden, S. 319f.

1 Stelle Bismarcks Sozialgesetze anhand von Kriterien in einer Tabelle zusammen.

	Krankheit	*Unfall*	*Rente*
seit			
versicherungspflichtig			
Finanzierung			
Leistung			

2 Beschreibe das Plakat M1 und erkläre, mit welchen Mitteln die Regierung für die Sozialgesetzgebung wirbt.

3 Erarbeite Bismarcks Argumente zur Einführung der Unfallversicherung (M3).

4 Wähle eine Aufgabe aus:

a) Untersuche die Karikatur mithilfe der Arbeitsschritte S. 117. Beurteile abschließend die „Sichtweisen" der vier dargestellten Personen.

b) Schreibe eine Gegenrede zu M3 wahlweise aus Sicht a) eines Unternehmers, b) eines katholischen Priesters und c) eines Arbeiters. Nutze den Darstellungstext.

Zusatzaufgabe: siehe S. 287

500 | 600 | 700 | 800 | 900 | 1000 | 1100 | 1200

500–850
Frühmittelalter

850–1250
Hochmittelalter

Nächstenliebe verpflichtet zur Mildtätigkeit gegenüber ärmeren Mitmenschen (christliches Ideal)

Bettelorden
Stadtgründungen
städtische Armenfürsorge

Armut und Reichtum

Armut und Reichtum als Bestandteile des göttlichen Plans

Im Mittelalter bestimmten die Wertvorstellungen der christlichen Kirche das Denken und Handeln der Menschen. Der Mensch des Mittelalters begriff sich als Bestandteil einer festen gesellschaftlichen Ordnung, die von Gott gefügt war. Jeder hatte seinen festen Platz, der ihm durch den göttlichen Willen zugewiesen wurde. So musste der Arme sein Schicksal ohne Klage tragen, und auch der Reiche verdankte seinen privilegierten Stand der göttlichen Fügung. Schicksalsschläge wie Krankheiten, Unfälle oder Missernten wurden als göttliches Zeichen, als Prüfung oder gar als Strafe für ein sündiges Leben verstanden.
Das Gebot der christlichen Nächstenliebe verlangte von den Wohlhabenden, die Not der ärmeren Mitmenschen durch Almosen zu lindern.

Reichtum und Armut, Macht und Schutzlosigkeit

Als arm galt im Mittelalter nicht nur derjenige, der seinen Lebensunterhalt ohne fremde Hilfe nicht zu bestreiten vermochte, sondern auch, wer in Abhängigkeit von einem Grundherrn stand. Reichtum blieb im Mittelalter an Grundbesitz gebunden. Wer Land besaß, galt als wohlhabend und einflussreich. Der Grundherr bestimmte die Geschicke der Menschen, die auf seinem Grund lebten und arbeiteten. Der Grundherr war für ihren Schutz verantwortlich. Er verfügte in der Regel auch über das Vorrecht der Rechtsprechung. Der Besitzlose hingegen war recht- und schutzlos und auf diese Weise von seinem Grundherrn abhängig. Das Feudalsystem, die wirtschaftliche und gesellschaftliche Grundlage des Mittelalters, verfestigte ein System, in dem Reichtum mit Macht und Armut mit Schutz- und Rechtlosigkeit einhergingen.

Armut als kirchliches Ideal

Die Vorstellung von der Armut Christi prägte bis ins Spätmittelalter auch das Ansehen der Armut. Da Jesus Christus selber arm gewesen war, wurde Armut nicht als Schande angesehen. Es gab Menschen, die freiwillig auf Wohlstand verzichteten, um in der selbstgewählten Armut dem Vorbild Christi nachzueifern. Das Leben der Mönche in den Klöstern beispielsweise war von harter Arbeit, Verzicht auf Reichtum und Gebeten geprägt, um so ihre Demut vor Gott zu demonstrieren.

Die städtische Armenfürsorge

In den Städten entstand eine neue, einflussreiche Schicht aus Kaufleuten und Handwerksmeistern, die bald die Regierung der Städte übernahmen. Für die Stadtverwaltungen ergab sich die Notwendigkeit, die zahlreichen Armen und Bettler innerhalb der Stadt zu versorgen. So trat im Verlauf des Mittelalters neben die kirchliche Fürsorge auch eine städtische Armenversorgung. Zu diesem Zweck ließen die Stadtregierungen innerhalb der Stadtmauern Armenhäuser und Hospitäler errichten, in denen arme, alte und kranke Menschen Pflege und Unterkunft fanden. Finanziert wurden diese Einrichtungen zumeist durch die Spenden reicher Bürger. In manchen Städten wurden auch spezielle Abgaben für die Finanzierung erhoben. Neben dem Gebot der christlichen Nächstenliebe war auch die Sorge um den sozialen Frieden innerhalb der Stadt eine wichtige Motivation der Armenfürsorge.

Der Blick auf die Armut verändert sich

Mit dem sozialen Aufstieg der städtischen Oberschicht wandelte sich seit dem ausgehenden Mittelalter auch der Blick auf die Armut. Armut und Reichtum wurden neu definiert. Die bürgerlichen Stadteliten sahen in ihrem kaufmännischen Geschick und in ihrem Fleiß den Grund ihres Wohlstandes. Sie verstanden ihren Aufstieg und ihre Stellung als das Ergebnis ihrer Leistung. Dementsprechend gewannen bürgerliche Werte wie Fleiß, Un-

1300 | 1400 | 1500 | 1600 | 1700 | 1800 | 1900

1250–1500
Spätmittelalter

ab ca. 1550
Neuzeit

Christliches Ideal schwindet
Problem Armut
städt. Bettelordnungen

1780
Beginn der Industrialisierung

Soziale Frage

Pauperismus

Sozialgesetzgebung

ternehmergeist und Geschäftssinn an Bedeutung. Im Umkehrschluss wurde Armut zunehmend als Makel empfunden, der weniger gottgewollt als vielmehr selbstverschuldet war. Dieser Vorwurf traf die „unehrlichen Armen", die trotz körperlicher Unversehrtheit ihren Lebensunterhalt nur mit Mühe bestreiten konnten.
Mit der Reformation verstärkte sich die negative Sicht auf Armut. Arbeit wurde als Pflicht des Menschen gegenüber Gott gesehen. Wer ihr nicht nachkam, lebte in Sünde. Mit strengen Verordnungen gingen die städtischen Behörden nun gegen die Bettelei vor. Das christliche Gebot der Barmherzigkeit verlor an Bedeutung.

Massenarmut im frühindustriellen Zeitalter: Pauperismus

Anders als in England und Frankreich setzte die Industrialisierung in Deutschland erst verspätet, ab der Mitte des 19. Jahrhunderts, ein. Mehrere Missernten führten zu Beginn des 19. Jahrhunderts in Deutschland zu Hungersnöten und einer Massenarmut. Die billigen Industriewaren aus England verursachten zudem einen Preisverfall, vor allem bei Textilwaren, sodass zahlreiche Kleinbetriebe der Konkurrenz nicht mehr gewachsen waren und ihre Produktion einstellen mussten. Die Armut nahm landesweit derart erschreckende Ausmaße an, dass man diesem Phänomen einen spezielle Bezeichnung gab: Pauperismus. Viele Familien sahen keine Perspektive mehr für sich und kehrten ihrer Heimat den Rücken, um in Amerika ein neues Leben zu beginnen.

Die Industrialisierung und die soziale Frage

Mit dem Aufschwung der Wirtschaft durch die Industrialisierung konnte die Not des Pauperismus zunächst eingedämmt werden. Kleine Handwerker und Bauern fanden Lohn und Arbeit in den Fabriken. Doch bald zeigte sich die Schattenseite der Industrialisierung: Für Hungerlöhne, die kaum zum Überleben ausreichten, mussten die Arbeiter bis zu 12 Stunden härteste körperliche Arbeit verrichten. Um das Überleben der Familie zu sichern, wurden auch Kinder zur Fabrikarbeit herangezogen. Das Fehlen jeglicher sozialer Absicherungen verschärfte die Lage der Arbeiter zusätzlich. Bei Invalidität und Altersschwäche drohte bittere Armut.
Weil die niedrigen Löhne keinen finanziellen Spielraum ließen, wohnten die Arbeiter in Mietskasernen am Rande der Städte. In diese engen Wohnungen, in denen mitunter bis zu 12 Menschen auf engstem Raum zusammenlebten, fiel kaum Tageslicht.

Die soziale Frage wird zur politischen Frage

Das Elend der Arbeiter barg sozialen Sprengstoff, zumal sich die Arbeiter mit der Gründung von Arbeitervereinen und Gewerkschaften ein Sprachrohr für ihre Interessen schufen und mit Streiks für eine Verbesserung ihrer Situation kämpften. Einige Unternehmer erkannten früh, dass sie eine Verantwortung gegenüber ihren Werksarbeitern hatten. Mit sozialen Einrichtungen wie Betriebskrankenkassen oder Witwen- und Waisenunterstützung versuchten sie die Not ihrer Arbeiter zu lindern, natürlich auch, um sie von der als gefährlich erachteten Arbeiterbewegung fernzuhalten.
Auch die Kirchen waren zur Fürsorge gegenüber den Bedürftigen bereit. Sie appellierten an die Hilfsbereitschaft der Mitmenschen und suchten durch Spenden und die Einrichtung sozialer Wohngemeinschaften die Lage der verarmten Unterschicht etwas erträglicher zu machen. Für die politischen Forderungen der Arbeiter zeigten sie hingegen wenig Verständnis.
Der große Zulauf, den die Arbeitervereine und die ersten Arbeiterparteien unter der Arbeiterschaft hatten, rief nun auch die Politik auf den Plan. Um der Arbeiterbewegung die Grundlage zu entziehen, entstanden nach der Gründung des Deutschen Reiches unter dem Reichskanzler Otto von Bismarck die ersten staatlichen Sozialversicherungen mit der Einführung der Krankenversicherung, der Unfallversicherung und der Invaliditäts- und Altersversicherung. Damit schuf Bismarck ein System der sozialen Absicherung, das den Grundstein zum „sozialen Netz" unseres modernen Sozialstaates legte.

In diesem Kapitel konntest du folgende Kompetenzen erwerben:

- das Nebeneinander von Reichtum und Armut im Mittelalter, in der Frühen Neuzeit und im Industriezeitalter beschreiben
- die Sicht auf die Armut im Mittelalter und in der Neuzeit erklären
- den Umgang der Reichen mit den Armen beschreiben und bewerten
- Antworten auf die Soziale Frage darstellen und bewerten
- die Leitfrage diskutieren, ob die Hilfe bei individueller Armut eine Verantwortung der Allgemeinheit ist
- **Methode:** Eine historische Fotografie untersuchen

M 1 Der Prediger Johannes Geiler von Kaysersberg (1445–1510) über Almosen für Arme, ca. 1479 bis 1510

... Nichts macht den Menschen so leicht gesund wie das Spenden von Almosen. Wer seine Hände nicht nach Möglichkeit den Armen entgegenstreckt, der breitet sie umsonst nach Gott im Gebete aus. Es sind Toren ..., die da meinen, sie würden Barmherzigkeit von Gott erlangen, wenn sie nicht selbst Barmherzigkeit ausüben ... Betrachte zunächst, wer es ist, der dich bittet: Es ist ein Mensch, ... der eine unsterbliche Seele hat wie du selbst ... Sich, er ist arm ... und du darfst ihm die Gabe nicht verweigern. Kommt dir deshalb in den Sinn, er sei ein Lungerer, ein Faulenzer, Betrüger und was sonst das Herz dir eingeben mag, so antworte dir durch den Glauben: Ich gebe es nicht ihm, sondern einem anderen: Denn Gott ist es, der durch ihn bittet ...

Zit. nach Johannes Geiler zu Kaysersberg, Die zwölf Früchte des Heiligen Geistes; in: Christoph Sachße/ Florian Trennstedt, Geschichte der Armenfürsorge in Deutschland, Bd. 1: Vom Spätmittelalter bis zum Ersten Weltkrieg, 2., verb. u. erw. Auflage, Stuttgart u. a. (Kohlhammer) 1998, S. 57

M 2

Kinder eines Zigarrenmachers helfen ihrem Vater bei der Arbeit in der Küche ihrer Wohnung, Foto, Datum unbekannt

Hilfe bei Armut – eine Verantwortung des Staates?

A) Der Arbeiterführer Ferdinand Lassalle, 1863:

„... Werfen Sie einen Blick auf die Eisenbahnen, die Maschinenfabriken, die Schiffsbauwerkstätten ... usw. auf die zu diesen Anlagen erforderlichen Millionen, werfen Sie dann einen Blick in die Leere Ihrer Taschen und fragen sich, wo Sie jemals die zu diesen Anlagen erforderlichen Riesenkapitalien hernehmen ... sollen? ... Die freie individuelle Assoziation der Arbeiter, ... ermöglicht durch die stützende Hand des Staates – das ist der einzige Weg aus der Wüste, der dem Arbeiterstand gegeben ist ... Wie aber den Staat zu dieser Intervention vermögen? Und hier wird nun die sofort sonnenhell die Antwort vor Ihrer aller Augen stehen: dies wird nur durch das allgemeine und direkte Wahlrecht möglich sein ... Das allgemeine und direkte Wahlrecht ist ... Ihr soziales Grundprinzip, die Grundbedingung aller sozialen Hilfe. Es ist das einzige Mittel, um die materielle Lage der Arbeiter zu verbessern ...

Zit nach: Werner Pöls (Hg.), Deutsche Sozialgeschichte 1815–1870, München (C. H. Beck) 1988, S. 291f.

B) Der linksliberale Reichstagsabgeordnete Hermann Schulze-Delitzsch, 1866:

„... Die Natur hat die Menschen mit Bedürfnissen in die Welt gesetzt, an deren Befriedigung ihre Existenz geknüpft ist, aber sie zugleich auch mit Kräften ausgestattet, deren richtiger Gebrauch sie zur Befriedigung ihrer Bedürfnisse führt. Somit ist jeder mit der Bilanz seines Haushalts im Soll und Haben auf sich gewiesen, die Selbstsorge für seine Daseinsmittel jedem als natürliche Verpflichtung auferlegt. [Es führt zu nichts], wenn man dem entgegen die einzelnen mit der Garantie ihrer Existenz an den Staat verweist ...“

Zit nach: Werner Pöls (Hg.), Deutsche Sozialgeschichte 1815–1870, München (C. H. Beck) 1988, S. 297.

C) Auszug aus den Motiven des dem Reichstag am 15.01.1881 vorgelegten Gesetzesentwurfs über die Unfallversicherung:

„Dass der Staat sich in höherem Maße als bisher seiner hilfsbedürftigen Mitglieder annehme, ist nicht bloß eine Pflicht der Humanität und des Christentums ..., sondern auch eine Aufgabe staatserhaltender Politik, welche das Ziel zu verfolgen hat, auch in den besitzlosen Klassen der Bevölkerung, welche zugleich die zahlreichsten und am wenigsten unterrichteten sind, die Anschauung zu pflegen, dass der Staat nicht bloß eine notwendige, sondern auch eine wohltätige Einrichtung sei. Zu dem Ende müssen sie durch direkte Vorteile ... dahin geführt werden, den Staat nicht als eine lediglich zum Schutz der besser situierten Klassen der Gesellschaft erfundene, sondern als eine auch ihren Bedürfnissen und Interessen dienende Institution aufzufassen.“

Zitat nach : G. Ritter/J. Kocka, Deutsche Sozialgeschichte, München (C. H. Beck) 1982, S. 397

Darstellen – historisch erzählen

1 **Partnerarbeit:**

a) Erklärt euch gegenseitig die Begriffe und ordnet sie zeitlich ein: Armutsideal, Bettelordnung, städtische Eliten, soziale Frage, Rauhes Haus, Arbeiterbewegung, Sozialgesetzgebung, Rentenkasse

b) Beschreibt anhand von zwei Beispielen, wie sich die Einstellung zur Armut im Lauf der Zeit gewandelt hat.

Methoden anwenden

2 Untersuche die Fotografie (M2) mithilfe der Arbeitsschritte auf S. 195.

Deuten und analysieren

3 Erläutere die Haltung des Autors von M1 gegenüber den Armen. Beurteile seine Auffassung auf der Grundlage deiner Kenntnisse.

4 **Gruppenarbeit:**

a) Erarbeitet die Position und die Begründung des Autors zur Rolle des Staates bei der Lösung der sozialen Frage.

b) Nehmt Stellung. Nutzt die Seiten zur sozialen Frage in diesem Kapitel.

Urteilen

5 Vergleicht anhand der Untersuchungsfragen auf S. 183 die historischen Beispiele von Armut und Reichtum.

6 Erörtert auf der Grundlage eurer Ergebnisse die Leitfrage: Armut und Reichtum: Hilfe bei individueller Armut – eine Verantwortung der Allgemeinheit?

7 Diskutiert Lösungsansätze für das Armutsproblem in der heutigen Zeit.

Webcode: FG647255-207
Selbsteinschätzungsbogen

JCDecaux
JE SUIS
CHARLIE
SOLIDAIRES
CHARLIE HEBDO

7

Wahlmodul: Juden, Christen und Muslime (Längsschnitt)

Kriege und Morde im Namen des Glaubens haben eine lange Tradition. Ebenso lange bemühen sich Gläubige um Toleranz gegenüber anderen Religionen. Auf dem kleinen Bild ist eine Szene vom ersten Kreuzzug abgebildet. Die christlichen Belagerer der muslimischen Stadt Nikäa schleudern Köpfe der Gegner in die Festung. Das große Foto zeigt eine Demonstration zum Gedenken der Opfer eines religiös motivierten Terroranschlags gegen die islamkritische Zeitschrift „Charlie Hebdo“ im Januar 2015 in Paris.

Warum ist den Menschen diese Botschaft am Tag des Gedenkens so wichtig? Wie können Juden, Christen und Muslime friedlich miteinander leben?

Belagerung von Nikäa 1097, Miniatur aus dem 13. Jahrhundert – Demonstration zum Gedenken an die Opfer des islamistisch motivierten Terroranschlags am 7. Januar 2015 auf die Redaktionsräume der Satirezeitung „Charlie Hebdo“ in Paris, Fotografie, 11. 1. 2015

1800 v. Chr. | 0 | 200 | 400 | 600 | 800

ca. 1800 v. Chr. Leben Abrahams, Stammvater von Judentum, Christentum und Islam

6. Jahrhundert v. Chr. Zerstörung des Tempels in Jerusalem; Juden im babylonischen Exil

ca. Jahr 0 Geburt des Jesus von Nazareth

380 n. Chr. Christentum wird römische Staatsreligion

um 600 n. Chr. Leben Mohammeds, Begründer des Islam

7. und 8. Jh. Ausbreitung des Islam

Juden, Christen, Muslime: Gegeneinander – Nebeneinander – Miteinander?

Zusammenleben der Religionen in Deutschland

In Deutschland soll jeder Mensch seine Religion angstfrei und ungestört ausüben dürfen. Dies schließt auch das Recht ein, seine Religion zu wechseln. So garantiert es das Grundgesetz im Artikel 4. Der Staat hat die Aufgabe, dieses Recht für alle zu beschützen. Dies war nicht immer so. Mit der Aufklärung kamen erstmals Gedanken eines Menschenrechts auf Glaubensfreiheit auf. Aber bis 1918 konnten in Deutschland die Fürsten bestimmen, welche Religion ihre Bürger haben sollten. Ausnahmen von dieser Regelung waren von der Zustimmung der Fürsten abhängig, die auch wieder zurückgenommen werden konnte. In der Geschichte betraf dies in Deutschland zumeist Juden. Muslime kamen erstmals durch die Zuwanderung türkischer Arbeitskräfte in den 1960er-Jahren nach Deutschland. Während für den Staat alle Religionen gleichberechtigt sind, existieren in der Bevölkerung dennoch vielfältige Spannungen zwischen den Religionen. Konflikte entstehen auch, weil viele Deutsche gar nicht mehr an einen Gott glauben und ihnen religiöse Regeln deshalb unverständlich sind.

M 1

Vertreter von Katholiken, Protestanten, Juden und Muslimen (v. li. nach re.: Johannes zu Eltz, Volker Jung, Menachem Halevi Klein, Imam Selcuk Dogruer): Anlass des Fotos: gemeinsames Gebet zum zehnten Jahrestag des 11. 9. 2001

Krieg im Namen der Religion

Gibt es die wahre Religion? Der Streit um diese Frage hat zwischen Juden, Christen und Muslimen zu viel Gewalt geführt. Als die drei Glaubensrichtungen entstanden, glaubten noch viele Menschen an ganz andere Götter und Religionen. Um sich in dieser Konkurrenzsituation durchzusetzen, war die Vorstellung hilfreich, nur man selbst besäße die einzig wahre Religion. Hinzu kommt, dass jede Glaubensrichtung meinte, den Weg für das richtige Leben aufzeigen zu können. Sind deshalb die religiösen Gebote aus Tora, Bibel und Koran ein Hindernis für ein friedliches Miteinander? Liegt das Problem eher bei den Menschen mit ihrer Angst und ihrer Unwissenheit? Oder verursachen Regierungen, Könige und Glaubenslehrer mit ihrem Streben nach Ruhm, Macht und Reichtum die Konflikte zwischen den Religionen?

Themenübersicht

Für die im Darstellungstext gestellten Fragen kannst du dir in diesem Kapitel Antworten aus der Geschichte erarbeiten und zugleich dein Wissen über die Religionen erweitern.

Religionen	• *Judentum* • *Christentum* • *Islam*
Mittelalter	• *Kreuzzüge* • *Araber in Spanien* • *Al-Andalus wird wieder christlich*
Frühe Neuzeit	• *Die Furcht vor den Osmanen* • *Reformation und die Juden*
19. Jahrhundert	• *Juden im 19. Jahrhundert: Gleichstellung oder Diskriminierung?*

1000	1200	1400	1600	1800	2000

8.–15. Jh. Reconquista

1096–1270 Kreuzzüge ins Heilige Land

14.–15. Jh. Judenverfolgungen in Europa

15.–17. Jh. Höhepunkt des Osmanischen Reiches

1812 beginnende Judenemanzipation

Vorschlag für die Untersuchung des Themas:

1 Untersucht in einem ersten Schritt arbeitsteilig die drei Weltreligionen anhand der Kriterien. Präsentiert dann eure Ergebnisse in der Klasse.

	Christentum	*Judentum*	*Islam*
Entstehungsgeschichte			
Schriften			
Lebensformen, Riten und religiöse Praxis			
Gotteshäuser und Gottesdienst			

2 Definiert zunächst, was jeweils ein Gegeneinander, Nebeneinander und Miteinander von Religionen ausmacht.

3 Untersucht anschließend in Gruppen die Epochen-Themen anhand der Kriterien und Fragen. Formuliert anschließend auf Basis eurer Definitionen ein Gruppenfazit, wie die jeweilige historische Phase zu bewerten ist.

Kriterien	*Fragen*
Bevölkerung	*Welche Religionsgruppe ist die größte?*
Macht	*Welcher Religionsgruppe gehörten die Herrscher im Land an?*
Rechte	*Hatten alle Religionsgruppen die gleichen Rechte?*
Kontakt und Begegnung	*Hatten die Religionsgruppen die Chance, sich frei zu begegnen?*
Motive für ein Gegeneinander	*Welche Motive für ein Gegeneinander gab es?*
Motive für ein Miteinander	*Welche Motive haben ein friedliches Miteinander gefördert?*
Gewinner und Verlierer	*Wer hat von möglichen Konflikten profitiert, wer hat unter dem Konflikt gelitten?*

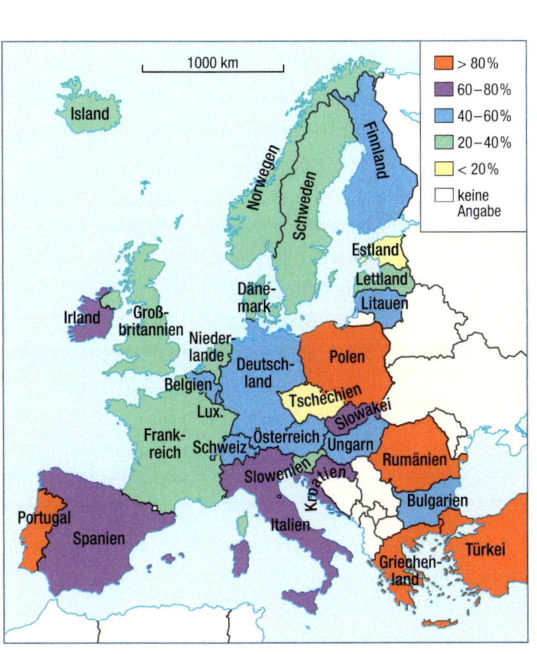

M 2 *Eurobarometer von 2005 zur Aussage: „Ich glaube, dass es einen Gott gibt“*

1 Erkläre, welche Rolle der Staat für das Zusammenleben der Religionen in Deutschland hat.

2 Beschreibe ausgehend vom Darstellungstext mögliche Gründe für Auseinandersetzungen zwischen den Religionen.

3 Wähle eine Aufgabe aus:

a) Identifiziere typische Kleidungsmerkmale von religiösen Würdenträgern aus M1.

b) Beschreibe M2. Welche Rolle hat im europäischen Vergleich der Glaube an Gott in Deutschland?

c) Untersuche den Zeitstrahl. Wie würde es in einem israelischen oder arabischen Schulbuch aussehen?

Drei Weltreligionen: das Christentum

Das Christentum ist die Religion, die weltweit die meisten Anhänger zählt. Auch Deutschland ist stark geprägt vom Christentum und so begegnen uns im Alltag immer wieder christliche Symbole, Ideen und Wertvorstellungen.

- ***Wie ist diese Religion entstanden und wie wird sie ausgeübt?***

M 1

Die Ausbreitung von Judentum, Christentum und Islam von 750 bis 1200

Die Entstehungsgeschichte des Christentums

„Das Wesen des Christentums ist nicht irgendeine große Theorie, eine Weltanschauung, auch nicht ein kirchliches System", schreibt der Schweizer Theologe Hans Küng, „Sondern das ist schlicht und einfach dieser Jesus Christus." Dieser Jesus von Nazareth soll im Jahre null unserer Zeitrechnung geboren worden sein. Als jüdischer Wanderprediger reiste er durch die von den Römern besetzten Gebiete des heutigen Israel und Palästina. Jesus war zwar Jude, doch er interpretierte die jüdische Lehre neu und predigte den Menschen von Nächstenliebe und Vergebung. Wegen seiner öffentlichen Predigten, die immer mehr Zuhörer gefunden hatten, wurde Jesus etwa im Jahr 30 gekreuzigt.

Zunächst duldeten die Römer die Anhänger Jesu, die sie Christen nannten, als jüdische Sekte. Doch da die Christen den Anspruch vertraten, den einzig wahren Gott zu verehren und die Menschheit von seiner Lehre überzeugen zu müssen, wurden sie bald angefeindet und verfolgt. Um 40 n. Chr. begannen Verfolgungen in Jerusalem. Durch ihre Missionsarbeit hatten die Christen allerdings schon in weiten Teilen Europas Unterstützer gefunden. Aufgrund der wachsenden Zahl an Sympathisanten dehnten sich die Verfolgungen unter Kaiser Nero 64 n. Chr. bis nach Rom aus. Dies war für die Christen zwar ein schwerer Verlust, doch die Bemühungen Neros und seiner Nachfolger konnten den Siegeszug des Christentums nicht aufhalten. Im Jahr 313 hob Kaiser Konstantin das Verbot der christlichen Religion auf. Unter Theodosius I. wurde das Christentum im Jahr 380 schließlich zur römischen Staatsreligion erklärt.

Schriften der Christen

Die Christen stützen sich in ihrem Glauben auf ihre Heilige Schrift, die christliche Bibel. Die Grundlage der Bibel bildet das sogenannte Alte Testament, welches die Christen von den Juden übernommen haben. Um 70 n. Chr. wurde das Alte Testament um weitere Schriften, das Neue Testament, ergänzt, das vom Wirken Jesu Christi und seiner Jünger berichtet. Da Jesus selbst Jude war und aus Israel stammte, war die Bibel folglich auch in der Schrift der Juden, auf Hebräisch, verfasst. Erst um 400 n. Chr. veröffentlichte der Gelehrte Hieronymus eine einheitliche lateinische Übersetzung der Bibel, die Vulgata. Im Mittelalter erschienen dann stetig mehr Übersetzungen von Teilen der Bibel in verschiedene Sprachen. 1522 vollendete Martin Luther seine Übersetzung des Neuen Testaments ins Deutsche. Davor hatten viele Christen zwar an Gottesdiensten teilgenommen und auch Bibelverse gesprochen, doch nur selten deren Inhalte verstanden.

Lebensformen, Riten und religiöse Praxis

Seit dem frühen Mittelalter finden sich besonders religiöse Christen in Mönchs- oder Frauenorden zusammen, um ihr Leben Gott und seiner Verehrung zu widmen. Auch heute noch existieren zahlreiche solcher christlichen Orden. Der Alltag der Mönche und Nonnen folgt einer streng vorgeschriebenen Ordensregel. Die erste Ordensregel formulierte der Mönch Benedikt von Nursia um 500 n. Chr. – an den von ihm geschriebenen Grundsätzen orientieren sich seitdem die meisten christlichen Mönchsorden.

Der Anteil derartig strenggläubiger Mönche oder Nonnen an der gesamten Christenheit ist jedoch nur sehr gering. Die meisten Christen entscheiden selbst, wie sehr sie ihr Leben dem Glauben widmen wollen. Die Tagesabläufe, das Feiern von christlichen Festen sowie Gebete und Kirchgänge bestimmen die Anhänger dieser Religion in der Regel individuell.

Gottesdienst und Gotteshäuser

Christen feiern ihre Gottesdienste in Kirchen. Als „heilige Gebäude“ dienen sie vorrangig christlichen Zeremonien und als Ort für Gebete, werden manchmal aber auch als Veranstaltungsraum für weltliche (nicht religiöse) Zwecke genutzt.

M2

Im Matthäus-Evangelium des Neuen Testaments wird von der berühmten „Bergpredigt“ des Jesus von Nazareth berichtet:

Als er aber das Volk sah, ging er auf einen Berg und setzte sich; und seine Jünger traten zu ihm. Und er tat seinen Mund auf, lehrte sie und sprach: Selig sind, die da geistlich arm sind; denn ihrer ist das Himmelreich. Selig sind, die da Leid tragen; denn sie sollen getröstet werden. Selig sind die Sanftmütigen; denn sie werden das Erdreich besitzen. Selig sind, die da hungert und dürstet nach der Gerechtigkeit; denn sie sollen satt werden. Selig sind die Barmherzigen; denn sie werden Barmherzigkeit erlangen. Selig sind, die reinen Herzens sind; denn sie werden Gott schauen. Selig sind die Friedfertigen; denn sie werden Gottes Kinder heißen. Selig sind, die um der Gerechtigkeit willen verfolgt werden; denn ihrer ist das Himmelreich. Selig seid ihr, wenn euch die Menschen um meinetwillen schmähen und verfolgen und reden allerlei Übles gegen euch, wenn sie damit lügen. Seid fröhlich und getrost; es wird euch im Himmel reichlich belohnt werden. Denn ebenso haben sie verfolgt die Propheten, die vor euch gewesen sind.

Zit. nach http://www.die-bibel.de/online-bibeln/lutherbibel-1984/bibeltext/bibelstelle/mt5/ (Download vom 1. 8. 2016).

Katholischer Gottesdienst, Unserer Lieben Frau, Provinz Camagüey, Kuba, Foto, undatiert

1 Erarbeite die Kennzeichen des Christentums anhand der Kriterien auf S. 211.
  Tipp: Lege hierzu eine Tabelle an.
2 Untersuche die Karte M1, indem du Zeitraum, Gebiete und Ausdehnung des Christentums erläuterst.
3 **Wähle eine Aufgabe aus (M2):**
  a) Gib den Inhalt mit eigenen Worten wieder und formuliere eine Kernaussage.
  b) Erläutere, welche Regeln sich aus diesem Text für gläubige Christen ergeben.
4 Beschreibe M3. Wer nimmt an dem Gottesdienst teil, welche Gegenstände und Symbole siehst du?

Drei Weltreligionen: das Judentum

Das Judentum ist die älteste der Religionen, die nach der Bibel ihren Ursprung auf den Stammvater Abraham zurückverfolgen, ebenso wie das Christentum und der Islam. Die Ursprünge des Judentums liegen mehrere tausend Jahre zurück.

- ***Wie ist diese Religion entstanden und wie wird sie ausgeübt?***

Die Entstehungsgeschichte des Judentums

In den Gebieten des heutigen Syrien, Jordanien und Palästina soll um 1800 v. Chr. der Nomade Abraham gelebt haben, der als Erster an „den einen Gott" geglaubt habe und somit als Vater des jüdischen Volkes gilt. Einer seiner Nachfahren, Mose, wird im Alten Testament als Beauftragter von Gott beschrieben. Von ihm soll er die zehn Gebote sowie die Weisung erhalten haben, das jüdische Volk aus der ägyptischen Sklaverei in das Land Kanaan zu führen.

Erste Erwähnungen des Wortes „Israel" auf einer ägyptischen Säule deuten tatsächlich auf eine mehr als 3000-jährige Geschichte dieses mit der jüdischen Religion eng verbundenen Volkes hin. Laut biblischer Überlieferung soll um 1000 v. Chr. ein „Königreich Israel" existiert haben, in dem 965 v. Chr. unter König Salomo auch der erste Tempel Jerusalems gebaut wurde. Nach inneren Konflikten und mehreren Kriegen ist das Reich jedoch im 6. Jahrhundert zerfallen und den benachbarten Königreichen einverleibt worden. Das jüdische Volk musste sich ins babylonische Exil begeben und kehrte erst 450 v. Chr. zurück. Als Judäa, ein vom Fluss Jordan durchquertes Gebiet an der östlichen Mittelmeerküste, im 1. Jahrhundert n. Chr. unter der Herrschaft der Römer stand, wurden die Juden vertrieben, nachdem sie versucht hatten, sich gegen die Besatzer aufzulehnen. Die daraus folgende Zerstreuung des jüdischen Volkes und dessen Ansiedlung als Minderheiten außerhalb ihrer Heimat wird als Diaspora bezeichnet.

Schriften der Juden

Die Geschichte sowie die Inhalte und Glaubensgrundsätze der jüdischen Religion sind in mehreren Texten festgehalten und werden als heilige Schrift der Juden unter dem Begriff „Tora" (Weisung) zusammengefasst. Dazu zählen vor allem die fünf Bücher Mose „Genesis, Exodus, Leviticus, Numeri und Deuteronomium". Die Tora entstand in der Mitte des 6. Jahrhunderts v. Chr. Gläubige Juden sehen in der Tora eine Art Anleitung zum Leben in Übereinstimmung mit dem göttlichen Willen. Dafür sind in der Tora 365 Verbote und 248 Gebote vorgeschrieben. Die Zahlen entsprechen der Anzahl der Tage im Jahr sowie der Anzahl der Knochen im menschlichen Körper – dies soll verdeutlichen, dass die Weisungen der Tora sich auf die gesamte Welt und das gesamte Leben beziehen. Gemeinsam mit den sogenannten Prophetenbüchern und weiteren Schriften bildet die Tora die hebräische Bibel (Tanach). Um all die in der hebräischen Bibel vorhandenen Weisungen für die Gläubigen verständlicher zu machen, haben Rabbiner (Lehrmeister der Tora) die jüdischen Glaubensgrundsätze und -regeln in weiteren Werken wie „Mischna", „Tosefta" oder „Talmud" gesammelt und erläutert.

Auszug aus der Tora

Da rief Moses ganz Israel zu und sagte zu ihnen: Höre Israel, die Gesetze und Rechtsordnungen, die ich heute vor euren Ohren darstelle; lernet sie und habet acht, sie zu erfüllen ... Gott hat mit uns einen Bund ... geschlossen [und sagt:] Es soll dir nicht ein anderer Gott sein vor meinem Angesichte. ... Denke die Sünde von Eltern an Kindern und an dritten und vierten Geschlechtern denen, die mich hassen, und übe Liebe tausenden, denen, die mich lieben, und denen, die meine Gebote hüten ... Hüte den Sabbattag, ihn zu heiligen, wie dir Gott ... geboten. Sechs Tage diene und schaffe all dein Werk, und der siebente Tag ist Sabbat (siebenter Tag jeder Woche, der frei von Arbeit und nur der Verbindung zu Gott gewidmet sein soll) ... Ehre deinen Vater und deine Mutter ... Du sollst nicht morden, und du sollst nicht ehebrechen; und du sollst nicht stehlen; und du sollst nicht als nichtiger Zeuge wider deinen Nächsten aussagen. Und du sollst nicht erlüsten das Weib deines Nächsten, sein Feld, seinen Knecht ..., noch irgend, was deinem Nächsten gehört.

Zit. nach 5. Buch Moses 5,1–30, übers. von S. R. Hirsch; Aus: Michael Tilly, Das Judentum, Wiesbaden (Matrix) 2013.

Lebensformen, Riten und religiöse Praxis

Das Leben wird im Judentum als geregelter Kreislauf verstanden, der von festen Traditionen, Ritualen und Feiern bestimmt ist. Mit der Vollendung des 12. bzw. 13. Lebensjahres werden Juden „Bar/Bat Mizwa" (Sohn/Tochter des Gebotes) und sind von diesem Tag an selbst verantwortlich für die korrekte Ausübung und Einhaltung der Weisungen aus der Tora. Die wichtigen Etappen des jüdischen Lebens sowie ihre Feste richten sich nach einem eigenen jüdischen Kalender. Zwischen September und Oktober fällt das jüdische Neujahrsfest „Rosch ha-Schana" – hier werden die Synagogen weiß geschmückt, man isst in Honig getauchtes Brot oder Äpfel und hofft so auf ein „süßes" kommendes Jahr. Am Versöhnungstag „Jom Kippur" symbolisieren die Gläubigen durch Reue und Buße ihre Versöhnung mit Gott, und wollen so bewirken, dass er ihre Sünden verzeiht. Im „Sukkot" (Laubhüttenfest) sollen alle Juden Laubhütten bauen, in denen sie eine Woche lang leben – Arbeiten sind in dieser Zeit nicht erlaubt. Beim „Chanukkafest" (Einweihungsfest) wird die Einweihung des Tempels von Jerusalem nach dem Sieg über die Syrer im Jahr 164 v. Chr. gefeiert. Das „Purimfest" soll an die Rettung verfolgter persischer Juden in der Antike erinnern. Ältestes jüdisches Fest ist das „Pessachfest", das ursprünglich eine Art Frühlingsfest anlässlich des Weidewechsels der Nomaden war. Das letzte der Frühlingsfeste ist das „Schavuotfest", bei dem Opfergaben im Tempel niedergelegt wurden. In Gedenken an die Zerstörung des Jerusalemer Tempels in der Antike wird von allen Juden der Trauertag „9. Av" (9. Tag im jüdischen Monat Av) begangen. Das Einhalten der in der Tora vorgeschriebenen Gebote (Mizwot) gehört nach dieser Auffassung zu den Mindestanforderungen an das eigene Leben. Dass er diesen Weisungen folgt, zeigt ein gläubiger Jude schon im Befolgen der Reinheits- und Speisegebote. Diese ursprünglich nur für Priester geltenden Regeln wurden mit der Zeit auf das gesamte Judentum ausgeweitet und beeinflussen maßgeblich das alltägliche Leben traditionsbewusster Juden.

Gottesdienst und Gotteshäuser

Beim Morgengottesdienst wird üblicherweise der „Tallit", eine Art Gebetsschal mit Quasten an den Ecken, über der Kleidung getragen. Vor der Lesung von Pflichtgebeten wird zusätzlich „Tefillin", ein Lederriemen mit Textstücken aus der Tora, an Stirn und Arm angelegt. Auf dem Kopf tragen viele Juden außerdem die „Kippa", eine kleine kreisrunde Kopfbedeckung. Bei streng gläubigen, sogenannten orthodoxen Juden, ist das Tragen von „Peot" (Schläfenlocken) noch heute üblich. Die Gotteshäuser der Juden bezeichnet man als Synagogen. Sie sind mit jüdischen Symbolen geschmückte Häuser, in denen sich die Gebetsgemeinschaft versammelt, um Gottesdienste abzuhalten und aus der Tora zu lesen. Synagogen dienen auch als Veranstaltungsräume für Gemeindezwecke.

M2

Toralesung in der Leipziger Synagoge anlässlich des Pessachfestes am 18. 4. 1992

1 Erarbeite die Kennzeichen des Judentums anhand der Kriterien auf S. 211.
Tipp: Lege hierzu eine Tabelle an.

2 **Wähle eine Aufgabe aus (M1):**
a) Gib den Inhalt mit eigenen Worten wieder und formuliere eine Kernaussage.
b) Erläutere, welche Regeln sich aus diesem Text für gläubige Juden ergeben.

3 Recherchiere, wann die jüdischen Feste gefeiert werden. Erstelle einen Kalender.

4 Beschreibe M2. Wer nimmt an dem Gottesdienst teil, welche Gegenstände und Symbole siehst du?

Drei Weltreligionen: der Islam

In Deutschland leben über drei Millionen Muslime. Obwohl der Islam in unserer Gesellschaft eine immer größere Rolle spielt, und die Frage diskutiert wird, ob er zu Deutschland gehört, besitzen die meisten Deutschen nur wenige Kenntnisse über diese Religion.

- *Wie ist diese Religion entstanden und wie wird sie ausgeübt?*

M 1

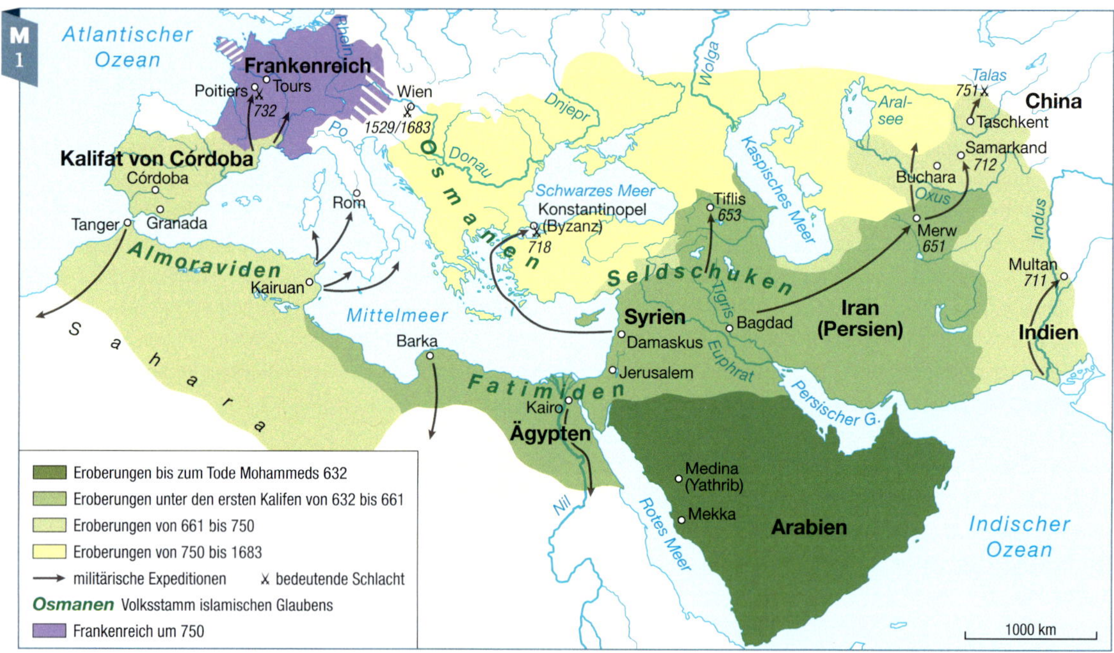

Expansion des Islamischen Reiches

Die Entstehungsgeschichte des Islams

Etwa im Jahr 570 nach christlicher Zeitrechnung wurde in der arabischen Stadt Mekka Mohammed geboren. Er gilt als Begründer des Islams und für die Muslime als von Gott gesandter Prophet. Mohammed wuchs als Waisenkind bei Verwandten auf, war als Hirte tätig und begleitete seinen Onkel auf Handelsreisen. Im Jahr 610 soll ihm der Erzengel Gabriel begegnet sein und ihm den Willen Allahs offenbart haben. Drei Jahre später begann er – vom Glauben an Allah als einzigen Gott – zu predigen. Bei den Bewohnern Mekkas, die noch an viele Götter glaubten, stieß er dabei auf Widerstand. Aus diesem Grund, und um weitere Menschen von seinem Glauben zu bekehren, begab sich Mohammed 622 n. Chr. nach Medina. Die Auswanderung Mohammeds nach Medina wird als „Hidschra" bezeichnet und markiert den Beginn der islamischen Zeitrechnung. Nach dem Tod Mohammeds im Jahr 632 verbreitete sich der Islam. Seinen Nachfolgern (= Kalifen) gelang es, in mehreren Eroberungswellen ihr Herrschaftsgebiet über weite Teile Arabiens und Nordafrikas bis zur Iberischen Halbinsel auszudehnen (M1).

M 2

Die erste Sure des Koran enthält folgende sieben Verse:

Im Namen Allahs, des Gnädigen, des Barmherzigen.
Aller Preis gehört Allah, dem Herrn der Welten,
Dem Gnädigen, dem Barmherzigen,
Dem Meister des Gerichtstages.
Dir allein dienen wir, und zu Dir allein flehen wir um Hilfe.
Führe uns auf den geraden Weg,
Den Weg derer, denen Du Gnade erwiesen hast,
die nicht (Dein) Missfallen erregt haben und die nicht irregegangen sind.

Nach: http://www.islaminstitut.de/uploads/media/Fatiha.pdf

M 3

Palästinenserpräsident Mahmud Abbas (1. Reihe, 2. v. li.) beim islamischen Freitagsgebet am 1. 9. 2005 in Gaza

Schriften der Muslime

Bei seiner Begegnung mit dem Erzengel Gabriel soll dieser Mohammed die Offenbarung des einen wahren Gottes mitgeteilt haben. Diese göttliche Offenbarung wurde bis zur Mitte des 7. Jahrhunderts verschriftlicht und im „Koran" festgehalten – der Heiligen Schrift der Muslime. Der Koran enthält 114 Kapitel, die „Suren" genannt werden und wiederum eine unterschiedliche Anzahl an Versen umfassen. Als Glaubensgrundlage der Muslime bildet der Koran zusammen mit der „Sunna" (überlieferte Handlungsweisen Mohammeds) die Basis für die „Scharia", die islamischen Gesetze und Vorschriften.

Lebensformen, Riten und religiöse Praxis

Neben den Offenbarungen des Koran und Geboten der Scharia stützt sich der Glaube im Islam auf fünf Säulen – Pflichten, die für alle Muslime gleichermaßen gelten. Diese sind:

1. das tägliche Glaubensbekenntnis zu Allah (Schahada). Hier bekennen sich die Muslime zum Glauben an Allah als einzigen Gott und nehmen den Propheten Mohammed als Gesandten Gottes an.
2. das Sprechen von fünf Gebeten täglich (Salat). Diese regelmäßigen Gebete sollen dem Muslim Gott näherbringen und an dessen Allgegenwärtigkeit erinnern. Die Gebete werden vor Sonnenaufgang, am Mittag, am Nachmittag, nach Sonnenuntergang und in der Nacht gesprochen.
3. Wohltätigkeit gegenüber Mitmenschen in Form von Almosen (Zakat). Jeder Muslim ist dazu aufgefordert, so oft es ihm möglich ist, Gaben in Form von Nahrungsmitteln oder Geld zu geben. Eine jährliche Almosensteuer von 2,5 % des Kapitalvermögens ist jedoch verpflichtend und soll dafür sorgen, dass allen Mitgliedern der muslimischen Gemeinde ein Mindestlebensstandard geboten werden kann.
4. Fasten im Monat Ramadan für 30 Tage tagsüber (Saum). Ausgenommen sind von dem Fastengebot Alte, Kranke, Schwangere und Kinder.
5. die Pilgerfahrt nach Mekka, zum Geburtsort Mohammeds. Hier steht die Heilige Moschee mit der „Kaaba" im Innenhof. Dieses Gebäude wird von den Muslimen als Haus Gottes verehrt. Der Standort der Kaaba gibt zugleich die Gebetsrichtung in allen Moscheen weltweit vor. Mindestens einmal im Leben soll jeder Muslim diese Pilgerfahrt nach Mekka unternehmen, sofern er dazu körperlich und finanziell in der Lage ist.

Gottesdienst und Gotteshäuser

Ihre Gebete können Muslime theoretisch überall durchführen. Werden die Gebete jedoch gemeinschaftlich in der „Moschee" abgehalten, wird dies um ein Vielfaches höher angesehen. An Freitagen ist der Gang zur Moschee vorgeschrieben. Die Moschee dient den Muslimen nicht nur zur Durchführung von Gebeten, sondern auch als sozialer Treffpunkt und Ort der Vermittlung islamischer Glaubensgrundsätze und Werte. Optisch unterscheidet sich die Moschee von Kirchen und Synagogen zum einen durch die häufig von Kuppeln dominierte, typische Formgebung. Zum anderen stellen die „Minarette" eine Besonderheit dar. Von diesen Türmen aus werden die Muslime fünfmal täglich vom „Muezzin" zum Gebet gerufen.

---

1 Erarbeite die Kennzeichen des Islams anhand der Kriterien auf S. 211.
Tipp: Lege hierzu eine Tabelle an.

2 Untersuche die Karte M1, indem du Zeitraum, Gebiete und Ausdehnung des Islams erläuterst.

3 **Wähle eine Aufgabe aus (M2):**
a) Gib den Inhalt mit eigenen Worten wieder und formuliere eine Kernaussage.
b) Erläutere, welche Regeln sich aus diesem Text für gläubige Muslime ergeben.

4 Beschreibe den Tagesablauf eines Muslims in eigenen Worten.

5 Beschreibe M3. Wer nimmt an dem Gottesdienst teil, welche Gegenstände und Symbole siehst du?

Webcode: FG647255-217
Ausbreitung des Islam

Die Kreuzzüge

Wie kaum ein anderes historisches Ereignis stehen die Kreuzzüge für den Krieg der Religionen. Obwohl diese militärischen Auseinandersetzungen mit der christlichen Niederlage im Jahr 1291 vorläufig endeten, blieben Spannungen zwischen den beiden Religionen bestehen – bis in die heutige Zeit.
- ***Wie verliefen die Kreuzzüge?***
- ***Welche Motive hatten die Kreuzfahrer?***
- ***Wie begegneten sich die verschiedenen Kulturen?***

Der Verlauf der Kreuzzüge

Im Jahr 1095 rief Papst Urban II. die Christen zum ersten Kreuzzug (1096–1099) auf. Zur Begründung erklärte er, die christlichen Werte im Nahen Osten und Palästina vor den Muslimen schützen zu müssen. Der Papst reagierte damit vermutlich auf ein Hilfegesuch des byzantinischen Kaisers, der um militärischen Beistand gegen die türkischen Seldschuken gebeten hatte. Das vom Papst propagierte Ziel des Kreuzzuges sollte die Befreiung des Heiligen Grabes (Grab Christi) sein. Nach drei Jahren eroberte das christliche Kreuzfahrerheer im Juli 1099 schließlich Jerusalem. Diese Stadt ist für Christen, Juden und Muslime ein heiliger Ort, da alle drei Religionen das Wirken ihrer Heiligen eng mit Jerusalem verbinden. Deshalb war die Stadt seit jeher Ziel von Pilgerfahrten sowie vorrangiges Ziel des Ersten Kreuzzuges (1096 bis 1099). Bei der Eroberung Jerusalems richteten die Kreuzfahrer ein Blutbad unter der muslimischen, aber auch jüdischen Bevölkerung an. 88 Jahre blieb Jerusalem unter christlicher Herrschaft.

Kulturaustausch als Folge der Kreuzzüge

Die Kreuzfahrer gründeten im Verlauf des Ersten Kreuzzuges entlang der östlichen Mittelmeerküste vier sogenannte Kreuzfahrerstaaten: die Grafschaft Edessa, das Fürstentum Antiochia, die Grafschaft Tripolis und das Königreich Jerusalem. Diese Gebiete bildeten eine relativ sichere Reiseroute für christliche Pilger, aber auch für Soldaten, Kaufleute und Händler, die auf diesem Wege die Versorgung der Christen im Heiligen Land sicherten. In den Kreuzfahrerstaaten fand kultureller Austausch zwischen Abendland und Morgenland, zwischen Christen und Muslimen sowie weiteren Völkern und Religionen statt.

M 1

Buchmalerei zum Ersten Kreuzzug, um 1260/70

Aufruf Papst Urbans II. zum Ersten Kreuzzug, 1095

... Ihr Volk der Franken, ... kein Besitz, keine Haussorge soll euch fesseln. Denn dieses Land, in dem ihr wohnt, ist ... beängstigend dicht bevölkert. Es ... liefert seinen Bauern kaum die bloße Nahrung ... Tretet den Weg zum Heiligen Grab an, nehmt das Land dort dem gottlosen Volk, macht es euch untertan! ... Jerusalem ist der Mittelpunkt der Erde, das fruchtbarste aller Länder ... Diese Königsstadt ... erbittet und ersehnt Befreiung.

Nach: Arno Borst, Lebensformen im Mittelalter, Frankfurt a. M./Berlin (Ullstein) 1979, S. 318ff.

Der Chronist Wilhelm von Tyrus (ca. 1130–1185) berichtet über die Eroberung Jerusalems 1099:

Der größte Teil des Volkes hatte sich nach der Halle des Tempels geflüchtet ... Diese Flucht brachte ihnen aber keine Rettung, denn sogleich begab sich Herr Tankred mit einem großen Teil des Heeres dahin. Er brach mit Gewalt in den Tempel ein und machte Unzählige nieder. Er soll auch eine unermessliche Menge von Gold, Silber und Edelsteinen hinweggenommen, nachher jedoch, als der erste Tumult vorüber war, alles an den alten Platz zurückgebracht haben. Sofort gingen auch die übrigen Fürsten ... nach dem Tempel. Sie drangen mit einer Menge von Reitern und Fußgängern hinein, und stießen, ohne jemanden zu schonen, was sie fanden mit Schwertern nieder und erfüllten alles mit Blut. Es war dies ein gerechtes Urteil Gottes, dass die, welche das Heiligtum des Herrn mit ihren abergläubischen Bräuchen entweiht hatten, es mit ihrem eigenen Blut reinigten und den Frevel mit ihrem Tod sühnen mussten.

Wilhelm von Tyrus, Geschichte der Kreuzzüge und des Königreichs Jerusalem, übersetzt von Eduard und Rudolf Kausler, Stuttgart (Krabbe) 1840, 200ff.

Der arabische Geschichtsschreiber Ibn al-Atir (1160–1233) berichtet über die Eroberung Jerusalems 1099:

Die Franken wandten sich also gegen Jerusalem ... und nahmen sie [die Stadt] von der Nordseite, morgens am Freitag, dem 22. Sa´ban 492 [15. Juli 1099] ein. Die Einwohner wurden ans Schwert geliefert, und die Franken blieben eine Woche in der Stadt, während der sie die Einwohner mordeten. Eine Gruppe von diesen suchte Schutz in Davids Bethaus, verschanzte sich dort und leistete einige Tage Widerstand. Nachdem die Franken ihnen das Leben zugesichert hatten, ergaben sie sich; die Franken hielten den Vertrag, und sie zogen des Nachts in Richtung Askalon und setzten sich dort fest. In der al-Aqsa Moschee dagegen töteten die Franken mehr als siebzigtausend Muslime ... Aus dem Felsendom raubten die Franken mehr als vierzig [große] Silberleuchter, außerdem von den kleineren Leuchtern einhundertfünfzig silberne und mehr als zwanzig goldene, und andere unermessliche Beute.

Die Kreuzzüge aus arabischer Sicht. Aus den arabischen Quellen ausgewählt und übersetzt von Francesco Gabrieli, Zürich, München (dtv) 1973, S. 49f.

1 Recherchiere den weiteren Verlauf der Kreuzzüge und stelle ihn – zusammen mit dem ersten Kreuzzug – dar.
Tipp: Wähle die Form eines Fließdiagramms oder eines Zeitstrahls.

2 Beschreibe M1. Stelle Vermutungen an, um welche Szenen des Ersten Kreuzzuges es sich handeln könnte.

3 Erarbeite anhand von M3 und des Darstellungstextes die Motive für die Teilnahme an einem Kreuzzug.

4 **a) Partnerarbeit:** Erarbeitet die wichtigsten Aussagen von M3 und M4.
b) Vergleicht anschließend die Aussagen über die Einnahme Jerusalems anhand folgender Kriterien: Umgang mit der Jerusalemer Bevölkerung, Umgang mit Besitz- und Reichtümern in der Stadt, Gründe für das Vorgehen.
c) Beurteilt die Aussagen, indem ihr mithilfe von Textstellen zeigt, dass Wilhelm von Tyrus aus christlicher und Ibn al-Atir aus muslimischer Sicht schreibt.

5 Erörtere am Beispiel der Kreuzzüge die Leitfrage des Kapitels.

Zusatzaufgabe: siehe S. 288

Die Araber in Spanien – eine Zeit des Miteinanders?

Spanien und Sizilien befanden sich im Mittelalter unter muslimischer Herrschaft. Juden, Christen und Muslime lebten in engster Nachbarschaft. Die künstlerischen und architektonischen Meisterleistungen jener Zeit werden mit dem fruchtbaren Zusammenleben der Religionen, der „Convivencia", begründet.

- ***Wie gestaltete sich das Zusammenleben der Religionen?***

Die Araber als Eroberer

Im Jahre 711 überquerte ein arabisches Heer die Meerenge von Gibraltar und besiegte den Westgotenkönig Roderich in der Schlacht am Río Guadalete. Das christliche Spanien hatte plötzlich muslimische Herrscher, die Kalifenreiche errichteten (M1). Für die dort ebenfalls lebenden Juden brach jedoch eine bessere Zeit an. Unter den christlichen Herrschern war die jüdische Minderheit schlecht behandelt worden. So kam es zu Zwangstaufen und Versklavungen. Die Araber hingegen waren in religiösen Fragen toleranter. Sie hatten in kurzer Zeit riesige nichtmuslimische Gebiete erobert und waren in der Bevölkerungsminderheit. Um die Mehrheitsbevölkerung von der neuen Herrschaft zu überzeugen, gewährten sie religiöse Toleranz. Gegen die Zahlung einer hohen Kopfsteuer durften Christen und Juden unbehelligt ihre Religion weiter ausüben. Sie waren nun sogenannte „dhimi" (Schützlinge). Als „dhimi" konnten Juden und Christen jedoch keine politische Macht erlangen, besaßen weniger Rechte und es galt eine klare Trennung zwischen den Religionen. Für den Alltag konnte dies bedeuten, dass sie bestimmte Kleiderfarben nicht tragen durften, oder dass ihre Aussage vor Gericht nicht so viel galt. Dieses „dhimi"-Recht wurde aber nur Christen und Juden gewährt.

Zusammenleben in Al-Andalus

Bis ins 11. Jahrhundert gab es ein weitgehend ruhiges Zusammenleben zwischen den Religionen. Frieden herrschte oft auch mit den christlichen Nachbarstaaten. Es kam zu Handel und kulturellem Austausch. Dies ermöglichte den Kalifen von Córdoba, in Baukunst und Wissenschaften zu investieren. Die Kathedrale von Córdoba und die Alhambra von Granada bezeugen dies bis heute. Obwohl die drei Religionen die Menschen trennten, entstanden auch Gemeinsamkeiten. So setzte sich das Arabisch als Sprache der gesamten Bevölkerung durch. Am Hof der Kalifen dienten Christen und Juden gemeinsam als Diplomaten, Ärzte und Berater. Zwar lebten Christen, Muslime und Juden meist in unterschiedlichen Stadtteilen, dennoch dürften die Menschen sich im Alltag auf vielfache Weise begegnet sein. Mit der Zeit konvertierten immer mehr Christen zum Islam. Aus dem vormals christlichen Spanien entstand das arabisch-muslimische Al-Andalus.

Im 12. Jahrhundert begannen die arabischen Herrscher, Nichtmuslime anders zu behandeln. Dies lag daran, dass die neuen Kalifen nicht mehr aus Spanien kamen, und die Muslime mittlerweile in der Mehrheit waren. Zeitgleich griffen die christlichen Nachbarstaaten häufiger Al-Andalus an. In der Folge kam es zu Vertreibungen

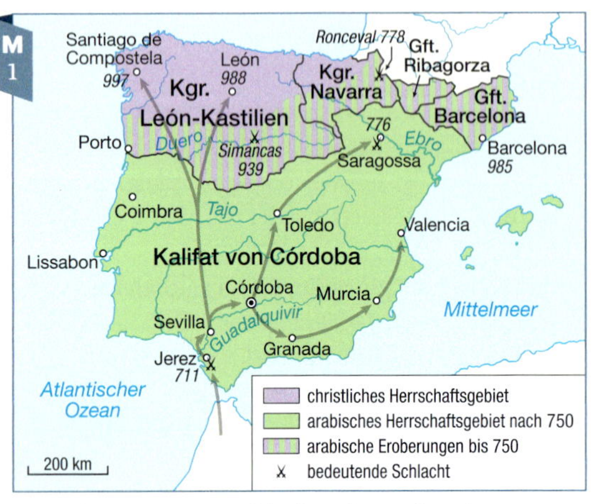

Arabische Eroberungen auf der Iberischen Halbinsel

Kommentar von al-Bāǧī (1013–1081), einem führenden Juristen des muslimischen Spaniens, über den Umgang mit Minderheiten: „Wenn ein Christ oder ein Jude niest und [darauf] Gott preist, [soll] man ihm nicht ‚möge Gott sich Deiner erbarmen' entgegenbringen, sondern, ‚möge Gott dich recht leiten und dich bessern', da die Sünde des Juden und Christen nicht vergessen sein wird, bis sie glauben."

Zit. nach Hanna Kassis, in: Juden, Christen und Muslime, Religionsdialoge im Mittelalter, Darmstadt (Wissenschaftliche Buchgesellschaft) 2004, S. 189.

von Christen. Auch viele Juden zogen nun freiwillig in den christlichen Norden. Dort wurden sie freudig aufgenommen.

Al-Andalus – Ort der kulturellen Blüte?

Neben Bauwerken wie der Moschee von Córdoba oder der Alhambra von Granada steht Al-Andalus auch für berühmte Ärzte, Wissenschaftler und Dichter. Grundlage hierfür waren zwei Faktoren: In Zeiten des Friedens waren die Herrscher von Al-Andalus große Förderer von Kultur und Wissenschaft. Gute Landwirtschaft und erfolgreicher Handel gaben ihnen hierfür das Geld. Zugleich hatten die Araber das Wissen antiker Autoren wie Aristoteles erhalten, indem sie deren Schriften ins Arabische übersetzten. Die Beschäftigung mit den Schriften führte zu weiteren Erkenntnissen in Astronomie, Mathematik, Optik und Medizin (M4). Da Christen und vor allem gebildete Juden in Al-Andalus Arabisch und Latein sprachen, entstanden hier Übersetzungen der wichtigsten antiken Autoren. Der permanente Austausch mit den Christen im Norden führte dazu, dass Westeuropa vom Wissen der Araber erfuhr. Wissbegierige Forscher reisten deshalb zum Studieren extra nach Al-Andalus. So gelangte das Wissen der Antike und das der Araber von Spanien nach Westeuropa.

M 3

Kuppel der Moschee von Córdoba, Foto, 2009. Nach der Zerstörung der christlichen Kirche in Córdoba erbauten die muslimischen Herrscher auf derselben Stelle von 784 bis ca. 988 eine Moschee. Sie war die Hauptmoschee von Al-Andalus und eine der größten weltweit.

M 5

Kuppel der Kirche innerhalb der Moschee von Córdoba, Foto, undatiert. Nach der Eroberung Córdobas 1236 durch die Christen bauten diese in die unzerstörte Moschee eine Kirche hinein. Heute ist sie eine Kathedrale und ein Museum.

M 4

Lehrbuch des Abu al-Qasim. Abu al-Qasim (936–1013, geb. nahe Córdoba) verfasste ein 30-bändiges Lehrbuch zur Medizin. Es wurde schnell ins Lateinische übersetzt und noch über Jahrhunderte an europäischen Universitäten zur Ausbildung der Studenten verwendet.

1 Beschreibe anhand der Karte (M1) die Ausdehnung der arabischen Herrschaft.

2 Erkläre, wie die Araber die eroberte Bevölkerung für sich gewinnen wollten. (Darstellungstext)

3 Beschreibt und vergleicht in Partnerarbeit den Baustil in M3 und M5.

4 Fasse M2 in eigenen Worten zusammen. Erkläre, warum die Quelle ein Beleg für die gesunkene Toleranz der Araber sein könnte.

5 Erörtere anhand des Darstellungstextes und der Materialien die Leitfrage.

Al-Andalus wird wieder christlich – eine Zeit des Gegeneinanders?

Die christlichen Reiche Spaniens beabsichtigten stets die Rückeroberung (Reconquista) des muslimischen Südens. Über 400 Jahre kämpften christliche Herrscher gegen die muslimische Herrschaft. Der erste große Sieg war die Eroberung der Stadt Toledo im Jahre 1085.

- ***Wie aber vollzog sich die Reconquista, und was geschah nach der Eroberung mit den Menschen in Toledo?***

Erfolge der Reconquista

Die Einnahme Toledos 1085 durch Alfons VI. (1037 bis 1109), König von Galicien, Léon und Kastilien, war von symbolischer Bedeutung für die Christen. Denn Toledo war die alte Hauptstadt des zerstörten Westgotenreiches. Alfons VI. wollte an dessen alte Größe erinnern und nannte sich deshalb „Imperator totius Hispaniae" (König ganz Spaniens). Tatsächlich war die Eroberung nur ein Anfang. Die muslimische Herrschaft war noch stark und die spanischen Königreiche zerstritten. Als die Päpste im 12. Jahrhundert jedoch zu Kreuzzügen nach Spanien aufriefen, änderte sich die Lage. Viele Kreuzritter (S. 218) unterstützten nun den Kampf, zudem entstanden besondere spanische Ritterorden, die sich nur der Reconquista widmeten. Mit der Vereinigung der Königreiche Kastilien und Aragón im 15. Jh. nahm die Macht der Christen dann weiter zu.

Was geschah 1085 in Toledo?

Alfons VI. hatte bei der Kapitulation der Stadt allen Muslimen und Juden freie Religionsausübung versprochen. Sie durften ihre Gebetshäuser ebenso behalten wie ihr Eigentum. Muslime und Juden wurden nicht mit Sondersteuern belegt. Wer nicht bleiben wollte, durfte ohne Gefahr in die muslimischen Gebiete abziehen. Diese Regeln konnte Alfons aber nicht lange beibehalten. Auf Drängen der Kirche und seines Adels änderte sich die Lage bald. Muslime und Juden sollten nach Möglichkeit verdrängt oder missioniert werden.

Die „Übersetzerschule" in Toledo – ein Symbol für ein religiöses Miteinander?

Während der gesamten Zeit der Reconquista war die religiöse Toleranz christlicher Herrscher von ihrer politischen und wirtschaftlichen Stärke abhängig. Gab es genug christliche Siedler und Verwaltungsbeamte, war man auf muslimische Bauern oder jüdische Berater weniger angewiesen. Eine strengere Haltung gegenüber Juden und Muslimen war die Folge. Hierzu zählten besondere Abgaben, Verbote für bestimmte Tätigkeiten und der Versuch der Missionierung. Im Jahre 1492 wurden schließlich alle Juden vertrieben, ein ähnliches Schicksal ereilte auch die Muslime. Dennoch wird Toledo bis heute als Ort der Toleranz unter christlicher Herrschaft bezeichnet. Dies liegt an der sogenannten „Übersetzerschule". Im muslimischen Toledo lagerten hunderte von antiken und arabischen Schriften. Als die Christen die Stadt übernahmen, ließen sie diese übersetzen. Da-

M 1

Muslimische Herrschaft auf der Iberischen Halbinsel Ende des 14. Jh.

M 2

Hermann von Carinthia (12. Jh.). Hermann von Carinthia übersetzte jüdische und arabische Werke zur Astronomie und war an der Übersetzung des Koran in Toledo beteiligt.

bei arbeitete häufig ein Arabisch sprechender Jude mit einem Lateinisch sprechenden christlichen Gelehrten zusammen. Der Jude übersetzte in die damalige Umgangssprache und von da aus übersetzte der Christ ins Lateinische. Auf diese Weise entstand 1143 in Toledo auch die erste Übersetzung des Korans ins Lateinische. Reicht dies, um von Toleranz zu sprechen?

Alfons X., König von Kastilien (1221–1284)

An Alfons' Hof in Toledo lebten trotz anderer offizieller Regeln jüdische Mediziner, Juristen und Philosophen. Der König wollte auf ihr Wissen nicht verzichten. Während es für den einfachen Bürger verboten war, Medizin von einem Juden anzunehmen, hatte der König einen jüdischen Leibarzt. An Alfons Hof entstanden viele Übersetzungen arabisch-islamischer Dichtungen und Bücher. So wurde z. B. auch ein Buch über das von den Arabern gespielte Schach übersetzt.

Alvaros von Córdoba (800–861) schrieb über die Folgen muslimischer Herrschaft:

„Die Christen erfreuen sich an den Gedichten und Erzählungen der Araber ... Sie studieren die arabischen Theologen und Philosophen, nicht um sie zu widerlegen, sondern um sich im korrekten und eleganten Arabisch zu üben. Dafür vernachlässigen sie die Lektüre der heiligen Schrift. Welcher Laie liest heute noch die lateinischen Kommentare zu den heiligen Schriften ...? Ach, alle talentierten, gebildeten jungen Christen lesen, studieren und diskutieren enthusiastisch arabische Bücher ... Überschwänglich loben sie alles Arabische, doch von der Schönheit der Kirche und ihrer Schriften wissen sie nichts ... Welcher Schmerz! Die Christen kennen ihre eigene Sprache nicht mehr ...

Zit. nach Maria Rosa Menacal, Die Palme im Westen. Muslime, Juden und Christen im alten Andalusien, Berlin (Kindler) 2003, S. 88.

Ein muslimischer Bewohner Kastiliens übersetzte 1408 den Koran ins Kastilische und schrieb dazu:

Die Mauren von Kastilien haben wegen der großen Unterwerfung, des großen Drucks, der vielen Tribute, Strapazen und Zwangsarbeit ihren Reichtum und ihre arabischen Schulen verloren und deswegen war es notwendig, unser heiliges Gesetz ins Romanische [Kastilische] zu übersetzen.

Zit. nach Aline Dias da Silveira, Die Maurenbilder im Werk Alfons' X. von Kastilien, Berlin (Diss.) 2007, S. 273.

In Alfons Rechtsbuch „Siete Partidas", welches für sein Königreich gelten sollte, heißt es über die Mauren (Muslime in Spanien) und Juden (13. Jh.):

Mauren sind eine Art von Menschen, die daran glauben, dass Mohammed Prophet und Bote Gottes war. Und weil seine Werke und Taten keine so große Heiligkeit zeigen, dass er einen heiligen Stand erreichen könnte, ist sein Gesetz wie Schimpf gegen Gott. Also, da wir im vorhergehenden Kapitel von den Juden und ihrer blinden Hartnäckigkeit sprachen, die sie gegen den wahren Glauben haben, wollen wir hier von den Mauren und der Dummheit, an die sie glauben, sprechen.

Zit. nach Aline Dias da Silveira, Die Maurenbilder im Werk Alfons' X. von Kastilien, Berlin (Diss.) 2007, S. 135.

1 Erkläre anhand von M1, warum die Macht der Christen mit der Vereinigung von Kastilien und Aragón zunahm.
2 Analysiert arbeitsteilig M3 und M4 im Hinblick auf die Folgen für die religiösen Minderheiten.
3 Arbeite aus dem Darstellungstext die Gründe für den Erfolg der Reconquista heraus.
4 Nenne Faktoren, welche die Toleranz der christlichen Herrscher beeinflussten.
5 Untersuche M5 mit Blick auf die Haltung der Christen gegenüber den anderen Religionen.
6 **Wähle eine Aufgabe aus:**
a) Beurteile, inwiefern die „Übersetzerschule" von Toledo ein Zeugnis für Toleranz sein könnte (M2).
b) Erörtere die Leitfrage auf dieser Seite.

Die Furcht vor den Osmanen – War sie berechtigt?

Während die spanischen Könige im 15. Jahrhundert das Land von maurischer Herrschaft fast befreit hatten (Reconquista), begannen die Osmanen, seit 1389 Südosteuropa zu erobern. Im Jahre 1529 stand das Heer von Sultan Suleiman II. vor den Toren Wiens. Wie die christlichen Länder Europas reagierten und warum die Osmanen so erfolgreich waren, erfährst du auf dieser Doppelseite.

Reaktionen auf die Erfolge der Osmanen

Die schnelle Eroberung des Balkans durch die osmanischen Heere versetzte die Herrscher Mitteleuropas in große Aufregung. Besonders besorgt war Kaiser Karl V., seit 1519 König des Heiligen Römischen Reiches Deutscher Nation (seit 1520 auch Kaiser). Seine Familie, die Habsburger*, beanspruchte das von den Osmanen eroberte Ungarn für sein Reich. Und nun belagerten die Osmanen 1529 die Hauptstadt Wien. Aber nicht nur die Fürsten waren in großer Sorge, auch Kirche und Papst. Denn mit der Eroberung des Balkans rückte auch der Islam nach Mitteleuropa vor. Insbesondere der Papst sah die Macht der Kirche bedroht. Wie sollte man den siegreichen Osmanen begegnen? Im Jahr 1456 verordnete der Papst, dass zur Erinnerung an die osmanische Bedrohung jede Kirche zur Mittagszeit läuten solle. Die Gläubigen sollten innehalten und für einen Sieg gegen die Türken beten. Dieses Läuten wurde einige hundert Jahre beibehalten und als „Türkenläuten" bezeichnet. Sogenannte „Türkenglocken" gibt es in manchen Kirchen noch immer. In den Kirchen wurden Predigten gehalten, und von den schlimmen Grausamkeiten der Türken berichtet: Türken würden Kinder aufspießen und alle Gegner brutal ermorden oder sie als Sklaven entführen. Diese auch bewusst erfundenen Geschichten wurden durch den Buchdruck in Europa schnell verbreitet. Für den Reformator Martin Luther (S. 54, 56) und den Papst war der Erfolg der Türken eine Strafe Gottes für das sündhafte Leben vieler Christen. Sie forderten die Gläubigen zu Buße und christlicher Demut auf. Sollten sie ihr Leben nicht ändern, würden die Türken womöglich siegen und alle Christen töten. Die weltlichen Herrscher versuchten hingegen, die Osmanen militärisch zu besiegen. Um mögliche Kriege zu finanzieren, wurde die „Reichstürkensteuer" erhoben. Jede Person über 15 Jahre musste diese zahlen. Militärische Siege gegen die Osmanen gab es jedoch kaum: Selten waren sich die christlichen Reiche einig und kämpften gemeinsam gegen die Osmanen. Bald verhandelte man deshalb mit ihnen und schloss sogar Bündnisse.

Was machte die Osmanen so erfolgreich?

Die schnellen Erfolge der Osmanen und die Furcht der Fürsten und des Klerus lassen sich nicht nur mit den militärischen Fähigkeiten der Osmanen erklären. Auch ein Blick auf die osmanische Gesellschaft und Kultur sowie den Umgang der Osmanen mit den Menschen in den eroberten Gebieten lohnt sich. Die Sultane lehnten es ab, den Menschen den Islam aufzuzwingen. Tatsächlich konnten die eroberten Völker Sprache und Religion beibehalten und ungestört leben. Ein Übertritt zum Islam war auf freiwilliger Basis möglich. Ähnlich wie bei den Arabern in Spanien (S. 220) mussten Nichtmuslime aber eine zusätzliche Kopfsteuer zahlen. Im Osmanischen Reich gab es keinen Erbadel. Ein sozialer Aufstieg stand deshalb allen offen, die Talente und Fähigkeiten besaßen. Das meiste Land gehörte im Osmanischen Reich dem Staat. Dieser achtete darauf, die Bauern nicht zu stark zu belasten. Fronarbeit wie in den christlichen Ländern gab es nicht. Dies waren Gründe, warum zur Zeit der „Türkenkriege" nicht wenige christliche Bauern auf den osmanischen Balkan flüchteten.

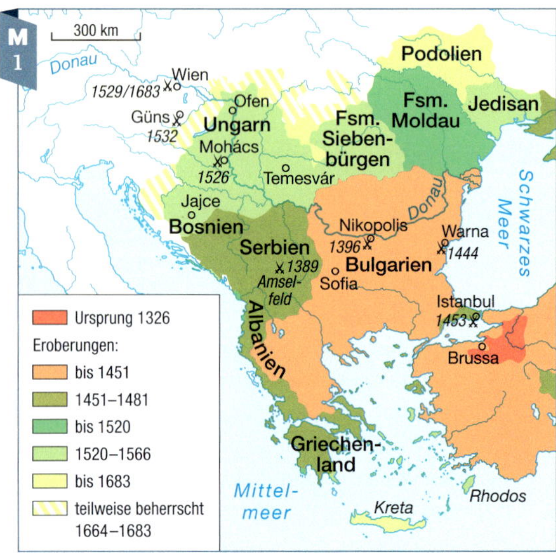

Vordringen der Osmanen in Südwesteuropa

Aufruf an die Bevölkerung im Türkenkrieg

„(...)Was ermord't nicht ist und todt,
Schleppen sie hin weg in Ketten
Schonen nicht das letzte Gut,
Davor kann sie nichts erretten.
Diese Räuber schänden Weiber,
schneiden ihnen auf die Leiber,
Schlachten Greis und Kinder hin,
Mit boshaftem Teufelssinn.
O ihr deutsche Helden wert,
Könnet ihr das Elend schauen?
Eilet, eilet, nehmt das Schwert,
Auf den Bluthund einzuhauen!"

Zit. nach Bertrand Michael Buchmann, Türkenlieder. Zu den Türkenkriegen und besonders zur zweiten Wiener Türkenbelagerung, Wien (Böhlau) 1983, S. 37.

Flugblatt des deutschen Buchdruckers Hans Guldenmundt, 16. Jh.
Türkischer Reiter mit aufgespießtem Kind

Konstantin von Ostrovica „Über die Christen, die unter den Türken sind", Ende des 15. Jh.

Wenn das Heer des Sultans ihre Länder durchquert, darf niemand durch die Saat[1] fahren noch sonst irgendeinen Schaden anrichten. Niemand darf sich etwas mit Gewalt aneignen, und sei es selbst so wenig, dass es nicht einmal einen Pfennig wert wäre. Die türkischen Herren haben ein Auge darauf und sehen es einander nicht nach, denn sie wollen nicht, dass den Armen Schaden zugefügt werde, sei er Heide oder Christ. Wenn einer eine Henne nimmt, ohne zu danken, zahlt er mit seiner Gurgel. Der Sultan wünscht, daß die Armen in Frieden leben.

Zit. nach Renate Lachmann, Memoiren eines Janitscharen oder Türkische Chronik, Paderborn (Schöningh) 2010, S. 144f.

[1] *Bezeichnung für Feld oder Ernte*

1 Beschreibe anhand der Karte M1 das Vordringen der Osmanen nach Europa.

2 Erläutere anhand des Darstellungstextes, mit welchen Mitteln die Europäer die Osmanen bekämpfen wollten.

3 **a)** Beschreibe M2.
b) Erkläre die Wirkung des Bildes auf die Bevölkerung.

4 **a)** Fasse M3 mit eigenen Worten zusammen.
b) Erläutere Wirkung und Ziel des Aufrufs.

5 Erkläre anhand von M4 die Haltung des Sultans gegenüber den Christen und der armen Bevölkerung.

6 **Partnerarbeit:** Diskutiert nun die Leitfrage, indem ihr mithilfe des Darstellungstextes und der Materialien (M4) Argumente in einer Tabelle sammelt.

berechtigte Angst	*unberechtigte Angst*

7 Diskutiere die Behauptung: Die Angst in der christlichen Bevölkerung nutzte der Kirche und den Fürsten.

8 **Internetrecherche:**
a) Recherchiere, was die Janitscharen waren (**Webcode**).
b) Unternimm die Themenreise „Istanbul" (**Webcode**).

Webcode: FG G47255-225
Janitscharen und Themenreise Istanbul

Welche Folgen hatte die Reformation für die Juden?

Im 15. Jahrhundert – also noch vor der Reformation – wurden viele jüdische Gemeinden aus Deutschland vertrieben. Bettelmönche und die Zünfte hatten aus religiösen und wirtschaftlichen Motiven die Vertreibungen unterstützt. Über 90 % der verbliebenen jüdischen Bevölkerung lebten nun auf dem Land. Nur in wenigen Reichsstädten, wie z. B. Frankfurt am Main, gab es noch größere Gemeinden. Du erfährst, wie die Reformation die bereits schwierige Situation der Juden veränderte.

Martin Luther und die Juden

Der Reformator Martin Luther ist Juden selbst kaum begegnet. An den wichtigsten Stätten seines Lebens in Wittenberg und Erfurt existierten keine jüdischen Gemeinden. Dennoch gab es auch dort weitverbreitete antijüdische Einstellungen, was die Darstellung der „Judensau" (M1) an der Stadtkirche von Wittenberg bezeugt. Martin Luther war wie viele seiner Zeitgenossen der Meinung, dass das Judentum die „falsche" Religion sei und durch das später offenbarte Christentum ersetzt werden müsse. Zugleich teilte er die Auffassung, dass die Juden für die Kreuzigung Jesu verantwortlich seien. Zu Beginn der Reformation war Martin Luther der Auffassung, die Juden würden sich zu seinem neuen Glauben bekehren lassen. Er hoffte, durch seine Erneuerung der katholischen Kirche (S. 54–57) könnte er die Juden zu einem Wechsel bewegen. Als die Juden jedoch nicht zum Protestantismus konvertierten, war er enttäuscht. 1543 veröffentlichte er seine Schrift „Von den Juden und Ihren Lügen" (M2). Dieses Buch wurde auch nach seinem Tod immer wieder gedruckt und bei Vertreibungen von Juden als Rechtfertigung verwendet.

Die erstarkenden Landesherren und die Hofjuden

Die Auseinandersetzungen zwischen den Reichsfürsten und dem Kaiser während der Reformation brachten politische Veränderungen mit sich. Die Landesherren gewannen das Recht, in ihrem Territorium den Umgang mit den Religionen selbst zu bestimmen. Dies galt auch für die Juden, welche bisher unter dem alleinigen Schutz des Kaisers standen. Die Fürsten der Frühen Neuzeit wollten vor allem ihre Macht und ihr Ansehen stärken. Hierfür war eine starke Wirtschaft, vor allem aber eine prachtvolle Hofhaltung wichtig. Das kostete Geld; dafür brauchte der Landesherr hohe Steuereinnahmen. Wenn die Ansiedlung von Juden diesen Zielen dienlich war, ließen die Fürsten diese Minderheit in ihr Land. Sie bestimmten ohne die Mitsprache der Stände, wie vielen Juden sie eine Ansiedlung erlaubten und wie hoch deren Steuern ausfielen.

Anfangs zahlte jede mit einem „Schutzbrief" ausgestattete jüdische Familie die Steuern direkt an den Fürsten. Weil dies auf Dauer zu aufwändig war, bestimmte der Fürst einen Juden aus der Gemeinde, der für ihn alle Steuern einnahm. Diese Vertrauensperson des Fürsten konnte ein sogenannter Hofjude sein. Er beriet den Fürsten oft in finanziellen Angelegenheiten, gab häufig Kredite und sorgte für die Belieferung des Hofes mit Luxusgütern oder Kriegsgerät.

Die besondere Beziehung zwischen dem Fürsten und seinem Hofjuden brachte Vor- und Nachteile. Manchmal wurden für die jüdische Gemeinde mehr Rechte und Sicherheiten erreicht. Der Hofjude jedoch war stets vom Bankrott bedroht. Die Rechtlosigkeit der Juden bot keine Chance, gegen einen Fürsten die Rückzahlung von Schulden zu erstreiten. Zudem stellten die Hofjuden eine privilegierte und sehr kleine Minderheit unter den Juden dar.

M1

Relief „Judensau" an der Stadtkirche in Wittenberg als Verhöhnung, weil im Judentum das Schwein als unrein gilt. Daher essen Juden kein Schweinefleisch.

Martin Luther „Von den Juden und Ihren Lügen", 1543

... Ich will meinen treuen Rat geben:
Erstens, dass man ihre Synagogen oder Schulen mit Feuer anstecke und was nicht verbrennt, mit Erde überhäufe und verschütte, damit auf ewig kein Mensch einen Stein oder Schlacke davon sehe. Und das soll man unserm Herrn und der Christenheit zu Ehren tun, damit Gott sehe, dass wir Christen sind und solches öffentliches Lügen, Fluchen und Lästern seines Sohnes und seiner Christen nicht wissentlich geduldet oder bewilligt haben ...
Zum andern, dass man ihre Häuser ebenfalls zerbreche und zerstöre ...
Zum Vierten, dass man ihren Rabbinern bei Leib und Leben verbiete, künftig zu lehren ...
Zum Fünften, dass man für die Juden das Geleit und Straße ganz und gar untersage, denn sie haben nichts auf dem Lande zu schaffen, weil sie nicht Herren noch Amtleute noch Händler oder dergleichen sind ...

Zit. nach Markus Sasse, Martin Luther und die Juden, Arbeitshilfen für den Evangelischen Religionsunterricht an Gymnasien, Speyer 2015, S. 21 f.

Aus der Urkunde der Wiener Hofkammer über die Wiederaufnahme von Juden, 1673

Aus Wien seien die Juden vor einigen Jahren wegen begangener Missetaten ausgewiesen worden, ein Teil dieser Verbrechen habe sich nachweisen lassen, viele wären aber vielleicht nur ungerechtfertigte Verleumdungen gewesen. Man habe die Juden seit alten Zeiten häufig beschuldigt, Christenblut gebraucht und die Brunnen vergiftet zu haben, niemals aber hätte sich ein Beweis hiefür erbringen lassen ... Übrigens hätten auch nach dem Abzug der Juden aus Wien die Verbrechen in der Stadt nicht abgenommen ... Für die Wiederaufnahme der Juden spreche vor allem das finanzielle Moment.
Die Wiener Juden hätten jährlich 10 000, in den letzten Jahren sogar 12 000 fl. [= Gulden] ins Proviantamt gezahlt; diese Steuer hätten zwar beim Abzug der Juden die Bürger zu entrichten übernommen, man höre aber einerseits fortwährende Klagen über versäumte Zahlungstermine, andererseits sei diese Gebühr eine schwere Last für die armen Bürger, da alles auf die Häuser und deren Einwohner geschlagen werde ... Es sei eine allgemeine staatsmännische Lehre, dass der Wohlstand eines Landes mit der Vermehrung seiner Bevölkerung wachse, weil, je mehr Einwohner ein Staat habe, eine desto kleinere Steuerquote auf den einzelnen entfalle. Es sei unleugbar, dass, als die Juden noch im Lande waren, ... mehr Geld ins Land gekommen sei, der gemeine Mann daher leichter die Steuern zahlen konnte ...

Zit. nach A.F. Pribam (Hg.), Urkunden und Akten zur Geschichte der Juden in Wien, Erste Abteilung, allgemeiner Teil 1526–1847 (1849), 1. Bd. Wien, Leipzig (Braumüller) 1918, S. 257–259.

Der kaiserliche Hofjude Samuel Oppenheimer (1635–1714) aus Wien. Im Vordergrund Waren, mit denen Oppenheimer gehandelt hat.

1 a) Fasse die „Ratschläge" Luthers im Umgang mit den Juden in eigenen Worten zusammen (M2).
b) Beurteile Luthers Haltung. Berücksichtige auch den Darstellungstext.

2 Wähle eine Aufgabe aus:
Erarbeite die Gründe für die Wiederaufnahme der Juden durch die Fürsten infolge der Reformation anhand:
a) des Darstellungstextes,
b) von M3, M4.

3 Erörtere auf der Grundlage deiner Arbeitsergebnisse, ob die Reformation die Lebenssituation der Juden in der Frühen Neuzeit verbessert hat.
Tipp: Nutze auch die Themenseite S. 56f.

Juden im 19. Jahrhundert – Gleichstellung oder Diskriminierung?

Bis zum Beginn des 19. Jahrhunderts besaßen Juden in Europa nicht die gleichen Rechte wie die anderen Bürger. Erste Ideen für eine Änderung dieser Situation kamen durch die Französische Revolution. In Preußen setzte die staatliche Anerkennung der Juden als gleichberechtigte Bürger während der Befreiungskriege gegen Napoleon ein.

In der Geschichte der europäischen Juden waren Revolutionen wichtige Einschnitte. Sie hatten sowohl Emanzipation* als auch antijüdische Ausschreitungen zur Folge. Die Französische Revolution (S. 118f.) markierte den Beginn der rechtlichen Gleichstellung: 1791 verabschiedete die Nationalversammlung ein Gesetz, das erstmals die Gleichstellung der Juden in einem christlichen Staat festlegte. Das hatte Signalwirkung für ganz Europa. In Preußen wurde über einen neuen Umgang mit den Juden diskutiert, als Regierung und König nach der Niederlage gegen Napoleon 1806 ein umfangreiches Reformprogramm einleiteten (S. 130). Dazu zählte auch das Emanzipationsedikt des preußischen Königs von 1812. Die Verordnung diente nicht nur der sozialen, wirtschaftlichen und kulturellen Integration, sondern es sollte die Juden auch für den Krieg gegen Napoleon motivieren. Das Edikt galt nicht in allen Teilen Preußens; eine rechtliche Vereinheitlichung wurde erst 1847 vorgenommen.

Edikt betreffend die bürgerlichen Verhältnisse in dem preußischen Staate, 11.03.1812:
Wir Friedrich Wilhelm, von Gottes Gnaden, König in Preußen ..., haben beschlossen, den jüdischen Glaubensgenossen in Unserer Monarchie eine neue, der allgemeinen Wohlfahrt angemessene Verfassung zu erteilen, ... und verordnen wie folgt:

§ 1. Die in Unsern Staaten jetzt wohnhaften, mit ... Schutzbriefen ... versehenen Juden und deren Familien sind für Inländer und Preußische Staatsbürger zu achten.

§ 2. Die Fortdauer dieser ihnen beigelegten Eigenschaft als Inländer und Staatsbürger wird aber nur unter der Verpflichtung gestattet:
– dass sie fest bestimmte Familiennamen führen, und
– dass sie nicht nur bei Führung ihrer Handelsbücher, sondern auch bei Abfassung ihrer Verträge ... der deutschen oder einer andern lebenden Sprache ... sich bedienen sollen.

§ 3. Binnen sechs Monaten, von dem Tage der Publikation dieses Edikts an gerechnet, muss ein jeder geschützte ... Jude vor der Obrigkeit seines Wohnorts sich erklären, welchen Familiennamen er beständig führen will ...

§ 7. Die für Inländer zu achtenden Juden hingegen sollen, insofern diese Verordnung nichts Abweichendes enthält, gleiche bürgerliche Rechte und Freiheiten mit den Christen genießen.

§ 8. Sie können daher akademische Lehr- und Schul-, auch Gemeindeämter, zu welchen sie sich geschickt gemacht haben, verwalten.

§ 9. Inwiefern die Juden zu andern öffentlichen ... Staatsämtern zugelassen werden können, behalten Wir Uns vor, in der Folge der Zeit, gesetzlich zu bestimmen.

§ 10. Es stehet ihnen frei, in Städten sowohl, als auf dem platten Lande sich niederzulassen.

§ 11. Sie können Grundstücke jeder Art gleich den christlichen Einwohnern erwerben auch alle erlaubten Gewerbe mit Beobachtung der allgemeinen gesetzlichen Vorschriften treiben.

(gez.) Friedrich Wilhelm. Hardenberg. Kircheisen

Zit. nach Julius Höxter, Quellenbuch zur jüdischen Geschichte und Literatur, V. Teil, Frankfurt (J.Kauffmann) 1930, S. 21–23. Bearb. v. Verf.

Beschwerdebrief von Rudolf Goetze über die Namensänderung Emil Schmuls zu Emil Goetze, 5.10.1893:

„Der Name Götze ist ein gutdeutscher christlicher Name. Jedem rechtschaffenen christlichen Deutschen gilt sein geachteter Name als Ehrenschild der Familie; er erachtet denselben als sein ererbtes Eigenthum und es ist ihm unverständlich, dass einerseits Jemand [seinen bisherigen = Emil Schmul] ... Namen ablegen wolle und dass andererseits gerade sein Name [Goetze] diesem zuerkannt werden könne zu dem ausgesprochenen Zwecke, die jüdische Abkunft zu verdecken und dem Geschäfte damit aufzuhelfen"

Zit. nach Dietz Bering, Der Name als Stigma. Antisemitismus im deutschen Alltag 1812–1933, 2. Aufl., Stuttgart (Klett-Cotta) 1988, S. 130.

Johann Jacoby, Arzt und Politiker (1805–1877), an Jakob Jacobson (1807–1858), Königsberg, 10. Juli 1832:

Der Gedanke: Du bist ein Jude! Ist eben der Quälgeist, der jede wahre Freude lähmt, jedes sorglose Sichgehenlassen gewaltsam niederdrückt! Durch die Staatsgesetze von äußeren Ehren und so vielen Rechten ausgeschlossen, in der Meinung seiner christlichen Mitbürger niedriger gestellt, fühlt der Jude sich durch fremde Überhebung gedemütigt ... [Wir sehen uns] von allen Ehrenstellen, Staatsämtern, selbst von Lehrstühlen ausgeschlossen; nicht einmal Offizier, Torschreiber, Feldmesser, Apotheker, ... kann der Jude werden. Überall wird er in der Entwicklung seiner Fähigkeiten gehemmt, im ungestörten Genuss der Menschen- und Bürgerrechte gekränkt ...

Edmund Silberner (Hg.), Johann Jacoby Briefwechsel: 1816–1849, Hannover 1974, S. 37ff. Zit. nach: Deutsch-Jüdische Geschichte. Quellen zur Geschichte und Politik, Stuttgart 2007 (Klett), S. 61, Bearb. v. Verf.

M 4

„Die Rückkehr des Freiwilligen aus den Befreiungskriegen zu den nach alter Sitte lebenden Seinen", Ölgemälde von Moritz Daniel Oppenheim, ca. 1833. Viele Juden hofften durch die Teilnahme an den Befreiungskriegen 1813–1815 auf ihre gleichwertige Anerkennung durch die christliche Mehrheitsgesellschaft.

1 Arbeite aus M1 heraus, unter welchen Bedingungen Juden das Bürgerrecht erhalten sollten.

2 Erstelle ausgehend von den Bestimmungen eine Übersicht über die bisherigen Beschränkungen des Lebens der Juden.

3 **Wähle eine Aufgabe aus:**

a) Verfasse nach dem Lesen von M1 kleine Tagebuchnotizen aus der Perspektive eines jüdischen Schülers in Preußen.

b) Verfasse aus der Sicht von Emil Schmul ein Antwortschreiben an Rudolf Goetze (M2).

4 **a)** Analysiere M3 im Hinblick auf die Kritik des Autors.

b) Überprüfe seine Kritik mithilfe von M1.

Zusatzaufgabe: siehe S. 289

0 | 200 | 400 | 600 | 800 | 1000

ca. 30 Kreuzigung Jesu

622 Auswanderung Mohammeds von Mekka nach Medina (Hidschra), Beginn islamischer Zeitrechnung

711 Araber erobern das Westgotenreich in Spanien

1099 Eroberung Jerusalems im 1. Kreuzzug

Juden, Christen, Muslime

Die Entstehung von Judentum, Christentum und Islam

Von den mehr als 7 Milliarden Menschen weltweit (2016) gehören etwa 4 Milliarden einer dieser drei Religionen an. Während sich jedoch Christentum, Judentum und Islam, gemessen an der Zahl ihrer Glaubensanhänger, stark unterscheiden (ca. 2,2 Mrd. Christen, 1,6 Mrd. Muslime, 15 Mio. Juden), verbindet die drei Religionen dennoch eine mehr als tausendjährige gemeinsame Geschichte. Die ältesten Belege finden sich für das Judentum, dessen Ursprünge über 3000 Jahre zurückliegen. Aus dem Judentum gingen im Jahr null unserer Zeitrechnung das Christentum und im Jahr 622 der Islam hervor. Den Großteil der Informationen über die Entstehungsgeschichten und Glaubensinhalte der drei Religionen beziehen wir aus ihren Heiligen Schriften. Die wichtigsten Gebote und Verbote sowie die sich daraus ergebenden Regeln für das alltägliche Leben der Gläubigen sind für Juden in der Tora, für Christen in der Bibel und für Muslime im Koran festgehalten.

Abgrenzung gegenüber anderen Religionen

Die Schriftlichkeit unterschied das Judentum und das Christentum von den in der Antike weitverbreiteten Religionen der Griechen und Römer, die zudem an eine Vielzahl von Göttern glaubten. Der Glaube an nur einen Gott (Monotheismus) sowie der Anspruch der Juden und Christen, allein den einzig wahren Gott zu verehren, sorgte für Spannungen zwischen den Anhängern der verschiedenen Religionen. Trotz anfänglicher Verfolgungen von Christen durch die Römer konnte sich der christliche Glaube gegenüber den polytheistischen Religionen (Glaube an mehrere Götter) des Römischen Reiches durchsetzen und wurde, auch durch umfassende Missionierungen (Bekehrungen), unter Kaiser Theodosius 380 n. Chr. sogar römische Staatsreligion.

Islamische Expansion und friedliches Zusammenleben in Al-Andalus

Während im Judentum keine Missionierungen vorgesehen sind, verbreiteten arabische Stämme seit der Mitte des 7. Jahrhunderts n. Chr. den Islam über weite Teile Nordafrikas, Vorderasiens (Naher Osten) und sogar bis auf die Iberische Halbinsel. In den dort von arabischen Herrschern errichteten Kalifaten kam es erstmals zu einem langfristigen Kulturkontakt zwischen Muslimen und Christen. Dieses Beispiel von Al-Andalus zeigt, dass Juden, Christen und Muslime schon im frühen Mittelalter nicht immer nur nebeneinander oder gar in Feindschaft lebten, sondern in einigen Fällen auch voneinander profitieren konnten. So gelangten viele bedeutende wissenschaftliche und medizinische Erkenntnisse erst durch den regen Austausch mit arabischen Gelehrten in das christliche Nordeuropa. Wie sehr die verschiedenen Kulturen einander prägten, ist noch heute vielerorts in künstlerischen und architektonischen Zeugnissen deutlich zu erkennen.

Reconquista und Kreuzzüge

Trotz der teils friedlichen Beziehungen zwischen Christen und Muslimen in Al-Andalus endeten nicht die Bemühungen der christlichen Herrscher, die Gebiete im

1200 | 1400 | 1600 | 1800 | 2000

1143 Toledo: erste Koranübersetzung ins Lateinische

1453 Konstantinopel wird durch die Osmanen erobert

1492 Granada fällt (als letztes arabisches Emirat) an Spanien, Ende der Reconquista

1543 antijüdische Hetze durch Martin Luther

1683 zweite erfolglose Belagerung Wiens duch die Osmanen

1791 die französische Nationalversammlung verabschiedet ein Gesetz zur Gleichstellung der Juden

1871 vollständige Gleichstellung der Juden im Deutschen Reich

heutigen Spanien und Portugal wieder zurückzuerobern (Reconquista). Zu diesen militärischen Vorstößen gegen die von Muslimen gehaltenen Gebiete hatte das Papsttum aufgerufen. Im Jahr 1095 richtete der Aufruf Papst Urbans II. zum Kreuzzug das Interesse auf einen anderen, sowohl Juden als auch Christen und Muslimen heiligen Ort – Jerusalem. Bis zum Ende des 13. Jahrhunderts erstreckten sich die zahlreichen militärischen Auseinandersetzungen zwischen christlichen und muslimischen Heeren. Lange galten die Kreuzzüge als bewaffnete Pilgerfahrten für den Glauben – tatsächlich hatten die meisten Feldzüge jedoch auch machtpolitische und wirtschaftliche Gründe. Durch das Zusammenleben von Muslimen und Christen in den von diesen gegründeten Kreuzfahrerstaaten kam es selbst in dieser eher konfliktreichen Zeit zu einem Austausch zwischen den Kulturen.

Die Türken belagern Wien

Zu einer weiteren Begegnung zwischen Morgenland und Abendland kam es, als die Osmanen im Jahr 1529 vor Wien standen. Sie hatten viele militärische Erfolge erringen können und drohten nun, weiter Richtung Nordeuropa vorzudringen und das christliche Abendland gänzlich zu erobern. Allerdings erkannten viele christliche Bauern, dass es ihnen unter osmanischer Herrschaft besser gehen könnte als unter ihren christlichen Herren. Frondienste waren im Osmanischen Reich nicht bekannt und deshalb zogen viele christliche Bauern während der „Türkenkriege“ in osmanisches Gebiet. Die christlichen Herrscher und auch die Kirche konnten trotz der kritischen Lage einen Nutzen aus der Bedrohung durch die Osmanen ziehen. Die Angst der Bevölkerung ließ sich gut ausnutzen, um höhere Steuern zu erheben oder die Menschen stärker an die Kirche zu binden.

Reformation, Martin Luther und die Juden

Die Kirche erfuhr mit der Reformation zu Beginn des 16. Jahrhunderts eine große Veränderung. Daraus ergaben sich auch schwerwiegende Folgen für die jüdischen Gemeinden. Nach erfolglosen Versuchen, die Juden zum Protestantismus zu bekehren, verfasste der Reformator Martin Luther die Schrift „Von den Juden und Ihren Lügen“. Darin wurden alte Klischees und Verleumdungen gegen Juden aufgegriffen und durch den neuentwickelten Buchdruck schnell verbreitet. Derartige Vorurteile und Anfeindungen drängten die Juden in Deutschland an eine gesellschaftliche Randposition. Erst im 19. Jahrhundert kamen wieder vereinzelt Bestrebungen auf, die Gleichberechtigung der Juden zu fordern und sie in die Gesellschaft zu integrieren.

Die Situation heute

Sowohl auf Seiten der Christen als auch der Juden und Muslime gab es schon immer Förderer gegenseitiger Toleranz, aber auch jene, die sie ablehnten. So sind manche Epochen scheinbar von einem Gegeneinander der Religionen geprägt, tatsächlich fand jedoch in einigen Gebieten stets auch ein friedliches Nebeneinander oder sogar ein Miteinander statt. Ungeachtet der Erfahrungen, die wir heute aus der Geschichte dieser drei Religionen ziehen können, funktioniert dieses friedliche und tolerante Miteinander von Juden, Christen und Muslimen noch nicht immer und überall.

In diesem Kapitel konntest du folgende Kompetenzen erwerben:

- die drei Weltreligionen Judentum, Christentum und Islam anhand von Kriterien darstellen und vergleichen
- die Konflikte und den Kulturaustausch zwischen Christen und Muslimen während der Kreuzzüge beschreiben
- das Zusammenleben der Religionen in Spanien im Mittelalter erläutern
- die Folgen der Reformation für die Juden erklären
- beurteilen, ob die Furcht vor den Osmanen in der Frühen Neuzeit berechtigt war
- die gesellschaftliche Stellung der Juden im 19. Jahrhundert darstellen
- das Zusammenleben von Juden, Christen und Muslimen in den Epochen Mittelalter, Frühe Neuzeit und 19. Jahrhundert anhand von Kriterien untersuchen

Rede vom ehemaligen Bundesaußenminister Guido Westerwelle (1961–2016) über Religionsfreiheit vor dem Deutschen Bundestag am 8.7.2010:

Herr Präsident! Meine sehr geehrten Damen und Herren! ... Der Einsatz für Religionsfreiheit ist Teil unserer aktiven Menschenrechtspolitik ... Wenn Millionen Christen in der Welt ihren Glauben nicht frei leben können, dann wollen wir nicht schweigen ... In vielen Ländern darf die Bibel weder gekauft noch gelesen werden; Gottesdienste werden behindert; Christen werden ins Gefängnis geworfen oder kommen ins Arbeitslager ... Wir müssen zur Kenntnis nehmen ..., dass Nichtregierungsorganisationen weltweit von mindestens 100 Millionen verfolgten Christen ausgehen. Uns geht es aber nicht nur um ein Engagement für den christlichen Glauben, die christlichen Religionen. Vielmehr geht es hier um eine grundsätzliche Frage. Wir sind der Überzeugung: Jeder Mensch muss den Glauben leben dürfen, den er für sich als wahr erkannt hat. Religionsfreiheit ist immer auch die Freiheit, seine Religion ungehindert auszuüben oder zu wechseln. Auch gar keiner Religion anzugehören, ist ein Ausdruck von Religionsfreiheit ... Wenn sich Christen nur um die Freiheit von Christen kümmern, Hindus nur um die Freiheit von Hindus, Muslime nur um die Freiheit von Muslimen, dann ist das nicht das Miteinander von Religionen, das wir meinen. Das Zusammenleben unterschiedlicher Religionen gelingt nur mit Respekt und Dialog ... Wir sollten uns als Deutsche auch daran erinnern, dass Religionsausübung in Deutschland noch im letzten Jahrhundert alles andere als selbstverständlich war. Millionenfacher Mord, auch auf religiöser Zugehörigkeit begründet, hat auf deutschem Boden stattgefunden. Deswegen ist es nicht belehrend, gegenüber anderen Ländern auf Religionsfreiheit zu drängen; es ist vielmehr die Lehre aus unserer eigenen Geschichte, dass wir uns für religiöse Pluralität überall in der Welt einsetzen ... Wir müssen aber allen Versuchen entgegentreten, die Achtung der Menschenrechte unter den Vorbehalt kultureller Eigenheiten zu stellen ... Religionsunterdrückung ist nicht Ausdruck von Kultur, es ist Ausdruck von Unkultur ... Ich möchte für die Bundesregierung mit einem klaren Bekenntnis schließen. Wer Hass zwischen den Religionen schürt, verfolgt vor allem politische Ziele, keine religiösen. Religion darf nie Vorwand für Hass, nie Entschuldigung für Gewalt und Krieg sein ...

Aus: http://www.auswaertigesamt.de/DE/Infoservice/Presse/Reden/2010/100708-BundestagReligionsfreiheit.html (Download vom 15.8.2016).

M 2

Ein Muslim, ein Jude und ein Kreuzritter treffen mit dem christlichen Dichter Wolfram von Eschenbach (Mitte) zusammen, Buchillustration, um 1270

M 3

Juden trinken an den Zitzen einer Sau, deutscher Holzschnitt, um 1470

M 4

Aus dem Vorwort der Charta des geplanten House of One, das 2018 in Berlin eröffnet werden soll

Auf dem Petriplatz, dem Gründungsort der mittelalterlichen Doppelstadt Berlin-Cölln, entsteht etwas Neues: ein neues Bauwerk, ein Bet- und Lehrhaus, in dem öffentlich und für jeden frei zugänglich Juden, Christen und Muslime ihre Gottesdienste feiern und unter Einbeziehung der mehrheitlich säkularen [nicht gläubigen] Stadtgesellschaft einander kennenlernen, den Dialog und Diskurs [= Austausch] miteinander suchen: ein Haus des Gebets und zugleich ein Haus der interdisziplinären Lehre über die Religionen, ihre Geschichte und ihre gegenwärtige Rolle in Berlin und im Land.

https://d1wmn67ehs401p.cloudfront.net/sites/default/files/downloads/houseofonebroschueredeu.pdf?t=1BoWUZ (Download vom 15. 8. 2016).

Darstellen – historisch erzählen

1 Erkläre die in M1 verwendeten Begriffe Religionsfreiheit, Bibel, Gottesdienst, Christen, Muslime.

2 Bildet Vierergruppen. Entwickelt ein Gespräch zwischen den vier Personen (M2), in dem es um das Zusammenleben der drei Religionen gehen soll.

3 **Wähle eine Aufgabe aus (Partnerarbeit):**

a) Entwerft auf Grundlage von M4 einen Grundriss für das House of One in Berlin. Erstellt eine Legende.

b) Formuliert auf Grundlage von M4 für die Besucher des House of One in Berlin mindestens sechs Verhaltensregeln.

Deuten und analysieren

4 Erkläre mit eigenen Worten, warum laut Westerwelle der Einsatz für Religionsfreiheit Teil unserer aktiven Menschenrechtspolitik ist (M1).

5 Untersuche den Holzschnitt M3 mithilfe folgender Fragen: Wem schadet diese Darstellung und inwiefern? Wem könnte diese Darstellung nützen und warum?

Urteilen

6 Diskutiert die Idee, Juden, Christen und Muslime in einem gemeinsamen Gotteshaus ihre Gottesdienste feiern zu lassen (M4).

7 Nimm Stellung zum „Bekenntnis“ der Bundesregierung: „Wer Hass zwischen den Religionen schürt, verfolgt vor allem politische Ziele, keine religiösen. Religion darf nie Vorwand für Hass, nie Entschuldigung für Gewalt und Krieg sein.“ Berücksichtige deine Kenntnisse aus diesem Kapitel (M1).

Webcode: FG647255-233
Selbsteinschätzungsbogen

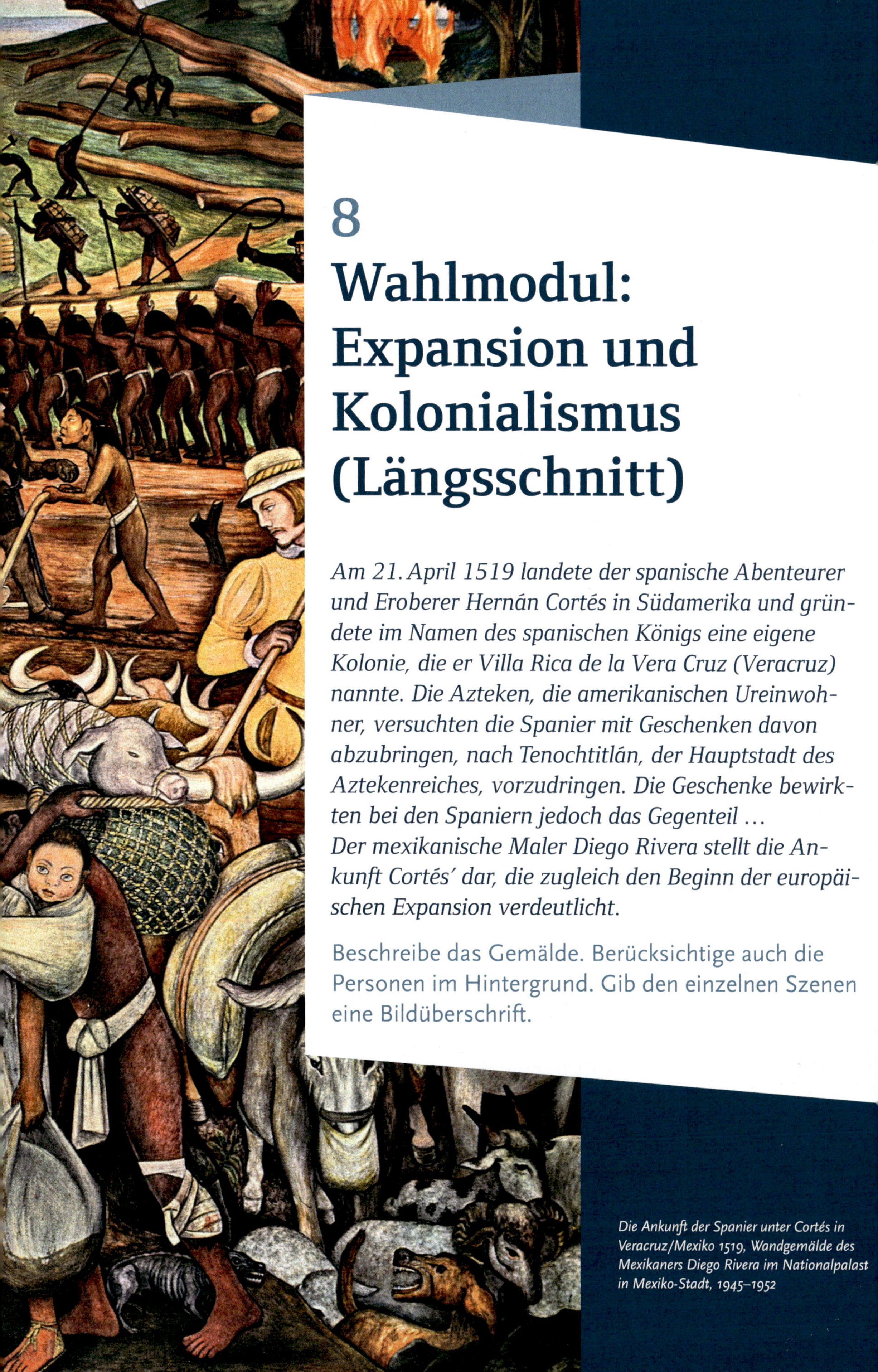

8

Wahlmodul: Expansion und Kolonialismus (Längsschnitt)

Am 21. April 1519 landete der spanische Abenteurer und Eroberer Hernán Cortés in Südamerika und gründete im Namen des spanischen Königs eine eigene Kolonie, die er Villa Rica de la Vera Cruz (Veracruz) nannte. Die Azteken, die amerikanischen Ureinwohner, versuchten die Spanier mit Geschenken davon abzubringen, nach Tenochtitlán, der Hauptstadt des Aztekenreiches, vorzudringen. Die Geschenke bewirkten bei den Spaniern jedoch das Gegenteil …
Der mexikanische Maler Diego Rivera stellt die Ankunft Cortés' dar, die zugleich den Beginn der europäischen Expansion verdeutlicht.

Beschreibe das Gemälde. Berücksichtige auch die Personen im Hintergrund. Gib den einzelnen Szenen eine Bildüberschrift.

Die Ankunft der Spanier unter Cortés in Veracruz/Mexiko 1519, Wandgemälde des Mexikaners Diego Rivera im Nationalpalast in Mexiko-Stadt, 1945–1952

1400 1500 1600 1700

1492 „Entdeckung" Amerikas durch Kolumbus

1494 Vertrag von Tordesillas über die Aufteilung der Gebiete in Übersee zwischen Spanien und Portugal

um 1500 Beginn der europäischen Expansion und des Kolonialismus

1503 offizielle Einführung des Systems der Encomienda

1535 Bildung des ersten Vizekönigreichs Neuspanien

1568 erste Sklaventransporte von Westafrika nach Amerika

Ende des 16. Jh. Spanisches Weltreich: Höhepunkt der territorialen Ausdehnung

Ende des 17. Jh. Beginn des Dreieckshandels

Wahlmodul: Expansion und Kolonialismus: Fluch oder Segen für die Welt?

Die europäische Expansion bedeutet die schrittweise Errichtung und Ausweitung der politischen und wirtschaftlichen Herrschaft europäischer Staaten in Asien, Afrika, Amerika und Australien. Sie erstreckt sich über einen Zeitraum von 500 Jahren und begann im 15. Jahrhundert mit den Entdeckungsfahrten der Portugiesen nach Afrika und der Spanier nach Amerika sowie der Gründung erster Kolonien in den Küstenregionen. Und sie endete mit dem Imperialismus im 19. und 20. Jahrhundert, als (nicht nur) die europäischen Industriestaaten um die „Aufteilung der Welt" konkurrierten. Die Expansion der Europäer löste größere Bevölkerungswanderungen aus (Migration, vgl. hierzu Kap. 3). Dazu zählen sowohl die Auswanderung europäischer Kolonisten als auch die Verschleppung von Afrikanern nach Amerika (Sklavenhandel).

Darüber hinaus war die Expansion begleitet von der Verbreitung des Christentums durch Missionare sowie der Einführung europäischer Kultur und Krankheiten. Zugleich legte der transatlantische Handel die Grundlage für weltweite Wirtschaftsbeziehungen (Globalisierung) – und beeinflusste auch Europa: Der Anbau von Kartoffeln und Mais bereicherte beispielsweise nicht nur den Speiseplan, sondern verbesserte auch die Versorgung der rasant wachsenden Bevölkerung.

Die europäische Expansion untersuchst du in diesem Kapitel mithilfe eines Längsschnitts. Dabei handelt es sich um ein Untersuchungsverfahren, das ein geschichtliches Thema anhand von Teilbereichen in verschiedenen Epochen erforscht. Abschließend kannst du mithilfe eines Arbeitsbogens (S. 237) zwei Teilbereiche, den frühneuzeitlichen Kolonialismus und den Imperialismus, anhand von Untersuchungsfragen analysieren und vergleichen.

M 1

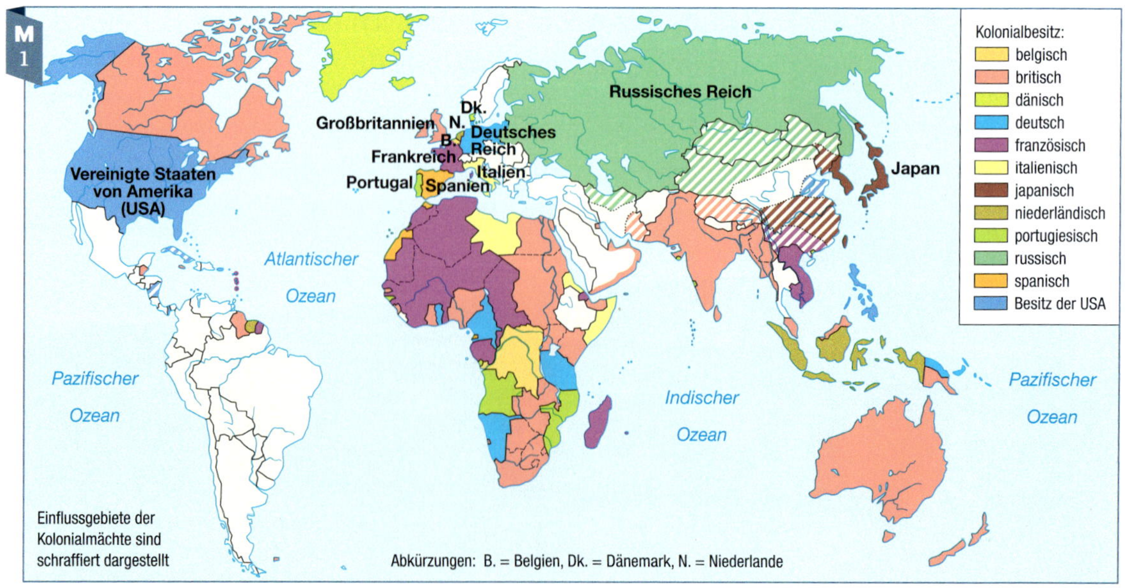

Die Kolonialmächte der Welt um 1914

1800 1900 2000

Ende des 19. Jh. Britisches Weltreich: Höhepunkt der territorialen Ausdehnung

1880–1914/18 Imperialismus

1882 Besetzung Ägyptens durch Großbritannien

1884/85–1890 Deutsches Reich erwirbt Kolonien

1890 Beginn des Wettrüstens zwischen den europäischen Großmächten

1900/01 Boxeraufstand in China

1914–1918 Erster Weltkrieg

M2

Folterung von Indianern durch die spanischen Konquistadoren, um an die Goldvorräte zu gelangen, kolorierter Kupferstich von Theodor de Bry, 1595

M3

Französische Karikatur von J. Laurian, 1899. Auf dem Spruchband steht die französische Inschrift des englischen Hosenbandordens: „Honni soit qui may y pense" (dt. „Ein Schuft, wer Böses dabei denkt").

Themen

In diesem Längsschnitt-Kapitel beschäftigst du dich mit folgenden Themen:

Frühe Neuzeit	• *Entdeckung und Eroberung der „Neuen Welt"* • *Ursachen der Expansion* • *Kolonialismus: Beispiel Spanien*
17./18. Jahrhundert	• *Kolonialismus und Sklavenhandel*
19. Jahrhundert	• *Vom Kolonialismus zum Imperialismus* • *Imperialismus und Rassismus* • *Imperialismus: Beispiel China* • *Imperialismus: Beispiel Deutschland*

Untersuchungsfragen

Du kannst hiermit den Kolonialismus (Frühe Neuzeit) dem Imperialismus (19. Jh.) gegenüberstellen.

Untersuchungsfragen	**Frühneuzeitlicher Kolonialismus**	**Imperialismus**
Welche europäischen Staaten waren beteiligt?		
Welche Ziele verfolgten sie?		
Welche Mittel setzten sie ein?		
Wie rechtfertigten sie ihre Kolonialpolitik?		
Welche Folgen hatte die Kolonialisierung für die einheimische Bevölkerung?		

1 Erkläre, was man unter europäischer Expansion versteht (Darstellungstext).

2 Beschreibe anhand der Karte (M1) die Aufteilung der Welt um 1914.

3 **Wähle eine Aufgabe aus:**

a) Beschreibe M2 und erläutere den Umgang der Europäer mit den amerikanischen Ureinwohnern.

b) Untersuche M3 mithilfe der Arbeitsschritte S. 117. Formuliere einen Titel, der die Gesamtaussage zusammenfasst.

Ursachen der Expansion

Um 1500 begann sich das Weltbild der Europäer zu verändern. Während es im Mittelalter vom christlichen Glauben bestimmt war, begannen sich die Menschen nun verstärkt für naturwissenschaftliche Fragen zu interessieren. Sie wollten alles genau erforschen, machten zahlreiche Erfindungen und Entdeckungen – und ermöglichten so die Eroberung.

- ***Was waren die Ursachen der europäischen Expansion?***

Die Wiederentdeckung der Antike

„Lass dir verdächtig sein, was du bisher gelernt hast. Verwirf das, wofür du keine stichhaltigen Beweise findest. Auf dem Glauben beruht die Frömmigkeit, die wissenschaftliche Bildung aber sucht stets nach Beweisen", schreibt der niederländische Gelehrte Agricola 1472 an einen Freund. Seine Aufforderung beschreibt das „neue Denken" um 1500. Ein gutes Beispiel für diese Denkweise bietet Kopernikus (1473–1543): Als Geistlicher glaubte er, Sonne und Planeten würden sich um die Erde drehen. Als Wissenschaftler gelangte er durch seine Beobachtungen des Sternenhimmels jedoch zu der Erkenntnis, dass sich alle Planeten um die Sonne drehten. Dieses heliozentrische Weltbild wurde schon in der Antike von Astronomen vertreten. Auch die „Behauptung", die Erde sei eine Kugel, gehörte dazu. Die Wiederentdeckung dieser geografischen Erkenntnisse der Antike und der Wandel des Menschenbildes in der Renaissance* (S. 48) waren eine Voraussetzung für die Entdeckung und Eroberung der „Neuen Welt".

Segeln gegen den Wind

Eine weitere Ursache waren die technischen Neuerungen. Auf der Grundlage der antiken Erkenntnisse wurden Seehandbücher erstellt, die auch erstaunlich exakte Karten enthielten. Die Karavelle (M1), ein neues Segelschiff aus Eichenholz, ermöglichte eine Überquerung der Ozeane. Sie war stabiler und beweglicher. Der Hauptmast hatte ein großes Viereckssegel, das bei Rückenwind für eine hohe Geschwindigkeit sorgte. Und die kleinen Dreieckssegel am vorderen und hinteren Mast erlaubten das Kreuzen, also das Segeln gegen den Wind. Im Mittelalter segelte man auf Sicht und in Küstennähe. Die Seefahrer vertrauten vor allem ihren Erfahrungen mit Strömungs- und Windverhältnissen. Nun wurden neue Messinstrumente entwickelt. Das wichtigste war der Kompass, mit dessen Hilfe auch auf dem Meer die Himmelsrichtung bestimmt werden konnte.

M1

Bei dieser Karavelle handelt es sich um die Santa Maria. Dieser Holzschnitt war eine Illustration der lateinischen Erstausgabe des Buches „Brief des Kolumbus über die Entdeckung Amerikas" von 1493.

Suche nach neuen Wegen und Märkten

Im 15. Jahrhundert gewann der Fernhandel in Europa immer mehr an Bedeutung. Gefragt waren vor allem Gewürze, wie Pfeffer und Zimt, sowie Luxuswaren, wie Seide und Teppiche, aus Asien. Der Handel wurde jedoch auf der Meeresroute durch den Indischen Ozean von arabischen Kaufleuten kontrolliert und auf dem Landweg über die Seidenstraße durch das Osmanische Reich blockiert. Daher suchten die Seefahrer nach einer Möglichkeit, Asien über den Atlantik auf der Westroute zu erreichen. Außerdem stieg in Europa die Nachfrage nach Edelmetallen und neuen Sklaven.

Die Entdeckungsfahrten wurden auch von den portugiesischen und spanischen Königen unterstützt. Diese wollten neue Einnahmequellen erschließen und ihre Reiche vergrößern. Hinzu kam die Kreuzzugsidee, die Ende des 15. Jahrhunderts durch den Sieg der christlichen Reconquista* über die muslimischen Araber und deren Vertreibung von der Iberischen Halbinsel neuen Auftrieb bekam (S. 222 f.).

M2

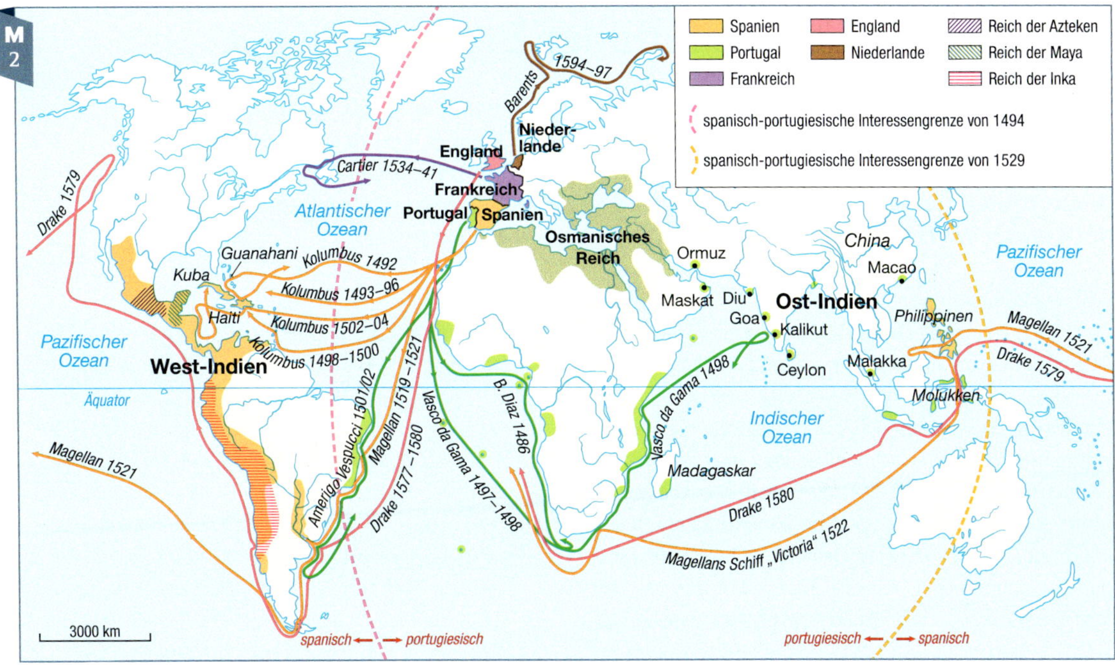

Die Entdeckungsfahrten der Europäer im 15. und 16. Jahrhundert

M3

Messinstrumente:

A) Mit einem Nocturnum (Nachtweiser) schätzten die Seeleute in der Nacht die Ortszeit. Der Polarstern wurde durch die Öffnung in der Mitte des Nocturnums angepeilt und der lange Zeiger des Instruments auf den umlaufenden Stern gerichtet. Die Zeit las man auf der gezackten Stundenscheibe ab.

B) Der Seemann hielt ein Ende des Jakobsstabes an sein Auge und richtete das andere auf die Sonne oder einen Stern. Dann setzte er auf den Stab ein Querstück. Aus dem Winkel zwischen Stern und Horizont errechnete er die Schiffsposition.

C) Der Quadrant (Höhenmesser) bestand aus einem aus Holz und Messing ausgeschnittenen Viertelkreis. Eine Person peilte durch die Visierlöcher die Sonne oder einen Stern an, eine zweite las den vom Lot angezeigten Höhenwinkel ab.

Zit. nach Richard Humble, Die Entdecker, übers. von Brigitte Sauerwein-Reznicek, 4. Auflage, Amsterdam (Time-Life Books) 1987, S. 94f.

M4

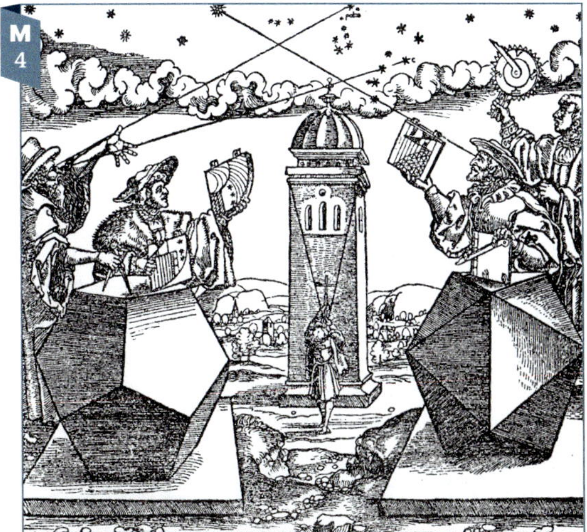

Positionsbestimmungen auf See, Kupferstich 1533. Titelblatt des „Instrumentenbuchs" von Peter Apian

1 Nenne die Ursachen der Expansion. Ordne sie Oberbegriffen zu.

2 **Wähle eine Aufgabe aus:**

a) Beschreibe die Karawelle (M1). Erkläre die Funktionsweise mithilfe des Darstellungstextes.

b) Erkläre die Messinstrumente (M3). Ordne sie den Instrumenten auf dem Bild M4 zu.

3 Fasse die Entdeckungsfahrten zusammen (M2).

Tipp: Lege eine Tabelle mit „Seefahrer", „Zeit" und „Weg" an.

Kolumbus – Entdecker oder Eroberer?

Christoph Kolumbus gilt als Entdecker Amerikas. Auch wenn er selbst bis zu seinem Tod davon überzeugt war, den westlichen Seeweg nach Indien gefunden zu haben. Gelandet war er auf einem Kontinent, den die Europäer nicht kannten. Stellvertretend für das spanische Königshaus nahm er Gebiete und Ureinwohner in Besitz. Sein Verhalten in der „Neuen Welt" ist bis heute umstritten.

Auf dem Seeweg nach Indien?

Christoph Kolumbus (1451–1506) wusste von der Kugelgestalt der Erde und kannte die neuesten technischen Erfindungen der Seefahrt. Hartnäckig verfolgte er den Plan für einen Westfahrt über den Atlantik nach Indien. Unterstützt wurde er schließlich vom spanischen Königshaus. Es stellte dem Seefahrer nicht nur finanzielle Mittel zur Verfügung, sondern ernannte ihn zum „Vizekönig" über alle entdeckten Gebiete. So konnte Kolumbus im Sommer 1492 mit drei Karavellen und ca. 100 Mann Besatzung an der spanischen Westküste in See stechen. Nach über zwei Monaten erreichte Kolumbus am 12. Oktober 1492 die zur Bahamas-Gruppe gehörende Insel Guanahani (M1), die er in San Salvador (span. Heiliger Retter) umtaufte. „Entdeckt" wurden außerdem Kuba und Haiti. Das Land nahm er stellvertretend für die spanische Krone in Besitz. Damit galten die Ureinwohner, die er „Indianer" nannte, nun als spanische Untertanen.

Kolumbus als Vizekönig

Als Kolumbus nach Spanien zurückkehrte, berichtete er begeistert von den Reichtümern in der „Neuen Welt", die leicht zu erobern und zu christianisieren sei. Und löste damit eine erste Kolonisierungsbegeisterung aus, die zum Auftakt für die europäische Expansion in Übersee wurde. Ein Jahr später segelte er mit 17 Schiffen und ca. 1500 Menschen erneut nach Amerika. Auf Haiti gründete er die erste spanische Stadt. Wie Kolumbus als Vizekönig regierte, geht aus einem Bericht des Untersuchungsrichters Francisco Bobadilla im Auftrag des spanischen Königs von 1502 hervor. Demnach soll er Siedlern Lebensmittel und Untergebenen Lohn vorenthalten haben. Schwerwiegender war der Vorwurf der Geistlichen, Kolumbus habe die Taufe vieler Ureinwohner verhindert. So konnte er sie als (ungetaufte) Sklaven in Spanien verkaufen. Ob Kolumbus auch an den Massenmorden an der indigenen Bevölkerung* beteiligt war, ist nicht geklärt. Kolumbus wurde als Vizekönig abgesetzt, als „Admiral der Weltmeere" durfte er 1502 aber noch einmal nach Amerika segeln.

Kolumbus' Landung in Amerika 1492

Abschrift des verloren gegangenen Bordbuches, die Bischof Bartolomé de Las Casas, gemacht hat.

[Wir] warteten bis zum Anbruch des Tages [12. Oktober 1492], an welchem wir zu einer Insel gelangten, die in der Indianersprache „Guanahani" hieß. Dort erblickten wir also gleich nackte Eingeborene. Ich begab mich ... an Bord eines mit Waffen versehenen Bootes an Land. Dort entfaltete ich die königliche Flagge ... Unseren Blicken bot sich eine Landschaft dar, die mit grün leuchtenden Bäumen bepflanzt und reich an Gewässern und allerhand Früchten war. Ich rief die beiden Kapitäne und auch all die anderen, die an Land gegangen waren, ... zu mir und sagte ihnen, durch ihre persönliche Gegenwart als Augenzeugen davon Kenntnis zu nehmen, dass ich im Namen des Königs und der Königin, meiner Herren, von der genannten Insel Besitz ergreife ... Sofort sammelten sich an jener Stelle zahlreiche Eingeborene der Insel an. In der Erkenntnis, dass es sich um Leute handle, die man weit besser durch Liebe als mit dem Schwerte retten und zu unserem Heiligen Glauben bekehren könne, gedachte ich sie mir zu Freunden zu machen und schenkte also einigen ... Halsketten aus Glas und noch andere Kleinigkeiten von geringem Wert, worüber sie sich ungemein erfreut zeigten ...
Sie ... brachten uns Papageien, Knäuel von Baumwollfaden, lange Wurfspieße und viele andere Dinge noch, die sie mit dem eintauschten, was wir ihnen gaben, wie Glasperlen und Glöckchen ... Sie führten keine Waffen mit sich, die ihnen nicht einmal bekannt sind; ich zeigte ihnen die Schwerter, und da sie sie aus Unkenntnis bei der Schneide anfassten, so schnitten sie sich. Sie besitzen keine Art Eisen.

Zit. nach Rainer Beck (Hg.), 1492. Die Welt zur Zeit des Kolumbus. Ein Lesebuch, München (C. H. Beck) 1992, S. 166–169.

Die Landung des Kolumbus 1492, kolorierter Kupferstich von Theodor de Bry, 1594

Bischof Bartolomé de Las Casas (1474–1566) über Kolumbus:

Es fiel ihm [Kolumbus] leicht, alle für sich einzunehmen. Schließlich war er eine Person von verehrungswürdigem Anblick, der man hohen Stand und großes Ansehen zuerkennen musste. Was die christliche Religion anbetraf, so war er zweifellos ein guter Katholik von großer Frömmigkeit. Er war ein Mann von ungewöhnlichem und starkem Geist, von kühnem Gedankenflug; nach dem, was man aus seinem Leben, seinen Taten, seinen Schriften und seiner Unterhaltung ersehen kann, war er von Natur aus dazu geneigt, außergewöhnliche Taten zu vollbringen und sich an hervorragenden Werken zu beteiligen. Nach alledem, was ich von ihm lernte und hörte, steht fest, dass er für die Könige bedingungslose Treue und Ergebenheit empfunden hat und bewahrte.

Zit. nach Salvador de Madariaga, Kolumbus. Entdecker neuer Welten, Düsseldorf (Patmos) 1966, S. 225.

Indianer Jack D. Forbes über Kolumbus, 1992:

Weder eine ökonomische Zwangslage noch einen bewaffneten Widerstand brauchte Kolumbus, um einen Grund für die totale Entvölkerung einer Insel bzw. für die vollständige Unterwerfung ihrer Einwohner zu finden. Diese sollten allein aufgrund des „Verbrechens“ am Leben zu sein, gezwungen werden, für die Spanier zu arbeiten und ihre Lebensweise radikal ändern zu lassen. Kolumbus war sich darüber im Klaren, dass die versklavten Amerikaner in großer Zahl sterben würden, aber das machte ihn keineswegs besorgt. Kolumbus bietet also ein klares Bild für einen unzurechnungsfähigen, geisteskranken Menschen, einen Mörder und Kannibalen, der die Mitmenschen benutzte und missbrauchte.

Zit. nach Jack D. Forbes, Columbus und andere Kannibalen. Die indianische Sicht, Wuppertal (Peter Hammer) 1992, S. 25.

1 Nenne Voraussetzungen und Motive für die „Entdeckung“ Amerikas durch Kolumbus.

2 **Wähle eine Aufgabe aus:**
Beschreibe Kolumbus' Ankunft in Amerika.
a) Quelle (M1)
b) Bild (M2)
Beurteile die Darstellung der Spanier und der Ureinwohner.

3 Fasse mithilfe von Recherchen im Internet und dem Darstellungstext die Informationen über Christoph Kolumbus in einem kurzem Lebenslauf zusammen.

4 **Partnerarbeit:** Gebt arbeitsteilig die Einschätzung der Autoren über Kolumbus wieder (M3,M4). Welche überzeugt euch mehr?

5 Diskutiert in der Klasse abschließend die Leitfrage.

Webcode: FG647255-241
Kolumbus entdeckt Amerika

Zusatzaufgabe: siehe S. 289

Eroberung der „Neuen Welt"

Nach der Aufteilung der Welt durch die beiden größten Seemächte Europas und die Zustimmung des Papstes konnten Portugal und Spanien ihre Expansion ohne Einschränkungen fortsetzen. Den Entdeckern folgten nun die Eroberer. Die bekanntesten waren Hernán Cortés und Francisco Pizarro. Sie eroberten die beiden größten altamerikanischen Hochkulturen: das Azteken- und das Inka-Reich.

- ***Wie gelang den Europäern, die Azteken und Inka zu erobern?***

Von der „Entdeckung" zur Besiedlung

Nach der Entdeckung und ersten Besiedlung der „Neuen Welt" kamen die Konquistadoren* nach Amerika. Sie sollten im Auftrag des spanischen bzw. portugiesischen Königshauses das Land erkunden, besiedeln und die Einheimischen missionieren. Ab 1500 begann Spanien schrittweise die Genehmigungen für die Überfahrt zu lockern. Das entscheidende Motiv für die ersten Auswanderungen war die Jagd nach Gold, das man auf einigen karibischen Inseln gefunden hatte. Die Inseln dienten in den folgenden Jahren auch als „Brückenkopf" für die Expansion auf dem amerikanischen Festland (M1).

Cortés und Pizarro

Die Eroberung ist mit zwei Konquistadoren verbunden: Hernán Cortés (1485–1547), der 1519–1521 das Azteken-Reich in Mexiko eroberte, und Francisco Pizarro (1478–1541), der 1531–1534 das Inka-Reich in Peru unterwarf. Die Eroberung führte zur Zerstörung dieser beiden altamerikanischen Hochkulturen. Nicht nur Zeitgenossen, auch die Nachwelt beschäftigte die Frage: Wie war es möglich, eine so große Fläche mit zum Teil dicht besiedelten Gebieten innerhalb weniger Jahre mit so geringen Kräften zu erobern?

Gründe für die Überlegenheit der Europäer

Ein wesentlicher Grund für den Sieg der Europäer war die technische und taktische Überlegenheit sowie die besseren Bewaffnung (M2). Hinzu kam die äußerst brutale Kriegsführung der Konquistadoren, die sich insbesondere bei der Belagerung und kompletten Zerstörung der aztekischen Hauptstadt Tenochtitlán zeigte (M3, M4). Den geringen Verlusten der Spanier von ca. 100 Kämpfern steht die große Anzahl der Opfer der Altamerikaner gegenüber: etwa 150 000 Azteken und 50 000 einheimische Verbündete.

Als ein weiterer Grund für die Eroberung gilt die Annahme der Azteken, es handle sich bei den Europäern um Götter. Allerdings bezeichnen dies heutige Historiker als Legende. Vermutlich haben aztekische Adlige diese nach der Eroberung erfunden, um ihre wirkungslose Verteidigung gegen die Spanier zu erklären. Ein dritter Grund ist ein biologischer: Die Altamerikaner besaßen keine Immunität (= Unempfindlichkeit) gegen die von den Konquistadoren eingeschleppten Krankheiten und starben in großer Zahl durch Seuchen wie Pocken, Masern und Typhus. Nach der Eroberung begannen die Europäer das Land zu kolonialisieren (S. 246 f.). So verbreiteten sich die spanische und portugiesische Sprache, die europäische Kultur und das Christentum in Mittel- und Südamerika. Erst im 19. Jahrhundert erlangten die ersten Staaten ihre Unabhängigkeit.

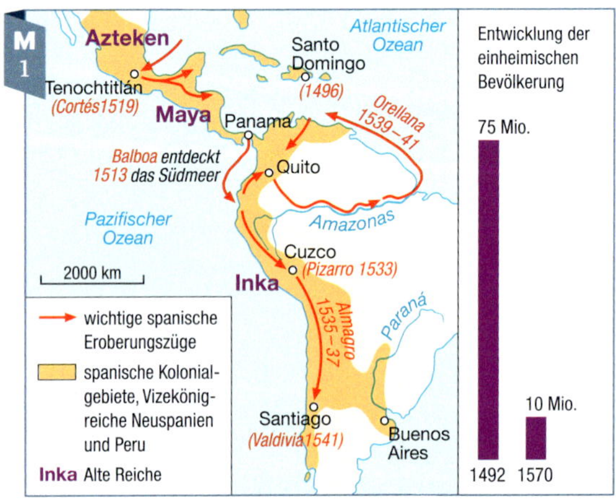

Spanische Eroberungen in Mittel- und Südamerika

M2

Kämpfe zwischen Spaniern, ihren Verbündeten, den Tlaxcalteken, und den Azteken, Farblithografie nach einer um 1550 entstandenen mexikanischen Bilderhandschrift, 1892

M3

Eroberung eines indianischen Dorfes durch Konquistadoren, kolorierter Kupferstich von Theodor de Bry, 1594

M4

Aus einer undatierten aztekischen Chronik über das Verhalten der Spanier in Tenochtitlán:

Als die Spanier sich im Palast eingerichtet hatten, fragten sie Motecuhzoma nach dem Staatsschatz aus, nach den Rangabzeichen der Krieger, nach den Schilden. Sie bedrängten ihn hart und dann verlangten sie: Gold! Motecuhzoma willigte ein, sie zu den Schätzen zu führen. Sie umdrängten ihn, kamen nahe an ihn heran mit ihren Waffen ... Als sie an dem großem Schatzhaus waren, wurden die Reichtümer ihnen gezeigt: der Goldschmuck, Federn, der Federschmuck, reichverzierten Schilde ... und die kostbaren Kronen. Die Spanier rissen sofort die wertvollen Federn von allen goldenen Schilden und Abzeichen weg. Alles Gold rafften sie zu einem Haufen. An die anderen Kostbarkeiten legten sie Feuer, und alles verbrannte ... Das ganze Schatzhaus durchwühlten die Spanier, sie drängten und fragten und griffen nach allem, was ihnen gefiel.

Nach diesen Schätzen griffen sie, als ob sie ihr Eigentum wären, als ob dies kein Raub, als ob es ein günstiger Fund wäre. Und als sie das Gold errafft hatten, warfen sie alles andere wieder auf den Hof, die vielen anderen Kostbarkeiten.

Zit. nach Rückkehr der Götter. Die Aufzeichnungen der Azteken über den Untergang ihres Reiches, hg. v. Miguel León-Portilla und Renate Heuer, übers. v. Renate Heuer, München (Unionsverlag) 1965, S. 57–58.

Konquistador
(span. conquistador „Eroberer“) wird als Sammelbegriff für die spanischen und portugiesischen Eroberer verwendet, die während des 16. und 17. Jahrhunderts große Teile von Nord- und Südamerika als Kolonien in Besitz nahmen.

1 **a)** Beschreibe anhand von M1 die spanischen Eroberungen.
b) Nenne die heutigen Länder, die die Vizekönigreiche Neu-Spanien und Peru umfassten.

2 Stelle mithilfe des Darstellungstextes und M2 die Gründe für die Überlegenheit der Europäer in einem Schaubild dar.

3 Recherchiert über die Eroberung des Azteken- und Inka-Reiches und haltet einen Kurzvortrag.

4 **Wähle eine Aufgabe aus:**
Beschreibe das Verhalten der Konquistadoren:
a) Quelle M4
b) Bild M3
Stellt eure Ergebnisse in der Klasse vor.

Zusatzaufgabe: siehe S. 290

Wem gehört die „Neue Welt"?

Die Europäer wollten ihre Eroberungen in Übersee absichern: nicht nur mit politischen und militärischen, sondern auch mit rechtlichen Mitteln. In Europa löste dieser Rechtsanspruch auf die „Neue Welt" einen heftigen Streit aus. Auf dieser Doppelseite kannst du dich anhand verschiedener Materialien mit der Frage auseinandersetzen, wem das „entdeckte" Land gehört.

A

M1

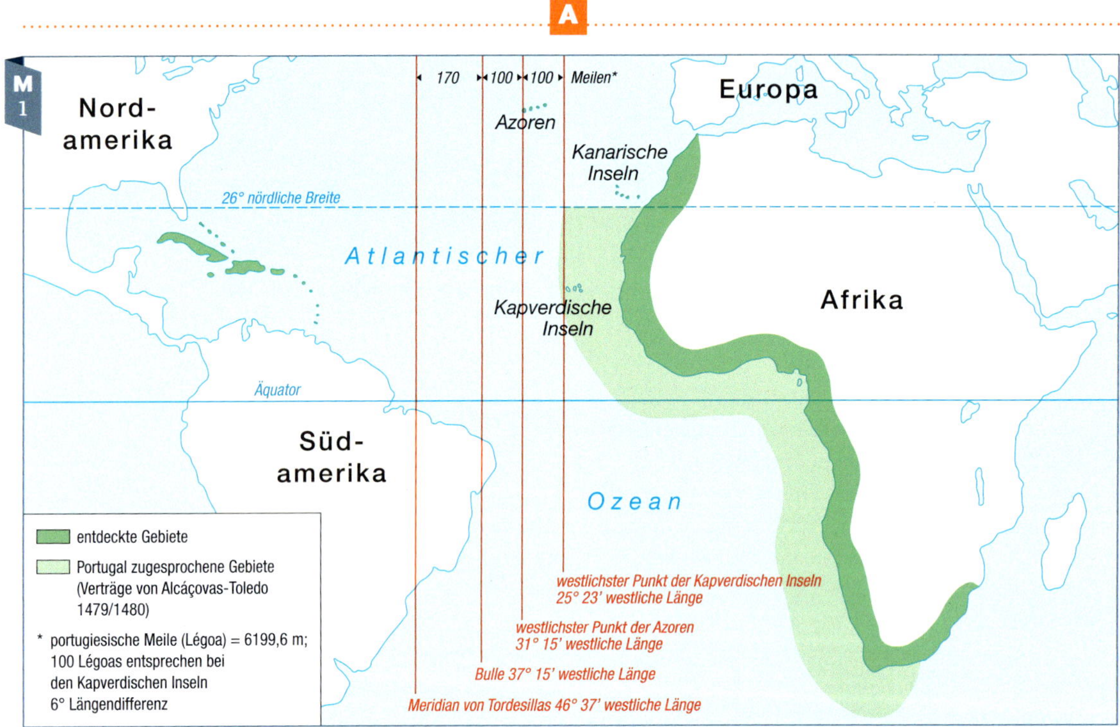

Die Teilung der Welt um 1500

M2

Der Vertrag von Tordesillas, 1494

Die genannten Bevollmächtigten des Königs [von Spanien und Portugal ... haben erklärt, dass zwischen ihren Auftraggebern eine gewisse Meinungsverschiedenheit besteht über das, was jeder Partei ... im Ozean zu machenden Entdeckungen gehört, weshalb Sie ... Ihre Bevollmächtigten beauftragt haben, durch den Ozean eine gerade Linie von Pol zu Pol zu ziehen, nämlich vom arktischen zum antarktischen Pol ... dreihundertsiebzig Meilen westlich der Kapverdischen Inseln, sodass alles, was bisher von dem König von Portugal und von seinen Schiffen gefunden und entdeckt worden ist oder künftig gefunden und entdeckt werden wird, ... wenn es östlich der beschriebenen Linie ... liegt ... dem König von Portugal ... für immer ... gehören soll und dass alles andere ..., das westlich der beschriebenen Linie entdeckt oder zu entdecken ist, dem König [von Spanien] gehören soll.

Zit. nach Geschichte in Quellen, hg. von Wolfgang Lautermann und Manfred Schlenke, Bd. 3: Renaissance. Glaubenskämpfe. Absolutismus. Bearbeitet von Fritz Dickmann, München (bsv) 1982, S. 60f.

1 **Partnerarbeit:** Erklärt (M1, M2), wie Spanien und Portugal ihren Rechtsanspruch auf die „Neue Welt" vertraglich absicherten. Bewertet das Vorgehen.

Aufgabe für alle:
Diskutiert die Forderung, die US-Regierung solle den Indianern ihr Land zurückgeben (2012).

Kapitulation (= Vertrag) der spanischen Könige und Kolumbus, 1492

Die Vergünstigungen, die Don Christobal Colon erbeten hat und die Eure Hoheiten ihm geben und bewilligen als eine gewisse Entschädigung für das, was er in den ozeanischen Meeren entdecken soll, und für die Reise, die er demnächst mit Gottes Hilfe im Dienst Euer Hoheiten dorthin unternehmen soll, sind folgende: Zum ersten, dass Eure Hoheiten als Herren der erwähnten ozeanischen Meere das Recht haben, den genannten Don Christobal Colon von jetzt an zu ihrem Vizekönig ... über alle Inseln und Festländer zu ernennen, die durch seine Hand und Tüchtigkeit in den ozeanischen Meeren für uns entdeckt und gewonnen werden, ... auf Lebenszeit.

Zit. nach Dokumente zur europäischen Expansion, hg. von Eberhard Schmitt, Band 2. Die großen Entdeckungen, München (C. H. Beck) 1984, S. 19.

Vorlesung des spanischen Theologieprofessors Franciscus de Vitoria, 1532

Kein Fürst kann den Anspruch erheben, Herr der Welt zu sein ... Selbst wenn ein Fürst aber Herr der Welt wäre, könnte er deshalb doch nicht die Länder der Eingeborenen in Besitz nehmen, neue Herren einsetzen, alte absetzen oder Besitz beschlagnahmen.

Kein Fürst hat das Recht, Länder zum eignen Gebrauch einzuziehen, Städte nach Willkür zu verschenken oder gar Grundeigentum ...

Die spanische Krone hätte wissen müssen, dass jene Länder und die ganze neue Welt schon ihre Eigentümer hatten, die ... weder faktisch noch rechtlich irgend jemand über sich als Oberherrn ... anzuerkennen verpflichtet waren ...

Zit. nach Dokumente zur europäischen Expansion, hrsg. von Eberhard Schmitt, Band 2. Die großen Entdeckungen, München (C. H. Beck) 1984, S. 19.

1 **Partnerarbeit:** Analysiert (Arbeitsschritte S. 59) und vergleicht M3 und M4.

2 Bewertet den Rechtsanspruch der Europäer.

Edikt (= Anweisung) des Papstes Alexander VI., 1493

[Es ist] das Wichtigste, dass der katholische Glaube und die christliche Religion gerade in Unserer Zeit verherrlicht und überall verbreitet, das Heil der Seelen gefördert und die barbarischen Nationen gedemütigt und zum Glauben zurückgeführt werden.

Und damit Ihr [= spanische Könige] das Gebiet für diese große Aufgabe umso lieber und entschlossener annehmt, verleihen Wir hiermit Euch, Euren Erben und Nachfolgern ... kraft der uns verliehenen Vollmacht des allmächtigen Gottes als Stellvertreter Jesu Christi auf Erden die näher bezeichneten Inseln und Festländer mit allen ihren Herrschaften, Städten, Burgen, Orten und sämtlichem Zubehör für alle Zeiten und setzen Euch, Eure Erben und Nachfolger ... als Herren mit voller Souveränität [= Oberhoheit] über dieselben ein.

Aus: Dokumente zur europäischen Expansion, hg. von Eberhard Schmitt, Band 2. Die großen Entdeckungen, München (C. H. Beck) 1984, S. 19.

Vorlesung des spanischen Theologieprofessors Franciscus de Vitoria, 1532

Der Papst ist nicht weltlicher oder zeitlicher Herr des Erdkreises, wenn man von Herrschaft und staatlicher Gewalt an und für sich spricht ... Gesetzt, der Papst hätte eine solche Macht über den ganzen Erdkreis, so könnte er sie doch nicht an weltliche Fürsten weitergeben ... Der Papst hat keine Gewalt über die Eingeborenen in der ganz neuen Welt, so wenig wie über andere Ungläubige ... Über die Ungläubigen aber hat er keine geistliche Gewalt, demnach auch keine weltliche. Selbst wenn die Eingeborenen keine Herrschaft des Papstes irgendwelcher Art anerkennen wollten, dürfte er deshalb nicht gegen sie Krieg führen oder ihre Habe ... in Besitz nehmen.

Aus: Dokumente zur europäischen Expansion, hg. von Eberhard Schmitt, Band 2. Die großen Entdeckungen, München (C. H. Beck) 1984, S. 19.

1 **Partnerarbeit:** Analysiert und vergleicht M5 und M6. Bewertet den Rechtsanspruch.

Kolonialismus: Beispiel Spanien

Nach der Eroberung begannen die Europäer die eingenommenen Gebiete und Menschen zu kolonialisieren. Der Umgang mit der einheimischen Bevölkerung wurde dabei zum zentralen Problem.

- ***Wie funktionierte die europäische Kolonialherrschaft in Mittel- und Südamerika?***

Gründung von Städten

Nach der Phase der Entdeckung, Eroberung sowie ersten Besiedlung begann Spanien die Gebiete in Mittel- und Südamerika zu kolonialisieren* und in ihr Königreich einzugliedern. Es sollte eine staatliche Verwaltung entstehen, die den europäischen Herrschaftsanspruch in der „Neuen Welt" dauerhaft absicherte. Die koloniale Verwaltung Spaniens basierte auf mehreren Säulen (M1).

Entscheidend für die koloniale Herrschaft war auch die Gründung von Städten. Dabei dienten die Städte nicht nur als strategische Ausgangsbasis für weitere Kriegszüge, sondern auch als sichere Rückzugsorte gegenüber Angriffen der indigenen Bevölkerung* sowie anderer europäischer Mächte wie Portugal oder später England. Zwischen 1521 und 1572 wurden 200 der wichtigsten Städte Spanischamerikas gegründet. Sie entwickelten sich zum Mittelpunkt der politischen und kirchlichen Verwaltung sowie zu regionalen Wirtschafts- und Kulturzentren.

Umgang mit der Bevölkerung

Obwohl die spanischen Könige die Kolonisation zu steuern versuchten, begannen Eroberer und Siedler die eingenommenen Gebiete eigenständig zu verwalten. Land und Bewohner teilten sie unter sich auf. Diese Praxis wurde letztendlich geduldet und in einem königlichen Erlass von 1503 erstmals auch offiziell geregelt: Das System der Encomienda (span. encomendar: anvertrauen) teilte den spanischen Siedlern eine bestimmte Anzahl von Indios zum Arbeitseinsatz zu; gleichzeitig waren die Siedler verpflichtet, ihre Arbeitskräfte angemessen unterzubringen, zu versorgen und zu entlohnen sowie in christlicher Religion zu unterweisen. In Wirklichkeit wurden die Bestimmungen jedoch meist nicht beachtet und die Kolonialherren (Encomenderos) beuteten die indigene Bevölkerung schonungslos aus. In vielen Berichten kritisierten bereits Zeitgenossen den spanischen Kolonialismus. Zum berühmtesten Kritiker wurde Bartolomé de Las Casas (M2).

M1

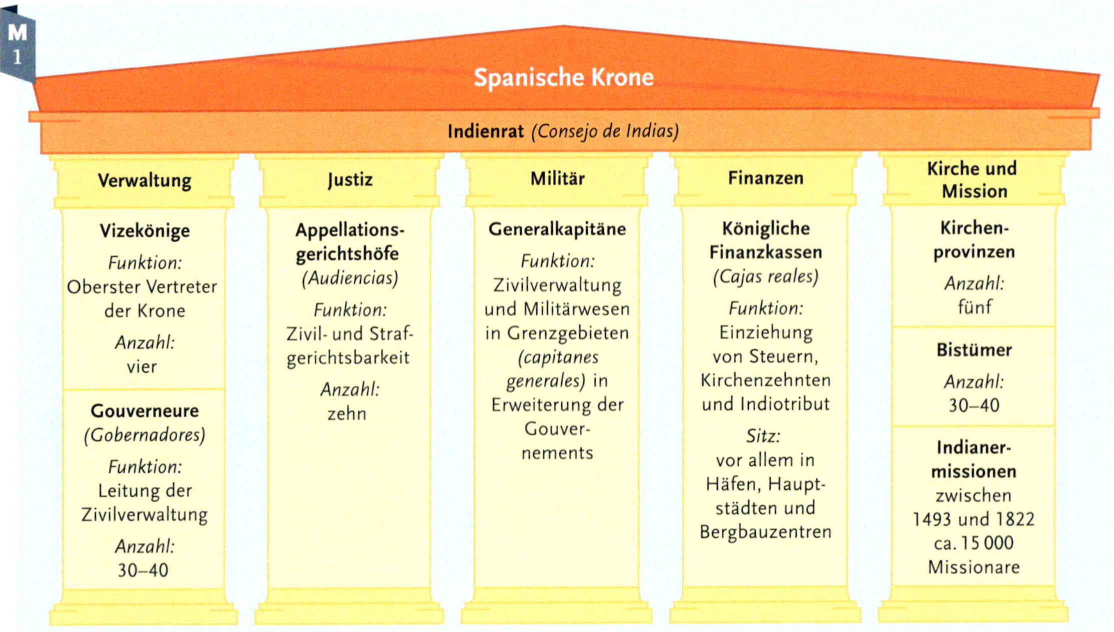

Aufbau der spanischen kolonialen Verwaltung

Aus der Schrift „Historia de las Indias“ des Bischofs Bartolomé de Las Casas, ca. 1525

Es ist nun zu berichten, wie der Gouverneur die Verfügung [= der spanischen Könige] ... durchführte. Was die erste und wichtigste Sache betrifft, die die Königin sich zum Ziel gesetzt hatte und zu setzen verpflichtet war, nämlich die Erziehung, Belehrung und Bekehrung der Indianer, so habe ich schon oben gesagt ..., dass der Missionierung und Bekehrung dieser Menschen nicht mehr Aufmerksamkeit und Mühe zugewendet ... wurde, als wenn die Indianer Klötze oder Steine, Katzen oder Hunde gewesen wären ...

Die zweite Vorschrift, dass jeder Kazike [= Adlige] eine bestimmte Anzahl von Leuten zu stellen habe, führte der Gouverneur so aus, dass er die zahlreiche Bevölkerung dieser Insel vernichtete; er übergab nämlich jedem Spanier, der den Wunsch dazu äußerte, dem einen 50, dem anderen 100 Indianer, ... darunter Kinder und Greise, schwangere Frauen und Wöchnerinnen, Hohe und Niedere, ja selbst die Herren und angestammten Könige dieser Völker und dieses Landes ...

Viertens sollten die Indianer nur auf einige Zeit und nicht für die Dauer verdingt werden und mit Milde und Güte behandelt werden. Der Gouverneur aber überlieferte sie [den Spaniern] zur ständigen Arbeitsleistung, ohne ihnen eine Ruhepause zu gewähren. ... Ferner ließ er über die unerträgliche Arbeitsbelastung hinaus noch zu, dass man spanische Aufseher über sie setzte, die sich durch Grausamkeit hervortaten ... Sie gaben ihnen Stock- und Rutenhiebe, Ohrfeigen, Peitschenschläge, Fußtritte und nannten sie nie anders als Hunde ... Einzelne flohen in die Berge, um sich dort zu verstecken. Darauf setzte man Häscher ein, die nach ihnen jagten und sie wieder herbeibrachten.

Zit. nach Wolfgang Lautemann/Manfred Schlenke (Hg.), Geschichte in Quellen, Bd. 3, 2. Aufl., München (bsv) 1976, S. 69f.

Umgang der spanischen Eroberer mit der einheimischen Bevölkerung, kolorierter Kupferstich von Theodor de Bry, 1595

Kolonialismus

Errichtung von Handelsstützpunkten und Siedlungskolonien vom 15. bis zum 18. Jahrhundert in wenig entwickelten Ländern sowie deren Inbesitznahme, vor allem durch europäische Mächte, die vorrangig wirtschaftliche und militärische Ziele verfolgten.

1 Beschreibe anhand des Darstellungstextes und M1 das spanische Kolonialsystem.

2 Erkläre das Encomienda-System.

3 **Wähle eine Aufgabe aus:**

a) Erarbeite aus M2, wie die Kolonialherren mit der einheimischen Bevölkerung umgegangen sind. Vergleiche deine Ergebnisse mit dem Encomienda-System (Darstellungstext).

b) Beschreibe anhand von M3, wie die Kolonialherren mit der einheimischen Bevölkerung umgegangen sind. Vergleiche die Ergebnisse mit dem Encomienda-System (Darstellungstext).

Kolonialismus und Sklavenhandel

Die Verschleppung der Afrikaner nach Amerika ist ein weiteres Merkmal des Kolonialismus. Sie gilt zudem als die erste größte Zwangsmigration in der Geschichte. Bereits vor der „Entdeckung" Amerikas 1492 brachten die Portugiesen Mitte des 15. Jahrhunderts die ersten Afrikaner nach Europa.

- ***Warum und wie kamen die Schwarzen nach Amerika?***

Suche nach Arbeitskräften

Nach der „Entdeckung" Amerikas durch Kolumbus 1492 begann um 1500 die schrittweise Eroberung des amerikanischen Kontinents durch die Europäer. Zunächst errichteten die beiden größten Seemächte Spanien und Portugal Kolonialreiche in Mittel- und Südeuropa und begannen die einheimische Bevölkerung rücksichtslos auszubeuten.

Viele Indios starben aufgrund der unmenschlichen Behandlung und der eingeschleppten Infektionskrankheiten. Daher fehlten den Konquistadoren* billige Arbeitskräfte. Die globale Vernetzung ermöglichte dabei freiwillige wie erzwungene Zuwanderung von Migranten. Ein Beispiel für freiwillige Migrationen waren die Japaner und vor allem die Chinesen, die nach Manila und Malakka kamen, um als Kaufleute, Zimmerleute, Steinmetze, Architekten oder Buchdrucker in den Kolonialstädten zu arbeiten.

Sklaven aus Afrika

Weitaus größere Ausmaße hatte die erzwungene Migration. Die Europäer holten Menschen aus Afrika als Sklaven nach Amerika. Bereits 1501 erlaubten die spanischen Könige den Siedlern, Sklaven als menschliche Ware in die Kolonien zu importieren. Man hielt sie für kräftiger und widerstandsfähiger als die Indios. Die ersten schwarzafrikanischen Sklaven kamen aus Europa, denn die Portugiesen hatten bereits Mitte des 15. Jahrhundert die ersten Afrikaner nach Südportugal verschleppt. Erst durch den Dreieckshandel gelangten die Sklaven direkt aus Afrika nach Amerika (M4). Die afrikanischen Migranten wurde mit Sklavenschiffen über den Atlantik transportiert. Um möglichst viele Sklaven unterzubringen, zogen die Eigentümer der Sklavenschiffe Zwischendecks in den Schiffsrumpf ein. So wurden häufig mehrere hundert Sklaven in einem Schiff untergebracht. Sie waren auf engen Massenbänken angekettet. Aufgrund dieser unmenschlichen Zustände überlebten viele die Überfahrt nicht.

Zwangsarbeit

Die Sklaven mussten auf den Plantagen und in den Bergwerken arbeiten oder wurden zu häuslichen Diensten eingesetzt. Am härtesten war die Zwangsarbeit auf den Zuckerrohr- und Baumwollplantagen. Im 16. Jahrhundert stammten die Sklaven vor allem aus Senegambien, Guinea und der Gegend um die Mündung des Kongo. Etwa ein Drittel war weiblich. Im 17. Jahrhundert lebten in einigen Gebieten Amerikas mehr Afrikaner als Indianer und Europäer. Der transatlantische Sklavenhandel war die erste große Zwangsmigration der Geschichte. Ab 1683 beteiligte sich auch Brandenburg-Preußen. Die Brandenburgisch-Afrikanische Compagnie (1682–1711), die in Emden ihren Sitz hatte, verkaufte Schätzungen zufolge ca. 17 000 Afrikaner als Sklaven in die Karibik. Erst um 1800 begannen die ersten europäischen Staaten, den Sklavenhandel über den Atlantik zu verbieten.

M 1

Das Silberbergwerk von Potosí im heutigen Bolivien versorgte Europa in der Frühen Neuzeit mit großen Silbermengen. Die Spanier ließen an diesem Ort in den Anden eine Stadt errichten, in der zeitweise mehr als 150 000 Menschen lebten. Zehntausende Menschen starben hier durch Zwangsarbeit im Bergbau, Kupferstich, 18. Jh.

Sklavenimporte aus Afrika nach Amerika 1501–1700

Zeitraum	Sklaven eingeschifft	angekommen	Verluste in Prozent
1501–1525	12726	8923	–29,88
1526–1550	50763	35534	–30,00
1551–1575	58079	40671	–29,97
1576–1600	120349	84242	–30,00
1601–1625	167942	117709	–29,91
1626–1650	86420	61482	–28,86
1651–1675	41594	32292	–22,36
1676–1700	17345	14021	–19,16

Zit. nach Richard Konetzke, Süd- und Mittelamerika I, Fischer, Frankfurt/M. (Fischer) 1965, S. 125ff.

Bevölkerung in Mittel- und Südamerika (1570–1825)

Jahr	Weiße	Mischlinge[1]	Indianer	Afrikaner
1570	138000	260000[2]	9827000	–
1650	729000	670000	9175000	835000
1825	4349000	6252000	8211000	4188000

Zit. nach Richard Konetzke, Süd- und Mittelamerika I, Fischer, Frankfurt/M. (Fischer) 1965, S. 102ff.

[1] *für 1570 einschließlich Afrikanern*
[2] *einschließlich Afrikanern*

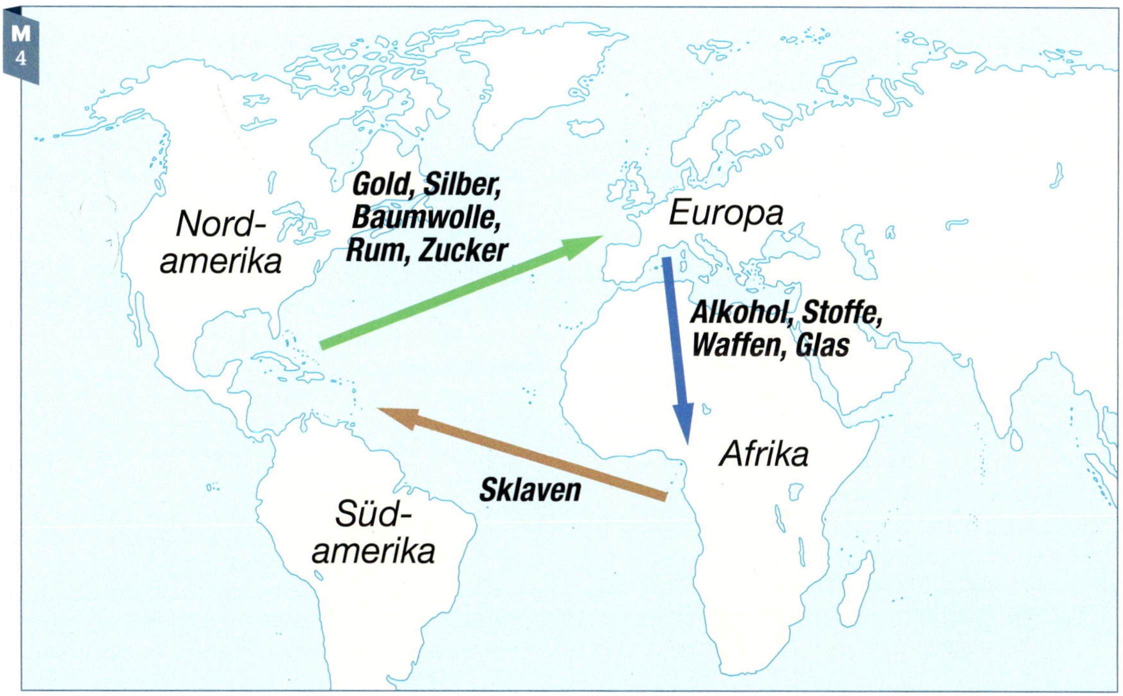

Der Dreieckshandel zwischen Europa, Afrika und Amerika

1 Erkläre, warum und wie die Afrikaner als Sklaven nach Amerika verschleppt wurden.

2 Stelle den Dreieckshandel in einem vereinfachten Schaubild dar (M4).

3 Beschreibe M1 und erläutere die Arbeitsbedingungen der Sklaven. Nutze auch den Darstellungstext.

4 **Wähle eine Aufgabe aus:**

a) Untersuche M2 anhand der Arbeitsschritte auf S. 161.

b) Untersuche M3 anhand der Arbeitsschritte auf S. 161.

5 Im Jahr 2000 forderte die „African World Repatriation Truth Commission" von den europäischen Staaten rückwirkend 777 Billionen Dollar Entschädigungszahlungen für die Versklavung von Afrikanern in den früheren Jahrhunderten. Diskutiert die Forderungen in der Klasse.

Tipp: Informiert euch im Internet über den aktuellen Stand der Forderung.

Vom Kolonialismus zum Imperialismus

Seit Beginn des Entdeckungszeitalters im 16. Jahrhundert gründeten zunächst Spanien und Portugal Kolonien in Übersee. Später beteiligten sich auch die anderen europäischen Mächte. Dabei entstand ein regelrechter Wettlauf um die „Aufteilung der Welt". Aus Kolonialismus wurde Imperialismus.

- ***Welche Ursachen, Ziele und Formen hatte der Imperialismus?***

„The flag follows the trade"

Seit dem Entdeckungszeitalter versuchten die Europäer in Amerika, aber auch in Afrika und Asien Kolonien zu gründen. Bis in die zweite Hälfte des 19. Jahrhunderts beschränkte sich die Besitznahme der Kolonialmächte auf die Küstenregionen. Anfangs waren es häufig einzelne Kaufleute und Missionare, die in den eroberten Gebieten Handelsstützpunkte und Missionsstationen errichteten. Gefördert wurden sie von den Regierungen des Mutterlandes, die vor allem wirtschaftliche Interessen verfolgten. Ihr Hauptziel war der Gewinn von Rohstoffen, Edelmetallen und Agrarprodukten. Die Koloniegründungen folgten dem Grundsatz „The flag follows the trade" (dt. „Die Flagge folgt dem Handel"). Zu Beginn des Kolonialismus* waren die beiden großen Seefahrerstaaten Spanien und Portugal führend (S. 242 ff.). Im 16. und 17. Jahrhundert sicherten sich die Niederlande und Frankreich größeren Kolonialbesitz. Und im 18. Jahrhundert entwickelte sich England zur führenden Seenation, die in den folgenden 200 Jahren das größte Kolonialreich der Weltgeschichte errichtete. Neben den traditionellen Kolonialmächten beteiligten sich im Zeitalter des Imperialismus auch neue, aufstrebende Mächte, wie die USA, Deutschland, Belgien, Italien und Japan, am Wettlauf um die „Aufteilung der Welt".

Das „Imperium" als Ziel

Zu Beginn der 1880er Jahre begannen die europäischen Mächte ihre Kolonialgebiete auszudehnen. Nun ging es nicht nur um wirtschaftliche, sondern auch um politische Interessen. Statt einzelne Gebiete zu kolonisieren, wollten sie auf Kosten anderer Länder und Völker einen umfangreichen Herrschaftsbereich (lat. Imperium) aufbauen. Jetzt galt das Motto: „The trade follows the flag". Aus Kolonialismus wurde Imperialismus*. Politische Voraussetzungen dieser Entwicklung waren der Konkurrenzkampf der Europäer um die noch „unverteilten" Gebiete der Welt. Die Industrialisierung (S. 150 ff.) sowie die Suche nach billigen Rohstoffen und immer neuen Absatzmärkten für Waren und Kapital waren wirtschaftliche Voraussetzungen. Der Imperialismus unterschied sich vom Kolonialismus auch hinsichtlich der Mittel: Neben Landnahme und der Gründung von Wirtschaftsstützpunkten kam nun die militärische Besetzung des Landes, die Einsetzung einer Kolonialregierung sowie die kulturelle Beeinflussung. Der unerbittlich geführte Konkurrenzkampf um die „Aufteilung der Welt" und die Errichtung neuer Herrschaftsgebiete führte die europäischen Mächte in ein gefährliches Wettrüsten, das in den Ersten Weltkrieg (1914–18) mündete.

M 1

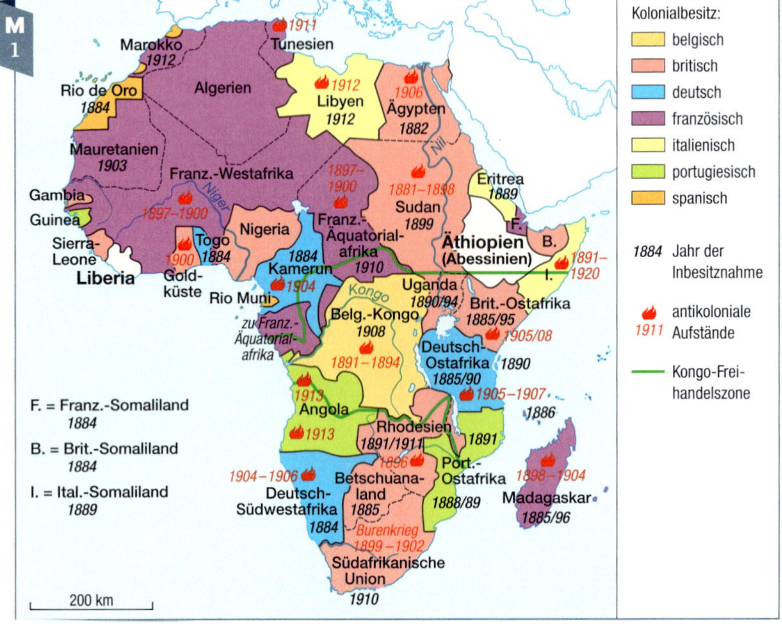

Europäische Kolonien und antikoloniale Aufstände in Afrika vor 1914

Kolonialmächte

(Zeichnungen von Th. Th. Heine)

So kolonisiert der Deutsche,

So kolonisiert der Engländer,

So der Franzose

und so der Belgier.

„So kolonisiert der ...", Karikatur von Thomas Theodor Heine in der deutschen Satirezeitschrift „Simplicissimus" von 1904

Imperialismus:
Die Epoche des Imperialismus (lat. Imperium = Weltreich) umfasst den Zeitraum zwischen 1880 und 1914/18 (Erster Weltkrieg) und bedeutet die Herrschaft eines weiterentwickelten, industrialisierten Staates über wenig entwickelte Länder. Imperiale Herrschaft wurde „direkt" (Besetzung und Errichtung von Kolonialregierung) und „indirekt" (Kontrolle über die eingesetzte einheimische Regierung) ausgeübt.

Webcode: FG647255-251
Kolonialismus und Imperialismus bis 1914

1 Erkläre den Begriff „Imperialismus" mithilfe eines Schaubildes (Darstellungstext).

2 Beschreibe anhand der Karte (M1) die „Aufteilung der Welt" am Beispiel Afrikas.

3 Arbeitsteilige Partnerarbeit: Beschreibt und deutet die Karikatur mithilfe der Arbeitsschritte S. 117.
- **a)** „So kolonisiert der Deutsche"
- **b)** „So kolonisiert der Engländer"
- **c)** „So kolonisiert der Franzose"
- **d)** „So kolonisiert der Belgier"

Imperialismus und Rassismus

Bei ihrem Wettlauf um die „Aufteilung der Welt" konnten sich die Industriestaaten auf ihre wirtschaftliche, technische und militärische Überlegenheit stützen. Außerdem hielten sie sich anderen Völkern gegenüber für überlegen. Imperialismus und Rassismus waren dabei aufs Engste miteinander verknüpft.

- ***Wie rechtfertigten die Mächte ihre imperialistische Politik?***

Rechtfertigung auf drei Ebenen

Seit den ersten Entdeckungsfahrten um 1500 hielten es die Europäer für notwendig, Anspruch auf ihre Herrschaft in der „Neuen Welt" zu rechtfertigen (S. 244 f.). Im Zeitalter des Imperialismus 1880–1914/18 basierte die Legitimation (= Rechtfertigung) für die Inbesitznahme von Kolonien auf drei Argumentationsebenen. Zum einen waren die Europäer überzeugt, dass ihre Kultur einen höheren Wert besaß als die Kultur anderer Völker. Sie glaubten sogar, im Auftrag Gottes zu handeln, wenn sie ihre Kultur und christliche Religion den anderen, „unterentwickelten" Völkern aufzwangen. Diese sollten im eigenen Interesse von den Europäern missioniert und zivilisiert werden. Der Glaube an die Vorzüge der eigenen Kultur und Werte sowie des eigenen Lebensstils wird als Sendungsbewusstsein bezeichnet. Eine zweite Ebene der Rechtfertigung war der Nationalismus*. Die imperialistischen Staaten sahen es als notwendige Aufgabe, die eigene Nation in dem Wettlauf um die „Aufteilung der Welt" zu stärken. Der Besitz von Kolonien und die Sicherung von Einflusssphären galten als Prestige (= Ansehen), um die nationalen Interessen in der Welt zu vertreten.

Eine dritte Argumentationsebene bildete die Überzeugung, Kolonien seien notwendig, weil im „Kampf um das Dasein" nur mächtige und reiche Nationen eine Chance zum Überleben hätten. Hierfür wurde auf die Biologie zurückgegriffen. Die von dem Engländer Charles Darwin entwickelte Theorie über die Entwicklung der Tierwelt, wonach nur derjenige überlebe, der sich am besten an seine Umwelt anpasse, wurde einfach auf Menschen und Staaten übertragen. Dazu diente eine Einteilung der Menschen in sogenannte höhere und niedere „Rassen". Es wurde behauptet, dass unter den menschlichen „Rassen" nur die stärkeren auf Kosten der schwächern überleben. Die vereinfachte und wissenschaftlich nicht haltbare Übertragung von Darwins Evolutionstheorie auf die menschliche Gesellschaft wird als „Sozialdarwinismus" bezeichnet. Anhänger dieser Theorie waren von der Überlegenheit der „weißen Rasse" der Europäer überzeugt. Die Verherrlichung der eigenen und die zum Teil aggressive Ablehnung anderer „Rassen" fand ihren Höhepunkt im Rassenwahn der nationalsozialistischen Diktatur (1933–45).

M 1

„Frankreich wird Marokko Kultur, Wohlstand und Frieden bringen können", Titelseite der französischen Zeitschrift „Le Petit Journal" vom 19. November 1911

M 2

Karikatur von Gino DeFinetti, 1904

Der Kolonialpolitiker und spätere Ministerpräsident der britischen Kapkolonie Cecil Rhodes (1853–1902), 1877:

Ich behaupte, dass wir die erste Rasse in der Welt sind und es für die Menschheit umso besser ist, je größere Teile der Welt wir bewohnen. Ich behaupte, dass jedes Stück Land, das unserem Gebiet hinzugefügt wird, die Geburt von mehr Angehörigen der englischen Rasse bedeutet, die sonst nicht ins Dasein gerufen worden wären ...

Da [Gott] sich die Englisch sprechende Rasse offensichtlich zu seinem auserwählten Werkzeug geformt hat, durch welches er einen auf Gerechtigkeit, Freiheit und Frieden gegründeten Zustand der Gesellschaft hervorbringen will, muss es auch seinem Wunsch entsprechen, dass ich alles in meiner Macht Stehende tue, um jener Rasse so viel Spielraum und Macht wie möglich zu verschaffen. Wenn es einen Gott gibt, denke ich, so will er daher eines gern von mir getan haben: nämlich so viel von der Karte Afrikas britisch-rot zu malen wie möglich und anderswo zu tun, was ich kann, um die Einheit der Englisch sprechenden Rasse zu fördern und ihren Einflussbereich auszudehnen.

Zit. nach Wolfgang J. Mommsen, Imperialismus. Seine geistigen, politischen und wirtschaftlichen Grundlagen, Hamburg (Hoffmann und Campe) 1977, S. 48f.

Der französische Außenminister Gabriel Hanotaux (1853–1944), 1902:

Bei der Ausdehnung Frankreichs handelt es sich nicht um Eroberungs- und Machtpolitik, sondern darum, ... in Landstrichen, die gestern barbarisch waren, die Prinzipien der Zivilisation zu verbreiten, deren sich zu rühmen eine der ältesten Nationen des Globus wohl das Recht besitzt ... Es handelt sich darum, unsere Sprache, unsere Sitten, unser Ideal, den französischen Namen inmitten der stürmischen Konkurrenz der anderen Rassen, die alle auf demselben Wege marschieren, zu schützen. Die französische Ausdehnung hatte zu allen Zeiten zivilisatorischen und religionsmissionarischen Charakter ... Wenn die Kunst, die Literatur, die Sprache, der Geist Galliens nicht ausgesät worden wären, der Rest des Universums wäre unfruchtbar geblieben.

Zit. nach Karl Epting, Das französische Sendungsbewusstsein im 19. und 20. Jahrhundert, Heidelberg (Vowinckel) 1952, S. 90.

Der afro-karibische Schriftsteller Aimé Césaire (1913–2008) in einer Rede über Kolonialismus und Imperialismus von 1950:

Der Kolonisator, der im anderen Menschen ein Tier sieht, nur um sich selber ein ruhiges Gewissen zu verschaffen, dieser Kolonisator wird objektiv dahin gebracht, sich selbst in ein Tier zu verwandeln ... Man erzählt mir von Fortschritt und geheilten Krankheiten. Ich aber spreche von zertretenen Kulturen, ... von Tausenden hingeopferten Menschen. Ich spreche von Millionen Menschen, denen man Zittern, den Kniefall, die Verzweiflung eingeprägt hat.

Aimé Césaire, Über den Kolonialismus, Berlin (Verlag Klaus Wagenbach) 1968, S. 27.

Rassismus
ist eine wissenschaftlich nicht haltbare Anwendung der biologischen Unterscheidungen von menschlichen Gruppen gleicher erblicher Merkmale (z. B. der Hautfarbe) auf das gesellschaftlich-politische Leben. Dabei wird die eigene „Rasse“ auf- und andere „Rassen“ abgewertet. Der Rassismus fördert damit das eigene Überlegenheitsgefühl und erzeugt Vorurteile, Ablehnung und Feindseligkeit gegenüber anderen Menschen.

1 Erkläre mithilfe des Darstellungstextes die drei Rechtfertigungsebenen der imperialistischen Politik.
Tipp: Stelle sie in einer Tabelle dar.

2 Erarbeite aus M3 oder M4 die Argumente zur Rechtfertigung des Imperialismus. Vergleiche mit M5 und nimm Stellung.

3 **Wähle eine Aufgabe aus:**
a) Beschreibe die Karikatur M1. Erläutere anhand von Beispielen, wie die Weißen und die Schwarzen dargestellt werden. Ordne die Karikatur einer Rechtfertigungsebene zu.
b) Beschreibe M2. Deute die Aussage der Karikatur. Ordne sie einer Rechtfertigungsebene zu.

4 Diskutiert über aktuelle Beispiele von Rassismus.

Imperialismus: Beispiel Deutschland

Im Jahr 1998 reichte das südwestafrikanische Volk der Herero beim Internationalen Gerichtshof Klage gegen die Bundesrepublik Deutschland ein. Es forderte eine Wiedergutmachung für die Verluste und Schäden bei der Niederschlagung des Herero-Aufstandes 1904. Weil nur Staaten klageberechtigt sind, wurde die Klage zwar abgewiesen. Aber über das Vorgehen der Deutschen in Südwestafrika wird bis heute diskutiert.

- *Wie sah die deutsche Kolonialpolitik aus?*

Bismarcks Haltung zu Kolonien

Deutschland war in Kolonialfragen – wie bei der Industrialisierung (S. 158 f.) und bei der Gründung des Nationalstaates 1871 – ein Spätzünder. Es gab zwar einzelne Aktivitäten deutscher Handelsgesellschaften, aber eine staatliche Kolonialpolitik setzte erst im Kaiserreich ein (1871–1918). Reichskanzler Bismarck lehnte den Erwerb von Kolonien ab, um die Stabilität des jungen Kaiserreichs nicht durch Konflikte mit anderen europäischen Großmächten zu gefährden. Er sei nicht seine Absicht, in Übersee „Provinzen zu gründen, sondern [private] kaufmännische Unternehmungen zu schützen".

Deutschland will auch einen „Platz an der Sonne"

Unter Kaiser Wilhelm II. (1888–1918) begann auch das Deutsche Reich imperialistische Politik zu betreiben. Der Kaiser wollte eine gleichberechtigte Weltmachtstellung. Dazu gehörten der Ausbau der Flotte und der Erwerb von Kolonien. Letzteres forderten vor allem Großindustrielle und Interessengruppen, wie der Deutsche Flottenverein. Sie versprachen sich davon die Einfuhr von billigen Rohstoffen und neue Absatzmärkte für die wachsende Industrieproduktion. Die Kolonien sollten auch als Siedlungsgebiete für deutsche Auswanderer dienen (S. 86 ff.). Darüber hinaus wollte die Reichsregierung bei der „Aufteilung der Welt" nicht tatenlos zusehen. „Wir wollen", so erklärte Reichskanzler von Bülow 1897, „niemanden in den Schatten stellen, aber wir verlangen auch unseren Platz an der Sonne." So leitete Deutschland in den 1880er-Jahren eine offensive Kolonialpolitik ein. Gebiete, die bereits Kaufleute und Handelsgesellschaften erworben hatten, wurden einfach unter deutsche Oberhoheit gestellt und als „Schutzgebiete" bezeichnet: Südwestafrika, Togo und Kamerun (1884), Ostafrika und Nordguinea (1885). Im Vergleich zu anderen imperialistischen Mächten blieb der deutsche Kolonialbesitz jedoch ohne Bedeutung.

Deutsche Kolonialpolitik in Südwestafrika

Am 7. August 1884 wurde die Gründung der deutschen Kolonie „Südwestafrika" verkündet. Das unfruchtbare Wüstengebiet im heutigen Namibia, von dem sich die Deutschen Bodenschätze wie Gold und Silber versprachen, hatte zuvor der Bremer Kaufmann Adolf Lüderitz erworben. Zunächst kaufte er im Sommer 1883 vom Häuptling der Nama einen Küstenstreifen. Anschließend beantragte Lüderitz für dieses Gebiet den Schutz des Deutschen Reiches, den Bismarck im April 1884 auch gewährte. In der Folgezeit kamen deutsche Kriegsschiffe, Beamte und weitere Siedler nach Südwestafrika. Sie gerieten nicht nur in Konflikt mit den Nama, sondern auch mit den Herero. Die Eingeborenenstämme wehrten sich gegen Landenteignung und die Zurückdrängung in ungünstige Gebiete sowie gegen die gewaltsame Rekrutierung von Arbeitskräften für deutsche Farmen.

M 1

Gefangen genommene Herero, bewacht von einem Soldaten der Schutztruppe, Foto, 1904

Aufstand der Herero

Im Januar 1904 begann der Aufstand der Herero. Sie töteten über 100 deutsche Siedler und besetzten ihr altes Stammesgebiet. Die Schlacht am Waterberg im Oktober 1904 konnten die deutschen Truppen aufgrund ihrer militärischen Überlegenheit dann für sich entscheiden. Erstmals wurde Kampfgas eingesetzt. Die fliehenden Herero wurde in die Sandwüste Omaheke getrieben, wo sie zu Tausenden verdursteten. Während auf deutscher Seite 1 500 Soldaten getötet wurden, haben von den ca. 80 000 Herero lediglich 15 000 überlebt. Der Kampf gegen die Herero wird daher inzwischen von vielen Historikern als Genozid (= Völkermord) bezeichnet.

M 2

„Pardon wird nicht gegeben.", Karikatur von Paul Singer aus der Zeitschrift „Der Wahre Jacob" von 1905

M 3

Martin Schäfer, Sprecher des Auswärtigen Amtes auf einer Pressekonferenz zur Haltung der Bundesregierung, 2015

Erst einmal ist die Grundlage für alles Tun und für unser politisches Handeln der Leitsatz, dass sich die Bundesregierung vor dem Hintergrund des grausamen Kolonialkriegs des Deutschen Reiches in Südwestafrika ausdrücklich zu einer besonderen historischen Verantwortung Deutschlands gegenüber Namibia und seinen Bürgern und ganz besonders der Herero, der Nama, der San und der Damara bekennt ... Schon 2004 hat die damalige Bundesministerin für wirtschaftliche Zusammenarbeit und Entwicklung, Frau Heidemarie Wieczorek-Zeul, bei einem Besuch in Windhuk [Hauptstadt Namibias] im Namen der Bundesregierung gesagt: „Wir Deutsche bekennen uns zu unserer historisch-politischen, moralisch-ethischen Verantwortung und zu der Schuld, die Deutsche damals auf sich geladen haben. Die damaligen Gräueltaten waren das, was heute als Völkermord bezeichnet würde." ... Das ist seither die politische Leitlinie der damaligen Bundesregierung gewesen, auch die des jetzt amtierenden Außenministers.

Zit. nach https://www.bundesregierung.de/Content/DE/Mitschrift/Pressekonferenzen/2015/07/2015-07-10-regpk.html (Download vom 23. 6. 2016).

M 4

Bericht des deutschen Generalstabs über den Aufstand der Herero, 1906

Diese kühne Unternehmung zeigt die rücksichtslose Energie der deutschen Führung bei der Verfolgung des geschlagenen Feindes in glänzendem Lichte. Keine Mühen, keine Entbehrungen wurden gescheut, um dem Feinde den letzten Rest seiner Widerstandskraft zu rauben: Wie ein halb zu Tode gehetztes Wild war er von Wasserstelle zu Wasserstelle gescheucht, bis er schließlich willenlos ein Opfer der Natur seines eigenen Landes wurde. Die wasserlose Omaheke [Wüste] sollte vollenden, was die deutschen Waffen begonnen hatten: die Vernichtung des Hererovolkes.

Zit. nach Generalstab (Hg.), Die Kämpfe der deutschen Truppen in Südwestafrika. Kriegsgeschichtliche Abteilung1. D.1. Berlin 1906, S. 20.

1 Nenne die Motive für die staatliche Kolonialpolitik des Deutschen Kaiserreichs (Darstellungstext).

2 Beschreibe Ursache, Verlauf und Ergebnis des Herero-Aufstandes (Darstellungstext).

3 **Wähle eine Aufgabe aus:**

a) Beschreibe M1. Erläutere, was das Bild über die Machtverhältnisse in Südwestafrika aussagt.

b) Untersuche M2 mithilfe der Arbeitsschritte S. 117. Erkläre die Aussage: „Pardon wird nicht gegeben."

4 **Partnerarbeit:** Analysiert arbeitsteilig M3 und M4 hinsichtlich der Haltung zum Herero-Aufstand. Vergleicht eure Ergebnisse.

5 Diskutiert, ob Deutschland heute für die Verluste und Schäden Entschädigungszahlungen leisten sollte.

Tipp: Informiert euch im Internet über den aktuellen Stand der Diskussion.

Zusatzaufgabe: S. 290

Imperialismus: Beispiel China

Bei ihrem Wettlauf um die „Aufteilung der Welt" nahmen die Industrienationen auch Asien ins Visier. Besonderes Interesse galt seit dem 19. Jahrhundert China. Das Kaiserreich steckte in einer Krise und wurde zum Spielball der imperialistischen Staaten. Doch es gab auch Widerstand in China.

- ***Wie verlief der Konflikt zwischen China und den imperialistischen Mächten?***

Wandel des europäischen Chinabildes

In der zweiten Hälfte des 18. Jahrhunderts begann sich das Verhältnis zwischen China und Europa zu wandeln. Die anfängliche Hochachtung und Bewunderung gegenüber der chinesischen Kultur und Gesellschaft, vor allem aufgrund der Reise- und Missionarsberichte der Portugiesen aus dem 16. Jahrhundert, schlug in Ablehnung um: China galt nun im Europa der Aufklärung (S. 104 f.) als ein rückständiges Land, das sich gegenüber dem westlichen Lebensstil und der christlichen Religion ablehnend verhielt. Da es in China auch keinen Bedarf an ausländischen Produkten gab, führte das bei den Europäern zu einem Handelsdefizit. Sie mussten begehrte chinesische Waren wie Seide, Tee und hochwertiges Porzellan in Silber bezahlen, das sie kostenintensiv in ihren lateinamerikanischen Kolonien abbauten.

Scramble for China

Im 19. Jahrhundert geriet China in eine politische Krise: Die Ernährung konnte aufgrund des rasanten Bevölkerungsanstiegs nicht mehr ausreichend gesichert werden. Es kam zu schweren Hungerskrisen, die durch Naturkatastrophen noch verschärft wurden. Obwohl die Währung zerfiel, blieben Steuern und Abgaben hoch. Weil sich die kaiserliche Regierung Reformen verweigerte, brachen landesweite Aufstände aus. Die innenpolitische Schwäche nutzten die militärisch und wirtschaftlich überlegenen Großmächte aus. Es kam zu militärischen Auseinandersetzungen zwischen China einerseits sowie England und Frankreich bzw. Japan andererseits. Sie endeten mit „ungleichen Verträgen" (M2), die China nicht nur wirtschaftlich, sondern auch politisch abhängig machten. Um 1900 verschärfte sich der „scramble for China" (dt. Wettlauf nach China), an dem sich nun auch Deutschland beteiligte. Damit die imperialistischen Mächte nicht untereinander in einen Konflikt gerieten, vereinbarten sie auf Initiative der USA den Grundsatz der „offenen Tür" (engl. Open Door Policy), die das Prinzip des ungehinderten Handels für alle Länder in den jeweiligen kolonialen Einflusszonen garantieren sollte.

„Der Kuchen der Könige und Kaiser", französische Karikatur von 1898

M2 Aus dem Vertrag von Nanking vom 29. August 1842

Artikel II. Seine Majestät, der Kaiser von China, erklärt, dass es britischen Untertanen erlaubt sein soll, sich unbelästigt und unbehindert mit ihren Familien und ihrem Inventar in den Städten und Ortschaften Kanton [= Guangzhou], Amoy [= Xiamen], Fuzhou, Ningbo und Shanghai niederzulassen zu dem Zweck, dort Handel zu treiben ...
Artikel III. Da es erforderlich und wünschenswert ist, dass den britischen Untertanen ein Hafen zur Verfügung steht, in dem sie ihre Schiffe auf Kiel legen können und, wenn notwendig, wieder instand setzen können und zu diesem Zweck Lager unterhalten, überlässt Seine Majestät, der Kaiser von China, Ihrer Majestät, der Königin von Großbritannien etc., die Insel Hongkong, auf dass sie in Ewigkeit Besitz Ihrer britischen Majestät, Ihrer Erben und Nachfolger sei ...

Zit. nach Harley Farnsworth Mac Nair, Modern Chinese History. Selected Readings, Bd. 1, Shanghai 1927, S. 174. Übers. unbekannt.

Boxeraufstand

Als Reaktion auf die aggressive Politik der imperialistische Mächte und die Schwäche des Kaiserhauses bildete sich in China eine breite Widerstandsbewegung. Sie selbst bezeichnete sich als „Faustkämpfer der Gerechtigkeit und Eintracht", das Ausland als „Boxer". Sie wehrte sich gegen ausländischen Einfluss, insbesondere gegen die christlichen Missionare. Im Jahr 1900 kam es zum Boxeraufstand: Die Aufständischen eroberten Peking, belagerten das Gesandtschaftsviertel und ermordeten chinesische Christen sowie einen deutschen Gesandten. Als sich auch noch der Kaiser den Aufständischen angeschlossen hatte, wurde der Aufstand blutig niedergeschlagen. Acht Großmächte, Großbritannien, Frankreich, Deutschland, Russland, Japan, USA, Italien und Österreich-Ungarn, besetzten Peking und erzwangen im sogenannten „Boxerprotokoll" vom 7. September 1901 einen Diktatfrieden: China musste hohe Reparationen zahlen und ausländische Militärstützpunkte zulassen. Diese Demütigung, die anhaltende Schwäche des Kaiserreiches sowie erneute Unruhen führten schließlich 1911 zum Sturz der Monarchie in China.

M 3

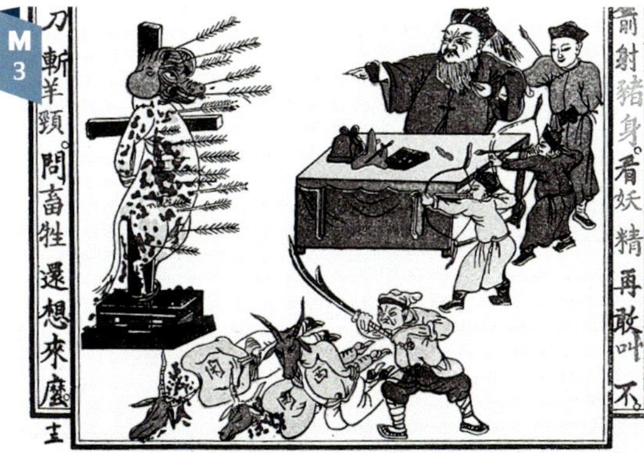

Das Bild zeigt, wie ein Christ in Gestalt eines Schweins (in der Beischrift als Jesus bezeichnet) und zwei als Ziegen dargestellte Fremde hingerichtet werden, chinesisches Propagandabild von 1891

M 5

Europäer lassen sich mit hingerichteten Boxern fotografieren, Fotografie von 1900

M 4

Rede Kaiser Wilhelms II. (Reg. 1888–1918) in Bremerhaven zur Verabschiedung deutscher Truppen, die nach China zur Niederschlagung des Boxeraufstandes gesandt wurden, vom 27. Juli 1900

Die Aufgabe, zu der Ich Euch hinaussende, ist eine große. Ihr sollt schweres Unrecht sühnen! Denn ein Fall in der Art, wie es die Chinesen getan haben, ... ist ein Vorfall, wie er in der Weltgeschichte noch nicht vorgekommen ist, und dies hat sich noch dazu ein Volk geleistet, welches stolz ist auf seine vieltausendjährige Kultur! Aber Ihr könnt daraus ersehen, wohin eine Kultur kommt, die nicht auf dem Boden des Christentums aufgebaut ist ...

So sende ich Euch aus, dass ihr bewähren möget einmal unsere alte preußische Tüchtigkeit, zum zweiten die Hingebung, Tapferkeit und freudiges Ertragen jeglichen Ungemachs, wie Ihr es gelernt habt als Christen, und zum dritten die Ehre und den Ruhm unserer Waffen und unserer Fahnen! Ihr sollt Beispiele abgeben von Manneszucht und Disziplin, Selbstüberwindung und Selbstbeherrschung. Ihr sollt fechten mit einem Euch ebenbürtigen, tapferen, verschlagenen Feind, gut bewaffnet und gut ausgerüstet. Aber Ihr sollt auch rächen den Tod unseres Gesandten und so vieler, nicht nur Landsleute, auch anderer Europäer! Kommt Ihr vor den Feind, so wird derselbe geschlagen! Pardon wird nicht gegeben! Gefangene werden nicht gemacht! ... [S]o möge der Name Deutscher in China auf 1000 Jahre durch euch in einer Weise bestätigt werden, dass es niemals wieder ein Chinese wagt, einen Deutschen scheel (= misstrauisch) anzusehen!

Zit. nach Michael Balfour, Kaiser Wilhelm II. und seine Zeit, Berlin (Ullstein) 1973, S. 240.

1 Beschreibe M1. Erläutere, welche Staaten die dargestellten Personen repräsentieren.

2 Beschreibe anhand von Beispielen die Politik der Großmächte gegenüber China (Darstellungstext, M2).

3 **Wähle eine Aufgabe aus:**

a) Beschreibe M3 und M5. Erläutere, warum es sich um Propagandabilder handelt. Nutze den Darstellungstext über den Boxeraufstand.

b) Analysiere M4 mithilfe der Arbeitsschritte S. 59. Erkläre, inwiefern die Rede die imperialistische Politik widerspiegelt.

Zusatzaufgabe: siehe S. 290

1400 1500 1600 1700

1492 „Entdeckung“ Amerikas durch Kolumbus

1494 Vertrag von Tordesillas über die Aufteilung der Gebiete in Übersee zwischen Spanien und Portugal

um 1500 Beginn der europäischen Expansion und des Kolonialismus

1503 offizielle Einführung des Systems der Encomienda

1535 Bildung des ersten Vizekönigreichs Neuspanien

1568 erste Sklaventransporte von Westafrika nach Amerika

Ende des 16. Jh. Spanisches Weltreich: Höhepunkt der territorialen Ausdehnung

Ende des 17. Jh. Beginn des Dreieckshandels

Expansion und Kolonialismus

Ursachen der europäischen Expansion

Die Entdeckung Amerikas durch Kolumbus bildete den Auftakt zur europäischen Expansion. Sie war möglich durch den Wandel des Menschenbildes in der Renaissance* und die Wiederentdeckung geografischer Erkenntnisse der Antike, z. B. dass sich die Erde um die Sonne dreht (heliozentrisches Weltbild). Eine weitere Ursache waren die technischen Erfindungen, wozu neue Messinstrumente (z. B. Kompass), ein neuer Schiffstyp (Karavelle) sowie exakte Seekarten gehörten. Zu den wirtschaftlichen Gründen gehörten die gesteigerte Nachfrage nach Edelmetallen sowie die Suche nach einer Möglichkeit, Asien über den Atlantik auf der Westroute zu erreichen, weil der Handel auf der Meeresroute durch den Indischen Ozean von arabischen Kaufleuten kontrolliert und auf dem Landweg über die Seidenstraße durch das Osmanische Reich blockiert wurde. Hinzu kam die Kreuzzugsidee, die Ende des 15. Jahrhunderts durch den Sieg der christlichen Reconquista* über die muslimischen Araber und deren Vertreibung von der Iberischen Halbinsel neuen Auftrieb bekam.

Kolumbus

Als Kolumbus 1492 in Amerika landete, war er davon überzeugt, Westindien über den Seeweg erreicht zu haben. Er nahm das „entdeckte“ Land stellvertretend für die spanische Krone in Besitz. Damit galten die Ureinwohner, die er „Indianer“ nannte, nun als spanische Untertanen. Auf seiner zweiten Amerika-Fahrt gründete Vizekönig Kolumbus auf Haiti die erste spanische Stadt. Kolumbus’ Lebensleistung ist bis heute umstritten: Dem Mut als Entdecker steht sein Wirken als Vizekönig bei der Unterrückung und Versklavung der einheimischen Bevölkerung gegenüber. Ob Kolumbus auch an den Massenmorden an der indigenen Bevölkerung* beteiligt war, ist nicht geklärt.

Frühneuzeitlicher Kolonialismus

Nach der Entdeckung und ersten Besiedlung der „Neuen Welt“ kamen die Konquistadoren* nach Amerika. Sie sollten im Auftrag des spanischen bzw. portugiesischen Königshauses das Land erkunden, besiedeln und die Einheimischen missionieren. Das entscheidende Motiv für die ersten Auswanderungen war die Jagd nach Gold, das man auf einigen karibischen Inseln gefunden hatte. Die gewaltsame Eroberung Amerikas führte zur Vernichtung der altamerikanischen Hochkulturen (Inka, Maya). Ein wesentlicher Grund für den Sieg der Europäer war die technische und taktische Überlegenheit, die bessere Bewaffnung sowie die brutale Kriegsführung der Konquistadoren.

Bereits Anfang des 16. Jahrhunderts begann Spanien die Gebiete in Mittel- und Südamerika in sein Königreich einzugliedern und zu kolonialisieren. Es sollte eine staatliche Verwaltung entstehen, die den europäischen Herrschaftsanspruch in der „Neuen Welt“ dauerhaft absicherte. Es wurden Handelsstützpunkte und Siedlungskolonien errichtet; erste Städte entstanden. Die Kolonialstaaten verfolgten dabei zunächst vorrangig wirtschaftliche und militärische Interessen.

1800 | 1900 | 2000

Ende des 19. Jh. Britisches Weltreich: Höhepunkt der territorialen Ausdehnung

1880–1914/18 Imperialismus

1882 Besetzung Ägyptens durch Großbritannien

1884/85–1890 Deutsches Reich erwirbt Kolonien

1890 Beginn des Wettrüstens zwischen den europäischen Großmächten

1900/01 Boxeraufstand in China

1914–1918 Erster Weltkrieg

Kolonialismus und Sklavenhandel

Den Konquistadoren* fehlten bald billige Arbeitskräfte, weil viele Indios aufgrund der unmenschlichen Behandlung und der eingeschleppten Infektionskrankheiten starben. Die globale Vernetzung ermöglichte dabei freiwillige wie erzwungene Zuwanderung von Migranten. Zwangsmigration bedeutete in diesem Zusammenhang die Verschleppung von Menschen als Sklaven aus Afrika nach Amerika. Durch den Dreieckshandel gelangten die Sklaven direkt aus Afrika nach Amerika. Die Sklaven mussten auf den Plantagen und in den Bergwerken arbeiten oder wurden zu häuslichen Diensten eingesetzt. Am härtesten war die Zwangsarbeit auf den Zuckerrohr- und Baumwollplantagen. Erst um 1800 begannen die ersten europäischen Staaten, den Sklavenhandel über den Atlantik zu verbieten.

Imperialismus und Rassismus

Zu Beginn des Kolonialismus* waren die beiden großen Seefahrerstaaten Spanien und Portugal führend. Im 16. und 17. Jahrhundert sicherten sich die Niederlande und Frankreich größeren Kolonialbesitz. Und im 18. Jahrhundert entwickelte sich England zur führenden Seenation, die in den folgenden 200 Jahren das größte Kolonialreich der Weltgeschichte errichtete. Neben den traditionellen Kolonialmächten beteiligten sich im Zeitalter des Imperialismus (1880–1914/18) auch neue, aufstrebende Mächte, wie die USA, Deutschland, Belgien, Italien und Japan, am Wettlauf um die „Aufteilung der Welt". Nun ging es nicht nur um wirtschaftliche, sondern auch um politische Interessen. Statt einzelne Gebiete zu kolonisieren, wollten sie auf Kosten anderer Länder und Völker einen umfangreichen Herrschaftsbereich (lat. Imperium) aufbauen. Die Legitimation (= Rechtfertigung) für die imperialistische Politik basierte auf drei Argumentationsebenen: Erstens waren die Europäer überzeugt, dass ihre Kultur einen höheren Wert besaß als die Kultur anderer Völker. Sie glaubten sogar, im Auftrag Gottes zu handeln, wenn sie ihre Kultur und christliche Religion den anderen, „unterentwickelten" Völkern aufzwangen. Eine zweite Ebene der Rechtfertigung war der Nationalismus*. Die imperialistischen Staaten sahen es als notwendige Aufgabe, die eigene Nation in dem Wettlauf um die „Aufteilung der Welt" zu stärken. Eine dritte Argumentationsebene bildete die Überzeugung, Kolonien seien notwendig, weil im „Kampf um das Dasein" nur mächtige und reiche Nationen überleben würden. Es wurde behauptet, dass unter den menschlichen „Rassen" nur die stärkeren auf Kosten der schwächeren überleben. Die vereinfachte und wissenschaftlich nicht haltbare Übertragung von Darwins Evolutionstheorie auf die menschliche Gesellschaft wird als „Sozialdarwinismus" bezeichnet.

In diesem Kapitel konntest du folgende Kompetenzen erwerben:

- Gründe für die europäische Expansion nennen
- den frühneuzeitlichen Kolonialismus am Beispiel Spaniens beschreiben
- den Zusammenhang zwischen Kolonialismus und Sklavenhandel erläutern
- Kennzeichen und Legitimation des Imperialismus erklären
- die imperialistische Politik am Beispiel Chinas beschreiben
- den frühneuzeitlichen Kolonialismus und den Imperialismus anhand von Untersuchungsfragen vergleichen und beurteilen

Der uruguayische Journalist und Schriftsteller Eduardo Galeano, 1973:

Das Epos [= Erzählung] der Spanier und der Portugiesen in Amerika verknüpfte die Verbreitung des christlichen Glaubens mit der unrechtmäßigen Inbesitznahme und der Plünderung des Reichtums der Eingeborenen. Die unerschlossenen, gefahrenumwobenen Gebiete voll dichten Urwalds stachelten die Habgier der Feldkapitäne an, der adligen Ritter und der in Lumpen gehüllten Soldaten, die sich zur Eroberung der unermesslichen Kriegsbeute in den Kampf stürzten. Cortés hatte sein ganz persönliches Vermögen verpfändet, um die Expedition nach Mexiko auszurüsten ... Jahre vorher hatte die [spanische] Krone mit dem den Antillen entrissenen Golde die Dienste der Seeleute bezahlt, die Kolumbus auf seiner ersten Reise begleitet hatten. Schließlich hörte die Bevölkerung der Karibischen Inseln auf, Abgaben zu entrichten, da sie selbst zu bestehen aufhörte: Die Eingeborenen wurden in den Goldwäschereien bei der furchtbaren Arbeit, mit dem halben Leib unter Wasser den goldhaltigen Sand zu durchwühlen, völlig aufgerieben. Viele Eingeborene Santo Domingos eilten dem ihnen von ihren neuen weißen Unterdrückern auferlegten Schicksal voraus. Sie töteten ihre Kinder und begingen massenweise Selbstmord.

Zit. nach Eduardo Galeano, Die offenen Adern Lateinamerikas. Die Geschichte eines Kontinents von der Entdeckung bis zur Gegenwart, übers. v. Leonardo Halpern und Anneliese Schwarzer de Ruiz, Wuppertal (Hammer) 1973, S. 21ff.

Der deutsch-chilenische Journalist und Historiker Ernst Samhaber, 1976:

Die weltgeschichtliche Bedeutung der spanischen Eroberung Amerikas lag zunächst darin, dass zwei scheinbar so mächtige Reiche [= Azteken und Inka] beim ersten Ansturm zusammenbrachen, sodann aber in der gründlichen Umgestaltung des Erdteils ... Die Spanier haben einen sehr viel fester organisierten Staat in Mexiko und Peru aufgebaut, als das Azteken und Inka möglich gewesen war. Eine geordnete Verwaltung reichte bis in das letzte Indianerdorf hinein ... Mit dem Getreide kam der Pflug, mit den Pferden der Wagen. Als die reichen Silberminen von Potosí und Guanajuato – Mexiko – entdeckt wurden, begann der Bergbau. ... Die Erschließung des weiten Erdteils und die Bekehrung der Indianer waren einmal der Kirche zu verdanken, vor allem der nimmermüden Hingabe der Mönche, sodann den freien Unternehmern, die sowohl die Kriegszüge wie die wirtschaftliche Entwicklung des riesigen Gebietes auf eigene Rechnung unternahmen ... Die Konquistadoren waren raue Gesellen, aber auch nicht härter als die christlichen Adligen damals gegenüber ihren Bauern in Europa und als Osmanen, Mongolen oder Türken in Mittelasien und in Indien. Die schlimmsten Opfer kosteten die eingeschleppten Krankheiten ...
Die Eingeborenen sollten zum christlichen Glauben bekehrt werden, womit sie den Schutz der katholischen Kirche genossen. Das führte zwar zu Reibungen und Streitigkeiten zwischen Krone, Kirche und Siedlern, aber Krone und Kirche haben sich durchgesetzt ...

Zit. nach Ernst Samhaber, Weltgeschichte, Gütersloh (Bertelsmann) 1976, S. 332ff., S. 346.

M 3 *Werbepostkarte der Zentrumspartei zur Reichstagswahl 1912. Die SPD-Politiker Karl Liebknecht und Georg Ledebour hindern Deutschland daran, an der „Aufteilung der Welt" mitzumachen.*

Darstellen – historisch erzählen

1 **Partnerarbeit:** Erklärt euch gegenseitig die folgenden Begriffe: Kolonialismus, Imperialismus und Rassismus.

2 **Wähle eine Aufgabe aus:**

a) Beschreibe den frühneuzeitlichen Kolonialismus am Beispiel Spaniens.

b) Beschreibe den Imperialismus am Beispiel Chinas.

Methoden anwenden

3 Untersuche die Karikatur (M3) mithilfe der Arbeitsschritte S. 117.

4 Ziehe am Beispiel Deutschlands Rückschlüsse auf die innenpolitische Auseinandersetzung über die Kolonialpolitik.

Deuten und analysieren

5 **Arbeitsteilige Partnerarbeit:** Analysiere M1 bzw. M2 hinsichtlich der Position (gegenüber der Leitfrage) und der Begründung. Vergleicht eure Ergebnisse. Nutze die Arbeitsschritte zur Untersuchung einer Darstellung S. 135.

Urteilen

6 Beurteile auf der Grundlage deiner Kenntnisse die Positionen der beiden Autoren (M1, M2). Berücksichtige auch deren Herkunft.

7 Nimm nun selbst Stellung.

8 Vergleiche anhand der Untersuchungsfragen auf der Orientierungsseite (S. 237) den frühneuzeitlichen Kolonialismus und den Imperialismus.

9

Wahlmodul: Weltbilder (Längsschnitt)

Ein Selfie im All?
Die Wissenschaft machte es möglich. Alexander Gerst hat über fünf Monate hinweg auf der Internationalen Raumstation ISS gegessen, geschlafen, gelebt, geforscht und fotografiert. Hinterher bekannte er in einem Interview: „In Vollmondnächten ist die Erde von einem fahlen Licht erleuchtet, das ist einfach magisch. Dann gibt es komplett dunkle Nächte, in denen die Erde wie eine schwarze Kugel über einem zu schweben scheint."
Der kleine Holzstich deutet an, wie die Menschen sich vor mehr als hundert Jahren die Entdeckung des Universums (des „Himmels") bildlich vorstellten.
Und wie sehen wir unsere Erde heute?

Beschreibe den Holzstich. Vergleiche anschließend die Perspektive des Mannes mit der von Gerst. Diskutiert den Einfluss von Wissenschaft und Glauben.

7. Oktober 2014: Der deutsche Astronaut Alexander Gerst fotografiert sich selbst im All. – Holzstich aus dem Werk des französischen Astronomen Camille Flammarion, L'atmosphère météorologie populaire, Paris 1888

500 n. Chr. | 1000 n. Chr. | 1100 n. Chr. | 1200 n. Chr. | 1300 n. Chr.

8.–15. Jahrhundert
Mittelalterliches Weltbild

13.–16. Jahrhundert
Renaissance und Humanismus

100–170 n. Chr. Weltbild des Claudius Ptolemäus

1271–1295 Reise Marco Polos nach Asien

500 n. Chr. Ausbreitung des Christentums in Europa

seit 1000 n. Chr. Verbreitung der T-Karten

Weltbilder: Verändert Denken die Welt?

Je nach Alter und Kenntnisstand machen wir uns ein Bild von der Welt. Kleine Kinder nehmen zunächst nur die Familie, ihre Wohnung und die unmittelbare Umgebung wahr. Um zu studieren, ziehen junge Menschen häufig in eine andere Stadt oder in ein anderes Land um. Sie erfahren Neues und erweitern so ihren eigenen Horizont. Auch wer den Urlaub zum Reisen nutzt, lernt andere Orte und Lebensweisen kennen.
So ändert sich das Weltbild im Laufe des Älterwerdens, indem wir unser Wissen erweitern, Andersartiges akzeptieren und Neues lernen.
In der Geschichte ist es nicht anders. Das Bild, das sich die Menschen von der Welt machten, wandelte sich im Lauf der Zeit: erstens durch neue Vorstellungen oder den Glauben und zweitens durch Erforschung und Beobachtung der Natur. Vorstellung und Erfahrung bestimmen also gleichermaßen unser Weltbild. Vor allem in den letzten zweihundert Jahren entwickelten die Menschen aus ihrer Weltanschauung heraus Theorien, wie ein Staat aufgebaut und regiert werden und wie eine Gesellschaft zusammenleben sollte. Weltbilder und Weltanschauungen sind außerdem abhängig von Traditionen, sozialen, nationalen, religiösen und geografischen Bindungen.

Den Wandel von Weltbildern untersuchst du in diesem Kapitel mithilfe eines Längsschnitts. Dabei handelt es sich um ein Untersuchungsverfahren, das ein geschichtliches Thema anhand von Teilbereichen in verschiedenen Epochen erforscht. Mithilfe von Untersuchungsfragen kannst du die Weltbilder des Mittelalters, der Frühen Neuzeit und des 19. Jahrhunderts analysieren und vergleichen.

M 1

Titelseite eines Kinderbuches des Hanser Verlags

M 2

Symbol auf der Flagge der Weltorganisation der Vereinten Nationen. Dargestellt sind die Kontinente vom Mittelpunkt des Nordpols aus in kreisförmiger Anordnung innerhalb von Olivenzweigen als Zeichen für den Frieden.

1400 n. Chr.	1500 n. Chr.	1600 n. Chr.	1700 n. Chr.	1800 n. Chr.	1900 n. Chr.

18. Jahrhundert
Epoche der Aufklärung

19. Jahrhundert
Liberalismus: Forderung nach Mitbestimmung und Freiheit

- um 1420 Einrichtung einer Seefahrerschule in Portugal unter Prinz Heinrich
- 1453 Eroberung Konstantinopels durch die Türken
- 1492 Entdeckung Amerikas durch Christoph Kolumbus
- 1517 Beginn der Reformation
- 1543 Nikolaus Kopernikus: Sonne im Mittelpunkt des Planetensystems
- 1543 Andreas Vesalius: Buch über die Anatomie des menschlichen Körpers
- 1633 Hausarrest für Galileo Galilei, Anhänger des kopernikanischen Weltbildes
- Ende des 18. Jh. Erfindung der Dampfmaschine
- 1789 Beginn der Französischen Revolution
- 1807 Oktoberedikt in Preußen: „Bauernbefreiung"
- 1815 Endgültiger Sieg über Napoleon
- 1848 Kommunistisches Manifest
- seit 1870 Herausbildung der Arbeiterbewegung

M 3

Die Weltzeituhr wurde 1969 anlässlich des 20. Jahrestages der DDR (1949–1990) eingeweiht. Sie galt für den zweiten deutschen Staat als Symbol für die (eher nach dem Osten ausgerichteten) internationalen Beziehungen. Sie ist zehn Meter hoch und besteht erstens aus einem Metallzylinder, der in 24 Einheiten entsprechend der 24 Zeitzonen eingeteilt ist, und zweitens aus einer vereinfachten Darstellung des Sonnensystems über dem Zylinder. Unter jeder Zeitzone sind die Namen der darin befindlichen wichtigen Städte verzeichnet, allerdings wurden in der Zeit der DDR aus politischen Gründen Städtenamen wie Jerusalem, Tel Aviv oder Kapstadt übergangen, erst nach der Wiedervereinigung bei der Restaurierung im Jahr 1997 wurden diese Namen ergänzt. So ist auch die Weltzeituhr auf dem Alexanderplatz ein Beispiel für den Wandel des Weltbildes entsprechend politischer Veränderungen.

In diesem Kapitel beschäftigst du dich mit folgenden **Themen:**

Mittelalter	• *Weltbild auf der Grundlage der Bibel*
Frühe Neuzeit	• *Weltbild auf der Grundlage neuer Perspektiven um 1500*
19. Jahrhundert	• *Weltanschauungen: Liberalismus und Sozialismus*

Folgende **Untersuchungsfragen** kannst du zur Untersuchung der historischen Beispiele nutzen.

Untersuchungsfragen	***Historisches Beispiel***
Was beinhaltete das Weltbild bzw. die Weltanschauung?	*Mittelalter, Frühe Neuzeit, 19. Jahrhundert*
Welchen Einfluss nahmen die Vorstellungen der Zeit (Glaube, Ideen) auf das Weltbild?	*Mittelalter, Frühe Neuzeit*
Warum veränderten sich Weltbilder?	*Frühe Neuzeit*
Welche Menschen/Gruppen widersetzten sich dem neuen Weltbild?	*Frühe Neuzeit*
Welche Menschen/Gruppen förderten ein neues Weltbild bzw. eine neue Weltanschauung?	*Frühe Neuzeit, 19. Jahrhundert*

1 Stelle den Begriff Weltbild mithilfe einer Mindmap dar. Nutze den Darstellungstext.

2 **Wähle eine Aufgabe aus:**

a) Nenne Bildinhalte für das Titelbild eines Buches, das das Weltbild junger Menschen beschreibt. Vergleiche mit M1.

b) Beschreibe den Menschen, der sich von den hier gezeigten Weltbildern (M1–M3) angesprochen fühlt.

Tipp: Unterscheide nach Alter, politischem oder sozialem Interesse und Herkunft.

3 **Partnerarbeit:** Diskutiert, welche Rolle die Erforschung des Universums für die Veränderung des Weltbildes spielt. Nutze das Bild auf der vorhergehenden Doppelseite.

Christlicher Glaube im Mittelalter

Die christliche Religion bestimmte das Leben der Menschen im Mittelalter. Zu ihrem Alltag gehörten das tägliche Gebet und der regelmäßige Besuch eines Gottesdienstes. Die Kirchenglocken verkündeten nicht nur die Tageszeit, sondern auch Geburt und Tod eines Menschen sowie herannahende Unwetter und einen Friedensschluss. Der Glaube an Gottes Wort regelte das Zusammenleben, es sollte verbreitet und verteidigt werden.

- ***Auf welche Weise bestimmte der Glauben die Sicht des Menschen auf die Welt?***

Von Gott gewollte Ordnung

Schon im Frühmittelalter bekannten sich die Frankenkönige zum christlichen Glauben und sorgten für dessen Verbreitung unter den germanischen Stämmen. Spätestens seit der Herrschaft der Karolinger (S. 14) festigte sich die Beziehung zwischen dem Papst in Rom und dem mittelalterlichen Königtum in Zentrum Europas. Der König regierte mit Zustimmung und Segen der Kirche. Seine Macht wurde als von Gott gegeben anerkannt.
Auch gesellschaftliche Unterschiede erklärte man mit dem Willen Gottes: Er würde jedem Menschen bestimmte Aufgaben in einem von Geburt an festgelegten Stand zuweisen. (S. 28)

Beten, spenden, pilgern

Auch Krankheit und Tod galten im Mittelalter als gottgewollt. Daher sollten Gebete und Geldspenden an die Kirche helfen, die Menschen vor Krankheit und frühzeitigem Tod zu bewahren. Heilige sollten Vorbilder für das menschliche Leben sein und wurden als Vermittler zwischen dem Dasein auf der Erde und dem Jenseits betrachtet. Noch heute erinnern die Namenstage daran, dass das Heiligengedenken im kirchlichen Jahresablauf eine wichtige Rolle spielte, z. B. für Anna am 26. Juli oder für Stephan am 16. August. Pilgerreisen und Wallfahrten wurden unternommen, um Gottes Gnade für das eigene Wohlergehen zu erbitten. Der Jakobsweg nach Santiago de Compostela (Sant Jago von lat. sanctus Jacobus) in Nordspanien ist bei Pilgern bis heute beliebt. Die Gläubigen besuchen die Kirche und den Ort auf dem „Sternenfeld" (lat.: campus stellae), auf dem der Apostel Jakob der Überlieferung nach gepredigt haben soll.

Glaube und Selbstbestimmung

Alles Leben auf der Erde galt nach dem christlichen Glauben im Mittelalter als Teil der göttlichen Schöpfung. Individualität und Selbstbestimmung des Menschen entsprachen nicht so wie heute dem Denken und Streben der Menschen. Vorstellungen vom Jenseits, also von Himmel und Hölle, waren allgegenwärtig. Altargemälde, auf die die Gläubigen während des Gottesdienstes schauten, stellten die Vorgänge nach dem Tod anschaulich dar: Die Seelen der Verstorbenen mussten auf den Tag des Jüngsten Gerichtes warten, das über ihren weiteren Weg entschied.

Das christliche Weltbild

Im Mittelalter haben die Mönche in den Klöstern die Vorstellung von der Welt schreibend und zeichnend in einer vereinfachten Form als Scheibe dargestellt und den Gläubigen vermittelt: Der äußere Rand des Erdkreises besteht aus dem Ozean, dem mare oceanos. Von dem Ozean gehen weitere Gewässer aus, nämlich das große Meer (mare magnum) und das Mittelmeer (mare mediterraneum), und diese Gewässer teilen die Kontinente. Daraus entstand ein streng geordnetes Bild, in dem die Gewässer die Form eines umkreisenden „O" und eines den Kreis zerteilenden „T" einnehmen. Die Landmasse in der dreigeteilten Fläche besteht dann aus Asien in der oberen und Europa und Afrika in der unteren Bildhälfte. Aufgrund seiner Einfachheit und Einprägsamkeit bildete dieses TO-Schema die Vorlage für die meisten europäischen Kartendarstellungen des Mittelalters.

M 1

Totentanz, Wandmalerei, Ende 15. Jahrhundert (Marienkirche, Berlin). Seit dem 14. Jahrhundert finden sich vor allem in Kirchenräumen Darstellungen eines Totentanzes, die den Tod neben den Vertretern gesellschaftlicher Gruppen zeigen.

M2 Mittelalterliches Weltbild. Darstellung aus einem Gebetsbuch. Londoner Psalterkarte, um 1265 n. Chr. (London, British Libary)

M3 *TO-Schema einer Weltkarte. Mittelalterliche Buchillustration (frühes 13. Jahrhundert) aus den Etymologien des Isidor von Sevilla, entstanden um 623*

Der Historiker Folker Reichert über die Londoner Psalterkarte (Gebetsbuchkarte), 2013:

Entschlossen folgt der Verfasser dem TO-Schema, ... im Rahmen, auf der Karte selbst ... Über der Welt thront Christus als allmächtiger Herrscher, ..., dem allein ein Kreuznimbus (Heiligenschein mit einem Kreuz) zusteht. Gezähmte Drachen unterwerfen sich ihm, zwei Engel schwenken Weihrauch. Mit der Linken segnet Christus die Schöpfung, die Rechte hält einen Globus, den ein aufgetragenes T als Erdkugel kennzeichnet. Die Karte führt das Bild weiter aus und füllt das Schema mit bedeutsamen Orten. 145 Inschriften sind zu entziffern, manche nur bei genauem Hinsehen. Asien hat Geschichte, Europa die Gegenwart, Afrika vor allem wundersame Menschen zu bieten. ...

Ins Auge springen die Orte, auf die es bei einer geistlichen Deutung des Kartenbildes ankommt: Wie ein Blickfang wirkt das irdische Paradies, ... dem Garten Eden entströmen die Paradiesflüsse ... und bewässern die Erde. Den Süden nimmt von dort aus das (wie immer blutig) rote Meer ein, ...

Folker Reichert, Das Bild der Welt im Mittelalter. Darmstadt (Wissenschaftliche Buchgesellschaft) 2013, S. 34f.

1 Beschreibe anhand von Beispielen, wie der Glauben den Alltag der Menschen im Mittelalter regelte.
Tipp: Nutze die Themenseite S. 212 f.

2 Erkläre, wie der Glauben die Sicht auf die Welt bestimmte.

3 **Wähle eine Aufgabe aus:**
a) Erläutere, wie das TO-Schema in M2 umgesetzt wird. Nutze auch M4.
b) Gib ein begründetes Urteil über den Zweck der Karte (M2) ab. Beziehe die Rahmendarstellung ein und nutze M4.

4 Erläutere die Vorstellungen von gesellschaftlicher Ordnung und Gläubigkeit, die im Berliner Totentanz deutlich werden (M1).

5 **Recherche:** Informiere dich über die Bedeutung der Klöster für Glauben, Bildung und wirtschaftliche Versorgung im Mittelalter. Nutze dazu auch die Informationen in Kap. 1. Stelle deine Ergebnisse in der Klasse vor.

Zusatzaufgabe: siehe S. 291

Europas Perspektiven um 1500

Heute wissen wir: Die Erde dreht sich um die Sonne. Vor 500 Jahren war das eine neue Erkenntnis. Sie widersprach jedoch der kirchlichen Lehre, wonach sich die Himmelskörper um die Erde drehten. So gerieten die Wissenschaftler in einen Konflikt mit der Kirche.

- *Welche neuen Erkenntnisse hatten die Gelehrten?*

M1

Giotto di Bondone: Thronende Maria mit Kind, Tempera auf Holz, um 1295

M2

Fra Filippo Lippi: Madonna mit Kind und zwei Engeln, Tempera auf Holz, 1465

Neue Einsichten und Erkenntnisse

Immer mehr Gebildete und Neugierige wollten sich nicht mehr allein auf die Auslegung von Gottes Wort durch die Kirche verlassen: Der Mönch Martin Luther (1483 bis 1546) übersetzte die Bibel ins Deutsche und die Erfindung des Buchdruckes ermöglichte die Verbreitung dieser Schrift (S. 54). Alle Lesekundigen konnten nun selbst das Wort Gottes lesen. Neben das Bibelstudium trat das Interesse an Gottes Schöpfung, d.h. an der Natur selbst. Andreas Vesalius (1514–1564), ein Leibarzt des Kaisers Karl V., untersuchte die Körper von Toten und schrieb ein Buch über den Aufbau des menschlichen Körpers.

Seeleute unternahmen das Wagnis, sich von der vertrauten Küste zu entfernen – und entdeckten einen neuen Kontinent: Amerika. Gelehrte wie Galileo Galilei (1564 bis 1662) bauten Fernrohre, studierten die Bewegungen am Himmel – und erkannten die untergeordnete Rolle der Erde im Sonnensystem.

Wissenschaft und Glaube im Widerspruch?

Die Kirche bekämpfte diese neuen Einsichten und Erkenntnisse, denn sie bedrohten ihren ausschließlichen Einfluss auf die Weltvorstellung der Menschen. Nikolaus Kopernikus (1474–1543), der zuerst die Sonne als Mittelpunkt unseres Planetensystems erkannt hatte, wagte gar nicht, diese Erkenntnis zu veröffentlichen. Galileo Galilei erhielt Hausarrest nach einem Prozess, den die Kirche gegen ihn führte. Vesalius durfte nur die Leichname von hingerichteten Verbrechern untersuchen, deren Ehre und Unschuld nach Ansicht der Kirche ohnehin verloren war.

Und für die Mehrheit der Menschen änderte sich zunächst nichts. Der Glaube bestimmte nach wie vor ihr Alltagsleben. Dennoch war die neue Zeit nicht aufzuhalten: Die neue Glaubenslehre Luthers gewann immer mehr Anhänger und durch die Gründung von Kolonien auf dem neu entdeckten Kontinent Amerika sowie dem beginnenden Welthandel war das Mittelalter unwiderruflich vergangen.

Rückkehr der Antike?

Die Beschäftigung mit der Literatur der antiken Philosophen, wie z. B. Aristoteles, Platon und Sokrates, spielte eine wichtige Rolle bei der Neuausrichtung der Wissenschaften um 1500. Auch in der Kunst und Architektur sowie der Staatslehre wurden Vorbilder aus der Antike maßgeblich. Aber in der europäischen Renaissance wurde auch etwas Neues, nie Dagewesenes geschaffen. Der Weg wurde bereitet für weitere Entwicklungen und es wurde versucht, den Glauben an die Schöpfung Gottes auf eine andere Art zu bewahren. Der Philosoph Gottfried Wilhelm Leibniz (1646–1716) sprach am Ende der Epoche von unserer Welt als der besten, die von Gott ausgewählt und geschaffen wurde.

Geozentrisches und heliozentrisches Weltbild

Aristoteles und Ptolemäus, Philosophen und Gelehrte der Antike, nahmen an, dass die Erde (griech. geo: Erde) den Mittelpunkt des Universums bildet. Der polnische Astronom Nikolaus Kopernikus behauptete dagegen, dass sich die Erde um die Sonne (griech: helios: Sonne) dreht.

M 3

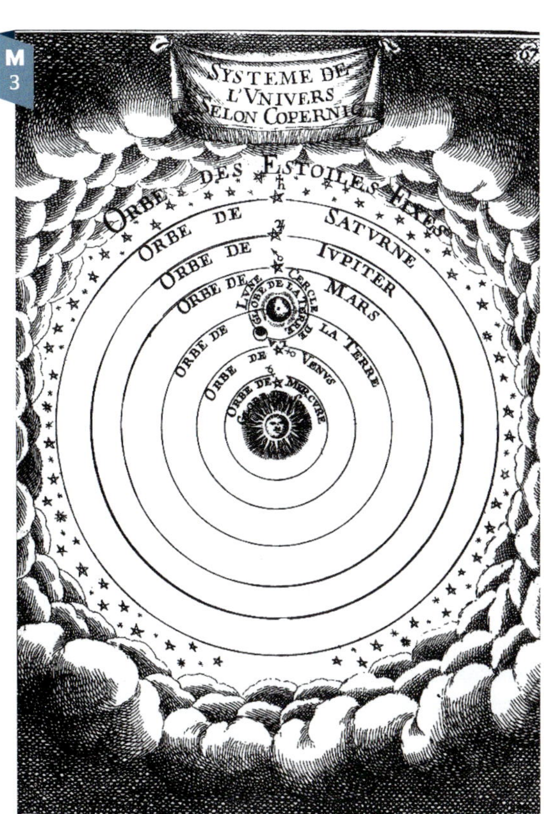

Heliozentrisches Weltbild, Kupferstich aus der „Beschreibung des Universums" von Alain Manesson Mallet, 1683

1 a) Vergleiche M1 und M2, indem du Gemeinsamkeiten und Unterschiede aufzeigst.
b) Erläutere anhand der Unterschiede die Entwicklung des Menschen- und Weltbildes.

2 Wähle eine Aufgabe aus:
Erläutere an einem Beispiel, wie die neuen Perspektiven um 1500 die Sicht auf die Welt veränderten. Nutze auch die entsprechenden Seiten in Kap. 2.
a) Reformation
b) Humanismus
c) Renaissance

3 a) Erkläre den Unterschied zwischen geozentrischem und heliozentrischem Weltbild (M3).
b) Begründe, warum die Kirche das heliozentrische Weltbild zunächst ablehnte.

Zusatzaufgabe: siehe S. 291

Wandel durch Reisen, Handel und Seefahrt

Im 13. und 14. Jahrhundert reisten nur wenige Menschen: Der König reiste mit seinem Gefolge, um sein Reich zu regieren. Und Kaufleute reisten, um Handel zu betreiben. Doch die neuen Erkenntnisse über die Gestalt der Erde reizten die Menschen in Europa, auch andere Kontinente zu entdecken.
- *Erforsche hier, inwieweit sich dadurch das Weltbild und das Denken veränderte.*

Marco Polo – ein früher Entdecker

Berühmt wurde Marco Polo (1254–1324) durch seine Reisen in den Fernen Osten. Der aus einer venezianischen Kaufmannsfamilie stammende Marco Polo brach 1271 auf und blieb siebzehn Jahre in China. Er erlernte dort die mongolische Sprache und diente dem mongolischen Großkhan in einigen diplomatischen Missionen und bei Regierungsaufgaben. Sein Reisebericht wurde im 14. und 15. Jahrhundert viel gelesen, so auch von Christoph Kolumbus (siehe Kapitel 8, S. 240). Trotz mancher Unwahrheiten – Marco Polos Beschreibungen enthielten eine Mischung aus Dichtung und Wahrheit – vermittelte diese Reisebeschreibung von Gebieten im heutigen China, Thailand, Japan, Vietnam, Sri Lanka, Tibet, Indien und Burma konkrete historische und geografische Kenntnisse über den in Europa wenig bekannten Fernen Osten.

Handel und Wandel

Tatsächlich waren es wirtschaftliche Interessen, die die Erkundung ferner Regionen vorantrieben. Vor allem die oberitalienischen Handelsstädte, wie Venedig und Genua, ermöglichten infolge des Warenaustausches zwischen Asien und Europa die Zunahme an Kenntnissen über die Regionen des Orient. Auch an den Küsten Afrikas segelten europäische Seefahrer. Seit der Mitte des 15. Jahrhunderts wurden Sklaven von der Westküste Afrikas nach Europa verschifft.

Warum wird Portugal ein Land der Seefahrer?

Portugals geografische Lage an der weitgedehnten Atlantikküste förderte die Entwicklung zur Seefahrernation. Unterstützt wurde sie auch von Mitgliedern der Königsfamilie: Heinrich der Seefahrer (1394–1460), ein portugiesischer Prinz, setzte sich für Verbesserungen des Schiffbaus und der Technik zur Kursbestimmung auf dem Wasser ein. Die Erforschung der afrikanischen Küste durch portugiesische Seefahrer geht auf seine Initiative zurück.

M 1

Heinrich der Seefahrer beim Seekartenlesen, Gemälde von Adriano de Sousa-Lopes, 1940

Die Journalistin Anna Fischhaber schreibt über die Seidenstraße, 2011:

Lange bevor Marco Polo hier entlang gereist sein soll, wurde in China die kostbare Seide entdeckt. Die erste Karawane soll etwa um das Jahr 100 vor Christus mit dem schimmernden Stoff von Chinas alter Hauptstadt ... Richtung Mittelmeer gestartet sein. Ein Abenteuer. Denn die Route führte durch die riesige ... Sandwüste mit Temperaturunterschieden von bis zu 75 Grad. Und über die schneebedeckten, oft höher als 4000 Meter gelegenen Pässe des Pamir-Gebirges. Und überall lauerten Räuber und Wegelagerer.

Karawanen mit bis zu tausend Kamelen (brachten) die kostbare Seide nach Rom ... Doch die Chinesen handelten nicht nur mit Europa, sondern auch mit den angrenzenden asiatischen Reichen. Und das Netz von Karawanenstraßen durch Vorder- und Zentralasien wurde immer dichter. Bald verliefen die Straßen parallel zueinander, kreuzten und verzweigten sich. Etwa 10 000 Kilometer lang soll die alte Seidenstraße insgesamt gewesen sein. Eine Karawanenreise von China zum Mittelmeer und zurück dauerte etwa sechs bis acht Jahre. Die Händler nutzten deshalb meist nur Teilstrecken und tauschten unterwegs ... ihre Waren mit anderen Händlern aus.

Nicht nur Seide, auch Jade, Keramik, Gewürze, Gold und Glas transportierten die Kamele auf der Seidenstraße. Neben Händlern nutzen Missionare und Pilger die Route – und trieben die Verbreitung der Religionen voran: Der Buddhismus gelangte über die Seidenstraße von Indien nach China, das Christentum verbreitete sich gen Osten. Aber auch Krankheiten wie die Beulenpest wurden hier weitergegeben. Der verstärkte Seehandel leitete schließlich den Niedergang des uralten Highways ein.

Zit. nach Anna Fischhaber, Marco Polos Märchenwelt, aus: Süddeutsche Zeitung Magazin, 31. August 2011

Zeichnung des Portugiesen Diogo Homem. Frühe Karten wie diese verzeichneten insbesondere Küstenorte, Küstenverlauf und Kompasslinien, d. h. Linien zur Anzeige von Windrichtungen, 1521–1576.

1 Beschreibe M1 und erkläre, welche Bildelemente auf eine Welterkenntnis schließen lassen, die wir heute gewohnt sind.

2 Vergleiche die Karte M3 mit M2 (S. 267).
Tipp: Liste Gemeinsamkeiten und Unterschiede auf.

3 **Wähle eine Aufgabe aus:**
a) Beschreibe den Verlauf und den Warenaustausch der Seidenstraße (M2).
b) Erläutere anhand von M2, wie sich durch den Fernhandel das mittelalterliche Weltbild in Europa veränderte.

4 Diskutiere auf der Grundlage deiner Kenntnisse die These: „Die Begründer des neuen Weltbildes in der Frühen Neuzeit waren nicht die Astronomen und Kartografen, sondern die Kaufleute und Seefahrer."
Tipp: Beziehe auch die Themenseite S. 238 f. mit ein.

Zusatzaufgabe: siehe S. 291

Liberalismus: Freiheit als Modell für die staatliche Ordnung

Die Aufklärung und die Forderungen der Französischen Revolution ließen bei den Menschen die Idee von einem Leben in Freiheit und in einer veränderten Staatsordnung entstehen. Du erfährst, wie sich auch das Weltbild wandelte.

Tiefgreifender Umbruch um 1800

Seit der Aufklärung (S. 104 f.) hatten immer mehr Wissenschaftler eine ausschließliche Orientierung am christlichen Glauben abgelehnt. Stattdessen sollte die menschliche Vernunft zum leitenden Prinzip des Handelns und die Erfahrung zum Maßstab des Erkennens werden. In Berufung auf das Naturrecht wurde eine Abschaffung der Vorrechte von Adel und Geistlichkeit gefordert. Obwohl sich die Ideen der Aufklärer schnell verbreiteten, änderten sich die gesellschaftlichen Verhältnisse zunächst nicht. Die gottgewollte Ordnung der Ständegesellschaft blieb vorerst bestehen.
Luxuriöse Hofhaltung und immer höhere Steuer- und Abgabenlasten für Bürger und Bauern, Staatsverschuldung und Hungersnöte durch Ernteausfälle führten zur Französischen Revolution (S. 114 f.) gegen König und Adelsherrschaft. Das Volk forderte im Sinne der Aufklärung „Freiheit, Gleichheit und Brüderlichkeit".

Gegenbewegungen

Aber so einfach war es nicht, denn als im Verlauf der Revolution Kirchen ausgeplündert, Klöster aufgelöst wurden und schließlich während der Schreckensherrschaft die Köpfe rollten (S. 126 f.), entstand eine Gegenbewegung, die in Frankreich dem Aufsteiger Napoleon Macht gab. Dessen Eroberungen veränderten die Landkarte Europas im Lauf von Kriegen, die von 1792 bis 1812 andauerten. Das Heilige Römische Reich Deutscher Nation, das über tausend Jahre Bestand hatte, zerfiel. Aber die Fürsten im deutschsprachigen Raum behielten ihre Kronen, nachdem Napoleon in den Befreiungskriegen (1812–1814) von Russland, Preußen, Österreich, Großbritannien und Schweden besiegt worden war.

Folgen für den Wandel des Weltbildes?

Auf einmal bestanden nach dem Ende von Napoleons Herrschaft, 1815, mehrere Weltanschauungen nebeneinander: Konservative (Bewahrer der althergebrachten Zustände) und Anhänger der Monarchien wollten die seit Beginn der Frühen Neuzeit bestehende Ordnung erhalten. Liberale, also Anhänger der Bewegung, die die Freiheit des Einzelnen als Grundlage einer neuen politischen und wirtschaftlichen Ordnung forderten, strebten dagegen einen fortschrittlichen Verfassungsstaat (S. 136 f., 140 f.) an, in dem Mitbestimmung möglich war. Und wie in allen Zeiten eines tiefgreifenden Umbruchs erzeugte das Bedürfnis vieler Menschen nach Sicherheit und Stabilität eine intensive Gläubigkeit und ein Vertrauen auf die Wirkungsmacht Gottes. Gemäß der zentralen Forderung des Liberalismus nach individueller (den einzelnen Menschen betreffend) Freiheit, standen nun auch verschiedene Weltbilder nebeneinander: Das christlich-religiös geprägte Weltbild betrachtete weiterhin alles Leben auf Erden als Ausdruck der göttlichen Schöpfung. Das Weltbild des Liberalismus stellte den selbstbestimmten, freien Menschen in den Mittelpunkt des wirtschaftlichen und gesellschaftlichen Handelns.

Politische Gruppierungen 1848

Liberale	Konservative	Monarchisten
Verfassung: grundlegendes Gesetz, das die Mitbestimmung der Bürger im Staat festlegt; Wahlrecht; Vertretung der Bürger in einem Parlament; gleiches Recht für alle; Freiheit	Machterhalt der Monarchie; Festhalten am Gottesgnadentum; eingeschränkte Mitbestimmung für Steuern zahlende Bürger; Vorrechte für Angehörige der höheren Schichten	Vollständiger Machterhalt der Monarchie; Gottesgnadentum; Kirche und Religion als übergeordnete bestimmende Mächte; Streben nach Wiederherstellung des Alten Reichs

Karl Friedrich Schinkel (1781–1841), Mittelalterliche Stadt an einem Fluss, 1815 (Alte Nationalgalerie, Berlin)
Friedrich Schinkel war Maler und Architekt. Er baute die Alte Nationalgalerie, die Neue Wache und das Schauspielhaus in Berlin und mischte dabei mittelalterliche und antike Bauelemente. Er war zuletzt Direktor der preußischen Baubehörde in Berlin. Er lebte und arbeitete in Berlin und dort lautet ein bekannter Spruch über ihn: „In jedem Winkel steht ein Schinkel".

Der württembergische Philosoph und liberale Politiker Paul Achatius Pfizer (1801–1867) über den Liberalismus, 1832:

Der Liberalismus ist es, der den erwachsenen Geist der Freiheit auf vernünftige Prinzipien zurück- und seinem höheren Ziel entgegenführt oder, wo er noch schlummert, durch bildende Institutionen und durch Aufklärung des Volks über seine Rechte und Interessen hin zu wecken sucht. Er will den trüb gewordenen Strom der Menschensatzungen [= Menschenrechtserklärungen] von seinem Schlamme säubern und das verdorbene Recht aus seinem ewig frischen, immer reinen Urquell, der Vernunft, erneuern. Wenn an die Stelle des Gemeinwohls das egoistische Sonderinteresse eines einzelnen Gewalthabers, einer herrschenden Partei oder einer bevorrechteten Kaste [= bevorzugte Gruppe] gesetzt hat, so leitet der Liberalismus den Staatszweck wieder auf das zurück, was die Gesamtheit in ihrem vernünftigen Interesse will oder wollen muss, und diesen Staatszweck sucht er mit möglichst geringer und möglichst gleicher Beschränkung der Freiheit aller zu erreichen.

Paul Achatius Pfizer, Politische Aufsätze und Briefe, zit. nach: Dokumente zur deutschen Politik 1806–1870, hg. von Harry Pross, Frankfurt/M. (Fischer Bücherei) 1961, S. 215ff.

1 a) Stelle mithilfe des Darstellungstextes und M1 den Begriff „Liberalismus" in einer Mindmap dar.
b) Erarbeite die Ziele des Liberalismus (M3).
c) Vergleiche die Gedanken des Autors mit den Ideen der Aufklärung (S. 104 f.).

2 Den Dom und die Stadt, die Friedrich Schinkel 1815 gemalt hat, gibt es nicht (M2). Erläutere anhand von Bildelementen die Weltanschauung des Künstlers.

3 Wähle eine Aufgabe aus:
a) Erkläre die Unterschiede zwischen dem Weltbild des Liberalismus und dem christlich geprägten Weltbild (Darstellungstext, M3) .
b) Erkläre den Unterschiede zwischen den politischen Gruppierungen des 19. Jahrhunderts (M1).

Sozialismus: die Idee von der Gleichheit aller

Neben dem Liberalismus gewann im 19. Jahrhundert eine weitere Weltanschauung viele Anhänger: der Sozialismus. Angesichts der Auswirkungen der Industrialisierung (S. 166–175) sollte zur Idee von der Freiheit nun die Idee der sozialen Gleichheit hinzukommen.

- ***Wie konnten gleiche Lebensbedingungen geschaffen werden?***

Wo liegen die Grenzen der Freiheit?

Zunächst war es die Idee der Freiheit, die die Menschen in ihren Bann zog: Sie glaubten fest daran, dass die Beseitigung der politischen Unterdrückung ihnen ein besseres Leben ermöglichen würde.

Um 1800 wurden die Ideen der Französischen Revolution durch die Revolutionskriege in Europa verbreitet. In Preußen kam es zu keiner Revolution, aber zu Reformen, die auch die „Bauernbefreiung" beinhalteten (S. 130 f.). Die Bauern waren zwar nun nicht mehr abhängig, aber der Grund, auf dem sie lebten und arbeiteten, musste nun erworben werden. Für den Kauf fehlte den meisten Bauern jedoch das Geld. Im Vorteil waren wieder diejenigen, die über Geld und Eigentum verfügten. Oft waren dies die ehemaligen Grundherren, die ihren Besitz nun sogar vergrößern konnten. Viele Bauern verloren in der ersten Hälfte des 19. Jahrhunderts ihr Land und zogen in die Nähe der Städte und jener Orte, wo Fabriken Arbeitsplätze in größerer Zahl als Verdienstmöglichkeiten boten. Abhängig wurden sie nun auf eine andere Art vom Arbeitsplatzangebot und der Bereitschaft der Unternehmer, sie anzustellen. Wieder lebten sie ausschließlich von ihrer Hände Arbeit und der Verdienst reichte zum Leben kaum aus.

Ein Ausweg aus der sozialen Ungleichheit?

Angesichts dieser neuen Notlage veröffentlichten zwei deutsche Gelehrte 1848 das „Kommunistische Manifest", einen Text, der sich gegen die Ausbeutung der Arbeiter durch die Unternehmer richtete und eine Lösung vorschlug, nach der jeglicher Privatbesitz in gemeinsames Eigentum aller überführt werden sollte.

Karl Marx (1818–1883) und Friedrich Engels (1820–1895) nahmen an, dass die Gesellschaft ursprünglich bezüglich Besitz, Verdienst und Leistung gleich (klassenlos) sei, sich danach von Epoche zu Epoche in unterschiedliche Klassen aufteilte. Sie gingen davon aus, dass sich diejenigen, die Produktionsmittel wie Fabriken, Maschinen oder Land besitzen (Kapitalisten*), und diejenigen, die nichts als ihre eigene Arbeitskraft besitzen (Proletarier*), unversöhnlich gegenüberstanden. Die Leistung der Proletarier sei deutlich mehr wert als ihr Lohn. Diesen Mehrwert, den Profit aus der unterbezahlten Arbeit, steckten sich die Kapitalisten in die Tasche. Um ihre Lage nun wesentlich zu verbessern, müsste die Klasse der Proletarier aller Länder die Klasse der Kapitalisten durch eine Revolution enteignen und die Produktion gemeinschaftlich, d. h. sozialistisch bzw. kommunistisch organisieren. Marx bezeichnete Revolutionen als „Lokomotiven der Geschichte", die zielsicher zu einer klassenlosen Gesellschaft in der Zukunft führten. Seine Idee gewann unter den Arbeitern viele Anhänger. Ange-

M 1

Urgesellschaft	Sklavenhaltergesellschaft	Feudalismus	kapitalistische Gesellschaft	Sozialismus	Kommunismus
klassenlos	Sklaven/Freie	Leibeigene/Adel	Arbeiterklasse/ Kapitalisten	Diktatur des Proletariats, Auflösung der Klassenunterschiede, keine Privatunternehmen, Betriebe in der Leitung der Arbeiterklasse	klassenlose Gesellschaft

Stufenmodell des marxistischen Geschichtsbildes

hörige der Gesellschaftsschichten, die in Politik und Wirtschaft bestimmten, fühlten sich durch die Ideen von Marx und Engels bedroht (siehe S. 201, M2).

Ein neues Weltbild gewinnt Anhänger

In der zweiten Hälfte des 19. Jahrhunderts schlossen sich die Arbeiter in Gewerkschaften und Parteien zusammen (S. 200 f.). Aus verschiedenen Parteigründungen entstand schließlich die Sozialdemokratische Partei Deutschlands (SPD), die heute die älteste Partei in Deutschland ist. Mit der Gründung von Bildungs-, Sport- und Gesangsvereinen entstand eine „Arbeiterkultur". Zudem formte sich eine eigene Weltanschauung heraus: So bestand das Geschichtsbild der Sozialisten und Kommunisten in einer stufenförmigen Abfolge von Klassenkämpfen (M1). Der christlichen Kirche warf Marx vor, sie unterstütze die herrschende Klasse der Kapitalbesitzer. Denn der Glaube und eine durch die Religion begründete Demut verhinderten, dass die Arbeiter aktiv gegen Unterdrückung und Ausbeutung protestierten.. Die Religion sei folglich „Opium für das Volk" und betäube die Bereitschaft zum Klassenkampf wie ein Rauschmittel (M3).

M 2

„Ein altes Märchen im neuen Gewande". Karikatur aus der sozialdemokratischen Zeitschrift „Der Wahre Jakob", 1900 (Inschriften auf dem Rücken des Goldesels. „Kapitalistische Produktion" und auf den Knüppeln: „Sozialismus")

M 3

„Opium für das Volk"

A) *Aus einem Text von Karl Marx:*

„Die Religion ist der Seufzer der bedrängten Kreatur, das Gemüt einer herzlosen Welt, wie sie der Geist geistloser Zustände ist. Sie ist das Opium des Volkes."

Karl Marx, Kritik der Hegelschen Rechtsphilosophie, 1844, zit. nach: Geborgte Droge? Von Christoph Drösser, in: Die ZEIT vom 7. 10. 2004.

B) *Heinrich Heine (1798–1856), Dichter und Gesprächspartner von Karl Marx:*

„Heil einer Religion, die dem leidenden Menschengeschlecht in den bittern Kelch einige süße, einschläfernde Tropfen goss, geistiges Opium, einige Tropfen Liebe, Hoffnung und Glauben!"

Heinrich Heine, Ludwig Börne. Eine Denkschrift, 1840, zit. nach: Geborgte Droge? Von Christoph Drösser, in: Die ZEIT vom 7. 10. 2004.

Ideen im 19. Jahrhundert

Sozialismus (lat. socius = Genosse) wurde im 19. Jahrhundert als politisches Gegenmodell zum bürgerlichen Liberalismus entworfen und stellt die Interessen der Gesellschaft über die Rechte des Individuums.

Als **Kommunismus** wurde die Endstufe der sozialistischen Gesellschaft verstanden. **Marxismus** bezeichnet die von Marx und Engels entwickelten philosophischen, politischen, sozialen und ökonomischen Lehren, ihre Interpretation und Weiterentwicklung.

Ideologie

System von Vorstellungen und Meinungen über Staat und Gesellschaft, das eine größere Gruppe von Menschen als bestimmend für ihr politisches Handeln anerkennt. Eine Ideologie dient auch dazu, bestimmte soziale Gegebenheiten zu rechtfertigen.

1 Erkläre, warum sich aus den Idealen der Französischen Revolution („Freiheit, Gleichheit, Brüderlichkeit") das Gewicht zugunsten der Forderung nach Gleichheit verschob (Darstellungstext).

2 Begründe anhand des Darstellungstextes, warum die Ideen von Marx und Engels immer mehr Anhänger gewannen.

3 **Wähle eine Aufgabe aus:**
   a) Untersuche die Karikatur M2. Nutze S. 117.
   b) Beschreibe das Stufenmodell M1. Erkläre den Unterschied zwischen Sozialismus und Kommunismus.

4 **Partnerarbeit:** Gebt die Zitate mit eigenen Worten wieder (M3). Diskutiert die Behauptung, die Religion sei das Opium für das Volk.

500 n. Chr. | 1000 n. Chr. | 1100 n. Chr. | 1200 n. Chr. | 1300 n. Chr.

8.–15. Jahrhundert
Mittelalterliches Weltbild

13.–16. Jahrhundert
Renaissance und Humanismus

100–170 n. Chr. Weltbild des Claudius Ptolemäus

500 n. Chr. Ausbreitung des Christentums in Europa

seit 1000 n. Chr. Verbreitung der T-Karten

1271–95 Reise Marco Polos nach Asien

Weltbilder

Wie entstehen Weltbilder?

Menschen sind eingebunden in einen zeitlichen Rahmen und einen geografischen Raum. Unser Alter, unsere Erfahrungen und das Denken der Zeit, in der Menschen leben und gelebt haben, beeinflussen unseren Blick auf die Welt. Und dabei gehen wir sogar einen Schritt weiter, denn wir wollen die Welt erklären und unserem Dasein einen Sinn geben. Bei der Ausgestaltung von Weltbildern oder Weltanschauungen (Ideologien) spielen immer Ideen und Werte eine Rolle, die sich nicht greifen lassen und die in der Realität nicht nachweisbar sind. Auf der anderen Seite tragen Erfahrungen in der Wirklichkeit dazu bei, dass sich Weltbilder auch verändern.

Das Weltbild des Mittelalters

Mittelalterliche Weltkarten vermitteln ein anschauliches Bild davon, wie tief die Menschen vom christlichen Glauben durchdrungen waren, obwohl die wenigsten Menschen diese Buchmalereien kannten. Keineswegs entsprachen diese Abbildungen der Wirklichkeit. Vielmehr spiegelte sich in den TO-Karten der Glaube an das Wunder der Schöpfung Gottes. Das Kürzel „TO“ bezieht sich dabei auf die Anordnung der bekannten Weltmeere in einem runden Kreis, einem „O“, in das die drei bekannten Kontinente eingebettet waren. Das „T“ ergab sich durch die Zeichnung des Mittelmeeres, das sich in der Form eines „T“ vom unteren mittleren Rand der Karte nach oben schob und sich knapp unterhalb der Kreismitte in einen Balken senkrecht zerteilte. Die Kontinente waren immer gleich angeordnet: Asien bildete die biblische Geschichte ab und lag im Norden, Europa stellte die christliche Gegenwart dar und lag im Westen, während Afrika, der unbekannte Kontinent in den Osten verbannt wurde. Im Mittelpunkt dieser nach biblischen Mythen konstruierten Karte lag die Heilige Stadt: Jerusalem mit dem Grab Christi, das im Mittelalter ein wichtiges Pilgerziel war. Manche Karten verzeichnen das irdische Paradies im Norden, direkt neben China gelegen. Auch die Arche Noah wurde öfter in die Bildwelt des asiatischen Kontinentes aufgenommen. Für uns sind diese Hinweise auf biblische Mythen ein deutliches Beispiel dafür, dass mittelalterliche Karten eine Idee von der Welt vermitteln sollten.

Realitätserfahrungen

Dass die Welt so nicht wirklich aussah, wie Mönche sie darstellten, war den Reisenden des Mittelalters bewusst. Pilgerreisen und Fernhandel erweiterten für ganz wenige Menschen im Mittelalter den Horizont, wenngleich die religiös gebundene Perspektive die Wahrnehmung der fernen Regionen lenkte. Auch Marco Polo interessierte sich auf seiner langjährigen Reise in das fernöstliche China vor allem für handelsfähige Produkte, Sprache und Glauben in den fernen Regionen, also für jene Dinge, die für einen Kaufmann aus Europa wichtig waren.
Seefahrer nutzten all die Instrumente, die eine Positionsbestimmung auf See ermöglichten, und die Karten der immer bekannter werdenden Küsten der Alten Welt waren die ersten, die sich einem realistischen Flächenmaß annäherten.

Epochenwende

Drei Ereignisse führten zum Ende des Mittelalters: 1453 eroberten die Türken Konstantinopel und unterbrachen damit den Landweg nach Osten. Gelehrte aus der alten byzantinischen Hauptstadt flohen mit dem Schatz der Bücher aus den Bibliotheken der Antike nach Westen. Auf der Suche nach einem Seeweg nach Westen entdeckte Christoph Kolumbus 1492 den für die Europäer

1400 n. Chr. | 1500 n. Chr. | 1600 n. Chr. | 1700 n. Chr. | 1800 n. Chr. | 1900 n. Chr.

18. Jahrhundert
Epoche der Aufklärung

19. Jahrhundert
Liberalismus: Forderung nach Mitbestimmung und Freiheit

um 1420 Einrichtung einer Seefahrerschule in Portugal unter Prinz Heinrich

1453 Eroberung Konstantinopels durch die Türken

1492 Entdeckung Amerikas durch Christoph Kolumbus

1517 Beginn der Reformation

1543 Nikolaus Kopernikus: Sonne im Mittelpunkt des Planetensystems

1543 Andreas Vesalius: Buch über die Anatomie des menschlichen Körpers

1633 Hausarrest für Galileo Galilei

Ende des 18. Jh. Erfindung der Dampfmaschine

1807 Oktoberedikt in Preußen: „Bauernbefreiung"

1815 Endgültiger Sieg über Napoleon

1848 Kommunistisches Manifest

seit 1870 Herausbildung der Arbeiterbewegung

1789 Beginn der Französischen Revolution

bislang unbekannten Kontinent Amerika. Und die Kritik an den Missständen und Machtgebaren der katholischen Kirche ließ den Augustinermönch Martin Luther seit 1517 zuerst zum Verfolgten, dann zum Schutzbefohlenen des sächsischen Herzogs und schließlich zum Übersetzer der Bibel ins Deutsche und zum Begründer der evangelischen Glaubenslehre werden. Diese Übersetzung verschaffte auch den gebildeten Laien Einblicke in den Text der Glaubensgrundlage der Christenheit.
Alle drei Ereignisse erzeugten eine radikal veränderte Weltsicht, sei es in geografischer, religiöser oder die Bildung betreffender Hinsicht: Neugier, Wissensdurst, verstärkte Beschäftigung mit antiken Texten und die Verweigerung eines unbedingten Gehorsams gegenüber dem Wort der katholischen Kirche zeigen das Bedürfnis nach Selbstbestimmung und wirklichkeitsorientierter Weltwahrnehmung. Renaissance und Humanismus sind die entscheidenden geistesgeschichtlichen Bewegungen. Entdeckergeist und sorgfältige Himmelsbeobachtungen leiteten die kopernikanische Wende ein und begründeten das heliozentrische Weltbild.

Revolutionen

Der Wandel des Weltbildes in der Renaissance und im Humanismus vollzog sich nicht von einem Tag auf den anderen. Die einfache Bevölkerung lebte noch Jahrhunderte in tiefem Gottvertrauen und hielt die Treue zur Kirche. Gebildete aber, Denker und Wissenschaftler, erweiterten ihre Kenntnisse über Mensch und Natur, indem sie durch Beobachtung, Theorienbildung und Überprüfung unablässig die Forschung vorantrieben. Schließlich kam es am Ende des 18. Jahrhunderts zu zwei Revolutionen, die das Weltbild des 19. Jahrhunderts prägen sollten: Die politischen Revolutionen, z. B. in Frankreich, führten zu einer neuen gesellschaftlichen Ordnung, die nicht mehr als eine von Gott gegebene angesehen wurde. Und die technisch-industrielle Revolution veränderte die Arbeitswelt grundlegend und schuf eine Masse verarmter Industriearbeiter.

Das Nebeneinander verschiedener Weltanschauungen

Aus der politischen Revolution wirkte der Liberalismus in das 19. Jahrhundert hinein. Freiheit von Unterdrückung bedeutete vor allem das Streben nach einer staatlichen Verfassung, die den Menschen Mitbestimmung und die Vertretung ihrer Interessen erlaubte. Und wo diese Mitsprache gewährt wurde, bildeten sich unterschiedliche Weltanschauungen deutlicher heraus: Anhänger des Liberalismus pochten weiterhin auf Selbstbestimmung und individuelle Freiheit. Anhänger des Sozialismus dagegen, die sich in der internationalen Arbeiterbewegung sammelten, gaben dem zweiten Begriff aus der Französischen Revolution den Vorzug: Gleichheit. Dieses gesellschaftliche Ideal sollte mittels einer weiteren Revolution im Kampf gegen die Besitzenden erreicht werden. Und es blieben die Konservativen, die auf dem Erhalt der alten Weltanschauung beharrten und für die die Religion weiterhin eine maßgebliche Bedeutung hatte. Natürlich gab es viele Zwischenstufen und die Menschen des 19. Jahrhunderts versuchten das Neue mit dem Alten zu verbinden. Letztlich zeigte sich zweierlei:

- Der Wandel des Weltbildes im Lauf der Geschichte hatte nicht das Wissen an die Stelle von Glauben gesetzt. Vielmehr standen Wissen und Glauben am Ende des 19. Jahrhunderts nebeneinander.
- Die machtvolle Befreiungsbewegung des Liberalismus führte zu einer Vielfalt von Weltbildern oder Weltanschauungen, die nebeneinander bestehen und vertreten werden konnten. Ein solches Nebeneinander der Weltbilder hat sich bis heute in unserer pluralistischen (vielgestaltigen, von vielen Interessen und Meinungen geprägten) Gesellschaft erhalten.

In diesem Kapitel konntest du folgende Kompetenzen erwerben:

- erläutern, wie im Mittelalter der Glauben das Leben bestimmte
- die neuen Perspektiven um 1500 (Humanismus, Renaissance, Reformation) beschreiben
- das mittelalterliche und frühneuzeitliche Weltbild vergleichen
- die Weltanschauungen wie Liberalimus und Sozialismus im 19. Jahrhundert erklären.
- Glauben und Wissen – Theorie und Erfahrung – als bestimmende Bedingungen für die Herausbildung von Weltbildern erläutern

M 1

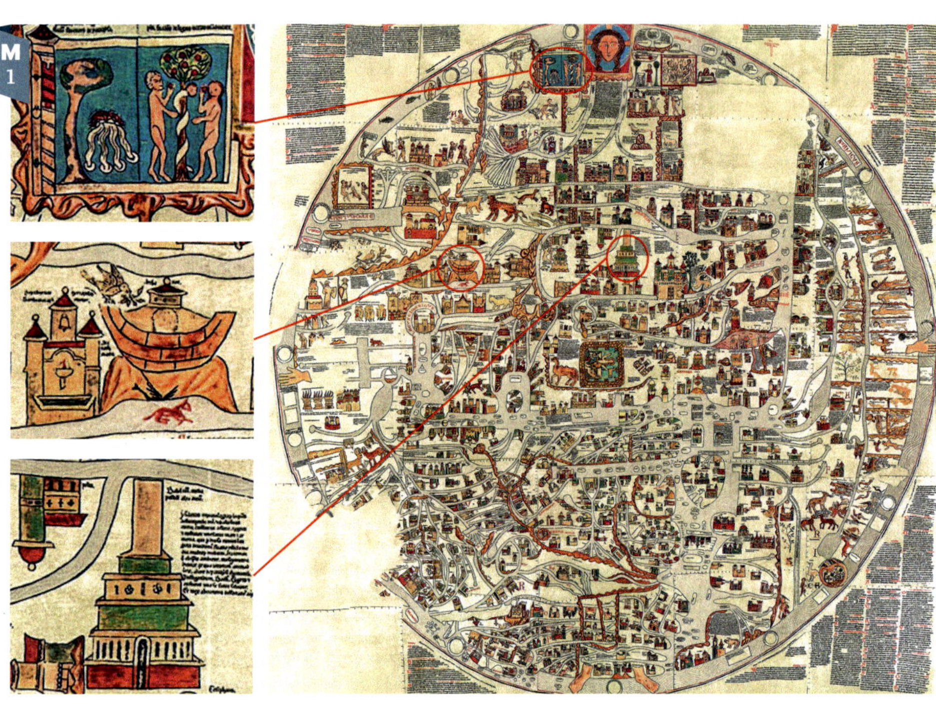

Ausschnitte aus der Ebstorfer Weltkarte, um 1283

M 2

Manfred Mai, Autor von Jugendbüchern über die Renaissance:

Die Renaissance war das Zeitalter der Wissenschaftler und Künstler, aber auch der Welterforscher und Seefahrer. Während des Mittelalters war man noch überwiegend an bekannten Küsten entlang gesegelt, aus Angst, am „Ende der Welt" könnte man erfrieren oder verbrennen, von Stürmen zerschmettert oder von Meeresungeheuern verschlungen werden. Solche Ängste gab es auch noch im 15. Jahrhundert, aber die Aufbruchstimmung der Renaissance ermutigte die Seefahrer. Sie waren voller Forscherdrang und Abenteuerlust. Freilich gab es auch handfeste wirtschaftliche Gründe, neue Seewege und Weltgegenden zu erforschen.

Manfred Mai, Weltgeschichte. München/Wien (Carl Hanser Verlag) 2005, S. 71

M 3

Der Dichter Georg Herwegh über seine Weltanschauung, 1840:

Ich bin ein freier Mann und singe
Mich wohl in keine Fürstengruft,
Und alles, was ich mir erringe,
Ist Gottes liebe Himmelsluft.
Ich habe keine stolze Feste, von der man Länder übersieht,
Ich wohn' ein Vogel nur im Neste,
Mein ganzer Reichtum ist mein Lied.

Erste Strophe des Liedes „Leicht Gepäck", zit. nach: Jost Hermand, Der deutsche Vormärz. Texte und Dokumente. Stuttgart (Reclam) 1976, S. 45.

M4

Werbeplakat einer französischen Handelsgesellschaft, Ende des 19. Jahrhunderts

Darstellen – historisch erzählen

1 **Partnerarbeit:** Erklärt euch gegenseitig die folgenden Begriffe: geozentrisches Weltbild, heliozentrisches Weltbild, Renaissance, Humanismus, Liberalismus, Sozialismus. Nutzt auch die passenden Seiten in Kap. 2.

2 Stelle die Ergebnisse deiner Untersuchung (S. 265) in Form einer Präsentation in der Klasse vor.

Methodenkompetenz

3 Beschreibe die Abbildungen (M1) und ordne sie dem entsprechenden Kontinent auf der mittelalterlichen Weltkarte zu.
Tipp: Die Darstellung auf dem ersten Bild ist leicht zu erkennen, auf dem zweiten siehst du ein Schiff, das auf einem Berg gestrandet ist, und das dritte Bild zeigt einen großen Turmbau und daneben steht: „Babel".

Deuten und analysieren

4 **Wähle eine Aufgabe aus:**
a) Erkläre aus M4 die entsprechende Weltanschauung des 19. Jahrhunderts.
b) Vergleiche die Weltkarte in M1 mit M2 (S. 267) und M3 (S. 271).

5 Untersuche in M3 die Weltanschauung des Dichters.
Tipp: Nenne dabei mindestens drei Aussagen, die deine Zuordnung zu einer Weltanschauung im 19. Jahrhundert belegen.

Urteilskompetenz

6 Vergleiche das mittelalterliche Weltbild mit dem Weltbild der Frühen Neuzeit.

7 **a)** Beurteile die Bedeutung des Glaubens für das Weltbild der Frühen Neuzeit und des 19. Jahrhunderts.
b) Der Astronaut Alexander Gerst spricht von Magie beim Blick aus dem All auf unsere Erde: Erörtert in der Klasse, ob und wie ein solcher Zauber bei wissenschaftlichen Projekten zur Welterforschung hilfreich sein kann.

8 Diskutiert in der Klasse auf der Grundlage eurer Kenntnisse die Leitfrage: Verändert Denken die Welt? Ausgangspunkt der Diskussion kann M2 sein.

Zusatzaufgaben

Kapitel 1: Epochenüberblick Mittelalter

zu S. 18/19:

Lebensmittel für eine Pfalz

Nahrungsbedarf des Königs oder Kaisers mit seinem Gefolge (etwa 1000 Mann) am Beispiel der Pfalz Ingelheim (geschätzte Werte für das Jahr 800 nach Ergebnissen der Geschichtsforschung):

	Fleisch	Getreide	Wein
je Mann und Tag	2 kg	2 kg	3 l
1000 Mann in 10 Tagen	20 000 kg	20 000 kg	30 000 l

Um 800 wurden aus den Schlachttieren (Schweine und Schafe) nur je 10 kg Fleisch gewonnen. Eine große Pfalz wie Ingelheim hatte wohl nicht mehr als 2000 Schlachttiere. Zur Pfalz gehörten etwa 1000 ha Ackerland. Für 20 000 kg Getreide mussten etwa 400 ha Getreide angebaut werden. Maximal dürften 30 Fässer zu je 1000 l Wein und Bier zur Verfügung gestanden haben.

Zusammengestellt nach Gustav A. Süß, Versorgung und Wirtschaften auf der Pfalz. In: Praxis Geschichte, H. 2, 1988, S. 20f.

1 Berechne, wie sich ein zehntägiger Aufenthalt Karls des Großen und seine Gefolges auf die Pfalz Ingelsheim auswirkte.

zu S. 30/31:

Beim Pflügen, Buchillustration, 1525.

1 Beschreibe M2.

2 Nenne die Arbeitstechniken und -geräte, die hier abgebildet sind.

3 Vergleiche sie mit der heutigen Landwirtschaft.

Kapitel 2: Epochenüberblick: Frühe Neuzeit

zu S. 48/49:

1 In der Schule soll das Fach „Humanismus" eingeführt werden. Erläutere, was in diesem Fach gelernt werden soll.

zu S. 52/53:

M 1

Flugblatt „Im Höllenrachen", Holzschnitt, vor 1536. Die Abbildung zeigt Nonnen und Mönche, die im Maul eines Teufels tafeln, der auf einem Ablassbrief sitzt.

1 Beschreibe das Flugblatt. Erläutere, mit welchen Mitteln der Ablasshandel kritisiert wird.

zu S. 68/69:

1 Vergleiche die Machtbasis des französischen Königs Ludwig IV. mit der des Kaisers im Heiligen Römischen Reich Deutscher Nation. Berücksichtige die Bestimmungen des Westfälischen Friedens von 1648 (S. 66/67).

Kapitel 3: Fächerverbindendes Modul: Migrationen (Längsschnitt)

zu S. 78/79:

M 2

Der polnische Historiker Marian Biskup, 2000

Aus der Sicht der Völker des südlichen Ostseeraumes muss eine Bewertung des Ordens und seines Staates in Preußen negativ ausfallen. ... Konzentriert auf die Interessen der niederen deutschen Ritterschaft bedrohte der Ordensstaat die normale Entwicklung, manchmal sogar die Existenz anderer Völker und Staaten an der Ostsee.

Marian Biskup und Gerard Labuda, Die Geschichte des Deutschen Ordens in Preußen. Osnabrück (fibre) 2000, S. 541.

M 3

Der deutsche Historiker Bruno Schumacher, 1959

Vorweg muss betont werden, dass der Orden die eingeborene Bevölkerung seines Landes weder „ausgerottet" noch planmäßig „germanisiert" hat. Der letzte Begriff war dem Mittelalter ohnehin fremd, und so hat sich der Orden mit der Christianisierung der Prussen begnügt ... Eher könnte man von einer Kultivierung sprechen.

Bruno Schumacher, Geschichte West- und Ostpreußens, Würzburg (Holzner) 1959, S. 68.

1 Analysiere und vergleiche die beiden Positionen zum Deutschen Orden.

2 Überprüfe die Positionen auf der Grundlage deiner Kenntnisse.

zu S. 86/87:

Zeitgenössisches Gedicht

In tausend Farben flattern die Fahnen
Der Völkerwanderung nach dem Wunderland
Wie einst, als Gothen stießen auf Romanen.
Der Deutsche reicht dem Franken die Hand,
Der Ire baut sich Hütten beim Chinesen,
Yankee und Schotte wohnen Wand an Wand.

Zit. nach Wolfgang J. Helbich, „Alle Menschen sind dort gleich ...". Die deutsche Amerika-Auswanderung im 19. und 20. Jahrhundert, Düsseldorf (Schwann) 1988, S. 25.

1 Gib den Inhalt des Gedichtes mit eigenen Worten wieder.
2 Deute es mithilfe des historischen Hintergrunds (S. 86–89).
3 Formuliere eine passende Überschrift.

zu S. 92/93:

Feiertag für Migration? Der Journalist Sebastian Hammelehle über die „Gastarbeiter" in der Bundesrepublik, 2014

Heute vor 50 Jahren, am 10. September 1964, stieg auf dem Bahnhof von Köln-Deutz der Portugiese Armando Rodrigues de Sa aus dem Zug. Feierlich begrüßt und mit einem Mofa beschenkt, war er der Einmillionste jener Arbeitsmigranten in die Nachkriegsrepublik, die so beschönigend wie ausgrenzend „Gastarbeiter" genannt wurden. Beschönigend, weil ein Gutteil dieser Menschen nicht ganz so gut behandelt wurde, wie es Gästen gebührt. Ausgrenzend, weil dieses Wort ja auch deutlich machte, dass all die Männer und Frauen, die man geholt hatte, um am bundesdeutschen Wirtschaftswunder mitzuarbeiten, alsbald wieder zu verschwinden hätten ...
Auf eine nachhaltige Geste der Anerkennung von offizieller Seite müssen die Migranten in Deutschland bis heute warten ...
Viel zu lang hat die bundesdeutsche Öffentlichkeit Migranten das Gefühl gegeben, ein Problem zu sein: zuerst geduldet, dann mühevoll akzeptiert. Wenn wir Zuwanderer, ihre Kinder und Enkelkinder und den ökonomischen wie kulturellen Beitrag, den sie für dieses Land geleistet haben, endlich ernst nehmen; wenn wir feststellen, dass dieser 10. September 1964, als der Tag, an dem Migration als gesellschaftlich relevanter Faktor manifest wurde, unser Land mindestens ebenso geprägt hat wie der Mauerfall; wenn wir den Migranten und den Deutschen mit Migrationshintergrund in der Folge endlich jene Anerkennung zukommen lassen, die sie verdient haben – dann fördern wir eine positive Identifikation mit den Werten der westlichen Demokratie auch bei jenen, die aus Kulturkreisen kommen, in denen dies nicht selbstverständlich ist ...
Es wäre ganz einfach: Erklären wir den 10. September zum Feiertag – oder zumindest zu einem wichtigen, nationalen Gedenktag der Migration.

http://www.spiegel.de/kultur/gesellschaft/gastarbeiter-1964-kam-der-einmillionste-nach-deutschland-kommentar-a-990639.html (Download vom 30.6.2016).

1 Erarbeite die wesentlichen Aussagen des Zeitungskommentars.
2 Diskutiere, ob ein solcher Feiertag „eine nachhaltige Geste der Anerkennung von offizieller Seite" für die Migranten in Deutschland wäre.

zu S. 94/95:

Abtreibung oder Ausweisung? Die Journalistin Renate Heusch-Lahl über schwangere Vietnamesinnen in der DDR, 2000

Bis zum siebenten Monat hatte Phuong Kollath ihre Schwangerschaft geheim gehalten. Täglich ging sie ihrer Schichtarbeit als Köchin einer Großküche im Rostocker Überseehafen nach. Mit weiten Kleidern blieb ihr wachsender Bauch unbemerkt ... „Nachts habe ich sogar alleine dort gearbeitet. Wenn mir da was passiert wäre...", so die Vietnamesin kopfschüttelnd. Das war 1987. Ein Kind zu bekommen, war für sie damals die einzige Möglichkeit, in der DDR bleiben zu dürfen. Sie hatte sich in einen Deutschen verliebt – und so etwas war weder bei den deutschen noch bei den vietnamesischen Behörden gern gesehen. In einem Vermerk der zuständigen DDR-Stellen hieß es, dass Arbeit und Qualifizierung und nicht etwa das Soziale im Vordergrund bei den Vertragsarbeitern stehen müssten. Das bedeutete im Klartext: Wenn eine Vietnamesin schwanger wurde und nicht abtreiben wollte, wurde sie in ihre Heimat zurückgeschickt. Der Hallenser Michael Feige stellt in seiner Untersuchung ... fest, dass die Stasi alles versuchte, um engere Kontakte zwischen Deutschen und Vietnamesen zu unterbinden. Praktisch sei jeder der 60 000 Vietnamesen in der DDR bespitzelt worden ... Phuong Kollath kämpfte jahrelang um die Erlaubnis, in der DDR heiraten zu dürfen ... Der Aufenthalt der Vertragsarbeiter war für vier Jahre vorgesehen. Anschließend sollten sie wieder zurück in ihre Heimat gehen ... Feige ist überzeugt, dass die eingeschränkten Kontakte zwischen Deutschen und Vietnamesen Neid und Hass und damit ausländerfeindliche Tendenzen bei den DDR-Bürgern begünstigt hätten. Phuong Kollath hat dennoch viele gute Erinnerungen an jene Zeit. „Auch wenn wir oft als Außerirdische betrachtet wurden."

http://www.tagesspiegel.de/politik/vietnamesen-in-der-ddr-abtreibung-oder-ausweisung/185122.html (Download vom 30. 6. 2016).

1 Erläutere, warum und wie die DDR-Behörden den engen Kontakt zwischen Deutschen und Vietnamesen unterbunden haben.

Kapitel 4: Epochenvertiefung: Politische Revolutionen (ca. 1750–1900)

zu S. 108/109:

Antwortbrief von John Adams an seine Frau Abigail Adams vom 14. April 1776

Was dein außerordentliches Gesetzbuch betrifft, da kann ich nur lachen. Man hat uns erzählt, dass unser Kampf [gegen England] die Bande der Obrigkeit [= Regierungsgewalt] überall gelockert habe, dass Kinder und Lehrlinge ungehorsam würden, dass Indianer ihre Wächter missachteten und Neger unverschämt gegen ihre Herren würden. Aber dein Brief war der erste Hinweis, dass noch ein anderer Klüngel [= abwertend für Gruppe] – zahlreicher und mächtiger als alle anderen – zur Unzufriedenheit herangezüchtet wird. Verlass dich drauf, wir wissen etwas Besseres, als unsere männlichen Einrichtungen außer Kraft zu setzen.

Zit. nach Gerold Niemetz (Hg.), Vernachlässigte Fragen der Geschichtsdidaktik, Hannover (Metzler) 1992, S. 96.

1 Analysiere diesen Brief unter folgenden Fragen: Welche Position nimmt der Schreiber gegenüber der Forderung nach politischer Gleichberechtigung der Frauen ein? Wie begründet er seine Auffassung?

2 Schreibe einen weiteren Brief, in dem Abigail Adams auf ihren Mann antwortet.

zu S. 110/111:

Der Historiker Johannes Unger über den preußischen König Friedrich II., 2012:

In jedem Fall war Friedrich II. eine Ausnahmeerscheinung. Der Denker auf dem Thron machte sich ... daran, die herausragenden Geister seiner Zeit an die lange vernachlässigte Berliner Akademie zu rufen, ... ebenso fanden die schönen Künste nach Berlin, denn Friedrich befahl die Anwerbung erstklassiger Musiker und Schauspieler aus Frankreich und Italien ...

[S]eine Mitarbeiter trugen die Rechtsvorschriften aus den verschiedenen Provinzen zusammen und schufen ein einheitliches Gesetzbuch.

Der Philosoph auf dem Thron war der Auffassung, dass der Staat ... Toleranz fördern müsse ... Statt eines Ballhauses ... entstand die katholische Hedwigskirche ..., Kein anderer protestantischer Herrscher erlaubte eine katholische Kirche im Herzen seiner Hauptstadt ... Seine Fähigkeiten als Heerführer setzte er mit ... Erfolg auf dem Schlachtfeld ein ... Die gut ausgebildeten, durch das Vorbild des Königs motivierten preußischen Truppen wurden von einem hochbegabten Feldherrn geführt.

Zit. nach Johannes Unger, Friedrich: Ein deutscher König, Berlin (Propyläen) 2012, S. 125.

1 Untersuche die Darstellung mithilfe der Arbeitsschritte auf S. 135.

zu S. 114/115:

Im Januar 1789 verfasste der Geistliche Emmanuel Joseph Graf Sieyès (1748–1836) die Flugschrift „Was ist der dritte Stand?". Darin heißt es:

1. Was ist der dritte Stand? – ALLES.
2. Was ist er bis jetzt in der staatlichen Ordnung gewesen? – NICHTS.
3. Was verlangt er? – ETWAS ZU WERDEN.

Was ist nötig, damit eine Nation bestehen kann und gedeiht? Arbeiten im Privatinteresse und öffentliche Dienste ... Das sind die Arbeiten, die die Gesellschaft erhalten. Wer verrichtet sie? Der dritte Stand ... Wer könnte also die Behauptung wagen, der dritte Stand umfasse nicht alles, was zur Bildung einer vollständigen Nation nötig ist? Er ist der starke und kraftvolle Mann, der an einem Arm noch angekettet ist ... Was also ist der dritte Stand? Alles, aber ein gefesseltes und unterdrücktes Alles. Was wäre er ohne den privilegierten Stand? Alles, aber ein freies und blühendes ALLES.

Nichts kann ohne ihn gehen; alles ginge unendlich besser ohne die anderen ...

Zit. nach Emmanuel Sieyès, Qu'est-ce que le Tiers État? Paris (Flammarion) 1988, S. 31 f. und 37 f. Übers v. Joachim Cornelißen.

1 Erarbeite die zentralen Forderungen des Autors.

2 Begründe, warum er als ein aufgeklärter Geistlicher galt.

zu S. 118/119:

M 1

Mosaik zur Erinnerung an den Sturm auf die Bastille, Foto: Hervé Champollion

1 a) Beschreibe das Bild.
b) Erkläre anhand zentraler Bildelemente und auf Grundlage deiner Kenntnisse, warum die Französische Revolution bis heute von Bedeutung ist. Nutze auch die S. 120/121.

zu S. 132/133:

M 2

„Gegen Napoleon hast du uns geholfen, o Herre Gott, nun helfe uns gegen unsere Völker!" Deutsche Karikatur zum 100-jährigen Jubiläum der Völkerschlacht bei Leipzig, 1913. Abgebildet sind der russische Zar, der preußische König und der österreichische Kaiser (von links nach rechts).

1 Untersuche die Karikatur mithilfe der Arbeitsschritte S. 117.
2 Vergleiche die Forderungen mit dem preußischen Emanzipationsedikt von 1812 (S. 228). Wurden die Forderungen umgesetzt?

Kapitel 5: Epochenvertiefung: Technisch-industrielle Revolution (ca. 1750–1900)

zu S. 156/157:

Der britische Historiker Christopher Bayly über die Entwicklung Chinas im 19. Jahrhundert (2004):

Entgegen der westlichen Behauptung, dass sich der „konfuzianische Geist“[1] der Moderne widersetze, versuchten die Chinesen, sich an die Militär- und Marinetechnologie anzupassen. Oberschicht und Beamte widersetzten sich der Industrialisierung nicht deshalb, weil sie unversöhnliche Konservative waren, sondern wegen des Verlusts an Autorität über ihre eigenen Bürger, der mit dem Import von Technologie und Fachwissen aus Europa häufig einherzugehen schien. In den 1870-er und 1880-er Jahren versuchte Vizekönig Li Hongzhang, China durch die Modernisierung wieder stark zu machen. Er versuchte u. a., einen modernen Kohlebergbau zu entwickeln. Doch hatte China erhebliche Probleme, seine junge Industrie wachsen zu lassen. Europäische und amerikanische Firmen waren eine harte Konkurrenz. Wegen Chinas Abhängigkeit von ausländischen Darlehen und den Einkünften aus Seezöllen, die ebenfalls von Ausländern eingezogen wurden, konnte die Regierung schwerlich Zölle auf ausländische Importe erheben.

Christopher A. Bayly, Die Geburt der modernen Welt: eine Globalgeschichte 1780–1940, Frankfurt a. M. (Campus) 2008, S. 223. Übers. v. Thomas Bertram, Martin Klaus, Manuela Lenzen. Bearb. v. Verf.

[1] *Konfuzius: chinesischer Philosoph des 6. Jh. Die Lehre des Konfuzius prägt seit Jahrhunderten die chinesische Gesellschaft.*

1 Erarbeite anhand der Darstellung die Gründe dafür, warum die Industrialisierung nicht in China begann.

zu S. 158/159:

Entwicklung von Verlag, Handwerk und Industrie in Deutschland 1800–1913:

Jahr	*Verlag*	*Handwerk*	*Industrie*
1800	43	50	7
1835	43	46	11
1850	39	45	16
1873	21	46	33
1900	5	35	60
1913	4	34	62

Zit. nach Toni Pierenkemper, Umstrittene Revolutionen. Die Industrialisierung im 19. Jahrhundert, Frankfurt/M. (Fischer Taschenbuch) 1996, S. 95f.

1 Untersuche die Statistik mithilfe der Arbeitsschritte auf S. 161.

Kapitel 6: Fächerverbindendes Modul: Armut und Reichtum (Längsschnitt)

zu S. 184/185:

1 Erkläre, welche Bevölkerungsgruppen in der mittelalterlichen Stadt arm waren. Nutze die S. 36/37 und 192/193.

Aus einer Grußadresse von Papst Franziskus an die neuen Botschafter beim Heiligen Stuhl aus Kirgistan, Antigua und Barbados, Luxemburg und Botswana, 16. Mai 2013

Zur gleichen Zeit müssen wir feststellen, dass die Mehrheit der Männer und Frauen unserer Zeit auch weiterhin Tag für Tag in Situationen der Unsicherheit, mit schrecklichen Konsequenzen lebt … Schamlosigkeit und Gewalt sind im Vormarsch. Armut wird immer offensichtlicher. Menschen haben zu kämpfen, um zu leben, und häufig leben sie in unwürdiger Art und Weise. Ein Grund für diese Situation, meiner Ansicht nach, ist unser Verhältnis zu Geld und unsere Akzeptanz seiner Macht über uns selbst und unsere Gesellschaft …

http://weltkirche.katholisch.de/Themen/Kirche-der-Armen/Franziskus-und-die-Frage-der-Armen (Download vom 17. 8. 2016).

2 Fasse die Aussagen des Papstes mit eigenen Worten zusammen.

3 Diskutiere seine Begründung für Armut in der heutigen Zeit.

zu S. 202/203:

Soll sich der Staat in die Politik einmischen? Aus der Debatte zum Mindestlohn 2013:

A) Andrea Nahles (SPD):

… Die Kellnerin, der Koch, der Friseur, die Verkäuferin in der Bäckerei. Das sind im besten Sinne Leistungsträger. Nur einige Beispiele für viele, die sich jeden Tag krumm machen für andere – aber so wenig Lohn bekommen, dass sie davon nicht leben können. 6,8 Millionen Männer und Frauen in Deutschland verdienen zum Teil deutlich weniger als 8,50 Euro in der Stunde. Das reicht nicht für Miete, Essen, Kleidung, für den Sportverein ihrer Tochter oder ihres Sohnes und vieles andere. Das heißt: Sie müssen sich einen Zuschuss auf ihren Lohn abholen, damit sie überhaupt auf das Niveau der Grundsicherung kommen …

B) Patrick Döring (FDP):

Deutschland geht es gut … Zu keinem anderen Zeitpunkt hatten mehr Menschen im wiedervereinigten Deutschland Arbeit. Weniger als drei Millionen Menschen sind arbeitslos, in einigen Regionen herrscht Vollbeschäftigung …

[Dieses Jobwunder ist] vor allem das Verdienst der … Arbeitgeber in unserem Land. Sie schaffen Wachstum, Wohlstand und Arbeitsplätze … Der allgemeine, flächendeckende Mindestlohn … legt die Lohnfindung in die Hände der Politik, was spätestens in Wahlkampfzeiten zum Überbietungswettbewerb führt: 8,50 Euro, 10 Euro, wer bietet mehr? … Das kostet Arbeitsplätze. Das erschwert Jüngeren und Menschen mit geringer Qualifizierung den Einstieg. Das fördert die Schwarzarbeit. Ein allgemeiner, flächendeckender Mindestlohn wird niemandem gerecht, sondern trifft am Ende diejenigen, denen er helfen soll.

Zit. nach http://www.fr-online.de/meinung/pro-contra-schaffen-mindestloehne-wirklich-mehr-gerechtigkeit-,1472602,24179968.html (Download vom 5. 6. 2016).

1 Analysiere die Position und wesentliche Gründe der Autoren zur Leitfrage: Soll sich der Staat in die Politik einmischen? Nimm anschließend selbst Stellung.

Kapitel 7: Wahlmodul: Juden, Christen und Muslime (Längsschnitt)

zu S. 218/219:

Der Aufruf zum Kreuzzug

Die Rede von Papst Urban II. wurde zwölf Jahre nach dem Ereignis von dem Mönch Robert von Reims aufgeschrieben:

Ihr Volk der Franken, ihr Volk nördlich der Alpen, ihr seid ... Gottes geliebtes und auserwähltes Volk ... Aus dem Land Jerusalem und der Stadt Konstantinopel kam schlimme Nachricht und drang schon oft an unser Ohr: Das Volk im Perserreich[1], ein fremdes Volk, ein ganz gottfernes Volk, eine Brut von ziellosem Gemüt und ohne Vertrauen auf Gott, ... hat die Länder der dortigen Christen besetzt, durch Mord, Raub und Brand entvölkert und die Gefangenen teils in sein Land abgeführt, teils elend umgebracht ... Wem anders obliegt nun die Aufgabe, diese Schmach zu rächen, dieses Land zu befreien als euch? Euch verlieh Gott mehr als den übrigen Völkern ausgezeichneten Waffenruhm, hohen Mut ... Bewegen und zu mannhaftem Entschluss aufstacheln mögen euch die Taten eurer Vorgänger, die Heldengröße Karls des Großen, seines Sohnes Ludwig und eurer anderen Könige ... Wenn euch zärtliche Liebe zu Kindern, Verwandten und Gattinnen festhält, dann bedenkt, was der Herr im Evangelium sagt: ... Jeder, der sein Haus, Vater, Mutter, Gemahlin, Kinder und Äcker um meines Namens willen verlässt, wird Hundertfaches erhalten und ewiges Leben haben ... Kein Besitz, keine Haussorge soll euch fesseln. Denn dieses Land, in dem ihr wohnt, ist ... von Meeren und Gebirgszügen umschlossen und von euch beängstigend dicht bevölkert. Es ... liefert seinen Bauern kaum die bloße Nahrung. Daher kommt es, dass ihr euch gegenseitig beißt und bekämpft ... Aufhören soll unter euch der Hass ...! Tretet den Weg zum Heiligen Grab an, nehmt das Land dort dem gottlosen Volk, macht es euch untertan! ... Jerusalem ist der Mittelpunkt der Erde, das fruchtbarste aller Länder ... Der Erlöser der Menschheit hat es durch seine Ankunft verherrlicht, ... durch sein Grab ausgezeichnet. Diese Königsstadt ... erbittet und ersehnt Befreiung.

Zit. nach Arno Borst, Lebensformen im Mittelalter, Frankfurt/M./Berlin (Ullstein) 1979, S. 318ff.

1 *Perser = die islamisch-türkischen Seldschuken*

1 Analysiere M1 (längerer Quellenauszug) hinsichtlich der Beschreibung der Franken und der islamisch-türkischen Seldschuken und stelle die Beschreibungen in einer Tabelle gegenüber. Beurteile die Absicht des Papstes.

Volk der Franken	*Volk der islamisch-türkischen Seldschuken*

zu S. 228/229:

Antrag auf Namensänderung durch Wolff Itzig, um 1900:

Ich habe eine Anzahl Schriftstücke von Firmen meinem Gesuche beigefügt, die sämtlich erklärten, meinen Sohn nicht engagieren zu können, da der Name anstößig sei und demnach eine Ablehnung leider erfahre. Mein Sohn liegt seit Juni ... mir zur Last und bis heute ist es ihm nicht gelungen, eine Stellung zu bekommen, und zwar lediglich seines anstößigen Namens wegen.

Zit. nach Dietz Bering, Der Name als Stigma. Antisemitismus im deutschen Alltag 1812–1933, 2. Aufl., Stuttgart (Klett-Cotta) 1988, S. 298. Bearb. v. Verf.

Antrag auf Namensänderung durch Heinrich Cohn, um 1900:

Ich hege seit Jahren eine große Zuneigung zu einer Dame, Fräulein Pyrr ... und da meine Zuneigung durchaus erwidert wird, stände einer ehelichen Verbindung nichts im Wege. Fräulein Pyrr ist jedoch katholischer Konfession und bedarf zu einer Heirat mit einem Juden der Zustimmung ihrer Verwandten. Diese würden ihre Einwilligung nur unter der Bedingung geben, dass ich mit behördlicher Genehmigung meinen Namen Cohn ablegen und einen anderen Namen annehmen darf.

Zit. nach Dietz Bering, Der Name als Stigma. Antisemitismus im deutschen Alltag 1812–1933, 2. Aufl., Stuttgart (Klett-Cotta) 1988, S. 302f. Bearb. v. Verf.

1 Gib den Inhalt der Quellen mit eigenen Worten wieder.

2 Nimm begründet Stellung: Würdest du deinen Namen ändern, wenn du dich in ähnlicher Situation (wahlweise M1/M2) befändest?

Kapitel 8: Expansion und Kolonialismus (Längsschnitt)

zu S. 240/241:

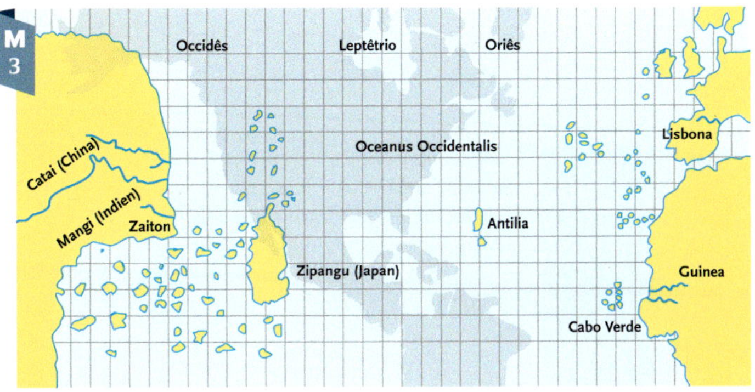

Rekonstruktionszeichnung der Weltkarte von Paolo Toscanelli, um 1470

1 Erarbeite aus der Rekonstruktion von Toscanellis Karte den Irrtum des Kolumbus.

zu S. 242/243:

Die „Indianerfrage“

In den spanischen Regierungskreisen gingen die Meinungen in der Frage des Umgangs mit der einheimischen Bevölkerung auseinander. Zu den Anführern der Auseinandersetzung im 16. Jahrhundert gehörten der Theologe und Jurist Juan Ginés de Sepúlveda und der Bischof von Chiapas (Mexiko), Bartolomé de Las Casas:

Sepúlveda (1544): So behaupte ich, dass diese Barbaren nicht nur eingeladen, sondern auch zum Guten genötigt werden sollen, d. h. zur Gerechtigkeit und zur Religion, vor allem, wenn das Unternehmen mit so geringem Aufwand und so geringen Verlusten auf beiden Seiten bewerkstelligt werden kann und diese Barbaren unterworfen werden können ... [Ich] behaupte, dass die Barbaren nicht nur beherrscht werden müssen, damit sie den Predigern zuhören, sondern auch, damit sich zu Lehre und Ratschlägen die Drohungen gesellen und ihnen Schrecken eingejagt werde, was der hl. Augustinus ... bestätigt.

Las Casas (1551): Ich bestehe darauf, dass die Spanier sich der Ausübung solcher Exzesse[1] gegen andere Völker, wenn diese auch barbarische Götzendiener und von allen Lastern befallen sein mögen, enthalten ... Denn es gibt keinen Unterschied mehr zwischen Mann und Frau, „Griechen und Juden, ... Barbaren und Skythen, Sklaven und Freien, weil Christus in allen ist“ (Kol 3,11)[2] ... Da nun die Natur der Menschen in allen dieselbe ist und alle von Christus gerufen sind in derselben Weise und auch nicht auf verschiedene Weise berufen werden wollen, darf man die Indios[3] nicht auf andere Weise zum Eintritt in die Kirche einladen als alle anderen Menschen auch.

Zit. nach Mariano Delgado (Hg.), Gott in Lateinamerika, Düsseldorf (Patmos) 1991, S. 104ff. Übers. v. Bruno Pockrandt.

[1] *Maßlosigkeiten*
[2] *Bibelzitat aus dem Brief des Apostels Paulus an die Kolosser*
[3] *Ureinwohner Mittel- und Südamerikas*

1 Erarbeite die Kernaussagen der beiden Quellen und vergleiche sie.

2 Bewerte den Umgang der Europäer mit den amerikanischen Ureinwohnern.

zu S. 254/255:

1 Recherchiere zum Begriff Genozid: Wie wird der Begriff von den UN definiert? Welche weiteren Beispiele gibt es in der Geschichte?

zu S. 256/257:

M 2

„Schutzmann der Welt“, amerikanische Karikatur auf Theodor Roosevelts Außenpolitik („Big-Stick-Policy = speak softly and carry a big stick“), 1905

1 Beschreibe die Karikatur. Erkläre anhand der Bildaussage den US-amerikanischen Imperialismus. Berücksichtige den Grundsatz der „Politik der offenen Tür“.

Kapitel 9: Wahlmodul Weltbilder (Längsschnitt)

zu S. 266/267

Die Erschaffung der Welt nach christlicher Vorstellung, Holzschnitt in der Lutherbibel, 1534. Die Abbildung zeigt das geozentrische Weltbild.

1 Beschreibe M1.

2 Begründe, warum es sich bei der Abbildung um das geozentrische Weltbild handelt.

zu S. 268/269

Diskussion zwischen berühmten italienischen Humanisten, Holzschnitt, Augsburg, 1540

Schulunterricht um 1500, Holzschnitt, 1479. Das Tragen einer Eselsmaske war eine übliche Bestrafung.

1 **a)** Arbeite aus M2 und M3 heraus, welche Methoden des Lernens hier dargestellt werden.
b) Vergleiche mit deinem eigenen Lernen.

zu S. 270/271

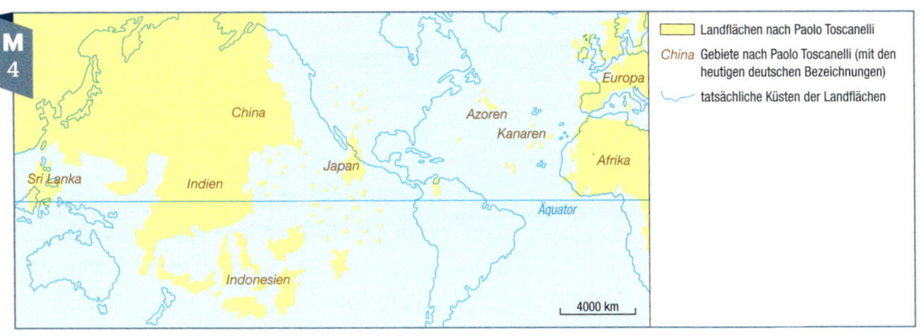

Die Lage der Kontinente nach Paolo Toscanelli

1 Die Weltkarte nach Toscanelli kannte Kolumbus. Beschreibe anhand der Karte, über welche geografischen Kenntnisse Kolumbus vor seiner ersten Entdeckungsfahrt verfügte.

Lösungshilfen zu den Seiten „Kompetenzen prüfen“

Kapitel 1: Epochenüberblick: Mittelalter (S. 42/43)

1 Nutze folgende Themenseiten:
Dorf, S. 30 f.
Kloster, S. 34 f.
Burg, S. 32 f.
Stadt, S. 36 f.
Folgende Ober- und Unterbegriffe können dir helfen:

Lehnswesen • Lehnsherr • Vasall • Treueeid • Dienste	Grundherrschaft • Abhängigkeit • Meier • Abgaben (Zehnt) • Leibeigenschaft
König • Germanen • Chlodwig • Herrscher • Hof	Kaiser • König • Krönung • Papst • Karl der Große
Fürsten • Adlige • Herrscher • Lehen • weltlich	Reisekönigtum • Hauptstadt • Pfalz • Herrschaftsgebiet • Gefolgschaft
Stadt • Markt • Kaufleute • Stadtmauer • Bürger	Frondienst • Grundherr • Bauern • Abgaben • Schutz
Mönch • Kloster • Benedikt von Nursia • Keuschheit • Landwirtschaft	Nonne • Frauenklöster • weiblich • Zwangsheirat • Eigenständigkeit
Ritter • Burg • abhängig • bewaffnet • Rüstung	Bauer • unfrei • Jahreslauf • Landwirtschaft • Hausgemeinschaft

2

1.	falsch König Chlodwig stützte seine Macht und sein Ansehen auf militärische Erfolge. Erst mit der Krönung Pippins stellte sich der Papst an die Seite eines germanischen Herrschers.
2.	falsch Karl der Große reiste durch sein Gebiet und regierte „von unterwegs“ (Reisekönigtum).
3.	richtig
4.	richtig
5.	richtig
6.	falsch Karl der Große soll von den Krönungsabsichten nichts gewusst haben, aber er hat sich nicht gegen die Krönung gewehrt.
7.	richtig
8.	falsch Die meisten Bauern waren im Mittelalter unfrei und Hörige ihres Grundherrn. Ohne dessen Zustimmung durften sie dessen Land nicht verlassen – sie waren an die Hufe gebunden.
9.	falsch Auf Burgen lebten kaum fünf Prozent der Bevölkerung im Mittelalter. Die meisten Menschen lebten auf dem Land und in der Stadt.
10.	richtig
11.	richtig
12.	falsch Es gibt keine Gründungsurkunde von Berlin. Die Stadt Berlin ist 1237 das erste Mal urkundlich erwähnt worden.

3 **a) links:** Übergabe eines Zepterlehens an geistliche Kronvasallen; Wappen als Zeichen der Erblichkeit von Lehen; rechts: Kronvasallen geben Lehen (Kirche/Kloster) weiter an Untervasallen.
b) individuelle Lösung

4 Auf der Abbildung ist ein Neujahrsempfang zu sehen, bei dem die Adligen und Ritter viel aßen. Es ist zu sehen, dass die Teller auf dem Tisch gut gefüllt sind mit Brot und Fleisch. Die an Tischen stehenden Personen schmieren sich ihr Brot oder

schneiden sich ein Stück Fleisch ab, sogar der Hund wird mit Brot gefüttert. Insgesamt sehen die Personen wohlgenährt aus.
Es ist gut möglich, dass es solche Burgen gegeben hat. Dies war jedoch mit Sicherheit die Ausnahme. Eher ist davon auszugehen, dass die Ritter in den Burgen wenig zu essen bekamen, da zuerst der Grundherr versorgt werden musste.

5 **a)** Die Historikerin Petra Weigel stellt die wirtschaftliche Entwicklung des Zisterzienserordens dar. So beschäftigte der Orden sogenannte Laienbrüder, mit denen er die Agrarwirtschaft günstig gestalten konnte. Die erwirtschafteten Überschüsse wurden ab dem Ende des 12. Jahrhunderts auf den Märkten der Städte verkauft. Ab dem 13. Jahrhundert erwarb bspw. das Kloster verstärkt Grundherrschaften.
b) Kloster: Überschussproduktion → Verkauf in Städten; in Krisen (u. a. mangelnde Arbeitskräfte) wird Eigenproduktion unwirtschaftlich → zunehmender Erwerb von Grundherrschaften

6 **a)** Abgebildet ist die Karlspreismedaille. In der Mitte der Abbildung ist die Vorderseite der Medaille zu sehen, in deren Zentrum Karl der Große auf seinem Thron sitzend dargestellt wird. Um diese Darstellung herum findet sich die Inschrift „Carolus Magnus Romanorum Imperator Augustus“ (= „Karl der Große der erhabene Kaiser von Rom“). Neben der Vorderseite sind in M4 verschiedene Rückseiten zu sehen. Diese enthalten immer den Namen des Preisträgers sowie eine auf den Karlspreis hinweisende Inschrift.
b) – Ehrenpreis, wird seit 1950 für die Verdienste um Europa und die europäische Einigung verliehen
– Namensgeber: Karl der Große – gilt als erster Einiger Europas.
– Der Preis wird in Aachen verliehen, weil dies die Lieblingspfalz des mittelalterlichen Königs war. Damit war Aachen der Mittelpunkt des Reiches.
– Hintergrund ist die schreckliche Erfahrung des Bombardements auf Aachen während des Zweiten Weltkrieges. Aus dieser Erfahrung heraus initiierte eine Gruppe um Dr. Kurt Pfeiffer den Preis.
– Mit dem Preis wollten die Initiatoren nicht nur auf das ungelöste Problem einer europäischen Einigung hinweisen, sondern gleichzeitig Wege zur praktischen Lösung der Frage aufzeigen.
c) Eine Positionierung kann nicht vorgegeben werden. Wichtig ist, dass in der Diskussion der Gruppe das politische Wirken Karls des Großen, das Ziel der Initiatoren, Personen zu ehren, die sich für eine europäische Einigung einsetzen, sowie der politische Zustand Europas (bzw. der EU) berücksichtigt wird.

7/8 individuelle Lösungen

Kapitel 2: Epochenüberblick: Frühe Neuzeit (S. 72/73)

1 Hilfreiche Internetadressen:
Leonardo da Vinci: http://www.planet-wissen.de/technik/erfindungen/erfinder/pwieleonardodavincidasuniversalgenie100.html (28. 8. 2016)
Michelangelo: http://www.planet-wissen.de/kultur/religion/petersdom_kathedrale_der_christenheit/pwiemichelangelobuonarroti100.html (28. 8. 2016)
Raffael: http://www.wasistwas.de/archiv-sport-kultur-details/raffael-maler-der-renaissance.html (28. 8. 2016)

2 Nutze die Methodenseite „Schriftliche Quelle untersuchen" S. 58 f.

3 Links vorne im Bild fischen die Protestanten nach Glaubensanhängern, dahinter halb rechts sieht man katholische Geistliche, die Schwimmende ins Boot retten. Am Ufer links stehen die Protestanten. Der grüne Baum symbolisiert die volle Kraft ihres Glaubens, während auf der anderen Seite der verdorrte Baum die nachlassende Kraft des katholischen Glaubens andeuten soll. Der Regenbogen als Zeichen der friedlichen Verständigung überspannt das Geschehen – eine Hoffnung des Künstlers auf einen versöhnlichen Ausgang des Konflikts.

4 Mögliche Religionskonflikte der Frühen Neuzeit wären u. a. der Aufstand der Bauern (1524/25), der Schmalkaldische Krieg (1546/47) oder der Dreißigjährige Krieg (1618–1648). Folgende Gliederungspunkte wären inhaltlich zu füllen:
- Ursachen
- Auslöser
- Beteiligte (und deren Motive)
- Verlauf
- Ergebnis

5 Folgende Aspekte sollten in der Beschreibung genannt werden:
- Luther wird Mönch und promoviert zum Doktor der Theologie.
- Er kritisiert den Ablasshandel und weist auf Defizite in der kath. Kirche hin. Seine Kritik sowie die vom ihm verfassten 95 Thesen verbreiten sich durch Flugschriften schnell im Reich.
- Seine Darlegungen wurden zur Grundlage für einen neuen Glauben → Protestantismus.
- Auch auf Druck des Papstes (u. a. Bannandrohung) war Luther nicht bereit, seine Lehre zurückzunehmen.
- Luther übersetzte das Neue Testament ins Deutsche, um es allen Menschen zugänglich zu machen.

6 Nutzt hierfür die Themenseite zu Ludwig IV., S. 68 f.

7 **a/b)** Der Dialog thematisiert die Definition des Begriffs Renaissance. Renaissance wird dabei als kulturelle Blütezeit bezeichnet, beginnend am Ende des 14. Jahrhunderts in Norditalien. Das Wort bedeutet „Wiedergeburt" und stellt die Kunst und Kultur der Antike in den Mittelpunkt.

8 Für die Zuschreibung der Glaubensvertreter als „Seelenfischer" spricht der Konflikt der beiden Konfessionen. Jeder Glaubensvertreter war von seiner Konfession überzeugt und versuchte, andere von dieser zu überzeugen. Dies mündete in kriegerische Auseinandersetzungen. Als Gegenargument kann der Grundsatz „Cuius regio, eius religio" genannt werden: Der Fürst bestimmt den Glauben seiner Untertanen. Wo das der Fall war, musste nach Glaubensanhängern nicht mehr „gefischt" werden.

9 Lege eine Tabelle an, in der du Pro- und Kontra-Argumente für die These zusammenstellst. Dafür spricht, dass die Spannungen in Böhmen religiös bedingt waren, die mit dem Prager Fenstersturz zum Auslöser des Krieges führten. Dabei spielte die eingeschränkte Glaubensfreiheit eine entscheidende Rolle. Auch hatten sich zwei sich gegenüberstehende konfessionelle Bündnisse gebildet, die Liga und die Union. Dagegen spricht – und das erkennt man am Westfälischen Frieden –, dass es nicht nur um die Religion ging. Mit dem Eingreifen Frankreichs und Schwedens rückten auch territoriale Fragen in den Mittelpunkt. Am Ende gewannen die Fürsten gegenüber dem Kaiser an Macht.

Kapitel 3: Fächerverbindendes Modul: Migrationen (Längsschnitt) (S. 98/99)

1 Hilfreich sind die Begriffserklärungen im Lexikon.

2 **a)** Die Zeitungsanzeige wirbt in einem kleinen Format und mit sparsamen Mitteln für die Überfahrt nach Amerika: mit zwei Schiffen und einem kurzen Text. Das Plakat sollte mindestens DIN A4 umfassen und die Menschen, die auswandern, auch optisch ansprechen. Hilfreich wäre es daher, sich noch einmal mit den Motiven der Auswanderer zu beschäftigen. Lies hierzu S. 86 f.

b) Auf dem Bild sind mehrere Menschen in unterschiedlichen Gemütszuständen unmittelbar vor der Ankunft in Amerika dargestellt: Einige sind erfreut, andere skeptisch. Für den Dialog solltest du dich sowohl mit den Motiven der Auswanderer (S. 86 f.) als auch mit den Erlebnissen auf der Überfahrt und den Berichten von der Ankunft (S. 88 f.) beschäftigen.

3 Hilfreich sind die Arbeitsschritte zur Untersuchung einer Karikatur auf S. 117. Nach einer detaillierten Beschreibung und einer Analyse der formalen Aspekte lässt sich anhand der gedeuteten Personen und der Schrift auf der Mauer die Bildaussage erkennen und formulieren.

4 Der Bundesinnenminister erwähnt die Hugenotten aus zwei Gründen: Erstens ist er selbst hugenottischer Abstammung und zweitens weil diese Migration als „das Beispiel für eine gelungen Integration" gilt. Überprüfe diese Feststellung auf der Grundlage deiner Kenntnisse. Nutze S. 82 ff.

5 Die Anekdote verdeutlicht die erhebliche Ablehnung der Franzosen (= Hugenotten) durch die Einheimischen (= Bevölkerung in Brandenburg-Preußen). Die Verfasser der Bittschrift (= Storch) haben die Befürchtung zu verhungern, weil ihnen die Frösche (= Nahrungsgrundlage) von den Zuwanderern streitig gemacht werden. Nahrung kann auch als Synonym für Arbeit stehen. Denn viele Berliner Handwerker fürchteten, dass die Neuankömmlinge ihnen Arbeit wegnehmen könnten. Zusatzinformation: Zugleich deutet sich in der Anekdote ein Unverständnis über die französische Esskultur an. Auf dem Speiseplan der Berliner und Brandenburger standen im 17. Jahrhundert keine Froschschenkel.
Die Bittschrift richtete sich an den Kurfürsten, den Herrscher von Berlin-Brandenburg. Er hatte aber die Hugenotten per Edikt ins Land geholt und wird zur Änderung seiner Einwanderungspolitik nicht zu bewegen gewesen sein.

6 Nutze hierzu die vorgeschlagenen Vergleichskriterien auf der Orientierungsseite auf S. 77.

7 Erarbeitet für die Diskussion arbeitsteilig zunächst Argumente für Chance und Belastung aus der Sicht der Migranten und im zweiten Schritt aus der Sicht der einheimischen Bevölkerung.

Kapitel 4: Epochenvertiefung: Politische Revolutionen (ca. 1750–1900) (S. 148/149)

1 Hilfreich sind die Begriffserklärungen im Lexikon.

2 **a)** Die Gliederung des Kurzvortrages sollte sich an den Kriterien für die Untersuchung einer Revolution orientieren: Ursachen, Auslöser, Verlauf, Ergebnisse und Folgen. Siehe hierzu S. 114 f. Überlege dir auch, wie du deinen Vortrag visualisierst.
b) Die Gliederung des Kurzvortrages sollte sich an den Kriterien für die Untersuchung einer Revolution orientieren: Ursachen, Auslöser, Verlauf, Ergebnisse und Folgen. Siehe hierzu S. 138 f. Überlege dir auch, wie du deinen Vortrag visualisierst.

3 Verwende die Arbeitsschritte zur Untersuchung einer Darstellung auf S. 135. Mögliche Leitfrage (ausgehend von der Fragestellung des Historikers): Friedrich II. – größter Herrscher seiner Zeit?; Formale Aspekte: Autor: Bruno Preisendörfer, Historiker, Textart: wissenschaftliche Darstellung; Thema: Regierung Friedrich II., Zeit: 2012; Adressaten: interessierte Öffentlichkeit. Inhaltliche Aspekte: Position: Dass der Historikers die Leitfrage verneint, wird nur indirekt deutlich. Argumentation: Gewalt in Gefängnissen trotz Abschaffung der Folter; keine Gleichstellung der Juden; rücksichtsloser Feldherr, Einfall in Schlesien. Zur Beurteilung des Textes sollte auf die Überzeugung der Argumentation, auf die Berücksichtigung des historischen Kontextes eingegangen werden. Das Werturteil im Hinblick auf die Leitfrage sollte deine Kenntnisse berücksichtigen und differenziert sein.

4 **a)** Verwende die Arbeitsschritte zur Untersuchung eines Verfassungsschaubildes auf S. 143.
b) Achte vor allem auf die Unterschiede in der Exekutive und auf das Verhältnis zwischen Exekutive und Legislative.

5 **a)** Orientiere dich bei der Erarbeitung an der Gegenüberstellung der verwendeten Schlüsselbegriffe: Deutscher – Europäer und Freiheit – Unfreiheit.
b) Für die Beantwortung der Frage sollten sowohl die erarbeiteten Aussagen des Redners (5a) als auch die Informationen über das Hambacher Fest auf S. 136 f. herangezogen werden.

6 Für den Vergleich der französischen Menschenrechtserklärung von 1789 und des deutschen Grundrechte-Katalogs der Paulskirchenverfassung von 1849 ist es hilfreich, eine Tabelle anzulegen. So können die konkret festgelegten Menschenrechte gegenübergestellt werden.

Kapitel 5: Epochenvertiefung: Technisch-industrielle Revolution (ca. 1750–1900) (S. 178/179)

1 Die drei zentralen Voraussetzungen für die Entstehung der Industrialisierung in England waren: Eine erste Voraussetzung bildeten die technischen Erfindungen. So revolutionierten die Spinnmaschine und die Dampfmaschine von James Watt die Textilindustrie und führten zum Bau von Fabriken, in denen kostengünstig Massenprodukte hergestellt werden konnten. Ein zweite Voraussetzung war der Anstieg der Bevölkerung. Die wirtschaftlichen Bedingungen waren ein dritte Voraussetzung.

2 Warum die Industrialisierung in Deutschland verspätet einsetzte, könnte anhand eines politischen oder wirtschaftlichen Beispiels erläutert werden

3 Hilfreich sind die Begriffserklärungen im Lexikon.

4 Hilfreich sind die Arbeitsschritte und Fragen zur Untersuchung einer Statistik auf S. 161. Als Ausgangspunkt für Rückschlüsse auf die finanzielle Situation einer Arbeiterfamilie sollte der Wochenlohn eines Arbeiters der Summe der Ausgaben gegenübergestellt werden.

5 Hilfreich sind die Arbeitsschritte und Fragen zur Untersuchung einer Karikatur auf S. 117.

6 Sinnvoll wäre es, mit einer Beschreibung der Lithografie zu beginnen. An einzelnen Bildelementen können dann in einem zweiten Schritt die Veränderungen der Arbeitswelt erläutert werden.

7 **a/b)** Ausgangspunkt könnte die Beschreibung der Fotos sein. Zudem sollten die Kenntnisse über die Kinderarbeit berücksichtigt werden: Da der niedrige Lohn der Fabrikarbeiter meist nicht zur Ernährung der Familie ausreichte, mussten auch Kinder in der Fabrik zusätzlich Geld verdienen. Kinder erhielten nur ein Viertel des Verdienstes eines ungelernten Arbeiters. Die Fabrikarbeit führte zu erheblichen gesundheitlichen Schäden.

8 Grundlage für die Erörterung ist die Definition des Begriffes „Revolution". Informiere dich in Kap. 4 und im Lexikon.

Kapitel 6: Fächerverbindendes Modul: Armut und Reichtum (Längsschnitt) (S. 206/207)

1 **a)** Hilfreich sind die Begriffserklärungen im Lexikon sowie die Darstellungstexte dieses Kapitels.
Armutsideal – (Hohes und spätes Mittelalter) Vorstellung, dass arme Menschen Gott näher seien als Reiche, Zeichen der Demut und die Möglichkeit, ein Leben in Armut zu führen.
Bettelordnung – (Spates Mittelalter/Frühe Neuzeit)
städtische Eliten – (Hohes/Spätes Mittelalter) wohlhabende Städter, v. a. Patrizier und Zunftmeister
Soziale Frage –
Rauhes Haus –
Arbeiterbewegung –
Sozialgesetzgebung –
Rentenkasse –
b) Während das Armutsideal des Mittelalters dazu führte, dass Armut als von Gott gegebenes Schicksal galt und nicht als persönlicher Makel und von den Mitgliedern der Bettelorden freiwillig als Lebensform gewählt wurde, zeigen die Bettelordnungen der Städte der Frühen Neuzeit, dass Armut zunehmend in der Verantwortung des Einzelnen gesehen wurde und die städtischen Eliten sich bemühten, Armut in Form des Bettelwesens auszugrenzen und durch gesellschaftlichen Ausschluss zu bekämpfen.

2 Die Fotografie ist um ca. 1900 entstanden. Sie gibt Einblick in die Heimarbeit eines Zigarrenmachers und seiner Kinder in der Küche ihrer Wohnung. Auftraggeber und Adressat bleiben unbekannt. Der Fotograf hat eine mittlere Brennweite gewählt und fotografiert von der Tür aus (?) in die Küche hinein. Er steht dem Fenster gegenüber, durch das man bereits das gegenüberliegende Haus erkennen kann. Die Küche dient gleichzeitig als Koch- und Arbeitsplatz. Im Vordergrund links ist ein Herd zu erkennen, der mit Holz oder Kohle beheizt wird und sowohl zum Kochen als auch zum Heizen dient. Die Küche enthält zwei Arbeitstische, an denen der Vater und drei Kinder im Alter zwischen ca. fünf und vierzehn Jahren (zwei Mädchen und ein Junge) Zigarren rollen. Die Küche macht einen sauberen und aufgeräumten, aber nicht übertrieben reichen Eindruck. Das Zigarrenhandwerk wurde traditionellerweise v. a. in Heimarbeit betrieben und forderte die Beteiligung der ganzen Familie. Es bleibt offen, wie groß die Wohnung und die Familie in Wirklichkeit sind und welchen Lebensstandard sich die Familie leisten konnte.

3 Der Prediger Johannes Geiler von Kaysersberg spricht in seiner Predigt über die zwölf Früchte des Heiligen Geistes – gehalten zwischen 1479 und 1510 – von der heilenden Wirkung des Almosengebens für den Almosengeber selbst und nennt dafür drei Gründe: Der Reiche brauche den Armen, um Barmherzigkeit zu üben und selbst erlöst zu werden. Der notleidende Arme sei in erster Linie ein ebenfalls mit einer unsterblichen Seele begab-

ter Mitmensch und durch ihn bitte Gott selbst um eine Gabe. Ganz im Sinne des Armutsideals des Mittelalters geht er von der gottgewollten Aufgabe der Armen aus, die durchaus eine wichtige Funktion für die Gesellschaft im Sinne der Kirche übernehmen.

4 **a)** In seiner Rede vor Parteigenossen tritt Lassalle für freie individuelle Zusammenschlüsse der Industriearbeiter ein, die seiner Meinung nach vom Staat unterstützt werden müssten, um die erforderlichen Gelder zusammenzubringen, die gebraucht werden, um große Industrieanlagen zu unterhalten. Um eine derartige gesellschaftliche Umgestaltung zu erreichen, tritt er für das allgemeine, direkte Wahlrecht ein, das der Stimme der Arbeiterschaft zu mehr Gewicht verhelfen soll. Letztendlich soll der Staat den Arbeitern also helfen, ihre Existenzprobleme selbst zu lösen und die Fabriken selbst zu verwalten. Im Gegensatz dazu ist Schulze-Delitzsch gegen die staatliche Hilfe bei der Lösung der sozialen Frage und setzt gänzlich auf die Selbsthilfe des Einzelnen durch seiner Hände Arbeit.
b) Aus dem Gesetzesentwurf zur Unfallversicherung 1881 wird dagegen deutlich, dass ein Motiv der staatlichen Unterstützung ist, die Arbeiter zufriedener zu stimmen, damit sie sich nicht gegen den Staat auflehnen, sondern diesen als helfende Institution erleben.

5 Nutze die Vergleichsfragen der Orientierungsseite (S. 183).

6 Stellt ausgehend von der Armenfürsorge in den verschiedenen Epochen fest, ob diese eher von Einzelnen ausging oder als Gemeinschaftsaufgabe angesehen wurde.

7 Überlegt, was man aus den verschiedenen Lösungsansätzen der Armenfürsorge lernen kann. Geht von der Frage aus, was die Gemeinschaft für die Armen heutzutage tun muss bzw. was der Einzelne selbst dazu tun kann, um aus seiner Situation herauszukommen.

Kapitel 7: Wahlmodul: Juden, Christen und Muslime (Längsschnitt) (S. 232/233)

1 Hilfreich ist es, häufig auftretende Schlüsselbegriffe zu notieren. Außerdem werden Wörter verwendet, die eine Notwendigkeit oder Forderung ausdrücken, z. B. müssen, nicht dürfen, nicht können. Nutze hierbei auch die Seiten 220 f. Zusätzlich kannst du in einem Lexikon nachschlagen.

2 Versetzt euch in die Lage der Angehörigen der drei verschiedenen Religionen und diskutiert über Themen wie Al-Andalus, Verfolgung und Krieg, die Kreuzzüge etc. Nutzt hierfür auch die Seiten 218 f., 222 f.

3 **a)** Holt euch Anregungen bei den Abbildungen der verschiedenen Gotteshäuser auf den Seiten 212–217, im Internet oder in eurer Stadt. Beachtet die unterschiedlichen religiösen Bräuche und Riten.
b) Zu beachten sind hier die Regeln und Verbote im Judentum, Christentum und Islam sowie allgemeine Regeln und Werte für ein funktionierendes Beisammensein.

4 Hier sollten, ergänzend zu Aufgabe 1 Schlüsselbegriffe gesammelt werden und das Anliegen Westerwelles in eigenen Worten erklärt werden.

5 Hilfreich können hier Analyseschritte von S. 25 sein, um den Holzschnitt zunächst zu beschreiben. Anschließend müssen einzelne Bildelemente gedeutet und deren Symbolik erläutert werden. Beachte auch die Fragen: Wem schadet diese Darstellung und inwiefern? Wem könnte diese Darstellung nützen und warum?

6 Vor der Diskussion könnt ihr Vermutungen aufstellen, ob und wie das Konzept des House of One funktionieren könnte. Sammelt gemeinsam Regeln oder Kriterien, die euch wichtig sind, um ein friedliches Miteinander, z. B. innerhalb der Klasse, zu ermöglichen. Bezieht nun auch eure Arbeitsergebnisse sowie die gesammelten Erkenntnisse über die drei Religionen und deren Geschichte mit in eure Überlegungen ein. Die Diskussion selbst kann durch einen neutralen Moderator gesteuert werden. Besonders wichtige und schwerwiegende Argumente könnt ihr währenddessen an der Tafel sammeln, um einen besseren Überblick zu behalten und Argumente der Mitschüler aufgreifen zu können.

7 Hier soll nun die Leitfrage des gesamten Kapitels erörtert werden. Dafür sollten alle Arbeitsergebnisse, Aufzeichnungen und die entsprechenden Seiten noch einmal gesichtet werden, um zunächst auf der Sachebene ein Urteil zu fällen. Anschließend sollte ein Werturteil in Form deiner eigenen Meinung auf der Grundlage des Sachurteils formuliert werden.

Kapitel 8: Wahlmodul: Expansion und Kolonialismus (Längsschnitt) (S. 260/261)

1 Hilfreich sind die Begriffserklärungen im Lexikon.

2 **a)** Die Herrschaftsorganisation des spanischen Kolonialismus basierte auf mehreren Säulen: Verwaltung, Justiz, Militär, Finanzen sowie Kirche und Mission. Darüber hinaus war für die koloniale Herrschaft auch die Gründung von Städten entscheidend. Berücksichtige auch den Umgang mit der Bevölkerung.
b) Die Großmächte nutzten im 19. Jahrhundert die innenpolitische Krise Chinas für ihre imperialistischen Ziele aus. Diese Politik ist gekennzeichnet durch militärische Interventionen (v. a. von England, Frankreich, Japan) und den Abschluss sogenannter „ungleicher Verträge", die China nicht nur wirtschaftlich, sondern auch politisch abhängig machten. Um 1900 verschärfte sich der „Scramble for China" (dt. Wettlauf nach China), an dem sich nun auch Deutschland beteiligte. Damit die imperialistischen Mächte nicht untereinander in einen Konflikt gerieten, vereinbarten sie auf Initiative der USA den Grundsatz der „offenen Tür" (engl. Open Door Policy), der das Prinzip des ungehinderten Handels für alle Länder in den jeweiligen kolonialen Einflusszonen garantieren sollte. Berücksichtige auch das gewaltsame Vorgehen gegen den Boxeraufstand.

3 Hilfreich sind die Arbeitsschritte zur Untersuchung einer Karikatur auf S. 117. Nach einer detaillierten Beschreibung und einer Analyse der formalen Aspekte lässt sich anhand des Verhaltens der europäischen Großmächte sowie der Beschriftung des Kuchens die Bildaussage erkennen und formulieren.

4 Anhand des Titels „Die Sozialdemokratie gegen Weltpolitik – gegen Kolonien – gegen Heer und Flotte" sowie des Appells in der unteren rechten Ecke „Nieder mit den roten Vaterlandsverrätern" lässt sich schließen, welche Partei im Deutschen Kaiserreich gegen die Weltmachtpolitik Wilhelms II. war. Nutze als Hintergrundinformation auch die Doppelseite zum deutschen Imperialismus zum Thema „Wie kam es zum Völkermord in Südwestafrika?" auf S. 254 f.

5 Hilfreich sind die Arbeitsschritte und Fragen zur Untersuchung einer Darstellung auf S. 135.
Die Position des Autors von M1: Die Inbesitznahme und Plünderung durch die spanischen und portugiesischen Konquistadoren war nicht rechtmäßig und führte zur Vernichtung und Versklavung der Eingeborenen. Ein zentrales Argument: Die Entdeckung Amerikas fußte auf der militärischen und kriegerischen Tradition der Kreuzzüge.
Die Position des Autors von M2: Die weltgeschichtliche Bedeutung der spanischen Eroberung bestand in der europäischen Umgestaltung Amerikas. Ein zentrales Argument: Die „gründliche Umgestaltung" Amerikas brachte europäische Lebensformen, Landwirtschaft (Pflug und Wagen), spanische Sprache, weitgehende Durchsetzung des Christentums, fest organisierte Staatsformen, geordnete Verwaltung, Bergbau.
Als Vergleichsaspekte könnte die Rolle der katholischen Kirche sowie der Konquistadoren dienen.

6 Während Galeano ausschließlich die negativen Folgen der *Conquista* betont und das Vorgehen der Konquistadoren sowie das unheilvolle Wirken der katholischen Kirche betont, spricht Samhaber von der weltgeschichtlichen Bedeutung der Eroberung und zählt positive Gesichtspunkte hinsichtlich der wirtschaftlichen, politischen und kulturellen Entwicklung Amerikas nach der Eroberung auf.

7 Möglicher Ausgangspunkt für eine Stellungnahme könnte sein: Aus heutiger Sicht kann gesagt werden, dass die Europäer keinen Anspruch auf die Inbesitznahme der Neuen Welt besaßen.

8 Nutze hierzu die vorgeschlagenen Vergleichskriterien auf der Orientierungsseite auf S. 237.

Kapitel 9: Wahlmodul: Weltbilder (Längsschnitt) (S. 278/279)

1 Geozentrisches Weltbild: Annahme, dass sich die Sonne um die Erde dreht; heliozentrisches Weltbild: Erkenntnis, dass sich die Erde um die Sonne dreht; Renaissance: Wiederentdeckung der antiken Schriften, Denkweisen und Kultur; Humanismus: Orientierung aller Wissenschaften und Künste am Menschen und am menschlichen Leben; Liberalismus: Weltanschauung, die nach der Freiheit der Menschen in politischer (Freiheit von Unterdrückung), wirtschaftlicher (freier Handel) und religiöser (religiöse Toleranz) Hinsicht strebt; Sozialismus: Weltanschauung, deren Ziel die Gleichheit der Menschen ist.

2

	Weltbild des Mittelalters	Weltbild der Frühen Neuzeit	Weltbild des 19. Jh.
Hintergründe	absolute Geltung der christl. Religion	Entwicklung von Sternenbeobachtung, Erfindungen, Entdeckung Amerikas	Ideen der Aufklärung und Französische Revolution
Inhalte	christliches Heilgeschehen im Mittelpunkt; Ziel: Eingehen in die himmlische Ewigkeit	heliozentrisches statt geozentrisches Weltbild; Erwachen des Interesses an naturwissenschaftlichen Forschungen	Freiheit des Individuums, Gleichheit für alle Menschen

3 erstes Bild: Paradies mit Adam und Eva – gelegen in China nach der mittelalterlichen Weltkarte; zweites Bild: Arche Noahs, die auf dem Berg Ararat landete (Kleinasien); drittes Bild: Turm von Babel (Asien, heutiger Irak)

4 **a)** Das Bild zeigt verschiedene Verkehrsmittel (Schiffe, Eisenbahn), Länderflaggen und die Flagge der Compagnie Génerale Transatlantique vor dem Hintergrund des Erdballs, der wie eine untergehende Sonne am Horizont über dem Meer zu sehen ist. Eine auf diesem Erdball eingezeichnete Verkehrslinie weist auf die Verbindung zwischen Europa, Amerika und Afrika hin. Beworben wird eine transatlantische Handelsverbindung, die für die liberale Wirtschaftsvorstellung von Handelsfreiheit und ansatzweise globalem Handel steht.
b) Die Weltkarte auf der Doppelseite „Glaube im Mittelalter" bildet eine Glaubensvorstellung ab, das Bild der Welt ist nicht nach realistischen Vorstellungen gezeichnet. Die Karte M3 von der Westküste Afrikas auf der Doppelseite zu Seefahrt und Handel bildet vor allem die Küstenstädte ab und gibt Seefahrern eine zuverlässige Vorstellung von der Besiedlung und den Landemöglichkeiten an der Westküste Afrikas. Der generelle Unterschied liegt darin, dass zum einen ein ideales, religiöses Weltbild und zum anderen eine an der Realität orientierte Darstellung einer Küste für Seefahrer vorliegt.

5 Gerorg Herwegh vertritt eine liberale Weltanschauung. Dies lässt sich belegen anhand von Z. 1 („Ich bin ein freier Mann"). Der Dichter strebt nicht nach Macht („stolze Feste") über „Länder" (Z. 5 und 6), sondern bekennt sich zur Ungebundenheit, die derjenigen eines Vogels „nur im Neste" (Z. 7) gleichkommt.

6 Die Bedeutung der Wissenserweiterung für den Wandel des Weltbildes besteht erstens in der Entwicklung wirklichkeitsgetreuer Kartendarstellungen, zweitens in der Verbreitung von Erkenntnissen über bislang kaum bekannte Regionen der Erde und drittens – als Folge aus beidem – in der allmählichen Einsicht in die ideale, religiös orientierte Darstellung der Welt im Mittelalter.

7 **a)** Das neue Weltbild der Renaissance setzte sich erst allmählich durch. Weiterhin bestimmte die religiöse Orientierung das Weltbild der Menschen zu dieser Zeit. Die Kirche versuchte abweichende Weltbilder (Galileo Galilei) und Glaubensvorstellungen (Martin Luther) zu unterbinden.
b) Grundsätzlich besteht ein Gegensatz zwischen Magie und Wissenschaft. Wenn der Wissenschaftler Gerst von Magie spricht, dann drückt er eine ehrfürchtige Haltung aus, die ihn beim Blick aus dem All auf seinen entfernten Heimatplaneten überkommt. Ehrfurcht in diesem Sinn kann auch für die Wissenschaft hilfreich sein, nämlich als Mahnung, den Planeten Erde zu erhalten.

8 Gründe für den Wandel des Weltbildes nach M2: Forscherdrang (Z. 12), Abenteuerlust (Z. 13), wirtschaftliche Gründe (Z. 14); anschauliche Einzelheiten: Kolumbus' Entdeckungsreise (Kap. 8), Suche nach neuen Handelswegen

Unterrichtsmethoden

1 Einen Kurzvortrag halten

- Vorbereitung: Sammle und ordne alle Informationen zu deinem Thema in einer Mindmap.
- Entwickle eine Gliederung für deinen Vortrag: Lege zu jedem Hauptpunkt eine Karteikarte mit den wichtigsten Informationen an und nummeriere die Karteikarten in einer sinnvollen Reihenfolge.
- Überlege dir einen interessanten Einstieg und Schluss für deinen Vortrag.
- Versuche, möglichst frei vorzutragen. Sprich laut, deutlich und nicht zu schnell.
- Schau dein Publikum an. So siehst du auch, wenn es Zwischenfragen gibt.
- Unterstütze deinen Vortrag durch Anschauungsmaterial (Bilder, Grafiken, Gegenstände).

2 Ein Placemat (Gruppenarbeit mit vier Personen) durchführen

- Findet euch zu Vierergruppen zusammen.
- Verwendet ein DIN-A2- oder DIN-A3-Blatt und zeichnet ein Schema wie unten darauf.
- Legt es auf den Tisch. Vor jede freie Fläche (weiße Fläche) sitzt jetzt einer eurer Gruppe.
- Es wird ein Thema gestellt (z. B. Was bedeutet Migration?). Jeder schreibt in einer festgelegten Zeit (ca. 5–10 min) alles zum gestellten Thema auf: Was weißt du über das Thema schon? Was möchtest du gerne noch über das Thema wissen? Welche Ideen fallen dir noch zum Thema ein?
- Jeder liest jetzt das Aufgeschriebene des Anderen und stellt gegebenenfalls Fragen zum Verständnis (Zeit: ca. 5 min).
- Die Gruppe entscheidet nun, welche der aufgeschriebenen Notizen in die Mitte des Blattes (hellblaue Fläche) für die spätere Präsentation vor der Klasse geschrieben werden sollen. Einigt euch auf 4 bis max. 6 Punkte (Zeit ca. 10 min).

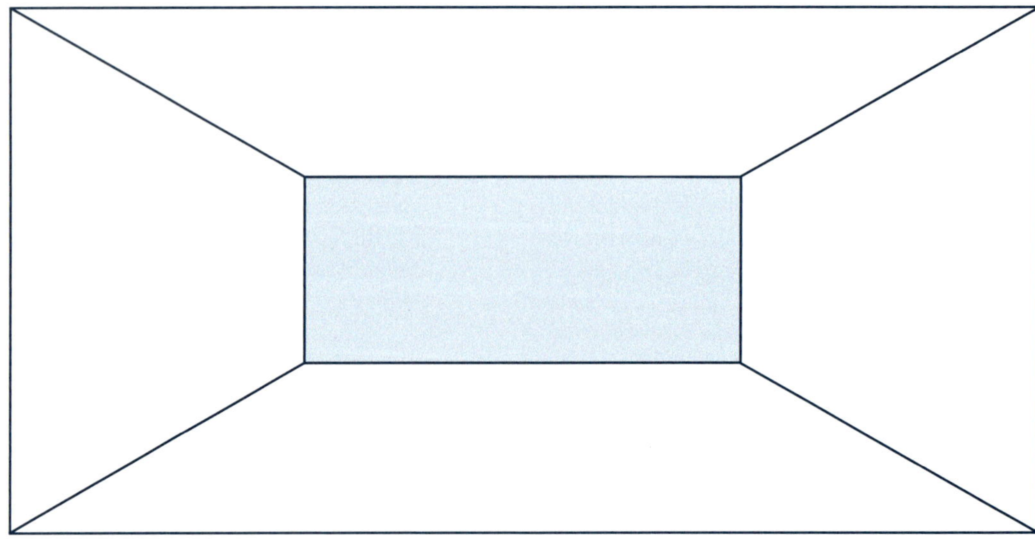

3 Ein Rollenspiel durchführen

- **Ausgangslage festhalten:** Fertigt eine Situationskarte und mehrere Rollenkarten an. *Situationskarte:* Kurze Beschreibung, welche Situation nachgespielt werden soll. Welche Probleme sind zu lösen? *Rollenkarte:* Je eine für die dargestellten Personen und für die Beobachter. Auf den Karten sind Tätigkeit, Eigenschaften, Verhalten und die Ziele der Personen notiert.
- **Rollen verteilen:** Vorgaben der Rollenkarten beachten, eigene Vorstellungen dürfen aber auch eingebracht werden.
- **Spiel vorbereiten:** Die Spielerinnen und Spieler heften sich ein Schild mit ihrer Rollenkennzeichnung an. Sie besprechen die Situation (Situationskarte) und die Rollen (Rollenkarten) untereinander.
- **Spiel durchführen:** Spielbeobachter machen sich während des Spiels Notizen zu den einzelnen Rollen.
- **Spiel auswerten:** Die Beobachter bewerten das Spiel und begründen ihre Meinung. Wurden die Rollen glaubhaft gespielt? Welche Argumente wurden genannt? Passten sie in die Situation und die Zeit? Was war gut, was könnte verbessert werden?

4 Ein Standbild entwickeln

In einem Standbild stellt ihr eine bestimmte Handlung oder eine Szene aus einem Bild nach. Dafür benötigt ihr:
einen oder mehrere Standbildbauer, einen oder mehrere Darsteller, Zuschauer.

- Der Standbildbauer formt durch Anweisungen und Vormachen das Standbild. Er/sie gibt dabei möglichst viele Einzelheiten vor, z. B. Körperhaltung, Gesichtsmimik, Gestik der Hände. Die Darsteller verhalten sich hierbei wie „lebendige Puppen" und folgen, ohne zu sprechen, den Anweisungen.
- Es ist auch möglich, dass jede Rolle doppelt besetzt wird: Ein Darsteller nimmt die Position einer bestimmten Person ein, der andere steht dahinter und sagt laut, was diese Person in dieser Situation vielleicht denkt.
- Die Zuschauer beurteilen im Anschluss das Standbild und können Veränderungen vorschlagen.
- Zum Abschluss berichten die Darsteller über ihre Wahrnehmung.

Tipp: Entwickelt mehrere Standbilder zu dem gleichen Thema, dann wird es noch interessanter, und ihr könnt im Anschluss die verschiedenen Blickwinkel darauf miteinander vergleichen.

Vorschläge zur Umsetzung folgender Längsschnitte

Geschichte der Stadt

Seite	Epoche	Thema der Doppelseite
36–37	Mittelalter	Mittelalterliche Lebenswelten: die Stadt
38–39	Mittelalter	Berlin im Mittelalter – eine Stadt im Sumpf
192–193	Frühe Neuzeit	Armenpolitik städtischer Eliten
172–173	Industriezeitalter	Wohnungsnot in den Städten

Schritte zur modernen Demokratie

Seite	Epoche	Thema der Doppelseite
104–105	Frühe Neuzeit	Was wollten die Aufklärer?
110–111	Frühe Neuzeit	Friedrich II. von Preußen – ein aufgeklärter König?
118–119	Zeitalter der Revolutionen	Sommer 1789 – die Revolution der Bürger und Bauern
120–121	Zeitalter der Revolutionen	Die Erklärung der Menschen- und Bürgerrechte
122–123	Zeitalter der Revolutionen	Die Verfassung von 1791 – eine Verletzung der Menschenrechte?
136–137	Zeitalter der Revolutionen	Der Vormärz – revolutionäre Vorboten in Deutschland und Europa
140–141	Zeitalter der Revolutionen	Auf dem Weg zu Verfassung und Nationalstaat – die deutsche Nationalversammlung
144–145	Zeitalter der Revolutionen	War die Revolution 1848/49 erfolgreich?
272–273	Zeitalter der Revolutionen	Liberalismus: Freiheit als Modell für die staatliche Ordnung

Lexikon

Im Lexikon werden Fremdwörter, historische Begriffe und Ereignisse erläutert, die in den Texten dieses Buches vorkommen und mit einem * versehen sind. Die Fachbegriffe, die auf den Themenseiten erklärt werden, haben einen Verweis auf die entsprechende Seite.

A

Ablasshandel, Sündenerlass nicht durch die Beichte, sondern durch die Zahlung einer Geldsumme.

Absolutismus (lat. legibus solutus = losgelöst, frei von Bindungen an die Gesetze des Staates), Bezeichnung für eine Regierungsform, die ihren Höhepunkt im 17. und 18. Jh. mit dem „Sonnenkönig" Ludwig XIV. fand. Der Monarch beanspruchte die uneingeschränkte Macht ohne Mitwirkung der Stände, weil er sich als Stellvertreter Gottes auf Erden verstand (Gottesgnadentum). Der Herrscher leitete die Verwaltung, gleichzeitig gingen von ihm die Gesetzgebung und die Rechtsprechung aus.

Abt/Äbtissin, Vorsteher/-in einer klösterlichen oder klosterähnlichen Gemeinschaft (Abtei). Die Mönche und Nonnen müssen ihnen gegenüber Gehorsam leisten.

Adel/Adlige, bestimmte Personen in einer Gesellschaft, die besondere Rechte genießen. Sie gehören meist schon durch Geburt den herrschenden oder besonders einflussreichen Familien an.

Almosen (griech. eleémosýné = Mildtätigkeit, Mitleid), materielle Gabe an Hilfsbedürftige.

Ancien Régime, siehe S. 258

Arbeiterbewegung, Gesamtheit der Organisationen der Industriearbeiter, die mit der Industrialisierung und dem kapitalistischen Wirtschaftssystem seit Beginn des 19. Jh. in Europa entstanden. Die Arbeiterbewegung entwickelte sich zu einer Massenbewegung mit Arbeiterparteien und Gewerkschaften.
Hauptziele waren die Verbesserung der wirtschaftlichen und sozialen Lage der Arbeiterschaft sowie die politische Mitsprache.

Aristokratie (griech. aristoi = die Besten, kratein = herrschen), Bezeichnung dafür, dass in einem Staat die adlige Oberschicht herscht.

Aufklärung, eine Geistesbewegung, die sich um 1750 in ganz Europa ausbreitete. Vernunft bestimmte das Denken und Handeln der Menschen, nicht mehr Glaube und Überlieferung. Beobachtung und Experimente wurden Grundlage jeglicher wissenschaftlicher Forschung. Die Aufklärer forderten in politischer Hinsicht Freiheit und Gleichheit des Menschen vor dem Gesetz, in Religionsfragen Toleranz, in wirtschaftlicher Hinsicht mehr Freiraum.

B

Befreiungskriege, auch Freiheitskriege, Kriege, die von einem Volk zur Befreiung von der Herrschaft eines Monarchen oder Diktators geführt werden.

Bischöfe, ursprünglich Vorsteher der christlichen Gemeinden. Seit dem 4. Jh. verwaltete der Bischof als oberster Priester ein bestimmtes Gebiet (Diözese). Im Frühmittelalter wurden die Bischöfe häufig vom König eingesetzt. Dies änderte sich nach dem Wormser Konkordat 1122.

Bourgeoisie, im 19./20. Jh. Besitz- und Wirtschaftsbürger, also einflussreiche Kaufleute, Unternehmer, Bankiers und Manager.

Bundesstaat, Teilstaat mit genau bestimmten Gesetzgebungskompetenzen innerhalb eines Gesamtstaates (z. B. Land Brandenburg innerhalb der Bundesrepublik Deutschland).

Bürger, im Mittelalter und in der Frühen Neuzeit vor allem die städtischen Kaufleute und Handwerker. Im 19. und 20. Jh. die Angehörigen einer durch Besitz, Bildung und Einstellungen gekennzeichneten Bevölkerungsschicht, die sich von Adel und Klerus, Bauern und Unterschichten unterscheidet. Neben den Besitz- und Wirtschaftsbürgern (Bourgeoisie) gibt es die Bildungsbürger (Angehörige freier Berufe, höhere Beamte und Angestellte), am Rande auch die Kleinbürger (kleinere Handwerker, Kleinhändler, Wirte). Juden, Gesellen, Mägde und Tagelöhner waren meist vom Bürgerrecht ausgeschlossen.

Burschenschaft, Vereinigung von Studenten einer Hochschule oder Universität.

C

Chronologie (= Wissenschaft der Zeitmessung), Vermutlich schon vor der Erfindung von Schrift- und Zeichensystemen (vor ca. 5000 Jahren) gab es Versuche, die Zeit zu messen. Einteilung sind Jahres- und Tagesgliederung sowie die Zählung der Jahre. Eine Methode der Zeiteinteilung ist der Kalender (lat. calendae = 1. Tag des Monats bzw. Wort für Monat). Unser Kalender orientiert sich an der Dauer des Umlaufs der Erde um die Sonne (= Sonnenjahr).

Code civil, französisches Gesetzbuch von 1804, nach dem Auftraggeber auch „Code Napoléon" genannt. Er garantierte wichtige Errungenschaften der Französischen Revolution, wie persönliche Freiheit und Gleichheit vor dem Gesetz, und beeinflusste viele bis heute gültige Gesetzbücher, z. B. das Bürgerliche Gesetzbuch der Bundesrepublik Deutschland.

D

Demokratie (griech. demos = Volk, kratein = herrschen), Bezeichnung für eine Staatsform, in der das Volk seine

Vertreter für ein Parlament wählt und über die Politik des Staates mitentscheidet.

Deutscher Bund, Zusammenschluss der deutschen Staaten. Zentrales Organ war die Bundesversammlung in Frankfurt (Gesandte aller Bundesstaaten).

Deutscher Zollverein, Zusammenschluss fast aller deutschen Länder ab 1834: Wirtschaftsgebiet ohne Handelsschranken; einheitliches Maß- und Gewichtssystem; Sicherung der Vormacht Preußens gegenüber Österreich. Ein einheitliches Währungssystem fehlte.

Dreifelderwirtschaft, bei dieser landwirtschaftlichen Nutzung des Bodens wird das Ackerland eines Dorfes dreigeteilt. Auf einem wird Wintergetreide und auf einem anderen Sommergetreide angebaut; der dritte Teil bleibt ungenutzt (Brache). Auf jedem Feld wechseln diese Anbauformen im festen Rhythmus; es kann sich also in jedem dritten Jahr erholen.

Dynastie, Abfolge von Herrschern und ihren Familien.

E

Emanzipation, Befreiung von Abhängigkeit und Bevormundung.

Exportnation, Staat, dessen Unternehmen sehr viele Waren ins Ausland verkaufen, z. B. Deutschlands Maschinenbaufirmen.

F

Fabrik, siehe S. 154

Föderalismus, Bundesstaat mit weitgehender Eigenständigkeit der einzelnen Staaten, z. B. Bundesrepublik Deutschland, USA, Republik Österreich, Schweiz.

Freikorps, dem Militär vergleichbare, bewaffnete Gruppe von Freiwilligen, die unabhängig von einer Nation für eine Sache kämpfen, z. B. das Lützowsche Freikorps während der Napoleonischen Kriege.

Frondienst (mhd. vron = was dem Herrn gehört), Dienstleistungen von Bauern für seinen Grundherrn.

G

Generalstände, in Frankreich vor 1789 die ständige Vertretung des Königreichs durch die drei Stände (Geistliche, Lehnsfürsten und Abgeordnete königlicher Städte). Ihre wichtigsten Aufgaben waren Steuerbewilligung und Vorlage von Beschwerden.

Geozentrisches Weltbild, siehe S. 269

Gesindeordnung, im 18. und 19. Jh. die völlige Unterwerfung der Dienstleute (Dienstmädchen, Knechte) unter ihre Herrschaft.

Gewerbe, selbstständige, auf eigene Verantwortung betriebene Arbeit, bei der etwas hergestellt wird. Meist werden damit Handwerks- oder Industriebetriebe umschrieben.

Gewerbefreiheit, bedeutet, dass jeder grundsätzlich jeden Gewerbebetrieb betreiben kann. In vorindustrieller Zeit wurde die gewerbliche Produktion vor allem durch das Zunftwesen stark reguliert. Die Gewerbefreiheit wurde in Europa im 18. und 19. Jh. schrittweise eingeführt. Wichtigste Maßnahme war die Aufhebung der Zünfte.

Gewerkschaften, entstanden als Teil der Arbeiterbewegung mit dem Ziel, die soziale Lage der Arbeiterschaft zu verbessern. Dabei ging es vor allem um geringere Arbeitszeiten, höhere Löhne und bessere Arbeitsbedingungen.

Glaubenskriege, alle aus religiösen Gründen geführten Kriege. Im engeren Sinn die Konfessionskriege im Europa des 16. und 17. Jh. und der Dreißigjährige Krieg (1618 bis 1648).

Glaubensspaltung, Spaltung innerhalb einer Kirche. Damit verbindet man häufig die Zeit der Reformation 1517 bis zum Ende des Dreißigjährigen Krieges. Heute wird anstelle dieser Bezeichnung der Begriff „Kirchentrennung" verwendet.

Goldene Bulle, Reichsgesetz zur Königswahl, das 1356 von Kaiser Karl IV. erlassen wurde und bis 1806 gültig war. Das königliche Goldsiegel („Bulle") gab der Urkunde ihren Namen.

Gotik, europäischer Baustil im 12.–15. Jh. Kennzeichen gotischer Bauwerke sind hohe, schlanke Gebäudeformen, bei denen im Gegensatz zum romanischen Baustil die Außenwände leicht konstruiert und durch Fenster durchbrochen sind.

Gottesgnadentum, Herrschaft eines Monarchen, der diesen Anspruch von Gott herleitet.

Graf(schaft), Graf hieß im frühen Mittelalter der königliche Amtsträger, der in seinem Bereich (Grafschaft) die hohe Gerichtsbarkeit ausübte, zur Heeresfolge aufrief und den Frieden im Inneren sicherte. Das Amt wurde im 9. Jh. erblich und vom örtlichen Adel übernommen, der selbst neue Grafschaften gründete. Einige Grafen bauten ihre Herrschaftsbereiche seit dem 12. Jh. zu eigenständigen Gebieten aus und wurden damit zu Landesherren.

Grundherrschaft, z. B. ein Adliger, ein Kloster oder ein Bischof verfügte über das Obereigentum an Grund und Boden. Er überließ abhängigen Bauern, den Grundholden (= Hörigen), Land zur Bewirtschaftung. Für den Schutz, den der Grundherr gewährte, waren die Hörigen zu Abgaben und Frondiensten verpflichtet. Gänzlich unfreie Bauern, die Leibeigenen, arbeiteten auf dem Herrenland bzw. auf Fronhöfen, die den Mittelpunkt einer Grundherrschaft bildeten.

Grundrechte, Rechte, die jedem Bürger eines Staates durch die Verfassung garantiert werden, z. B. das Recht auf Freiheit. Diese Rechte kann der Bürger vor Gericht einklagen.

H

Habsburger, europ. einflussreiches Fürstengeschlecht, urspr. Sitz im heutigen schweizerischen Kanton Aargau mit Besitzungen zwischen Basel und Straßburg, 1273 wurde Rudolf I. zum König des Heiligen Römischen Reiches Deutscher Nation gewählt. Er vergab die Herzogtümer Österreich und Steiermark an seine Söhne, sodass die Familie über umfangreiche Besitzungen dort verfügte.

Handelskolonie, vorherrschende Form der Kolonialisierung. Aus eroberten Gebieten machten die europäischen Kolonialmächte Handelskolonien, die sie für die Wirtschaft des Landes nutzten.

Hanse, der Begriff bedeutet eigentlich „Schar" (Gruppe), d. h. eine Fahrtgenossenschaft von Kaufleuten. Die Deutsche Hanse war der mächtigste Städtebund des Mittelalters. Nachweislich vertrat die Hanse von 1358 bis 1669 die Interessen der städtischen Fernhandelskaufleute. Das Bündnis der Hanse war nicht nur eine bedeutende wirtschaftliche, sondern auch eine politische Institution.

Heilige Allianz, Bezeichnung für das Bündnis Russlands, Österreichs und Preußens, um sich von der Napoleonischen Herrschaft im 19. Jh. zu befreien.

Heiliges Römisches Reich, Bezeichnung für den Herrschaftsbereich der deutschen Könige und Kaiser vom Mittelalter bis zum Jahr 1806. Mit der Bezeichnung „römisch" knüpfte man an die Tradition der römischen Kaiser der Antike an, mit dem Zusatz „heilig" wollte man darauf hinweisen, dass der Kaiser sich als der von Gott gewollte Herrscher und Beschützer der Christenheit verstand.

Heliozentrisches Weltbild, siehe S. 269

Herrschaft, Bezeichnung für die Ausübung von Macht über Untergebene und Abhängige. Im ägyptischen Staat bedeutete das zum Beispiel, dass der Pharao die Macht hatte, allen Menschen im Reich Befehle zu geben. Die Menschen erkannten seine Herrschaft an, weil er eine gottähnliche Stellung hatte.

Herzog(tum), ursprünglich waren Herzöge Anführer ihres Stammes. Als im 9. Jh. die Herrschaft der fränkischen Könige schwächer wurde, entwickelten sich in den Gebieten der einzelnen Stämme Adlige zu mächtigen Anführern. Macht und Stellung dieser Stammesherzöge waren der des Königs vergleichbar: Sie waren oberste Richter, erließen Gesetze, riefen zur Heeresfolge auf und sicherten den Frieden ihres Stammes.

Hierarchie (griech. heilige Herrschaft), Rangfolge oder stufenmäßig aufgebaute Ordnung, bei der Anordnungen bzw. Befehle von der oberen Stufe auf die nächstniedrige erteilt werden. Die untere Stufe hat die Anordnungen auszuführen (z. B. Wirtschaftsunternehmen, Behörden, Militär).

Hörige → Leibeigene

Humanismus (lat. humanus = menschlich), Lebensanschauung der Gelehrten um 14. Jh. Sie traten für eine umfassende Bildung ein. Orientierung an der antiken Welt durch Studium der antiken Schriftsteller, der Sprache, Geschichte und Philosophie.

I

Ideologie, System von Vorstellungen und Meinungen, wie Staat und Gesellschaft aussehen sollen. Meist vertritt eine Gruppe von Menschen die Ansichten darüber und handelt politisch danach.

Imperialismus (lat. imperare = herrschen), Bestreben von Staaten, über andere Staaten die Herrschaft zu gewinnen.

Indigene Bevölkerung (lat. indigenus = eingeboren), ursprüngliche Bevölkerung in einer Region.

Industrialisierung, Industrielle Revolution, der Begriff I. R. wird für die Anfangsphase der Industrialisierung in England verwendet – wegen des sehr schnellen Verlaufs und der drastischen Veränderung der Arbeits- und Lebensweise vieler Menschen. Als Industrialisierung werden tief greifende Veränderungen seit der ersten Hälfte des 19. Jh. bezeichnet. Wichtige Merkmale: der Einsatz von Maschinen, die Arbeitsteilung und die Massenproduktion in den Fabriken.

Insignien, Herrschaftszeichen (z. B. die Amtskette des Bürgermeisters). Der deutsche König besaß als Insignien die Krone, die heilige Lanze, das Zepter, den Reichsapfel und das Schwert. Der Papst trägt die Tiara (weiße Haube mit drei Kronreifen), der Bischof ist an der Mitra (spitze weiße Haube) und dem Krummstab zu erkennen.

Islam (arab. islam = Hingabe an Gott, Ergebung in Gottes Willen), der Islam bekennt sich wie Judentum und Christentum zu einem Gott. Grundlage des Islams ist der Koran, der in 114 Suren (= Abschnitte) geteilt ist und Erzählungen, Lobpreisungen und Gleichnisse enthält.

J

Juden(tum), Bezeichnung sowohl für die Religion, die Tradition, die Philosophie als auch die Gesamtheit der Juden; erste monotheistische Religion. Die Heilige Schrift der Juden ist die Thora (hebr. = Lehre). Das sind die fünf Bücher Mose, die dem Volk der Juden von Gott übergeben wurden. Der Ort des jüdischen Gottesdienstes ist die Synagoge.

K

Kaiser, höchster monarchischer Herrschertitel. Er entstand aus dem Namen Caesars.

Kapital, Kapitalismus, Kapitalisten, wirtschaftliches Denken, das vorrangig am Kapital/Gewinn orientiert ist. Die Produktionsmittel liegen in privaten Händen (Unternehmer), die Arbeiter sind lohnabhängig. Kapital ist dabei Besitz in Form von Grundbesitz und Geld.

Ketzer, bezeichnet seit dem 12. Jh. alle Personen, die nicht die offizielle Lehre der Kirche glaubten und dafür verfolgt und bestraft wurden.

Kirchenbann, begeht ein Mensch ein schweres Verbrechen oder weicht er von der rechten Lehre ab, so kann die Kirche als schärfste Strafe über ihn den Kirchenbann (Exkommunikation) verhängen, so wie die weltliche Gewalt die Reichsacht aussprechen kann. Damit wird er von den Sakramenten (z. B. Abendmahl) und aus der christlichen Gemeinschaft ausgeschlossen, d. h., kein Christ darf mit ihm sprechen, Geschäfte betreiben usw.

Klasse, Großgruppe in einer Gesellschaft mit jeweils übereinstimmenden Lebenschancen auf dem Güter- und Arbeitsmarkt, z. B. Arbeiter, Angestellte, „Mittelstand".

Kleriker, Klerus, allgemein der Geistliche; in der katholischen Kirche der Amtsträger; zu ihm gehören alle Personen, die durch eine kirchliche Weihe in den Dienst der Kirche getreten sind (Geistliche). Die Geistlichen besaßen als eigener Stand bis ins 19. Jh. den Nichtklerikern (Laien) gegenüber Vorrechte.

Kolonialismus, kolonisieren, 1) Besiedlung, Urbarmachung von Ländereien im Ausland; 2) Eroberung bzw. Erwerb von Kolonien.

Kommunismus, Endstufe der sozialistischen Gesellschaft, siehe S. 274

Konfession, anfangs nur ein Glaubensbekenntnis, später eine (christliche) Bekenntnisgruppe, z. B. Lutheraner, Calvinisten, Katholiken.

König, Adliger, der gegenüber den Herzögen (urspr. Heerführer) über höhere Herrschaftsrechte verfügt.

Konquistadoren (span. conquistador = Eroberer), spanischer bzw. portugiesischer Eroberer in Südamerika.

Konservatismus, politische Anschauung, die stark darauf abhebt, traditionelle Werte und die Gesellschaftsordnung zu erhalten.

Konstitutionelle Monarchie, eine Form der Staatsverfassung, in der die absolute Macht des Monarchen durch eine Verfassung (Konstitution) beschränkt wird. Sie wurde zuerst in England mit der Bill of Rights von 1689 verwirklicht. Der Monarch wurde in der Gesetzgebung und in der Aufstellung des Staatshaushaltes vom Parlament abhängig.

Konzil, Versammlung von Bischöfen und anderen hohen Geistlichen zur Beratung und Entscheidung von Glaubensfragen und kirchlichen Angelegenheiten. Auch die Kaiser als oberste Schutzherren der Kirche beriefen Konzile ein.

Kreuzzüge, siehe S. 218 f.

Kulturen, menschliche Gruppen (Völker) unterscheiden sich in ihren Lebensformen. Es gibt bei ihnen z. B. ganz unterschiedliche Geräte, Werkzeuge, Waffen, Häuser und Siedlungen, Kleidung, Schmuckstücke, Kunstwerke, Musik und Tänze, Ernährungsweisen, Religionen und Ordnungen des Zusammenlebens.

L

Landesherr, Herrscher über ein fest umrissenes Gebiet (= Territorium). Im 11. Jh. wurden verschiedene Herrschaftsrechte im Deutschen Reich zusammengefasst. Daraus entstand Herrschaft über ein bestimmtes Gebiet, welche der L. ausübte. Siehe auch S. 22 f.

Landeskirchen, evangelische Kirchen unter der Aufsicht eines weltlichen Landesherrn.

Legitimation, Rechtmäßigkeit der Macht, basierend auf Anerkennung durch das Volk, Geburt oder göttliche Fügung (Gottesgnadentum).

Lehnswesen, siehe S. 22 f.

Leibeigene/Hörige waren persönlich abhängig von ihrem Herrn (Leibherrn). Die Leibeigenen konnten ohne Zustimmung des Herrn nicht heiraten und mussten an ihn eine jährliche Kopfsteuer (vielfach ein Huhn) entrichten. Nach dem Tod hatten die Erben eine beträchtliche Vermögensabgabe zu leisten: das beste Stück Vieh, das beste Kleidungsstück oder sogar die Hälfte der beweglichen Habe. In Deutschland begann die Abschaffung der Leibeigenschaft im 18. Jh.

Liberalismus, siehe S. 272 f.

M

Manufaktur (lat. manus = Hand, factura = das Machen), Übergangsform vom Handwerksbetrieb zur Fabrik.

Marxismus, von Karl Marx und Friedrich Engels entwickelte politisch-soziale und ökonomische Lehre. Siehe S. 274 f.

Mechanisierung, Einsatz von technischen Hilfsmitteln, um sowohl anstrengende als auch gefährliche Arbeiten durch Maschinen ausführen zu lassen, zugleich auch um mehr zu produzieren. Menschliche Arbeitskraft wird teilweise ersetzt durch Maschinen.

Menschenrechte, Rechte, die jedem Menschen allein durch seine Geburt zustehen, unabhängig von seiner Herkunft, seiner Stellung in Staat, Gesellschaft, Familie und Beruf sowie seiner Religion und Kultur. Auch andere Merkmale, wie Hautfarbe, Geschlecht und Sprache, lassen die jedem zustehenden Menschenrechte unberührt.

Merkantilismus (lat. mercatus = Handel), bezeichnet die Wirtschaftspolitik des absolutistischen Staates im 16.–18. Jahrhunderts. Sie hatte das Ziel, die Staatseinnahmen zu erhöhen. Der Staat verhinderte den Import ausländischer Produkte und förderte stattdessen den Export.

Ministerialen (Dienstmannen), waren ursprünglich Unfreie. Seit dem 10. Jh. wurden sie von ihren Herren mit Verwaltungs- und Kriegsdiensten beauftragt. Sie waren für Könige, Fürsten, Bischöfe oder Äbte unentbehrlich.

Missionare/Missionierung, allgemein die Verbreitung einer Religion; in der christlichen Religion zumeist durch Mitglieder von Mönchsorden, wie der Missionar Bonifatius.

Mittelalter, der Begriff bezeichnet den Zeitraum zwischen 500 n. Chr. und 1500 n. Chr., der Zeit zwischen Antike und Neuzeit in der Geschichte Europas. Die Völkerwanderungen, das Ende des Weströmischen Reichs 476 n. Chr., die Gründung des Frankenreichs um 500 n. Chr. und der Aufstieg des Islams (7. Jh.) werden als Beginn einer neuen Epoche gesehen. Sie endet um 1500 in einer Zeit wichtiger Erfindungen und Entdeckungen (1492 Amerika) und religiöser Umwälzungen (1517 Reformation).

Monarchie (griech. Alleinherrschaft), Staatsform, in der ein König die Macht innehat.

Monotheismus (griech. mono = einzig, theos = Gott), Bezeichnung für den Glauben an einen Gott (z. B. Christentum, Judentum, Islam).

N

Nation, Nationalismus, Nationalstaat, politische Einstellung, die dem eigenen Land gegenüber anderen Ländern eine vorherrschende Stellung einräumen möchte.

Nationalversammlung, parlamentarische oder verfassungsgebende Versammlung.

Neuzeit, Epochenbezeichnung für den Zeitraum von ca. 1500 bis zur Gegenwart in der europäischen Geschichte.

P

Patriotismus, Vaterlandsliebe, Stolz auf das eigene Land.

Patrizier, einflussreiche römische Adlige. Im Mittelalter die Angehörigen der städtischen Oberschicht.

Pauperismus (lat. pauper = arm), Bezeichnung für Massenarmut, insbesondere in der ersten Hälfte des 19. Jh. Der Pauperismus wurde hervorgerufen durch das schnelle Bevölkerungswachstum, dem eine zunächst nur langsam steigende Nahrungsmittelproduktion und ein Mangel an Arbeitsplätzen bzw. Verdienstmöglichkeiten gegenüberstanden.

Polytheismus (griech. polys = viel, theos = Gott), Bezeichnung für den Glauben an viele Götter (Hinduismus).

Pressezensur → Zensur

Preußische Reformen, siehe S. 130 f.

Privilegien, Sonderrechte, die ein Herrscher Einzelnen oder Gruppen verlieh. Dazu gehörten z. B. die vollständige oder teilweise Befreiung von Steuern und Zöllen oder die Besetzung hoher Posten in Heer, Verwaltung oder Wirtschaft. Privilegien galten als Auszeichnung und wurden mit der Zeit erblich.

Proletarier, Proletariat (lat. proles = Nachkomme), im 19. Jh. (nach Marx und Engels) die Klasse der Lohnarbeiter in einer auf dem Privateigentum an Produktionsmitteln (Fabriken, Maschinen usw.) begründeten industriellen Gesellschaft. Das Proletariat besaß keine Produktionsmittel und lebte vom Verkauf seiner Arbeitskraft.

Q

Quellen, siehe 24 f., 58 f., 160 f.

R

Reform (lat. re = zurück, formatio = Gestaltung; Erneuerung), im politischen Bereich eine Umgestaltung der bestehenden politischen Ordnung.

Reformation, Erneuerungsbewegung, die eine Reform der katholischen Kirche anstrebte. Initiatoren: Martin Luther, Ulrich Zwingli, Jean Calvin.

Reichsacht, bei schweren Vergehen konnten der König bzw. Kaiser oder ein von ihm beauftragter Richter den Täter ächten. Dieser war damit aus der Gemeinschaft ausgestoßen und im gesamten Reich vogelfrei.

Reichsfürst, hoher Adliger im Mittelalter, der keinen Lehnsherrn zwischen sich und dem König hatte.

Reichsstadt, im Heiligen Römischen Reich (bis 1806) gab es Städte, die unmittelbar dem König bzw. dem Kaiser unterstanden. Diese Reichsstädte zahlten zwar Steuern und sollten die Politik des Herrschers unterstützen, die inneren Angelegenheiten konnte der Rat der Stadt jedoch selbst regeln.

Reichstag, im Mittelalter rief der deutsche König die Vertreter der Reichsstände (Reichsfürsten, Vertreter der Reichs- und Bischofsstädte) zu Hoftagen zusammen. Diese Versammlung wurde seit 1495 Reichstag genannt. Seit 1663 trat der Reichstag als ständiger Kongress, als „Immerwährender Reichstag" zusammen. Er beschäftigte sich mit Reichsgesetzen und -steuern, Entscheidungen über Krieg und Frieden und dem Heereswesen.

Renaissance, Bezeichnung für die Wiederentdeckung der antiken Sprache und Kultur, beginnend am Ende des 13. Jh. in Italien. Maler, Bildhauer und Architekten schufen einen neuen Kunststil.

Republik (lat. res publica = öffentliche Sache), Staatsform, in der die Macht vom Volk oder von Teilen des Volkes ausgeübt wird.

Reconquista (span./port. Rückeroberung), Bezeichnung für die Eroberung der muslimischen Gebiete auf der Iberischen Halbinsel im Mittelalter.

Restauration, die Zeit nach 1815, in der monarchische Kräfte in Europa versuchten, die Ergebnisse der Französischen Revolution zu blockieren. Sie hielten u. a. an der Auffassung fest, der Landesherr sei der Souverän und in seiner Machtausübung nur Gott verantwortlich.

Revolution, siehe S. 118

Ritter, adlige Reiterkrieger. Als Gruppe entstanden sie in den Kriegen des 9./10. Jh. Seit dem 12. Jh. bildeten sie einen Stand mit eigenen Idealen wie Treue und Gefolgschaft. Ihr Niedergang begann im 14. Jh.

Romanik, europäischer Baustil im 9.–12. Jh. Kennzeichen romanischer Bauwerke sind die dicken, festungsartigen Mauern, Rundbögen und kleinen Fenster.

S

Säkularisierung (lat. saecularis = weltlich), Enteignung und Verstaatlichung von Kirchengut. Der Staat kann es nutzen, aber auch verkaufen. Er zahlt Pensionen an Mönche der aufgehobenen Klöster und stellt Personal für Schulen sowie Kranken- und Armenhäuser zur Verfügung, die vorher von der Kirche betreut wurden.

Schuldknechtschaft, wenn ein Schuldner seinen Kredit nicht zurückzahlen konnte, verlor er nicht nur seinen Besitz, sondern auch einen Teil seiner persönlichen Freiheit und musste seine Schulden bei dem Gläubiger abarbeiten, was praktisch nie gelang.

Souverän, regierender Landesfürst, dessen Volk seiner Gewalt und seinem Willen unterworfen ist.

Sozialismus, siehe S. 274 f.

Staat, ist ein Gebiet mit festgelegter Grenze, in dem die Ausübung von Gewalt ausschließlich der Regierung und Verwaltung übertragen ist und in dem der Träger der Souveränität Recht setzen kann. Ägypten kann man als ersten Staat in der Geschichte bezeichnen. Im Mittelalter gab es noch keinen Staat in diesem Sinne, da noch keine klaren Grenzlinien vorhanden waren und bestimmte Bevölkerungsgruppen das Recht hatten, Unrecht selbst zu rächen (Fehde). Der moderne Staat entstand in Deutschland am Ende des Mittelalters mit der Stärkung der Landesherren (Territorialisierung) und mit der Aufhebung des Fehderechts.

Staatenbund, außen- und sicherheitspolitischer Zusammenschluss souveräner Staaten. Gegensatz zum Bundesstaat.

Staatsform, wird durch die Verfassung begründet. Die Verfassung regelt die Machtverteilung in einem Staat. Sie bestimmt die Rechte und Pflichten der Bürger. (Monarchie, Demokratie)

Staatsreligion, bezeichnet das innerhalb eines Staates als einziges anerkannte oder dominierende Glaubensbekenntnis.

Staatsstreich, verfassungswidriger Machtumsturz; auch Putsch genannt. Ein Staatsstreich wird durchgeführt von einem Teil der Staatsorgane oder dem Militär mit dem Ziel, die Macht im Staat zu übernehmen.

Stadt, größere verdichtete Ansiedlung, im Mittelalter mit einer Mauer umgeben. Siehe auch Verstädterung.

Ständegesellschaft, Gesellschaftsordnung mit sozialen Schichten in einer festgelegten Rangfolge (Adel – Geistlichkeit – Bürger – Bauern).

Ständeordnung, siehe S. 28 f.

Stadtrecht, Verleihung durch den Stadtgründer; eigener Rechtsbezirk, verbunden mit → Privilegien, z. B. das Recht, einen Markt abzuhalten. Festlegung von Rechten und Pflichten der Bürger gegenüber dem Stadtherrn.

Statthalter, Vertreter eines politisch Höhergestellten, zum Beispiel Vorsteher einer römischen Provinz als Vertreter eines Konsuls, Prätors oder Kaisers.

T

Telegrafie, Übermittlung von Nachrichten; dabei werden akustische, elektrische o. optische Zeichen eingesetzt, z. B. Morsezeichen.

Territorium/Territorialisierung, bezeichnet die Herausbildung von Landesherrschaft vom 11. bis zum 14. Jh.; damit einhergehend kommt es zum langfristigen Machtverlust des Königs. Der entstandene Flächenstaat (Territorium) wird von einem geistlichen oder weltlichen Fürsten regiert und von Beamten verwaltet.

Toleranz, Forderung und Eigenschaft, die politischen, religiösen und moralischen Meinungen und Handlungen Andersdenkender anzuerkennen, soweit sie nicht die verfassungsmäßigen Rechte anderer einschränken.

Truchsess, Hofamt in der mittelalterlichen Hofgesellschaft.

U

Universitäten, wurden seit dem 11. Jh. gegründet. Als die ersten Universitäten galten die in Bologna, Paris und Oxford. Im Deutschen Reich wurde 1348 in Prag die erste Universität gegründet. Das Grundstudium bestand aus den sieben freien Künsten, u. a. Grammatik, Geometrie und Musik. Anschließend musste sich der Student für eine der drei Ausbildungsrichtungen Religionswissenschaften (Theologie), Medizin oder Rechtswissenschaften entscheiden.

Untertan, Mitglied der Bevölkerung, die einem unumschränkt herrschenden Landesherrn ergeben ist, siehe auch Landesherr.

Urbanisierung (lat. urbs = die Stadt), Verstädterung, zunehmende Ausdehnung der Stadt in das sie umgebende Land.

V

Verfassung, siehe Staatsform

Verwaltung, Herrschaft über ein Territorium (siehe auch Landesherr) erfordert eine Landesverwaltung, um Steuern einzuziehen, z. B. das Erziehungswesen zu organisieren und das Land auszubauen.

Volkssouveränität, das Volk ist Träger der Staatsgewalt, nicht ein Monarch.

Vormärz, siehe S. 136 f.

W

Wahlrecht, Recht des Volkes, in regelmäßigen Abständen durch Wahl von Abgeordneten an der staatlichen Herrschaftsausübung teilzunehmen und diese zu kontrollieren. Unter passivem Wahlrecht versteht man das Recht, als Abgeordneter wählbar zu sein, unter aktivem Wahlrecht das Recht zu wählen.

Wormser Konkordat, Regelung der → Investitur (1122). Ein Bischof hat sowohl weltliche als auch geistliche Aufgaben: Er verwaltet den Besitz der Kirche und die Sakramente. Die weltlichen Herrschaftsrechte verleiht ihm der König, die geistlichen Aufgaben werden ihm von der Kirche übertragen.

Z

Zeit(rechnung), siehe Chronologie

Zensur, die Zensur steht im Gegensatz zur Pressefreiheit.

Zünfte, verpflichtender Zusammenschluss der Handwerksmeister eines Berufszweigs (z. B. Bäcker, Müller, Sattler, Goldschmiede).

Register

Die mit einem * versehenen Begriffe werden im Lexikon näher erklärt.

T

U

V

W

Z

Bildquellen

Cover ullstein-bild/Knigge; 3 o. bpk, Mi. /70 akg-images, u. /47/71 akg-images/Joseph Martin; 4/118/146 bpk/RMN-Grand Palais/ Bulloz; 5/174 INTERFOTO/Granger, NYC; 6/218/230 ob. akg-images, /237 un. action press/ullstein/Archiv Gerstenberg; 7 ob. akg-images/ British Library, /290 un. Bridgeman Art Library; 8 ob. vgl. S. 74/75, Mi. vgl. S. 46/47, un. vgl. S. 110/111; 9 ob. li. vgl. S. 54/55, ob. re. vgl. S. 58/59, Mi. li. vgl. S. 146/147, Mi. re. vgl. S. 148/149; 10/11 Institut für Realienkunde, Krems; 13/42 M2 bpk, M3 picture alliance/ dpa, M4 akg-images; 14 M1 Stuttgart, Württembergische Landesbibliothek, Cod. bibl. fol. 23, Bl. 21v, M2 Bridgeman Art Library; 15 M3 INTERFOTO/ARTCOLOR; 16 M1 akg-images; 17 M4 Bridgeman Art Library; 18 (/40) M1 INTERFOTO/Alinari; 19 M2 picture alliance/dpa; 20 M1 bpk/Münzkabinett, SMB/Lutz Jürgen Lübke, M2 Staatliche Museen zu Berlin – Preußischer Kulturbesitz. Münzkabinett; 21 un. re. taglicht media Film-und Fernsehproduktion GmbH; 24 M1 Universität Heidelberg, M2 li./re. akg-images; 26 M1 akg-images/British Library, M2 akg-images/Erich Lessing; 28 M1 akg-images; 30 M1 ullstein-bild/ Granger, NYC; 31 M3 akg-images; 32 M1 akg-images/Alfons Rath, M2 akg-images/Erich Lessing; 34 M1 akg-images/euroluftbild.de; 36 M1 Bridgeman Art Library/Giraudon; 37 M3 Bridgeman Art Library; 38 M1 akg-images, /41 M2 akg-images; 39 M3 bpk, M4 akg-images, M5 Stiftung Stadtmuseum Berlin/Marcus Herrenberger, M6 imago/Jürgen Ritter, M7 imago/Seeliger, M8 action press/imageBROKER; 40 ob. li. INTERFOTO/Alinari, ob. re. akg-images; 41 ob. akg-images; 42 M1 bpk; 43 M4 akg-images/Jost Schilgen, M5 bpk/RMN - Grand Palais/ René-Gabriel Ojéd; 44 un. action press/die bildstelle, 44/45 akg-images/The National Gallery, London; 47 M2 akg-images, M4 akg-images; 48 M1 bpk/Scala; 49 M2 akg-images/André Held; 50 M1 li. akg-images/Erich Lessing, re. akg-images; 51 M3 akg-images/Album/Oronoz, M4/M5 akg-images/Science Photo Library; 52 M1 akg-images; 53 M2 akg-images; 54 un. akg-images; 55 M3 Laura Richter, M4 Laura Richter; 56 M1 akg-images; 57 M2 bpk; 58 M2 INTERFOTO/Granger, NYC; 60 M1 Staatsbibliothek Bamberg/Gerald Raab; 63 M1 akg-images; 66 M1 akg-images; 68 M1 Bridgeman Art Library; 69 M2 Bridgeman Art Library/Château de Versailles, France; 70 ob. akg-images; 71 ob. re. akg-images/Joseph Martin; 73 M3 akg-images; 74 ob. li. action press/ Dragan Matic/CROPIX/SIPA, 74/75 bpk/adoc-photos; 77 M2 INTERFOTO/Granger, NYC, M3 INTERFOTO/Sammlung Rauch; 79 (/ 96) M4 Your Photo Today; 81 M3 bpk; 82 M1 Shutterstock/T.W. van Urk; 83 M3 Süddeutsche Zeitung Photo/Scherl, M4 picture alliance/ZB; 85 M1 picture-alliance/ZB; 87 M3 Mary Evans Picture Library; 90 (/ 97) M1 picture alliance/Artcolor; 91 M2 picture alliance/Artcolor; 92 M1 Süddeutsche Zeitung Photo/Max Scheler, M3 picture alliance/ZB; 93 M6 INTERFOTO/Max Köhler; 94 M2 imago/Ulrich Hässler, M3 INTERFOTO/amw; 95 M4 picture alliance/ZB; 96 Your Photo Today; 97 picture alliance/Artcolor; 99 M2 INTERFOTO/TV-Yesterday, M3 Glow Images/ Heritage Images RM, M4 dieKLEINERT.de/Schwarwel; 100/101 akg-images; 102 M1 akg-images/De Agostini Picture Library; 103 M2 ullstein-bild/Roger-Viollet, M3 McPHOTO/M. Weber; 104 M1 bpk/ Archiv Mehrl, M2 bpk; 106 M1 INTERFOTO/Granger, NYC; 109 M3 INTERFOTO/Granger, NYC; 111 M2 akg-images; 112 M1 INTERFOTO/ LUBK, M2 bpk/Stiftung Preussische Schlösser und Gärten Berlin-Brandenburg/Wolfgang Pfauder; 113 M3 Süddeutsche Zeitung Photo/euroluftbild.de, M4 bpk/Stiftung Preussische Schlösser und Gärten Berlin-Brandenburg/Gerhard Murza; M5 Süddeutsche Zeitung Photo/ euroluftbild.de; M6 bpk/Kupferstichkabinett, SMB/Jörg P. Anders; M7 bpk/Gerhard Kiesling; M8 bpk/Hermann Buresch; 116 M1 akg-images/Erich Lessing, M2 akg-images; 119 M3 INTERFOTO/Mary Evans Picture Library; 120 M1 akg-images; 122 M1 Bridgeman Art Library/British Library Board; 126 M1 akg-images; 127 M2 akg-images, Mi. re. akg-images/Erich Lessing; 128 M1 INTERFOTO/Granger, NYC; 131 /146 M3 Tax & Customs Museum, Rotterdam, M4 mauritius images/imageBROKER/Josef Beck; 133 M4 bpk; 134 M2 ddp images/ STAR-MEDIA/interTOPICS; 136 M1 Süddeutsche Zeitung Photo/ Scherl; 137 M2 akg-images, /147 M4 akg-images; 138 M1 bpk; 139 /147 M2 akg-images; 144 M1 Historisches Museum Frankfurt am Main; 146 bpk/RMN - Grand Palais/Bulloz; 149 M4 imago/Schöning; 150/151 akg-images; 153 M2 culture-images/Fine Art Images, M3 ddp images; 154 M1 ddp images, /176 M2 akg-images/North Wind Picture Archives96, M3 INTERFOTO/Sammlung Rauch; 156 M1 akg-images; 159 M3 picture alliance/ZB; 162 M1 akg-images; 163 M6 akg-images; 164 M1 INTERFOTO/IFPAD, M2 INTERFOTO/Sammlung Rauch; 165 M3 Süddeutsche Zeitung Photo/Scherl, M4 Flonline/ ImageBROKER; 166 M1 VISUM/Thomas Pflaum; 167 M5 bpk; 168 M1 INTERFOTO/TV-Yesterday; 169 M4 bpk/Georg Büxenstein Co; 170/177 M1 bpk/Gustave Marissiaux; 171 M6 ddp images; 172 M1 picture alliance/ZB, M2 bpk; 173 M5 Vintage Germany; 175 M6 INTERFOTO/Mary Evans Picture Library; 177 bpk; 178 M1 INTERFOTO/ Sammlung Rauch, M2 Süddeutsche Zeitung Photo/SZ Photo, M3 ddp images; 179 M5 INTERFOTO/Sammlung Rauch; 180/181 Süddeutsche Zeitung Photo/Jose Giribas, un. bpk; 182 M1 ddp images; 183 M2 akg-images; 184 M1 Museum für Kunst und Gewerbe, Hamburg; 186 /204 M1 akg-images; 187 M4 imago/ZUMA Press; 188 M1 bpk/ RMN-Grand Palais/René-Gabriel Ojéd; 190 M2 LWL-Museum für Kunst und Kultur (Westfälisches Landesmuseum), Münster/Münzkabinett/Sabine Ahlbrand-Dornseif; 192 M1 akg-images/Science Photo Library; 193 /205 M2 bpk/RMN - Grand Palais/Gérard Blot; 194 M1 bpk, M2 bpk/Heinrich Lichte; 196 M1 bpk/RMN - Grand Palais/Jean Schormans, M2 INTERFOTO/IFPAD; 197 akg-images; 198 M1 bpk; 199 M3 INTERFOTO/Sammlung Rauch; 200/205 M1 bpk; 201 M3 akg-images; 202 M1 bpk; 203 M2 Klaus Hansen; 206 M2 Picture-Alliance/ZB; 208/209 Flonline, un. li. INTERFOTO/DanielD; 210 M1 ddp images; 213 M3 TOPICMedia/imageBROKER/Peter Schickert; 215 M2 picture-alliance/ZB/Wolfgang Kluge; 217 M3 ddp images; 221 M3 Marc-Oliver Schulz/laif, M4 bpk/Staatsbibliothek zu Berlin/Christine Kösser, M5 ddp images; 222 M2 INTERFOTO/Granger, NYC; 225 M2 akg-images; 226 M1 epd-bild/Norbert Neetz; 227 M4 INTERFOTO/ picturedesk.com/ÖNB; 229 M4 bpk; 231 ob. li. INTERFOTO/Mary Evans Picture Library Picture Library; 233 M2 Bayerische Staatsbibliothek, Cgm 193, III, fol. 1v, M3 action press/ullstein-Archiv Gerstenberg; 234/235 akg-images © Banco de Mexico Diego Rivera Frida Kahlo Museums Trust/VG Bild-Kunst, Bonn 2016; 237 M2 INTERFOTO/imageBROKER/H.-D. Falkenstein; 238 M1 akg-images; 239 M4 akg-images; 241 M2 akg-images; 243 M2 akg-images, M3 TopicMedia; 247 M3 TopicMedia; 248 M1 bpk/Staatsbibliothek zu Berlin/Ruth Schacht; 251 M2 bpk/Kunstbibliothek, SMB (c) VG Bild-Kunst, Bonn 2016; 252 M1 akg-images, M2 bpk; 254 M1 ullstein bild; 255 M2 akg-images; 256 M1 culture-images/fai; 257 M3 bpk, M5 akg-images; 258 ob. li. Bridgeman Art Library/Private Collection/Look and Learn; ob. re. Bridgeman Art Library/Private Collection/Peter Newark American Pictures; 259 ob. li. INTERFOTO/Granger, NYC; 261 M3 Deutsches Historisches Museum, Berlin; 262 un. li. akg-images/bildwissedition, 262/263 action press/NASA/REX; 264 M1 Carl Hanser Verlag, München, M2 akg-images; 265 M3 ddp images; 266 M1 bpk/Kupferstichkabinett, SMB; 267/276 M3 bpk; 268 M1 akg-images/Rabatti - Domingie, M2 akg-images; 269 M3 Bridgeman Art Library/Bibliotheque des Arts Decoratifs, Paris, France/Archives Charmet; 270/277 M1 bpk/Ibero-Amerikanisches Institut, SPK; 271 M3 akg-images/Joseph Martin; 273 M2 akg-images; 275 M2 akg-images; 278 M1 mauritius images/Alamy/WorldPhotos; 279 M4 bpk; 280 M2 bpk/Hermann Buresch; 281 M1 akg-images; 285 M1 akg-images/Hervé Champollion, M2 bpk/Kunstbibliothek, SMB/Dietmar Katz; 291 M1. Bridgeman Art Library, M2 MIDDLE TEMPLE LIBRARY/SCIENCE PHOTO LIBRARY, M3 bpk.

Grafiken/Illustrationen/Karten:

Carlos Borrell Eiköter, Berlin: 12 M1, 19 M4, 22 M1, 46 M1, 65 M3, 67 M3, 71, 78 M1, 89 M4, 129 M3, 132 M1, 141 M3, 152 M1, 157 M2, 158 M1, 211 M2, 212 M1, 216 M1, 220 M1, 222 M1, 224 M1, 236 M1, 239 M2, 242 M1, 244 M1, 249 M4, 250 M1, 289 M3, 291 M4

Elisabeth Galas, Bad Breisig: 23 M2 (Peter Herlitze, Thomas Binder), 27 M3 (Peter Herlitze) 29 M5, 33 M5, 114 M1, 123 M2, 142 M1, 148 M2, 160 M1, 163 M4, 179 M4

Erfurth Kluger Infografik GbR: 76 M1, 78, 105 M4, 110 M1, 246 M1, 274 M1

Thomas Binder, Magdeburg: 35 M2